e-fellows.net
wissen

inkl. E-Book

Perspektive Unternehmensberatung 2020
kostenlos als E-Book herunterladen
– so geht's!

Noch nicht bei e-fellows.net registriert?

1. Kostenlos anmelden unter www.community.e-fellows.net/cv/register
2. Registrierung aktivieren durch Klick auf Link in E-Mail
3. Link unten freirubbeln und aufrufen
4. Bei e-fellows.net einloggen
5. Format wählen (EPUB, MOBI)
6. Download startet automatisch

Bereits bei e-fellows.net registriert?

1. Link unten freirubbeln und aufrufen
2. Bei e-fellows.net einloggen
3. Format wählen (EPUB, MOBI)
4. Download startet automatisch

Auf welchen Geräten kann man das E-Book lesen?

- iPad/iPhone: EPUB-Datei mit iBooks öffnen und lesen
- Laptop/Notebook/PC/Tablet: EPUB z. B. mit Adobe Digital Editions lesen, kostenloser Download unter: www.adobe.com/products/digital-editions/download.html
- E-Reader (außer Kindle): EPUB-Datei öffnen und lesen
- Kindle: MOBI-Datei öffnen und lesen. Auch EPUBs kann man z. B. mit dem Freeware-Tool Calibre in eine MOBI-Datei umwandeln.

Wichtige rechtliche Hinweise

Perspektive Unternehmens-beratung 2020

Fallstudien, Branchenüberblick
und Erfahrungsberichte zum Einstieg
ins Consulting

e-fellows.net
wissen

Stand: August 2019

Verlag: e-fellows.net GmbH & Co. KG

Reihenherausgeber: Dr. Michael Hies

Bandherausgeber: Prof. Dr. Thomas Fritz,
thomas.fritz@gmx.de

Redaktion und Koordination: Sarah Kriegbaum,
perspektive-unternehmensberatung@e-fellows.net

Layout: Punkt 8 | Braunwald + Walter GbR,
www.punkt8-berlin.de

Satz und Illustration: Lesotre®/Conceptual Brand
Creation, www.lesotre.de

Druck und Bindung: Neografia, 03655 Martin, Slowakei

Printed in Slovakia
September 2019

Bildnachweis: Titelbild: ©natali_mis – stock.adobe.com;
S. 9: Thomas Fritz; S. 17: Coloures-Pic – Fotolia.com;
S. 35: Rido – Fotolia.com; S. 61: VRD – Fotolia.com;
S. 121: raywoo – Fotolia.com; S. 210 und 211: e-fellows.net;
S. 213: alphaspirit – Fotolia.com; S. 213: .shock – Fotolia.com;
Fotos auf den Seiten 11–15 sowie 214–231 stammen von
den jeweiligen Autoren; Fotos und Anzeigen ab S. 234
stammen von den entsprechenden Unternehmen; sämtliche
Grafiken und Illustrationen wurden umgesetzt von Yvonne
Hagenbach (Lesotre®/Conceptual Brand Creation).

ISBN-13: 978-3-946706-50-2

Franziskaner Straße 14, 81669 München
Telefon: +49 89 23232-300, Fax: +49 89 23232-222
www.e-fellows.net, info@e-fellows.net

Inhalt

e-fellows.net
Das Online-Stipendium und Karrierenetzwerk

Seit mehr als 15 Jahren unterstützt e-fellows.net Studierende und Doktoranden mit einem Stipendium und bringt sie ihrem Traumjob näher. Mentorenprogramme, Karriereveranstaltungen sowie Angebote für Praktika und Einstiegsjobs bieten einen direkten Draht in die Wirtschaft und garantieren den mühelosen Karrierestart. Zudem sind e-fellows.net-Stipendiaten dank kostenfreier Abos von Zeitungen und Zeitschriften, Zugriff auf fachspezifische Datenbanken und Fachbücher frei Haus immer einen Schritt voraus. In der exklusiven Online-Community und bei regelmäßigen Treffen in zahlreichen Unistädten tauschen sich Studierende untereinander aus. Jetzt informieren: www.e-fellows.net/Stipendiat-werden

e-fellows.net wissen
Die Buchreihe von e-fellows.net

Mit dieser Buchreihe informiert e-fellows.net über attraktive Berufsbilder und interessante Weiterbildungen, darunter das LL.M.-Studium, Berufsperspektiven für Juristen, MINT-Frauen und Informatiker sowie die Tätigkeit in einer Unternehmensberatung, im Investment Banking oder im Asset Management. Die Bücher bieten wertvolle Expertentipps und einen fundierten Überblick über die jeweilige Branche. Persönliche Erfahrungsberichte und ausführliche Unternehmensporträts potenzieller Arbeitgeber helfen bei der eigenen Entscheidungsfindung. Weitere Informationen zu den einzelnen Titeln der Reihe **e-fellows.net** wissen finden Sie auf den Seiten 346–347.

Um die Lesbarkeit zu verbessern, wird in diesem Buch auf geschlechtsspezifische Personenbezeichnungen verzichtet. Alle Angaben beziehen sich jedoch immer auf alle Geschlechter gleichermaßen.

Vorwort

Ein Ratgeber für angehende Consultants
Was hätte ich vor 22 Jahren für ein Buch wie dieses gegeben? Damals bin ich mit dem Schwarz-Weiß-Ausdruck des einzig verfügbaren Beispiel-Case in der Hand zu meinen Vorstellungsgesprächen bei McKinsey in Düsseldorf gefahren. Auch wenn es bei mir vor gut 20 Jahren geklappt hat: Ein Buch wie *Perspektive Unternehmensberatung* bietet denjenigen, die sich heute für einen Einstieg ins Consulting interessieren, eine viel bessere Hilfestellung.

Hier finden Sie wertvolle Informationen und Tipps zu allen Themen rund ums Consulting: Zur Entscheidung zwischen der Strategieberatung, einer spezialisierten Boutique-Beratung oder dem Inhouse Consulting. Zu Insider-Berichten über Arbeitsalltag in der Beratung. Und zur Vorbereitung auf die Auswahlgespräche für Praktikum oder Festeinstieg.

Die Gründe für das ungebrochene Interesse an der Beratung sind vielfältig: Die einen reizen die inhaltliche Abwechslung und die spannenden Kollegen, andere wollen wesentliches Handwerkszeug für eine spätere Gründung erwerben, wieder andere sehen in der Beratung das ideale Karrieresprungbrett. Demgegenüber stehen Erzählungen von viel Reiserei, langen Arbeitszeiten und Up-or-Out.

Wie es wirklich ist, kann man nur herausfinden, wenn man es ausprobiert. In *Perspektive Unternehmensberatung* lassen wir Menschen zu Wort kommen, die genau das getan haben. Rund 50 Consulting-Praktikanten, Berater und andere Experten zu teilen ihre Erfahrungen und Ratschläge.

Viele von ihnen haben, wie ich, als Stipendiaten vom direkten Draht des Karrierenetzwerks e-fellows.net zu vielen Beratungen profitiert. Mehr zu e-fellows.net, dem Stipendium und Ihren Vorteilen als Mitglied erfahren Sie auf den Seiten 210 und 211.

Damit Sie nicht auch mit einem schlechten Ausdruck im Zug zu Ihren nächsten Vorstellungsgesprächen sitzen müssen, lege ich Ihnen besonders die Case Studies im vierten Kapitel ans Herz. Hier sehen Sie eine breite Auswahl an Fragestellungen, mit denen Sie sich als Berater oder auf dem Weg dorthin auseinandersetzen werden.

Lieber Leser, ich freue mich, wenn Ihnen dieser Ratgeber dabei hilft, Ihren Weg zu finden und den Einstieg in die Beratung zu wagen. Finden Sie heraus, wie es wirklich ist.

Viel Spaß bei der Lektüre!

Prof. Dr. Thomas Fritz
Fachhochschule Aachen und Alumnus von e-fellows.net

Case Study Training

Das Arbeitsbuch „Case Study Training" erschien in der Reihe **e-fellows.net wissen**. Das Buch hilft Consulting-Interessenten, sich mithilfe von 40 Fallstudien inkl. Lösung auf ihre Case-Interviews bei den verschiedensten Unternehmensberatungen optimal vorzubereiten.

Download für e-fellows.net-Stipendiaten:
www.e-fellows.net/Wissen

Download für alle anderen Studenten:
www.e-fellows.net/CST

Die Autoren

Charlotte-Louise Bartsch ist Manager bei Simon-Kucher & Partners. Bevor sie zur Beratung kam, studierte sie Betriebswirtschaftslehre an der Freien Universität in Berlin und der Bocconi University in Mailand. Nach Projekten in verschiedenen Industrien hat sie sich auf die Beratung von Software und Internetunternehmen spezialisiert und setzt gemeinsam mit ihren Klienten Preis- und Vertriebsstrategien um.

Stephan Baur, Dr., Dipl.-Ing., Jahrgang 1984, ist Projektmanager bei Roland Berger. Er führt regelmäßig Bewerbungsgespräche mit potenziellen Praktikanten und Beratern. Seine Cases basieren häufig auf aktuellen Projekten sowie auf Nachrichten aus der Tagespresse.

Stephanie Behnke ist Senior Consultant bei PwC Transactions - Delivering Deal Value. Sie studierte International Business in Köln, Argentinien und den USA. Als Beraterin unterstützt sie Unternehmen in M&A-Prozessen mit Fokus auf IT sowie operativen und digitalen Prozessen.

Karen Brandt ist Head of Talent Management, Europe, Middle East and Russia bei Oliver Wyman. Nach ihrem Studium an der European Business School arbeitete sie sieben Jahre als Beraterin bei Oliver Wyman, bevor sie das Talent Management übernahm.

Julia Brechtel, Jahrgang 1990, ist Senior Consultant bei Prof. Roll & Pastuch – Management Consultants. Sie studierte Wirtschaftsmathematik an der TU Darmstadt und arbeitete vor ihrem Start in der Strategieberatung bereits zwei Jahre in der IT-Beratung. Sie ist spezialisiert auf komplexe Datenanalysen und Implementierungsprojekte.

Georg Eder, Dr., Jahrgang 1983, ist Partner und Chief Technology & Innovation Officer bei Kampmann Management Consultants. Der Ingenieur promovierte an der LMU im Bereich Nanotechnologie und entwickelt seit acht Jahren gemeinsam mit seinen Kunden aus der Finanzdienstleistungsindustrie Wege zur Sicherung eines langfristigen und nachhaltigen Unternehmenserfolgs.

Tobias Finke, Ph.D., M.Litt., B.A., Jahrgang 1988, ist Assistant Manager bei KPMG Deal Advisory | Strategy. Er hat International Business und Marketing in Cambridge, Berlin, St Andrews und Lancaster studiert. Seine Beratungsschwerpunkte sind große Strategie- und Transformationsprojekte im Automobil- und Energiesektor.

Thomas Fritz ist Professor an der FH Aachen. Zuvor war er 17 Jahre bei McKinsey & Company tätig. Nachdem er einige Jahre als Berater gearbeitet hatte, übernahm er 2008 die Verantwortung für das Recruiting in Deutschland und Österreich sowie 2014 für die Region EMEA. Danach war er als Director of Personnel für alle Personalangelegenheiten der Berater in Deutschland und Österreich verantwortlich.

Fabian Gleisner, Dr. rer. pol., Dipl.-Kfm., Jahrgang 1979, ist Head of Partnership Banking der Commerzbank AG. Nach mehreren Jahren in der externen Managementberatung sowie in der internen Beratung der Commerzbank liegt sein Schwerpunkt nun auf dem Vertrieb von Bankprodukten über Partner(-kanäle).

Ali Aslan Gümüsay, Dr., Diplôme, M.Sc., Jahrgang 1985, ist DAAD Prime Fellow an der Wirtschaftsuniversität Wien und der Universität Hamburg. Zuvor war er Doktorand an der Saïd Business School und Dozent am Magdalen College der University of Oxford und arbeitete als Unternehmensberater bei der Boston Consulting Group.

Moritz Hahn, M.Sc., Jahrgang 1987, ist Manager bei KPMG Deal Advisory | Strategy. Er studierte Wirtschaftsingenieurwesen in Hamburg und Internationales Management in Sydney und Kopenhagen. Seine Beratungsschwerpunkte sind Carve-out-Projekte und Post-Merger-Integrationen in der verarbeitenden Industrie sowie im Energiesektor.

Jan-Sebastian Hovest-Engberding, Jahrgang 1984, ist Principal bei Monitor Deloitte im Bereich Consumer Business. Nachdem er Internationales Management in Oestrich-Winkel und Rotterdam studiert hat, arbeitete Jan-Sebastian bei der CECONOMY AG und MediaMarktSaturn Retail Group und in den Unternehmensberatungen goetzpartners Management Consultants und OC&C Strategy Consultants (heute EY Parthenon).

Axel Hüttmann, Dr. rer. pol., Jahrgang 1973, ist Managing Partner bei undconsorten. Nach seinem Studium der BWL und Wirtschaftsinformatik in Passau und Toulouse promovierte er an der Universität Kassel. Vor seinem Einstieg bei undconsorten war er Engagement Manager bei McKinsey mit den Schwerpunkten Logistik, Automobil und HR.

Timo Klees, Dipl.-Volksw., Dipl.-Betriebsw. (FH), Jahrgang 1979 ist Partner bei KPMG. Nach seinem Studium in Worms, London und Frankfurt am Main stieg er 2005 bei KPMG ein und leitet mittlerweile als Partner die insolvenznahen Beratungsaktivitäten von KPMG in Deutschland. Sein Schwerpunkt sind Unternehmenstransaktionen in Sanierungs- und Insolvenzsituationen (Distressed M&A).

Dominik Klimmek, Jahrgang 1982, ist CFO bei Dorsey Pictures LLC (USA). Während seines Studiums war er Vorstand für Unternehmenskontakte im Bundesverband Deutscher Studentischer Unternehmensberatungen (BDSU). Nach mehrjähriger Tätigkeit in der externen/internen Unternehmensberatung verantwortet er aktuell den Finanzbereich von Dorsey Pictures und leitet den Aufbau neuer Geschäftsfelder.

Lukas Kofler, M.Sc., Jahrgang 1992, KPMG Austria, hat nach seinen Management-Studienjahren in Südtirol, Kanada, Südkorea und Österreich bei KPMG in Wien im Financial Consulting angefangen. Anschließend hat er die Möglichkeit genutzt, als Quereinsteiger ins IT-Consulting-Team zu wechseln und sein Know-how im Bereich Personalsysteme durch Ausbildungen aufzubauen.

Manuel von Krosigk, Jahrgang 1991, ist Consultant bei zeb. Vor seinem Start in der Beratung studierte er Volkswirtschaftslehre in Stockholm und St. Gallen, und lernte das Projektgeschäft im Rahmen mehrerer Praktika sowohl von der Kunden- als auch Beraterseite kennen. Neben verschiedenen Projekteinsätzen in Südosteuropa führte ihn die Arbeit zu Finanzinstituten in Deutschland, Luxemburg und Großbritannien.

Yevgen Lantsuzovskyy, M.Sc., ist Excecutive Assistant bei Robert Bosch. Er hat Finanzen in Ingolstadt, Nizza und Schanghai studiert. Später vertiefte er seine Kenntnisse in Internationalen Beziehungen in Oxford. Der e-fellows.net-Stipendiat sammelte seine Praxiserfahrung bei der Allianz und Deloitte, spricht vier Sprachen und ist als Projektleiter sowie Brainteaser-Autor tätig.

Paula Lewerenz, M.Sc., Jahrgang 1991, ist Consultant bei Homburg & Partner. An der Universität Maastricht studierte sie International Business und absolvierte Praktika in Argentinien, Australien und Portugal. Als Consultant berät sie nun international tätige Kunden aus der Investitionsgüterindustrie auf dem Weg zu profitablerem Wachstum.

David Liebig, M.A., Jahrgang 1983, ist Vorstand der MAGNA Immobilien AG. Nach seinem BWL-Studium in Greifswald, Wien und Bangalore stieg er als Berater bei A.T. Kearney in Wien ein. Im Anschluss war er als Vice President Finance für die Deutsche Bank in Frankfurt am Main, New York und London tätig.

Johanna Moebus, Prof. Dr. rer. physiol., Jahrgang 1981, ist Professorin für Medizinische Biochemie an der Hochschule Hamm-Lippstadt. Als ehemalige McKinsey-Beraterin und promovierte Humanbiologin lehrt sie seit 2011 an der Hochschule Hamm-Lippstadt. Zu ihren Schwerpunkten zählen auch Soft Skills und Bewerbungscoaching.

Fedon Moog, M.A. Philosophie, Jahrgang 1976, ist Strategieberater und Gründer eines Smart-Data-Start-ups. Als Ex-Journalist und Roland-Berger-Berater zählen Interviews zu seinen Spezialgebieten. Er ist davon überzeugt, dass zehn Minuten Gespräch mehr über einen Bewerber aussagen als 100 Seiten Papierbewerbung.

Julian Müller, M.Sc., Senior Associate bei PwC, stieg nach dem BWL-Studium an der Universität Siegen, der LSE in London und der JCU in Singapur als Berater im Bereich Deals bei PwC ein. Seine Schwerpunkte sind die operative und finanzielle Restrukturierung, die Performance-Steigerung großer mittelständischer Unternehmen sowie die Konzeption und Umsetzung von Wertsteigerungsprogrammen.

Jens Müller-Oerlinghausen, Dr. rer. pol., Jahrgang 1966, ist Managing Partner bei undconsorten. Er studierte und promovierte an der Universität St.Gallen. Vor der Gründung von undconsorten war er Trainee und Projektleiter bei Bertelsmann sowie Partner und Leiter der HR Practice bei McKinsey & Co. mit den Branchenschwerpunkten Medien und Telekommunikation.

Nadja Peters ist Director of Recruiting bei McKinsey & Company. Nach ihrem geisteswissenschaftlichen Studium, unter anderem in Cambridge und Peking, begann sie bei McKinsey. Im Rahmen des Fellow-Programms absolvierte sie einen MBA an der Harvard University. Als Projektleiterin beriet sie Klienten zu Organisations- und Personalentwicklungsthemen.

Rolf Pfeiffer, Jahrgang 1967, ist Mitgründer und Senior Partner der Leadership Choices GmbH und Managing Partner von Bernotat & Cie. Er war mehrere Jahre HR-Director von Arthur D. Little und Accenture, arbeitet heute als Executive Coach mit Senior Executives und Leadership-Teams, und verfügt über sehr umfangreiche Erfahrung aus dieser Arbeit auch und gerade mit Beratern.

Thiemo Purkart, Dipl.-Wirtsch.-Informatiker, ist zertifizierter Projektmanager und Leiter Group Reporting & Controlling bei der Bilfinger SE. Seine aktuellen Schwerpunkte liegen im Management Reporting, dem Financial Controlling und der Steuerung der Unternehmensplanung. Davor war er mehr als zwölf Jahre als Unternehmensberater sowie als Lehrbeauftragter an der Universität Mannheim tätig.

Lisa Remmelberger ist Director bei Simon-Kucher & Partners. Vor ihrem Einstieg dort studierte sie Betriebswirtschaftslehre an der Ludwig-Maximilians-Universität München und der Universität St.Gallen. Bei Simon-Kucher & Partners hat sie sich auf Wachstumsstrategien, Portfolio- und Preisoptimierung spezialisiert. Sie begleitet Unternehmen auf ihrem Weg zu Commercial Excellence.

Tim Ruhoff, Dipl.-Kfm. und B.A. (Hons.) European Business, Jahrgang 1984, arbeitet bei Barkawi Management Consultants. Seit 2008 ist er im Bereich Mobility tätig. Nach seiner Beraterzeit hat er 2010 die Firma Next Generation Mobility gegründet und entwickelt seither die Corporate-Carsharing-Software fleetster.

Justus Scheurlen, Jahrgang 1990, ist Projektmanager bei Bayer Business Consulting. Bevor er 2015 zu Bayer Business Consulting kam, studierte er Maschinenbau und Management in München und Brisbane und absolvierte mehrere Praktika in der externen Beratung. Als Projektleiter leitet er Beratungsprojekte in den verschiedenen Divisionen des Bayer-Konzerns.

Birte Schreitter von Schwarzenfeld, Dipl.-Phys., MBA, ist VP of Global Account Management bei Flex. Nach ihrem Physikstudium und einem MBA an der Harvard Business School arbeitete sie mehrere Jahre bei BCG, bevor sie zum Technologiekonzern Flex wechselte. Dort leitete sie erst die Strategieabteilung und ist momentan für ein $200M-Server/Storage-Geschäft verantwortlich.

Michaela Schütt, Dr., ist Projektleiterin bei Siemens Management Consulting. Sie studierte Informatik an der TU München und promovierte in Betriebswirtschaftslehre an der LMU München.

Sebastian Serfas ist Professor für Finance & Accounting und stellvertretender Gesamtstudienleiter der FOM Hochschule in Nürnberg. Zuvor war er über sieben Jahre als Berater bei McKinsey & Company tätig. Er ist Mitgründer des KompetenzCentrums für Entrepreneurship & Mittelstand und berät Unternehmen bei strategischen und operativen Fragestellungen.

Stephanie Sievers, Jahrgang 1988, ist Managerin bei Nordlicht Management Consultants. Sie ist Psychologin, zertifizierte Mediatorin, Trainerin und Coach und spezialisiert auf die Unterstützung und Entwicklung von Führungskräften sowie die Gestaltung von Team-, Kultur- und Veränderungsprozessen. Hauptsächlich verantwortet und begleitet sie Projekte im Marktfeld der öffentlichen Organisationen.

Stefan van Thienen ist Partner und Co-Lead für Supply Chain Management in Deutschland und Sector Lead für die Chemikalien- und Spezialmaterialien-Industrie in EMEA bei der Deloitte Consulting GmbH. Er kann mehr als 20 Jahre Erfahrung im Supply Chain Management vorweisen.

Dietrich von Trotha ist Consultant bei Arthur D. Little. Nach seinem Studium in Wirtschaftsmathematik in Mannheim und BWL in München berät er nun überwiegend Kunden im Automobilsektor zu Zukunftsthemen wie dem autonomen Fahren, Elektromobilität und Digitalisierung.

Carl Walinski ist Manager bei Willis Towers Watson. Carl Walinski ist bei der Unternehmensberatung in Frankfurt am Main als Manager und Vergütungsexperte tätig. Seine Schwerpunkte liegen in der Entwicklung von marktorientierten Vergütungssystemen und im Vergütungs-Benchmarking für Vorstände und weitere Führungskräfte.

Dagmar Zippel ist Leiterin Recruiting in Deutschland, Österreich und der Schweiz bei Accenture. Sie arbeitet seit 2004 in verschiedenen Positionen für das Beratungsunternehmen. Zuvor war sie in den Personalbereichen von HeidelbergCement und SAP tätig. Dagmar Zippel hat BWL mit Schwerpunkt Personal und Organisation in Ludwigshafen studiert.

1. Branchenüberblick – Orientierungshilfe in einem Markt mit vielen Gesichtern

Der Markt für Unternehmensberatung in Deutschland

Für das Jahr 2018 verzeichnete die Beratungsbranche in Deutschland ein Marktvolumen von 33,8 Milliarden Euro, so die Schätzungen des Bundesverbandes Deutscher Unternehmensberater, kurz BDU. Im Jahr davor waren es noch 31,8 Milliarden Euro - das macht ein beachtliches Wachstum von 7,3 Prozent.

Der Gesamtumsatz inklusive Auslandsgeschäft teilt sich laut BDU wie folgt auf die vier großen Beratungsbereiche auf.

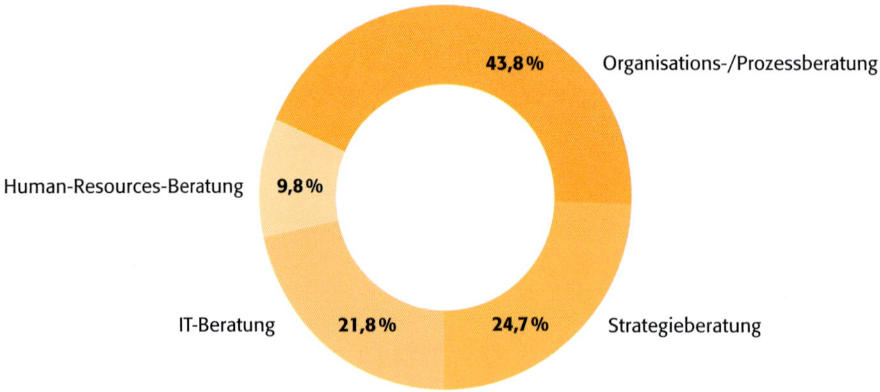

Managementberatungen in Deutschland

Der BDU schätzt die Zahl der Anbieter auf dem deutschen Beratungsmarkt auf rund 20.000. Die Lünendonk GmbH hat im Juni 2019 ihre Lünendonk®-Liste veröffentlicht - mit den zehn umsatzstärksten deutschen Beratungen sowie einer Auflistung von internationalen Managementberatungen und deren Umsätzen und Mitarbeitern in Deutschland (Unternehmen, die nicht ihren Hauptsitz sowie die Mehrheit des Grund- und Stammkapitals in Deutschland haben und im Jahr 2018 signifikante Umsätze mit Managementberatungsleistungen in Deutschland erzielten). Die Liste ist auf der nächsten Seite abgebildet.

Top 10 der deutschen Managementberatungen (Unternehmen, die ihren Hauptsitz sowie die Mehrheit des Grund- und Stammkapitals in Deutschland haben)		**Gesamtumsatz in Mio. Euro**		**Mitarbeiterzahl insgesamt**	
		2018	**2017**	**2018**	**2017**
1	Roland Berger Holding GmbH, München*, 1	600,0	550,0	2.400	2.400
2	Simon-Kucher & Partners Strategy Consultants GmbH, Bonn	309,0	252,0	1.137	1.009
3	Detecon International GmbH, Köln	215,5	220,5	1.365	1.211
4	Horváth AG (Horváth & Partners-Gruppe), Stuttgart	209,0	177,0	843	711
5	Q_Perior AG, München	195,0	178,4	637	565
6	zeb.rolfes.schierenbeck.associates.gmbh, Münster	193,4	199,0	911	892
7	Porsche Consulting Gruppe, Bietigheim-Bissingen	173,0	139,0	580	470
8	KPS AG, Unterföhring	172,2	160,3	591	487
9	d-fine GmbH, Frankfurt am Main	145,0	143,5	862	782
10	goetzpartners Group, München	119,2	110,0	361	341

Internationale Managementberatungen in Deutschland (alphabetische Reihenfolge)	**weltweite Beratungsumsätze 2018 in Mrd. Euro**	**weltweite Mitarbeiterzahl 2018**
A.T. Kearney	1,1	3.600
Accenture*	18,3	86.000
AlixPartners[2]	k.A.	2.000
Aon Hewitt	1,6	15.000
Bain & Company*	3,1	9.000
BearingPoint	0,7	4.574
Capgemini Invent*, [3]	1,0	6.000
Deloitte*, [4, 5]	17,0	95.000
EY[4]	8,1	59.794
KPMG[4]	9,7	66.160
IBM*, [6]	6,5	36.500
McKinsey & Company*	8,6	28.000
Mercer	4,0	23.000
Oliver Wyman	1,7	5.000
PricewaterhouseCoopers[4, 7]	11,7	62.613
The Boston Consulting Group*	6,4	18.500
The Capital Markets Company	0,6	4.486
Willis Towers Watson	7,2	43.300

* Umsatz- und/oder Mitarbeiterzahlen teilweise geschätzt/ k.A. = keine Angabe.
1 Gesamtumsatz > 500 Mio. Euro: Umsatzschätzungen in „Größer-als-Darstellung" aus jeweils aktueller Sicht.
2 Für das Unternehmen AlixPartners sind keine internationalen Zahlen verfügbar. Das Unternehmen erzielt jedoch in Deutschland signifikante Umsätze.
3 Unter der neuen Marke Capgemini Invent wird die Strategie-, Digital-, Innovations- und Transformationsberatung von Capgemini seit 09/2018 neu gebündelt.
4 Hierbei handelt es sich um die internationalen Consulting- und Advisory-Umsätze der Wirtschaftsprüfungsgesellschaften.
5 Deloitte erbringt darüber hinaus Advisory Services in anderen Bereichen, inkl. Tax & Legal, Risk Advisory und Audit.
6 Bei IBM handelt es sich ausschließlich um die Consulting-Umsätze, die als Teil der Organisationseinheit Global Business Services erzielt werden.
7 Inklusive der Umsätze von strategy&.
Hinweis zu Wechselkursen: Euro-Referenzkurs der Europäischen Zentralbank 1 Euro = 1,1810 US-$ (2018) und 1,1297 US-$ (2017), jeweils im Jahresdurchschnitt. Quelle: Lünendonk GmbH, Mindelheim 2019 – Aktualisierter Stand 24.06.2019 (keine Gewähr für Firmenangaben), abrufbar unter luenendonk-shop.de/Luenendonk-Listen.

Vorstellung einzelner Beratungsbereiche

Wie im vorhergehenden Beitrag beschrieben, kann man den Markt für Unternehmensberatung in Deutschland in vier Beratungsbereiche unterteilen: Strategieberatung, Organisations- und Prozessberatung, IT-Beratung und Human-Resources-Beratung. Was genau sich hinter den einzelnen Beratungsfeldern verbirgt, wird im Folgenden näher beleuchtet.

Strategieberatung

von Dr. Axel Hüttmann und Dr. Jens Müller-Oerlinghausen

Die Strategieberatung gilt gemeinhin als die Königsklasse der Beratung: Sie beschäftigt sich mit der Unternehmensstrategie und somit dem Verantwortungsbereich des Topmanagements. Insbesondere die großen Unternehmensberatungen wie McKinsey, Bain oder Roland Berger bezeichnen sich gerne als Topmanagement- oder Strategieberatungen. Aber auch kleine Beratungsunternehmen – häufig Spin-offs der großen Beratungen wie z. B. undconsorten – unterstützen ihre Klienten bei der Entwicklung ihrer Strategie.

Ein Beratungsfeld so breit wie der Begriff Strategie selbst
Das Feld der Strategieberatung ist genauso breit und leider auch genauso schwer abgrenzbar wie der Begriff Strategie selbst. Als Unternehmensstrategie wird gemeinhin der langfristige Plan zur Erreichung unternehmerischer Ziele verstanden. Daraus leiten sich die Aktivitätsfelder des Unternehmens ab. Die Strategie legt fest, welchen Zielkunden welche Leistungsversprechen gemacht und mit welchem Geschäftsmodell sie erfüllt werden.

In der Regel wird die Unternehmensstrategie anschließend in Teilstrategien aufgeschlüsselt: Markt- und Produktstrategien legen fest, welche Marktsegmente mit welchen Angeboten bedient werden. Entwicklungsstrategien geben vor, auf welche Bereiche ein Unternehmen seine Forschungsaktivitäten fokussiert. Und Finanzstrategien klären, woher das Unternehmen sein Kapital erhält – und in welchen Bereichen es dieses wertbringend einsetzt.

Die Strategie eines Unternehmens ist zukunftsorientiert und agiert damit mit unsicheren Vorgaben. Sie wird gleichermaßen vom externen wie vom internen Umfeld beeinflusst. Es gilt, Märkte und Rahmenbedingungen zu verstehen und ihre Veränderungen zu antizipieren. Dabei muss das Unternehmen stets die eigenen Fähigkeiten und Ressourcen berücksichtigen.

Die Bewertung, Entwicklung und Umsetzung von Strategien als Kerntätigkeitsfelder

Die aufgezählten strategischen Fragestellungen sind komplex. Unternehmen greifen daher oft auf externe Berater zurück. Abhängig von der Zielsetzung der Unterstützung lassen sich drei Kerntätigkeitsfelder der strategischen Beratung unterscheiden:

- **Strategiebewertung oder Strategic Review:** Das Unternehmen bittet einen externen Experten, die intern entwickelte Strategie zu prüfen und kritisch zu hinterfragen: Ist der formulierte Plan geeignet, die Unternehmensziele zu erreichen? Sind die Annahmen plausibel und realistisch?
- **Strategieentwicklung:** Veränderungen der Rahmenbedingungen – z. B. eine neue Technologie – oder neue strategische Ziele machen eine Überarbeitung des langfristigen Plans erforderlich. Der Strategieberater hilft dem Management bei der Entwicklung oder Anpassung der Strategie durch Analysen, durch seine externe Perspektive und als erfahrener Sparringspartner.
- **Strategieumsetzung:** Ein guter Plan macht noch keine gute Strategie. Vielmehr gilt es, den Plan in Stoßrichtungen für einzelne Unternehmensbereiche zu übersetzen und mit konkreten Maßnahmen zu hinterlegen. Erst dadurch werden Strategien für Mitarbeiter richtungsweisend und umsetzbar. Strategieberatungen helfen nicht nur, die richtigen Maßnahmen auszuwählen und zu initiieren, um damit die gesetzten Ziele zu erreichen, sondern auch, deren Kommunikation an alle Mitarbeiter vorzubereiten und umzusetzen.

Typische Beratungsaufgaben in einem Strategieprojekt

Ein Strategieprojekt aus der Praxis einer kleinen Beratung verdeutlicht die typischen Aufgaben eines Strategieberaters.

Aufgabenstellung: Aufsichtsrat und Vorstand setzen ein ambitioniertes Wachstumsziel für die verschiedenen Sparten eines internationalen Konsumgüterherstellers. Das Management einer Sparte erhält daraufhin die Aufgabe, eine Strategie für das Erreichen des Wachstumsziels in seinem Markt zu entwickeln. Die Strategieberatung erarbeitet gemeinsam mit dem Klienten eine umsetzungsorientierte Strategie und durchläuft dabei folgende Phasen:

- **Bestandsaufnahme:** Gemeinsam mit Mitarbeitern aus Marketing, Vertrieb und Entwicklung wird die Ist-Situation analysiert, und erste Aussagen zu Trends werden erarbeitet. Welche Märkte wachsen in Zukunft besonders schnell? Über welche Marktanteile verfügen wir bereits? Wo können wir dem Wettbewerb Marktanteile abnehmen? Mit welchen Produkten können wir neue Kundensegmente erschließen? Wichtig bereits in dieser Phase: Die Bestandsaufnahme muss mit dem Klienten abgestimmt werden, damit sichergestellt ist, dass von der gleichen Faktenbasis ausgegangen wird.
- **Problemstrukturierung:** Aufbauend auf dieser Faktenbasis geht es darum, mögliche Wachstumshebel zu identifizieren und zu strukturieren – z. B. Wachstum in bestehenden versus Wachstum in neuen Märkten; mit bewährten oder neuen Produkten; über existierende oder über neu aufzubauende Vertriebskanäle.
- **Hypothesenentwicklung:** Erfahrungen der Klienten- und Beraterseite sowie gemeinsame Diskussionen ermöglichen die Formulierung erster Hypothesen zu den verschiedenen Wachstumshebeln, beispielsweise: „Ein Prozent Umsatzwachstum kann durch den Verkauf von Produkten mit erweiterten Funktionalitäten in den Märkten Mexiko und China erreicht werden." Die Hypothesenentwicklung ist eine bewährte Technik, um schnell und systematisch das Vorgehen im Projekt zu fokus-

sieren und die gesetzten Projektziele zu erreichen. Die Klientenorganisation sollte frühzeitig einbezogen sein, indem zum Beispiel erste Hypothesen des engeren Projektteams mit wichtigen Stakeholdern im Unternehmen in Interviews diskutiert und verfeinert werden.

- **Analyse und Bewertung:** Gezielte Untersuchungen von Marktforschungsdaten, Interviews mit lokalen Experten oder Tests werden genutzt, um die erarbeiteten Hypothesen zu testen und ein deutlicheres Bild von den Erfolg versprechenden Wachstumshebeln zu gewinnen. Um beim vorherigen Beispiel zu bleiben: Wie groß ist das Marktvolumen aktuell für Basisprodukte in Mexiko und China? Welche zusätzlichen Kundengruppen können über die erweiterten Produktfunktionalitäten erreicht werden? Wie entwickelt sich der Markt in Zukunft? Sind die erforderlichen Vertriebskanäle verfügbar? Welchen Marktanteil hat der Klient beim Markteintritt in vergleichbaren lateinamerikanischen bzw. asiatischen Märkten im ersten/zweiten Jahr gewonnen? Mit diesen Informationen lässt sich letztlich abschätzen, ob ein Markteintritt wirklich ein Prozent Umsatzwachstum generieren kann oder nicht.
- **Szenarioentwicklung:** In einem Excel-Modell wird die Umsatzentwicklung bei verschiedenen Annahmen zu den Wachstumshebeln und ihren Kombinationen simuliert, um anschließend über geeignete Szenarien zu einer Abschätzung von Chancen und Risiken zu gelangen und zu prüfen, ob das Wachstumsziel des Topmanagements durch die entwickelte Strategie erreichbar ist. Genauso wichtig wie die unbedingte Sorgfalt bei der Erstellung der Szenariorechnung ist eine Dokumentation der Annahmen und der Vorgehensweise. Nur so kann das Kliententeam die Berechnungen des externen Beraters nachvollziehen und das Modell nach Abschluss des Projekts eigenständig weiterverwenden.
- **Entscheidungsvorbereitung:** Die gesammelten Erkenntnisse müssen für die finale Entscheidung für das Management konsolidiert und aufbereitet werden – angesichts der Komplexität der Materie eine wirkliche Herausforderung.
- **Umsetzungsplanung:** Ohne Umsetzung bleibt selbst ein sehr detaillierter Plan nur ein Stück Papier. Es gilt, die nächsten Schritte genau festzulegen: Wer macht was bis wann? Welcher Markt wird wann erschlossen? Wann kommen welche Produkte? Welche Werbekampagne ist wann erforderlich? Dies ist einer der kritischsten Schritte des Projekts, denn ohne die erfolgreiche Umsetzung der Strategie war alle vorangegangene Mühe umsonst. Erneut geht es darum, die wichtigen Stakeholder im Unternehmen einzubeziehen und für den Umsetzungsplan zu gewinnen. Um das Umsetzungsteam optimal für die neuen Aufgaben vorzubereiten, kann der externe Berater ein breites Spektrum von detaillierten Umsetzungsplänen mit Controlling-Logik von Individualgesprächen bis hin zu Teamtrainings anbieten.
- **Strategieimplementierung:** In einer zunehmend volatilen Welt müssen alle Mitarbeiter die Eckpunkte der Strategie kennen, damit sie für ihre Entscheidungen handlungsleitend sein kann. Führungskräfte müssen ihren Mitarbeitern die Strategie für den jeweiligen Verantwortungsbereich operationalisieren und erläutern, wie kritische Geschäftsentscheidungen zu treffen sind. Hier unterscheidet sich die Produktion oder Logistik wesentlich vom Marketing oder Vertrieb. Strategieberatungen helfen Führungskräften bei der Übersetzungsleistung in bereichsspezifische Maßnahmen.

IT-/Technologieberatung

von Dagmar Zippel

Gemeinsamkeiten mit und Abgrenzung zur Managementberatung

Informationstechnologie ist eine Querschnittsfunktion mit Berührungspunkten zu allen Branchen und Unternehmensbereichen. Wer hier als Berater tätig ist, beschäftigt sich nicht automatisch nur mit Bits und Bytes. Vielmehr handelt es sich um eine Aufgabe, in der Theorie und Praxis, Strategie und Umsetzung besonders eng verwoben sind.

Die IT- und Technologieberatung erfordert natürlich technisches Verständnis und eine hohe Affinität zu IT-Themen. Zur Planung und Implementierung gehört das Wissen um die Möglichkeiten und Grenzen verschiedener Technologien und Produkte. Dies ist wichtig, um Geschäftsprozesse in den richtigen Systemen abzubilden. Die Kunden erwarten jedoch auch Impulse, die sich durch technische Innovationen ergeben. Neue Geschäftsmöglichkeiten durch den Einsatz neuer Technologien rechtzeitig zu erkennen und für Unternehmen nutzbar zu machen ist eine wesentliche Anforderung an die Technologieberatung.

Je nach Größe und Fokus der Beratungsgesellschaft finden Spezialisten aus verschiedenen Fachbereichen hier ein spannendes Aufgabenfeld. Die Palette reicht von der Spezialberatung in klar umrissenen Themenfeldern wie IT-Sicherheit, Dokumentenmanagement oder Netzwerkplanung bis hin zur Strategieberatung. Bei Letzterer geht es stärker um die technologischen Konsequenzen und Möglichkeiten für strategische Entscheidungen sowie um die Frage nach dem Wertschöpfungsbeitrag von IT.

Abgrenzung zu anderen Beratungsfeldern

Die Grenzen zwischen der reinen Management- und Organisationsberatung und der Technologieberatung sind fließend. Da die Informationstechnologie das Nervensystem einer Organisation darstellt und Prozesse fast immer in Software abgebildet werden, spielen technologische Fragen bei vielen Projekten eine Rolle.

Letztlich ist die Unterscheidung vor allem eine Frage des Blickwinkels: Während Managementberater unternehmerische Fragestellungen behandeln, also beispielsweise Konzepte für den Aufbau eines neuen Händlernetzes entwickeln, sind die IT-Berater eher auf der prozessualen und technologischen Ebene zu finden. Im Falle des Händlernetzes würden sie also die Kommunikationsstruktur und die Anbindung der Händler an die Unternehmensprozesse entwickeln.

Mit anderen Worten: IT-Berater müssen noch stärker als Managementberater in der Lage sein, Strategien und Konzepte in konkrete Prozesse zu überführen. Auf Basis dieser Übersetzungsleistung wird dann die für den jeweiligen Bedarf beste IT-Lösung entwickelt. Ausgeprägtes Prozessdenken und hohe technische Affinität sind entscheidend für den Erfolg des IT-Beraters.

Typische Tätigkeitsfelder und Beratungsaufgaben

Bei der Entwicklung und Umsetzung von IT-Strategien und -Lösungen müssen verschiedene Fragen beantwortet werden. Sie reichen von der Auswahl der richtigen Systeme über die Zuverlässigkeit und Langfristigkeit von Investitionen bis hin zur Wirtschaftlichkeit einzelner Maßnahmen.

In den seltensten Fällen beginnen Technologieberater mit einem leeren Blatt Papier. In der Regel ist der Ausgangspunkt eine strategische Zielsetzung, die an anderer Stelle formuliert wurde. IT-Berater übersetzen die Strategie in ein IT-Konzept und definieren im Anschluss einen Migrationspfad von der Ausgangssituation hin zum Zielszenario. Häufig geht es um die Harmonisierung von IT-Landschaften im Anschluss an eine Unternehmensübernahme. Die Ziele, die mit der Übernahme verbunden waren, haben auch maßgeblichen Einfluss darauf, wie die IT-Landschaften zusammengeführt werden oder ob neue Infrastrukturen aufgebaut werden.

IT-Berater sind darüber hinaus gefordert, sich kontinuierlich über neue Entwicklungen auf dem Laufenden zu halten und sinnvolle Anwendungsmöglichkeiten für spezifische Kundenszenarien zu bestimmen. IT-Verantwortliche in Unternehmen haben nur begrenzte Möglichkeiten, Neuerungen zu bewerten. Sie sind daher auf Empfehlungen und Urteile der IT-Berater angewiesen. Im Kern geht es immer um die Frage nach dem Nutzen einer Lösung: Wie kann man daraus zusätzlichen Mehrwert für sein Geschäft generieren?

Von den Beratern wird deshalb erwartet, dass sie ihr technisches Know-how konstant weiterentwickeln. Damit die Kunden das bestmögliche Ergebnis erhalten, müssen sich die Berater sowohl in den modernsten Technologien als auch bei den Standardanwendungen auskennen.

Trends in der Technologieberatung

Es gibt auch Bereiche, die man üblicherweise kaum mit IT-Beratung in Verbindung bringt. So spielen beispielsweise IT-Infrastrukturen eine zunehmend wichtigere Rolle für die Rekrutierung von Nachwuchskräften. Die Generation „Millennials" oder „Digital Natives" drängt mittlerweile auf den Arbeitsmarkt. Und mit „Gen Z" steht auch schon die nächste bereits in den Startlöchern. Sie alle sind mit elektronischen Medien aufgewachsen und haben einen selbstverständlichen Umgang damit. Sie erwarten von ihren Arbeitgebern moderne IT-Ausstattung und einen freien Zugang zu ihren sozialen Netzwerken, die längst nicht mehr nur privaten Zwecken dienen, sondern auch in der beruflichen Vernetzung eine entscheidende Rolle spielen. Die Digitalisierung des privaten wie des professionellen Alltags führt zu immer stärkeren Wechselwirkungen zwischen diesen Lebenswelten. Hier können IT-Berater Unternehmen dabei helfen, sich von den Wettbewerbern auf dem Arbeitsmarkt abzuheben und optimale Arbeitsbedingungen für Digital Natives zu schaffen.

Aber nicht nur die Mitarbeiter drängen auf eine Öffnung der Unternehmensgrenzen. Auch die Arbeit wird in zunehmendem Maße mit Partnern und Kunden außerhalb der vier Unternehmenswände organisiert. Mit der Anzahl der Übergabepunkte für Informationen steigen auch die Anforderungen an die Sicherheit, um erwünschten Datentransfer nicht zu behindern, unerwünschten jedoch effektiv zu unterbinden.

Ganz zu schweigen von der zunehmenden Online-Kriminalität, die immer neue Wege sucht, um illegal an sensible Daten heranzukommen und diese zu missbrauchen. IT-Security ist ein extrem schnell wachsender und beratungsintensiver Bereich mit hohem Innovationstempo.

Neben Sicherheit ist vor allem die globale Orientierung der Wirtschaft eine der zentralen Herausforderungen für die IT. Die Technologieberatung arbeitet deshalb sowohl global wie auch lokal: Management- und Technologieberater benötigen eine globale Präsenz, um die Anbindung einer Niederlassung in Indien oder die Zusammenarbeit mit einem Lieferanten in Brasilien nicht nur theoretisch sicherzustellen. Erst das Know-how vor Ort garantiert, dass der Kunde die geplanten Vorteile auch erzielen kann.

Berater arbeiten oft in Teams zusammen, deren Mitglieder verschiedene kulturelle Hintergründe haben. Die Fähigkeit, sich auf unterschiedliche Denk- und Herangehensweisen einzustellen, ist essenziell. In einer vernetzten Welt müssen auch Berater vernetzt denken und arbeiten.

Effizienz in der Informationsverarbeitung wird dabei neu definiert. Feedback und Anregungen von Kunden aufzunehmen und in die internen Entscheidungsprozesse einfließen zu lassen ist ungleich schwieriger als die Steuerung des Datenflusses im Unternehmen. Neben rein technischen Fragen ist es entscheidend, wie die Kommunikation mit dem Kunden für diesen angenehm und einfach wird. Mithilfe der richtigen Technologie kann ein produktiver Dialog geführt werden. Technologieberatung bedeutet in diesem Fall nicht nur, die richtigen Plattformen zur Verfügung zu stellen, sondern die optimale Verknüpfung der Kommunikationskanäle zu finden.

Einstiegsvoraussetzungen

Abgesehen von den gängigen Anforderungen in der Beraterbranche müssen Kandidaten für die Technologieberatung über eine ausgeprägte IT-Affinität verfügen. Für Positionen mit Umsetzungskompetenz sind zudem spezifische Software- oder Programmierkenntnisse gefragt, wie zum Beispiel SAP, Java, JavaScript, C oder C++. Häufig bieten die Unternehmensberatungen Einstiegsprogramme an, um Berufsanfänger an die Arbeit in den technologieorientierten Projekten heranzuführen. Berater in großen Consulting-Firmen gehen interdisziplinär vor, wenn für ein bestimmtes Projekt in den verschiedenen Phasen unterschiedliche Qualifikationen benötigt werden. Und die Technologieberatung hat zwar traditionell den Ruf einer Männerdomäne, mittlerweile entscheiden sich aber immer mehr Frauen für eine Laufbahn in der IT-Beratung. Spätestens mit der Digitalisierung ergeben sich neue Berufsfelder, die durch ihre kreative Komponente besonders für Frauen interessant werden. Vorbildliche Firmen haben begonnen, ihre Mitarbeiterinnen mit speziellen Förderprogrammen zu unterstützen. Dies ist eine wichtige Entwicklung. Je mehr weibliche Vorbilder von ihren Karrieren berichten, umso selbstverständlicher werden erfolgreiche MINT-Laufbahnen für Frauen. Dafür braucht es auch Möglichkeiten für Frauen und Männer, Familie und berufliche Karriere zu verbinden.

Organisations- und Prozessberatung

von Kristina Folz

Je reibungsloser die Prozesse innerhalb von Unternehmen ineinandergreifen und je besser die Abläufe aufeinander abgestimmt sind, umso effizienter sind sie. In der Praxis ist das nicht immer der Fall - beispielsweise, wenn eine Firma zu schnell gewachsen ist, ohne dass die innerbetrieblichen Abläufe daran angepasst wurden. Ineffiziente Strukturen können aber auch entstehen, wenn sich Unternehmen über Jahre oder Jahrzehnte hinweg entwickeln, ohne dass Abläufe und Zuständigkeiten regelmäßig systematisch hinterfragt und verbessert werden. Hier kommen Organisations- und Prozessberater ins Spiel. Sie werden oft dann eingeschaltet, wenn sich das Unternehmen strategisch neu positionieren will, ein Eigentümerwechsel oder eine grundlegende Restrukturierung ansteht.

Allerdings zählen nicht nur Unternehmen zu den Kunden von Organisationsberatern, sondern auch Einrichtungen des öffentlichen Dienstes, Parteien oder Non-Profit-Organisationen - kurzum: alle, die ein Interesse daran haben, dass interne Aufbau- und Ablaufprozesse optimiert werden.

Das Ziel der Prozess- und Organisationsberater besteht darin, die Klientenorganisation als Ganzes oder in Teilen zu stabilisieren, zu entwickeln, Operations und Performance im Rahmen des Gegebenen zu optimieren und den Weg dafür zu bereiten, dass sich die Organisation zukünftig eigenständig steuern kann. Weil das beste Leitbild nichts hilft, wenn es nicht implementierbar ist, müssen Prozess- und Organisationsberater immer besonders auf die Umsetzbarkeit von innen heraus achten.

Abgrenzung zu anderen Beratungsfeldern

Dabei konzentriert sich die Organisationsberatung vor allem auf die gegebenen Potenziale innerhalb der Klientenorganisation. Das unterscheidet sie beispielsweise von der Strategieberatung, die (auch) nach neuen Potenzialen sucht. Da die internen Prozesse alle Abteilungen betreffen und die unterschiedlichsten Themenfelder berühren, gibt es bei der Prozess- und Organisationsberatung naturgemäß kleinere thematische Überschneidungen zu anderen Beratungsgebieten wie der IT-Beratung, der Strategieberatung und der Human-Resources-Beratung. Allerdings liegen die Schwerpunkte jeweils unterschiedlich gelagert.

Zu den typischen Fragestellungen, die sich Organisations- und Prozessberatern stellen, zählen unter anderem:

- Welche Prozesse sind für den Erfolg des Klienten essenziell?
- Wie müssen diese Prozesse aufgestellt sein, um möglichst effizient, effektiv, anpassungs- und zukunftsfähig zu sein?
- Können einzelne Prozesse automatisiert werden? Und wenn ja: Welche Vorteile bringt das kurz-, mittel- und langfristig mit sich?
- Ist es ratsam, Prozesse zu modularisieren, also in kleine Teilprozesse aufzuspalten? Wenn ja, welche Konsequenzen ergeben sich daraus?
- Was braucht es, um Change-Management nachhaltig beim Klienten einzuführen?
- Welche Erfordernisse gibt es hinsichtlich der Mitarbeiter des Unternehmens: Wie müssen sie entwickelt werden, wie können Kommunikationsprozesse verbessert und Konfliktpotenziale minimiert werden etc.?

Ausbildung und erforderliche Kompetenzen

Wer in die Organisations- und Prozessberatung einsteigen möchte, sollte bereits im Studium entsprechende Themenschwerpunkte wählen und möglichst frühzeitig praktische Erfahrung sammeln. Daneben sind profunde IT-Kenntnisse von Vorteil, wenn auch meist keine Einstellungsvoraussetzung.

Besonders wichtig sind jedoch diverse Soft Skills:

- Sie benötigen eine schnelle Auffassungsgabe, um sich schnell in die Organisation des Klienten einzuarbeiten, Prozesse und Strukturen zu durchschauen.
- Unerlässlich ist auch Teamfähigkeit, denn Berater arbeiten (fast) nie alleine und sind zudem auf ein vertrauensvolles Verhältnis zu ihren Klienten angewiesen.
- Wie in allen Beratungsfeldern sind analytische Skills erforderlich, um Verbesserungspotenziale zu erkennen und ein tragfähiges Soll-Konzept zu entwickeln.
- Um den eigenen Vorschlägen Gehör zu verschaffen, kommt es zudem auf ein selbstbewusstes Auftreten und Durchsetzungsstärke an.
- Zugleich sind Einfühlungsvermögen sowie kommunikative Fähigkeiten vonnöten, denn Veränderungen müssen behutsam, aber nachhaltig auch an die Mitarbeiter des Kunden vermittelt werden. Mit der „Brechstange" kommt man hier nicht weit.

Die Methoden der Prozess- und Organisationsentwicklung erlernt man dagegen meist on the Job, entweder in der Onboarding-Phase oder in den ersten Projekten.

Human-Resources-Beratung

von Dr. Axel Hüttmann und Dr. Jens Müller-Oerlinghausen

Die beste Strategie ist wertlos ohne geeignete Mitarbeiter und Führungskräfte. Der Faktor Personal gewinnt durch den Strukturwandel zur Dienstleistungsgesellschaft und Wissensökonomie dramatisch an Bedeutung. Eine erfolgreich umgesetzte Geschäftsstrategie beruht vor allem auf exzellenter Personalarbeit.

Für die Verbesserung der Personalarbeit bieten spezialisierte HR-Beratungen ihre Unterstützung an, die oft ihren Fokus auf Themenfelder wie Vergütung, Altersvorsorge oder Führungskräftevermittlung (Executive Search) legen. Viele Strategieberatungen haben ebenfalls spezialisierte HR Practices, die zusätzlich zum HR-Spezialwissen ihre strategische Beratungsexpertise einbringen. Auftraggeber ist meist der Personalbereich, aber immer öfter auch die Unternehmensleitung. Denn ihre Führung beeinflusst die Leistung der Mitarbeiter erheblich. Mit der HR-Beratung verwandt, aber zumindest vom Bundesverband Deutscher Unternehmensberater (BDU) dieser nicht zugerechnet, ist der Bereich der Personalberatung. Headhunter unterstützen Unternehmen gezielt darin, die Anforderungen an Kandidaten für offene Stellen zu definieren und geeignete Bewerber zu finden.

Herausforderungen und Aufgabenbereiche

Den richtigen Mitarbeiter zur richtigen Zeit am richtigen Ort einsetzen, und das zu möglichst wettbewerbsfähigen Kosten – so lässt sich die Aufgabe der Personalarbeit auf den Punkt bringen. Das verdeutlicht, dass sie eine der anspruchsvollsten und komplexesten Aufgaben im Unternehmen ist. Entweder es gibt nicht genügend fähige Mitarbeiter, oder es sind zu viele an Bord. Veränderungen beim Personal haben lange Vorlaufzeiten: Menschen brauchen Zeit, um Neues zu erlernen. Rechtliche und vertragliche Regelungen setzen zudem enge Vorgaben.

Folgende drei Aufgabenbereiche sind innerhalb des HR-Bereichs zentral:

- das **strategische Personalmanagement**, das die quantitative und qualitative Personalplanung mit einer langfristigen Personalstrategie verbindet und durch dynamisches Personalmanagement über entsprechende Flexibilisierungs-, Qualifizierungs- oder Personalanpassungsmaßnahmen für deren Umsetzung sorgt.
- das **Talentmanagement**, das sich um die Gewinnung, Bindung, Motivation, Vergütung, Bewertung und Weiterentwicklung der Mitarbeiter kümmert – von der Führungskraft bis zum Azubi.
- die **exzellente Personalfunktion**, die in ihrer Organisation, ihren Prozessen, Instrumenten und IT-Systemen sowie in ihren Fähigkeiten die richtige Balance zwischen effizienter Erbringung von Verwaltungstätigkeiten wie der Lohnzahlung und kompetenter Beratung der Führungskräfte in Personalfragen findet.

Typische Beratungsfelder

Die Entwicklung der Personalstrategie im Kontext der allgemeinen Unternehmensstrategie ist eines der Tätigkeitsfelder der HR-Beratung, das direkte Anknüpfungspunkte an die Strategieberatung bietet. Auch bei der Festlegung der strategischen Stoßrichtungen im Personalbereich sowie der Gestaltung der zur Umsetzung am besten geeigneten Aufbau- und Ablauforganisation finden sich Parallelen zur Strategieberatung. In diesem Feld trifft man sowohl große Beratungshäuser als auch spezialisierte Beratungen an.

Einer der Schwerpunkte der HR-Beratung ist die Konzeption von Personalsystemen: Wie plane ich meine Personalressourcen? Über welche Controlling-Zahlen steuere ich sie? Wie positioniere ich mich als Arbeitgeber, um die richtigen Talente zu gewinnen? Und über welche Systematik entwickle ich ihre Fähigkeiten und identifiziere ich meine Leistungsträger? Welche Vergütungssysteme binden die richtigen Talente und senden die richtigen Leistungsanreize? Oft gibt es hier auf Einzelaspekte spezialisierte Beratungshäuser, aber auch breiter aufgestellte HR-Spezialisten. Da in großen Unternehmen die Systeme nur selten ohne IT-Unterstützung auskommen, ist dieser Bereich ein Anknüpfungspunkt für die IT-Beratung, meist durch spezialisierte Softwareanbieter.

Auch Prozessoptimierung ist ein Tätigkeitsfeld der HR-Berater. Denn nicht erst seit der zunehmenden Verbreitung von sogenannten Shared Service Centers (sozusagen unternehmensweit genutzten Prozessfabriken) gibt es Bedarf an Automatisierung und Spezialisierung, um Prozesse effizienter und effektiver zu gestalten. Auf diesem Feld sind vor allem IT- und Outsourcing-Anbieter aktiv.

Diese Tätigkeiten gewinnen mit zunehmender Unternehmensgröße und -vielfalt an Komplexität. Wenn beispielsweise für ein internationales Telekommunikationsunternehmen mit deutlich über 100.000 Mitarbeitern eine neue Personalentwicklungssystematik konzipiert und eingeführt wird, sind vielfältige Schnittstellen mit den Bereichen Personalmarketing, Vergütung sowie Führungskräfteentwicklung zu berücksichtigen. Darüber hinaus können bereits unterschiedliche Modelle existieren, die es in das neue Konzept zu integrieren gilt. Hier muss besonders große Sorgfalt auf die interne Kommunikation und die Umsetzungsbegleitung gelegt werden.

Besondere Anforderungen an HR-Berater

Mitarbeiter im HR-Bereich zeichnen sich häufig durch große Begeisterung für ihre Aufgabe und hohe soziale Verantwortung aus, der sie entgegen allem wirtschaftlichen Druck gerecht werden wollen. Der HR-Berater wird oft in diesem Spannungsfeld aktiv. Ohne Empathie kommt er hier selten weiter. Gleichzeitig braucht er Hartnäckigkeit und Kreativität bei der Versachlichung und Bewertung eines schwer messbaren Themenfelds. Darüber hinaus sind HR-Themen oft sensibel – nicht zuletzt auch vor dem Hintergrund der unterschiedlichen Interessen von Eigentümern, Führungskräften, Mitarbeitern und Betriebsräten. Der HR-Berater benötigt hier das richtige Fingerspitzengefühl, um in der Organisation Vertrauen aufzubauen. Zudem sollte er natürlich wie der Strategieberater sehr gute analytische Fähigkeiten und Projektmanagement-Kompetenzen für die strategischen HR-Themen mitbringen.

Unternehmensberatung bei Wirtschaftsprüfungsgesellschaften

von Timo Klees

Das Leistungsspektrum der Wirtschaftsprüfungsgesellschaften befindet sich seit einiger Zeit im Wandel: Ausgehend von ihren originären Aktivitäten in der Wirtschaftsprüfung (Audit) und Steuerberatung (Tax) bauen insbesondere die sogenannten Big Four – bestehend aus PwC, KPMG, EY und Deloitte – ihre Beratungsaktivitäten kontinuierlich aus. Dies eröffnet Absolventen und Quereinsteigern attraktive Entwicklungsmöglichkeiten im Beratungsumfeld.

Wirtschaftsprüfung und prüfungsnahe Beratung

Bereits in den vergangenen Jahren trugen (prüfungsnahe) Beratungsaktivitäten überdurchschnittlich zum Wachstum der Wirtschaftsprüfungsgesellschaften bei. Insbesondere bei Mandanten, bei denen keine Prüfungsleistungen erbracht werden und somit grundsätzlich eine höhere Beratungsfreiheit besteht, wird ein kontinuierlicher Ausbau der Beratungsleistungen angestrebt. Dies erfolgt zunehmend auch durch die gezielte Übernahme von etablierten Unternehmensberatungen und verändert die Landschaft des Beratungsmarktes. Von besonderem Interesse für die Wirtschaftsprüfungsgesellschaften sind Unternehmensberatungen mit einem spezifischen Fokus, z. B. in bestimmten Fachgebieten oder Sektoren. Sowohl für die Wirtschaftsprüfer als auch für die übernommenen Berater kann sich eine Win-win-Situation ergeben. Vor allem für kleinere Beratungen kann es vorteilhaft sein, unter das Dach einer großen Wirtschaftsprüfungsgesellschaft zu schlüpfen, um von deren globalem Netzwerk zu profitieren.

Steigende Bedeutung der Beratungsaktivitäten

Es wird erwartet, dass sich dieser Trend in den nächsten Jahren weiter verstärkt. Grund dafür sind auch neue Regularien, nach denen kapitalmarktorientierte Unternehmen, Banken und Versicherungen nun regelmäßig ihren Abschlussprüfer wechseln müssen. Um die Unabhängigkeit der Abschlussprüfer zu wahren, dürfen die Wirtschaftsprüfungsgesellschaften bei Unternehmen nicht gleichzeitig den Jahresabschluss prüfen und umfassende Beratungsleistungen anbieten. Die Pflichtrotation in der Abschlussprüfung eröffnet den Wirtschaftsprüfungsgesellschaften neue Beratungsmöglichkeiten bei Unternehmen, deren Abschlüsse sie bisher geprüft haben und zukünftig nicht mehr prüfen dürfen. Schließlich verfügen die bisherigen Abschlussprüfer über beste Kenntnisse der Unternehmen und etablierte Kontakte zum Management.

Die einzelnen Wirtschaftsprüfungsgesellschaften verwenden für ihre Beratungsaktivitäten zwar unterschiedliche Bezeichnungen, z. B. Advisory oder Consulting, setzen jedoch ähnliche inhaltliche Schwerpunkte. Sie bündeln hier das fachliche Know-how zu transaktions-, risiko- und prozessorientieren, strategischen sowie regulatorischen Fragestellungen. Dabei zeichnen sie sich vor allem durch eine hohe finanzwirtschaftliche Kompetenz aus und ermöglichen es ihren Mandanten dadurch, den Fokus auf das eigentliche Kerngeschäft zu richten. So werden Unternehmen in Krisensituationen beispielsweise bei der finanziellen, operativen und strategischen Neupositionierung bzw. Restrukturierung unterstützt, um Kosten zu senken, eine tragfähige und nachhaltige Geschäftsplanung zu erarbeiten oder die Finanzierung zu optimieren. Im Aufschwung werden eher Wachstums- und Expansionsstrategien definiert und umgesetzt.

Ausgewählte Beratungsaktivitäten der Wirtschaftsprüfungen

Transaktionsorientierte Fragestellungen
- Mergers & Acquisitions (M&A): Beratung bei der Durchführung von Unternehmenskäufen, -verkäufen und -fusionen sowie Börsengängen (IPOs)
- Durchführung von Unternehmensbewertungen und Kaufpreisallokationen
- Due Diligence: Analyse und Bewertung insbesondere finanzieller, steuerlicher, operativer und ökologischer Chancen und Risiken bei Unternehmenskäufen
- Finanzierungsberatung (Debt Advisory): Unterstützung bei der Identifikation und Realisierung von optimalen Finanzierungsstrategien und -strukturen
- Restrukturierung: Erarbeitung und Umsetzung von Sanierungskonzepten sowie Begleitung der umzusetzenden Maßnahmen

Strategische Fragestellungen
- Wettbewerbsanalyse und Identifikation strategischer Handlungsalternativen
- Erarbeitung von Expansionsstrategien in neue Regionen und/oder Produkte
- Optimierung und Neuausrichtung von Vertriebsaktivitäten
- strategische und integrative Beratung im Bereich Human Resources

Regulatorische Fragestellungen
- Implementierung von IFRS oder US-GAAP: Begleitung bei der Umstellung von HGB auf internationale Rechnungslegungssysteme (sogenannte Conversion)
- Unterstützung bei der Entwicklung, Implementierung und Qualitätssicherung von Rating- und Risikomanagement-Systemen
- Corporate Governance: Beratung zur Erfüllung von Compliance-Anforderungen, z.B. in den Bereichen Rechnungslegung, interne Kontrollsysteme und Informationstechnologie
- Unterstützung bei der Umsetzung der Aufsichtsfunktionen im Finanzsystem: Risikobewertung und Qualitätsprüfung von Assets, Stresstests

Prozessorientierte Fragestellungen
- Performance & Controlling: Konzeption und Realisierung von Planungs-, Informations-, Steuerungs- und Controlling-Instrumentarien
- Forensic: Prävention und Aufklärung von Wirtschaftskriminalität
- Treasury & Working Capital Management: Finanzierungs-, Verbriefungs- und Ratingberatung, Unterstützung bei Liquiditäts- und Working Capital Management

Unterschiede zu den klassischen Strategieberatungen

Die großen Wirtschaftsprüfungsgesellschaften profitieren bei ihren Beratungsaktivitäten stark von ihrer Größe. Die Mitarbeiter bringen fachliches Know-how aus unterschiedlichsten Disziplinen mit. Darüber hinaus gewährleistet die weltweite Organisationsstruktur eine dauerhafte Vor-Ort-Präsenz rund um den Globus und damit auch in Kundennähe. Die Berater folgen also der internationalen Expansion ihrer Kunden. Dies bietet Berufseinsteigern die Chance, bereits frühzeitig in internationalen Beratungsprojekten wertvolle Erfahrungen zu sammeln. Mit zunehmender Komplexität der Themenstellungen werden verstärkt auch spezielle fach- und geschäftsbereichsübergreifende Branchenkenntnisse erforderlich. Daher arbeiten die Berater der Big Four in der Regel in spezialisierten Branchenteams, die die spezifischen Anforderungen einer Industrie kennen (z. B. Automotive, Financial Services etc.). Dieser interdisziplinäre Ansatz aus Fachwissen, lokaler Expertise und Branchenkenntnis zeichnet die Beratungsaktivitäten der Big Four aus. So können sie in einem internationalen Umfeld Lösungen für die wichtigsten Herausforderungen erarbeiten, denen sich Unternehmen heutzutage stellen müssen.

Die Wirtschaftsprüfungsgesellschaften zeichnen sich zudem durch meist langjährige Beziehungen zu ihren Mandanten aus. Dies verschafft ihnen einen strategischen Vorteil, wenn es darum geht, die Geschäftsmodelle der Kunden zu verstehen und weiterzuentwickeln. Während sich klassische Strategieberatungen vor allem auf Konzerne und große Unternehmen konzentrieren, werden für die Beratungsaktivitäten der Big Four auch mittelständische Unternehmen immer wichtiger. Zu den Mandanten gehören nicht nur Industrieunternehmen unterschiedlichster Branchen, sondern auch Finanz- und Dienstleistungsunternehmen, Unternehmen der öffentlichen Hand sowie Non-Profit-Organisationen.

Fazit

Das Beratungsangebot der großen Wirtschaftsprüfungsgesellschaften geht heute weit über ihre ursprünglichen Kernaktivitäten der Wirtschaftsprüfung und Steuerberatung hinaus. Dabei verfolgen sie einen eher analytischen bzw. zahlengetriebenen Beratungsansatz, der aber zunehmend um strategische Komponenten ergänzt wird.

Durch ihre wachsenden Beratungsaktivitäten bieten die Big Four für Absolventen und Quereinsteiger viele attraktive Einstiegsmöglichkeiten, insbesondere auch für solche mit Bachelor-Abschluss. Dazu gehören spezielle Einstiegs- und Trainee-Programme, die während ihrer Laufzeit (meist ein bis zwei Jahre) einen Einblick in unterschiedliche Beratungsfelder und Industrien ermöglichen. Außerdem fördern die Wirtschaftsprüfungsgesellschaften bestimmte Berufsexamina wie Steuerberater, Wirtschaftsprüfer, CFA, die Teilnahme an Master-Studiengängen sowie Promotionsvorhaben und bieten berufsbegleitende Weiterbildungsmöglichkeiten an.

Ein weiterer Vorteil zu vielen „reinen“ Unternehmensberatungen ist die Erfassung der geleisteten Arbeitszeit auf Arbeitszeitkonten. Eventuell anfallende Mehrarbeit wird entweder am Jahresende gesondert vergütet oder kann in Freizeit umgewandelt werden – ein enormer Vorteil, der den Mitarbeitern nicht nur eine ausgeglichenere Work-Life-Balance, sondern auch ein höheres Maß an Selbstbestimmung ermöglicht.

Inhouse Consulting

von Justus Scheurlen

Eine Vielzahl von Großkonzernen verfügt heute über eine eigene Inhouse-Beratung. Neben Siemens Management Consulting zählen Bayer Business Consulting und Volkswagen Consulting zu den führenden Akteuren in Deutschland und weltweit.

Strategien aus dem Unternehmen für das Unternehmen

Analog zu externen Beratungen erarbeiten und bewerten Inhouse-Beratungen projektbasiert Handlungsempfehlungen und Strategien für entscheidende Fragestellungen im Unternehmen. Das Entwickeln von Wachstumsstrategien für verschiedene Unternehmensbereiche und Märkte, die Bewertung großer Investitionsentscheidungen, die Vorbereitung und Begleitung von Portfoliomaßnahmen und Integration neuer Geschäftsteile sowie die Reorganisation oder Restrukturierung von Unternehmensteilen sind nur einige Beispiele für typische Beratungsprojekte. Eine wesentliche Stärke interner Beratungen liegt dabei in dem tiefgreifenden Verständnis des eigenen Unternehmens, das die Entwicklung maßgeschneiderter Lösungen ermöglicht. Dabei steht immer auch die praktische Implementierbarkeit der entwickelten Lösungen im Vordergrund. Als feste Mitarbeiter im Unternehmen erleben interne Berater die Umsetzung der entwickelten Maßnahmen und deren langfristige Erfolge auch nach Ende eines Projekts mit. Gerade diese Praxisnähe und das Wissen um die unternehmensspezifischen Besonderheiten verleihen ihnen hohe Glaubwürdigkeit und Akzeptanz im Topmanagement. Da Inhouse-Beratungen selbst Teil des Konzerns sind, kann in der Zusammenarbeit mit den Unternehmenslenkern, die Kunde und Kollege in einem sind, zudem auf einer gemeinsamen Kultur und denselben Werten aufgebaut werden.

Sprungbrett ins Management

Aufgabe der internen Beratungen ist es aber nicht nur, durch erstklassige Beratungsleistungen Wert für das Unternehmen zu generieren. Als nicht weniger relevantes Ziel steht auch die Entwicklung von Führungsnachwuchs für den Konzern im Fokus. Neben methodischem Beratungs-Know-how eignen sich Inhouse Consultants im Laufe ihrer Tätigkeit auch umfangreiches Wissen über die verschiedenen Bereiche des Unternehmens an. Die Erfahrungen, die sie während ihrer Projekte sammeln sowie das interne Netzwerk und die Kontakte zum Topmanagement, die sie im Zuge ihrer Arbeit knüpfen, bieten eine optimale Vorbereitung auf eine verantwortungsvolle Position im Konzern. Um diese wertvollen Ressourcen zu bewahren und auszubauen, fördern Unternehmen wie Bayer und Co. ihre Berater mit systematischen Entwicklungsplänen, Trainings und Coachings. Durch Mentoring und gezielte Einsätze in entsprechenden Funktionen können interne Berater zielgerichtet bei der Vorbereitung auf die Rotation in einen angestrebten Bereich des Konzerns unterstützt werden.

Beratungserfahrung trifft Industrieexpertise

Wesentlicher Erfolgsfaktor für interne Beratungen ist es, methodisches Know-how und Beratungserfahrung mit spezifischem Wissen der jeweiligen Industrie zusammenzubringen. Das spiegelt sich auch in den Profilen der Berater wider. Bei der Auswahl von Hochschulabsolventen etwa können neben den für die Beratung typischen Fähigkeiten in den Bereichen Analytik, Problemlösung und Kommunikation auch relevante Branchenkenntnisse und Industrieerfahrung eine wichtige Rolle spielen. Insbesondere für Absolventen, die sich ihrer bevorzugten Branche bereits bewusst sind, bieten Inhouse-Beratungen große Entwicklungschancen. In kürzester Zeit können die jungen Berater in den oft internationalen Projekten ein fundiertes Branchenverständnis und Expertenwissen aufbauen, Projekt- und Beratungserfahrung sammeln und verschiedene Facetten des Unternehmens kennenlernen. Von dem Wissen und dem Netzwerk, das sie während dieser Zeit aufbauen, profitieren sie nicht nur während ihrer Karriere als Consultants. Auch später, in einer Managementfunktion im Unternehmen, ist beides von unschätzbarem Wert. Gerade auf höheren Positionen finden sich zudem meist auch Kollegen, die bereits über langjährige Erfahrung in der externen Beratung oder der jeweiligen Industrie verfügen. Sie bringen ihr methodisches und branchenspezifisches Wissen in die Projektarbeit ein und profitieren ihrerseits davon, tiefe Einblicke in die verschiedenen Bereiche des Unternehmens zu gewinnen, wertvolle Kontakte zu knüpfen, und sich so beste Voraussetzungen für den Übergang in eine Führungsposition im Konzern zu schaffen.

2. Beruf(ung) Unternehmensberater

Einstiegsoptionen

von Nadja Peters

Unternehmensberater ist ein Beruf sowohl für Absolventen, die sich gerne als Generalisten bezeichnen, als auch für ausgewiesene Spezialisten in unterschiedlichen Feldern. Das Studienfach spielt eine ebenso untergeordnete Rolle wie der Abschluss. Einstiegsmöglichkeiten gibt es zu jedem Zeitpunkt – egal, ob die Bewerber noch studieren, ob sie bereits graduiert oder promoviert sind oder schon Berufserfahrung mitbringen. Je nach Abschluss bieten die meisten Beratungen verschiedene Einstiegsmöglichkeiten an, die sich an den jeweiligen Voraussetzungen der Interessenten orientieren.

Während des Studiums: als Praktikant

Eine hervorragende Gelegenheit, das Berufsfeld der Unternehmensberatung kennenzulernen und den Berateralltag einmal live zu erleben, ist das Praktikum. Meist arbeiten Praktikanten als vollwertiges Teammitglied Seite an Seite mit erfahrenen Beratern beim Klienten vor Ort. Oft übernehmen sie sogar einen eigenen Aufgabenbereich. In der Regel dauern Praktika acht bis zwölf Wochen und bieten Karrierecoaching durch einen persönlichen Betreuer, aber auch die Möglichkeit zur Teilnahme an Veranstaltungen und den Zugang zu diversen Recherche- und Informationsquellen.

Nach dem Bachelor-Studium

Speziell für Bachelor-Absolventen haben viele Unternehmensberatungen besondere Programme ins Leben gerufen. Näheres zu diesem Thema finden Sie auch ab Seite 49.

Nach dem Diplom-, Magister- oder Master-Studium

Der Einstieg nach einem Diplom-, Magister- oder Master-Studium ist der klassische Start in die Consulting-Laufbahn. Die Berater sind in Projektteams beim Klienten im Einsatz. Ihre Aufgaben können das gesamte Spektrum industrieller und institutioneller Bereiche sowie funktionaler Themen abdecken. In Teams arbeiten die Berater an der Lösung komplexer Probleme: Sie erstellen Analysen, entwickeln in enger Zusammenarbeit mit den Führungskräften des Klienten Empfehlungen und unterstützen deren Umsetzung. Dabei werden junge Berater fortlaufend von erfahrenen Kollegen gecoacht. Parallel zur Projektarbeit absolvieren Berater verschiedene Trainings und individuelle Coachings, die sie auf neue Aufgaben vorbereiten.

Weiterbildung und -entwicklung sind in der Beratung zentrale Elemente. So besteht zum Beispiel bei großen Beratungen oft die Möglichkeit, nach einer gewissen Arbeitsphase freigestellt zu werden, um einen weiteren akademischen Abschluss zu erlangen. In dieser Zeit können die Berater ihre Doktorarbeit schreiben oder einen MBA machen – dabei erhalten sie zudem häufig Unterstützung bei der Finanzierung des Studiums. Bei McKinsey gibt es auch die Alternative, sich während seines Leave für eine soziale Einrichtung zu engagieren. In beiden Fällen beziehen Berater ein Jahr ihr volles Gehalt weiter. Nach der Auszeit steigen die Berater mit zusätzlicher Qualifikation und Expertise wieder in ihrem Beratungsunternehmen ein und übernehmen mehr Verantwortung in ihren Teams.

Nach der Promotion

Einsteiger mit einem zweiten akademischen Abschluss (meist Promotion oder MBA) starten als Berater, die direkt im Team das Topmanagement von Unternehmen oder öffentlichen Institutionen beraten. Bereits nach kurzer Zeit können sie meist schon selbst Führungsaufgaben übernehmen, was sich einige Zeit später in der Beförderung zum Projektleiter widerspiegeln kann.

Mit Berufserfahrung

Beratungen schätzen Bewerber, die durch relevante Berufserfahrung bereits gezielte Fachkenntnisse und Praxisexpertise mitbringen. Diese erlaubt ihnen oft den direkten Einstieg in die Beratertätigkeit spezieller Industriesektoren oder funktionaler Practices wie Marketing oder Operations. Viele Unternehmensberatungen bieten Quereinsteigern mit Berufserfahrung individuelle Vereinbarungen mit attraktiven Konditionen und Karrierechancen. Selbstverständlich erhalten auch sie maßgeschneiderte Trainingsprogramme und kontinuierliche Coachings.

What's in it for me? – Einstieg in die Unternehmensberatung als langfristiger Karriereschub

von Rolf Pfeiffer

Unternehmensberatungen erfreuen sich großer Beliebtheit als Arbeitgeber erstklassig ausgebildeter Absolventen. Dafür gibt es sehr offensichtliche Gründe wie anspruchsvolle Aufgaben, hoch qualifizierte Kollegen, spannende Projekte sowie eine steile Lernkurve. Die Betrachtung der Frage, welchem Beratungsunternehmen man den Vorzug geben soll, enthüllt aus einer Langzeit-Karriereperspektive noch ganz andere Gründe, die für die Entscheidung eines Absolventen relevant werden können.

Die Ausgangssituation

Wir gehen von e-fellows.net-Stipendiaten oder generell besonders leistungsstarken Studierenden aus, die gut ausgebildet, ambitioniert, praxiserfahren, leistungsbereit und anspruchsvoll sind. Sie haben viele Informationen gesammelt, die ihnen die Entscheidung über den Berufseinstieg ermöglichen bzw. erleichtern sollen. Sie haben mehr Möglichkeiten als andere Studenten, an die „weichen" Informationen zu gelangen, die von den Unternehmen nicht offiziell kommuniziert, sondern von den Mitarbeitern im persönlichen Gespräch weitergegeben werden. Sie haben sich bei mehreren Beratungen beworben und mehr als ein Vertragsangebot unterschriftsreif auf dem Tisch liegen. Wie können sie die Angebote bewerten und zu einer Entscheidung kommen?

Die Herausforderung

Die meisten Absolventen können für einen Zeitraum von ca. zwei bis fünf Jahren relativ genau sagen, was sie machen möchten. Fast jeder kann sagen, was er nicht machen möchte (aber das will in einem Einstellungsinterview keiner hören). Nur sind die erste und die zweite berufliche Entscheidung in der Regel von sehr viel größerer Tragweite, als das den meisten im Moment der Entscheidung bewusst ist. Denn es kommen Aspekte zum Tragen, von denen im Bewerbungsprozess kaum bis gar nicht gesprochen wird und die unterschiedliche Beratungsunternehmen auch höchst unterschiedlich bedienen.

Zur Strukturierung der Ausführungen dient eine erfahrungsbasierte Klassifizierung von Beratungsunternehmen. Wer sich damit vertieft befassen will, sei auf die einschlägige Lünendonk®-Liste verwiesen, in der seit vielen Jahren Beratungsunternehmen nach Umsätzen und Mitarbeiterzahlen aufgelistet werden. Sie finden sie auf Seite 19 dieses Buches. Die nachfolgende Klassifizierung orientiert sich an der Ausrichtung/Größe der Beratung sowie an den typischen Projekten.

Ausrichtung/Größe der Beratung

Man kann Beratungen anhand von zwei wesentlichen Merkmalen unterscheiden: die eher strategische oder (erheblich) IT-lastig-implementierende Ausrichtung der Beratungsleistung einerseits und die auf eine/wenige oder viele Branchen bzw. Funktionen ausgerichtete Beratung andererseits. Diese beiden Merkmale führen in ihrer Kombination zu folgenden Profilen:

		Branchen/Funktionen	
		eine/wenige	**mehrere**
Ausrichtung	**Strategieberatung**	**c**	**a**
	implementierende/ realisierende Beratung	**d**	**b**

a. die auf mehrere Branchen und Funktionen ausgerichtete Strategieberatung (z. B. McKinsey, Boston Consulting Group, Bain & Company)
b. die auf mehrere Branchen und Funktionen ausgerichtete implementierende/realisierende Beratung (z. B. Accenture, IBM, Capgemini)
c. die auf eine/wenige Branchen oder Funktionen ausgerichtete, eher strategische Projekte bearbeitende Beratung (z. B. Simon-Kucher, Horváth)
d. die auf eine/wenige Branchen oder Funktionen ausgerichtete implementierende/ realisierende Beratung (z. B. Towers Watson, zeb.rolfes.schierenbeck.associates, Nagler & Company)

Hierin kann man die Grundstruktur einer bei Beratern so beliebten Vier-Felder-Matrix erkennen. Daraus lassen sich in gewisser Hinsicht die typischen Projekte ableiten, die man unterscheiden kann nach der Größe der Projektteams, der Dauer, der Intensität der Interaktion mit den Klienten bzw. deren Einbindung in die Projektstrukturen. Damit hängen auch die durchschnittlichen Tagessätze zusammen, die wiederum Aufschluss über die Verdienstmöglichkeiten geben können.

Einige Faustregeln dazu: je strategischer die Ausrichtung eines Projekts, desto kleiner das Projektteam und desto kürzer die Projektlaufzeit (Faustregel: klassisches Strategieprojekt = drei bis fünf Berater; drei Monate Projektdauer; meistens reine Beraterteams mit sehr vereinzelt integrierten Klientenmitarbeitern; typisches Endergebnis: Konzept und Präsentation), je operativer und umsetzender die Ausrichtung des Projekts, desto größer die Teams (Faustregel: klassisches Implementierungsprojekt = fünf bis fünfzig Berater, teilweise sogar noch mehr; Laufzeit: sechs bis zwölf Monate, teilweise auch länger; häufig gemischte Projektteams mit einem Verhältnis von Beratern zu Klientenmitarbeitern von 1 zu >1; teilweise temporäre Übernahme operativer Managementfunktionen beim Klienten durch Berater; typisches Endergebnis: ein funktionierender Prozess bzw. ein funktionierendes System).

Die Frage(n)

Welche Kriterien sind es nun, anhand derer man die Bedeutung der Tätigkeit in einer Beratung für die langfristige Karriereplanung bewerten kann? Wie kann ich das Vorhandensein dieser Kriterien erkennen bzw. erahnen? Woher bekomme ich Informationen über ihre Ausprägung? Welche Bewertungsmaßstäbe sollte ich ansetzen, um mir meine Meinung zu bilden? Wie fälle ich auf Basis dieser Kriterien eine fundierte Entscheidung?

Die Antwort kann – mit Ausnahme der Einstiegsmöglichkeiten – zusammengefasst als persönliches Erfahrungsprofil, als Resultat der Tätigkeit in der Unternehmensberatung bezeichnet werden. Sie unterteilt sich in mehrere Elemente, die im Folgenden näher beschrieben werden. Um folgende Faktoren geht es hauptsächlich:

- Einstiegsmöglichkeiten
- fachliche/funktionale Erfahrungen
- methodische Erfahrungen
- Interaktionserfahrungen
- Ausstiegsmöglichkeiten und Netzwerk/Commercial Signalling

Es mag sein, dass der eine oder die andere noch weitere entscheidungsrelevante Kriterien für sich identifiziert – das ist der Nachweis, dass man sich intensiv mit der Fragestellung auseinandergesetzt hat. Die Reihenfolge der Beschreibung der Kriterien orientiert sich an dem normalen Tätigkeitszyklus eines Beraters. Mehr als 90 Prozent aller Absolventen, die in der Beratung starten, werden nicht Partner. Deshalb ist das Betrachten der Ausstiegsmöglichkeiten und -zeitpunkte eminent wichtig, auch wenn beim Berufseinstieg nur ungern daran gedacht wird.

Einstiegsmöglichkeiten

Die meisten Beratungen haben ein pyramidales Modell von Projekt- und Unternehmensstrukturen und damit zumindest theoretisch vielfältige Einstiegsmöglichkeiten. Einzelne Vertreter der zuvor aufgeführten Gruppen c und d tun sich mit Absolventen schwerer. Es gibt allerdings noch eine zweite, weit weniger transparente Einschränkung: Einige Vertreter der Gruppe a tun sich sehr schwer damit, Mitarbeiter einige Jahre nach Abschluss eines Studiums als Experienced Hire einzustellen. Der Grund dafür liegt darin, dass sie als einen wesentlichen Bestandteil ihrer USP auf eine Kultur setzen, in die hineinzufinden sehr schwer sein kann. Vor allem, wenn man die erste berufliche Sozialisation außerhalb der Beratung, des M&A-orientierten Investment Bankings oder der Private-Equity-Welt erfahren hat. Wer also in einer Beratung der Gruppe a einen Teil seiner Karriere sieht, sollte den Einstieg möglichst bald nach Abschluss des Studiums suchen. Wer als Experienced Hire in die Beratung einsteigen will, der sollte sich darauf gefasst machen, dass nur ein Teil der bisherigen Erfahrung – etwa bei der Gehaltsfindung – berücksichtigt wird. Das hängt mit den unterschiedlichen beruflichen Erfahrungen und der Steilheit der Lernkurve in der Beratung zusammen.

Fachliche/funktionale Erfahrungen

Die fachliche bzw. funktionale Erfahrung ist eines der wesentlichen Argumente für die Arbeit in Beratungen, denn hier ist in der Regel die Lernkurve viel steiler als in den meisten Nicht-Beratungspositionen. Wer seinen bevorzugten Tätigkeitsbereich (z. B. Finanzen, Marketing etc.) gefunden hat und sich dort rasant weiterentwickeln will, dem kann wahrscheinlich nichts Besseres passieren, als einige Jahre in einer einschlägig anerkannten Beratung zu arbeiten. Wer sich dann umentscheiden will, steht vor dem gleichen Dilemma wie der Mitarbeiter in einem Konzern, der bislang eine Schornsteinkarriere gemacht hat und nun feststellt, dass das Gras in einer anderen Funktion/Position grüner ist, er für diese aber nicht die passende Erfahrung hat.

Zwischenfazit

In den ersten vier, fünf Jahren nach Studienende ist die fachliche/funktionale Lernkurve in einer guten Beratung fast unschlagbar, aber bei den später erstrebenswert erscheinenden Positionen kommt es nur zum Teil auf die Tiefe und Breite dieser Erfahrung an. Der Vorteil der Beratungsunternehmen aus den Kategorien a und b liegt hier in der Breite der möglichen Erfahrungen. Die fachliche Einschränkung ist umgekehrt der Nachteil der Unternehmen in den Kategorien c und d. Wenn auch die Expertise, gerade in diesen beiden letztgenannten Gruppen, sehr ausgeprägt sein kann, so ist sie doch auch sehr speziell und damit weniger breit verwertbar als in den Gruppen a und b (siehe auch Ausstiegsmöglichkeiten).

Methodische Erfahrungen

Bei der methodischen Erfahrung schlägt in der Regel die große Stunde der Beratungen. Wer über mehrere Jahre hinweg erfolgreich in einer guten Beratung gearbeitet hat, verfügt über einen persönlichen Methoden-Werkzeugkasten, der für die allermeisten anspruchsvollen Management- und Führungsaufgaben wappnet. Man lernt strukturiertes Arbeiten in unvergleichlicher Weise, und es kann passieren, dass man vor allem von nicht beratungserfahrenen Kollegen den ehrfürchtigen, nicht immer freundlich gemeinten Kommentar hört: „Der arbeitet ja immer so strukturiert." Einziger Nachteil: Es gibt schon ein paar Tausend Alumni der etablierten Beratungsunternehmen, man ist also nicht allein. Sinnvoll ist diese Erfahrung aber allemal. Tendenziell gilt hier: Die Methoden der Beratungsunternehmen aus der Kategorie a sind universeller einsetzbar, dafür aber weniger spezifisch auf die Lösung von Fragestellungen ausgerichtet, die eher eine „Tiefenbohrung" verlangen. Hier sind die Erfahrungen aus Beratungen der Gruppe c unter Umständen hilfreicher. Die Beratungsunternehmen der Gruppen b und d arbeiten selbstverständlich auch methodengestützt. Hier wird man ebenfalls sehr wertvolle Erfahrungen mitnehmen, die einem gute Dienste leisten können.

Interaktionserfahrungen

Die Interaktionserfahrungen sind ein sehr spannendes Gebiet, auf dem man viel lernen kann, das aber auch die Achillesferse vieler Beratungen ist. Interaktion meint in diesem Zusammenhang die Kommunikation mit anderen Menschen, individuell oder in Gruppen, um diese zu informieren, zu überzeugen, zu motivieren, zu führen. Strukturierte Kommunikation lernt man in den meisten Beratungen. Je etablierter die Beratung ist, desto eher gibt es ein formalisiertes Entwicklungsprogramm. Bei jungen Beratungen schaut man sich die Vorgehensweise eher bei den Kollegen ab. Mit dem Überzeugen, dem Motivieren und dem Führen hingegen ist das so eine Sache. Was das Überzeugen angeht, so fühlen sich Berater in aller Regel wohl, wenn sie auf Basis von Analysen und fachlich soliden Fakten argumentieren können. Die dafür nötigen Techniken lernen sie. Problematisch wird es, wenn nicht fachliche oder schwierig zu analysierende Fakten oder gar Emotionen hinzukommen. Das bringt viele Berater in Schwierigkeiten, weil es sich ihren Analysemethoden entzieht. Umgangssprachlich „menschelt" es, fachlich gesprochen gibt es „systemische Gründe", die plötzlich eine große Rolle spielen.

Beim Motivieren und Führen setzt sich das fort. Beratungsunternehmen unterscheiden sich u. a. in einem Punkt sehr deutlich von den meisten anderen Unternehmen: in der Homogenität der Motivstrukturen ihrer Mitarbeiter. Platt formuliert wollen fast alle schnell Karriere machen, sind hoch qualifiziert, zeigen überdurchschnittlichen Einsatz und reagieren auf ähnliche Belohnungs- und Anreizsysteme. In den meisten anderen Unternehmen ist das grundlegend anders: Je größer und älter die Unternehmen, desto ausgeprägter sind in der Regel die Unterschiede. Je früher und je intensiver man mit diesen Umständen zu tun hatte, desto leichter fällt später der Wechsel in eine Linienführungsposition bei einem anderen Unternehmen. Das Problem wird noch verschärft durch die Tatsache, dass in immer mehr großen Unternehmen die Strukturen zunehmend unklarer werden. Das wiederum bedeutet, dass klassische „Command and Control"-Ansagen ausgedient haben und es immer häufiger gilt, Kollegen von Ideen oder Vorgehensweisen zu überzeugen, auch und gerade ohne hierarchisch begründete Machtposition. In diesem Umfeld sind die Mitarbeiter der Beratungsunternehmen der Kategorien b und d klar im Vorteil, denn sie haben die Situation des Führens, Überzeugens und Beeinflussens ohne formale hierarchische Machtposition schon häufig im Projektkontext erlebt.

Ausstiegsmöglichkeiten

Ausstiegszeitpunkte sind in den meisten großen Beratungsunternehmen einigermaßen standardisiert: nach zwei Jahren (das ist der Zeitraum, nach dem man wissen sollte, ob Beratung das Richtige ist); nach vier bis fünf Jahren, also kurz vor oder kurz nach der Übernahme von Projektleitungsfunktionen; nach sieben bis acht Jahren, also bei der Frage, ob man sich auch das Leiten großer Projekte oder die Akquise von Zusatzaufträgen innerhalb von Projekten bzw. Kundenbeziehungen zutraut und sich damit auf den Weg zum Partner machen möchte; oder dann im Falle einer Absage bei der Wahl zum Partner. Man kann natürlich auch als Partner aussteigen, weil andernorts interessante, herausfordernde oder lukrative Chancen winken. Der Ausstieg steht jedem jederzeit frei, wenn einem der Lebensstil nicht mehr zusagt – und sei es, weil Lebenspartner und Kinder plötzlich nicht mehr nur graue Theorie sind, sondern quicklebendige Wirklichkeit.

Grundlage des Erfolgs bei einem Wechsel aus der Beratung ist im Wesentlichen die Frage, wie gut man mit den Anforderungen der Position und der Vielfalt der erforderlichen Kompetenzen einerseits und der neuen Unternehmenskultur andererseits klarkommt. Der Erfolg ist umso wahrscheinlicher, je ähnlicher die Anforderungen der neuen Position und die neue Unternehmenskultur den bisherigen Erfahrungen sind. Besonders leicht wird also in der Regel der Wechsel von einer Analystenposition in einer Beratung in eine fachlich orientierte Funktion, etwa im Corporate Development eines Unternehmens, sein. Gleiches gilt für den Wechsel aus einer Projektleiterfunktion in der Beratung in eine Projektleiterfunktion in einem klassisch organisierten Unternehmen. Wobei hier schon politische Dimensionen zum Tragen kommen können, die man aus der Zeit in der Beratung nicht kennt. Einfach sind auch Wechsel aus der Beratung in der Natur der Arbeit nach vergleichbare Positionen etwa in Investmentbanken oder Private-Equity-Firmen, deren Unternehmenskultur in der Regel der der Beratungen stark ähnelt. Richtig schwierig können Wechsel werden, wenn in der neuen Position etwa die regelmäßige Interaktion mit sehr heterogenen Mitarbeitergruppen eine Rolle spielt, mit denen man bislang wenig bis keine Erfahrungen hat (also z. B. aus der Strategieberatung in eine Rolle als Produktionsleiter mit vielen gewerblichen Mitarbeitern im unmittelbaren Umfeld). Ähnliches gilt für den Einstieg in eine

Position, bei der die eigenen fachlichen Qualifikationen weit in den Hintergrund und die Führungs- und Kommunikationsfähigkeiten in den Vordergrund rücken. Hierzu gehören z. B. Bereichsleiterfunktionen in sehr hierarchisch organisierten Unternehmen, in denen die wahrgenommene Qualität der eigenen Arbeit sehr stark vom Einsatz und der Arbeitsqualität vieler Mitarbeiter und Führungskräfte abhängt. Diese haben möglicherweise nicht darauf gewartet, dass ihnen jemand von außen „vor die Nase gesetzt" wird.

Zu all diesen Dimensionen liefern die Beratungsunternehmen der verschiedenen genannten Kategorien aufgrund der typischen Projekte sehr unterschiedliche Erfahrungen. Das sollte man bei der Wahl der Beratung berücksichtigen. Weiterhin gilt, dass etablierte Beratungen z. B. aufgrund des sehr engen Netzwerks, das sie durch viele Alumni haben, den Umstieg in eine neue Funktion außerhalb der Beratung ganz anders unterstützen können, als das bei jungen Beratungen der Fall ist.

Nicht zuletzt zählt das Renommee der Beratung, für die man tätig ist, möglicherweise sehr viel. Einem etablierten Beratungsunternehmen werden viele Eigenschaften zugeschrieben, anders als einem weniger bekannten. Das allerdings kann auch nach hinten losgehen, wenn manche dieser Eigenschaften zu negativen Klischees werden, gegen die man dann individuell antreten muss.

Fazit

Wer sich über diese Fragen Gedanken macht und sie im Auswahlprozess berücksichtigt, wird seinen Erfolg in der Beratung und in seiner Karriere absichern können.

Vergütung in der Unternehmensberatung

von Carl Walinski

In Deutschland steigt die Nachfrage nach externen Beratungsleistungen kontinuierlich an. Insbesondere werden große Unternehmen sowie Institute der öffentlichen Verwaltung einerseits mit der immer höheren Komplexität der Geschäfts- und Verwaltungsprozesse und andererseits kürzeren, dynamischeren Veränderungsintervallen konfrontiert. Ebenso wirken sich die Optimierung von Organisationsstrukturen und Hierarchieebenen und der damit verbundene Bedarf an Know-how positiv auf die Entwicklung in der Beraterbranche aus. Die gestiegene Nachfrage nach spezifischen Beratungsleistungen wie Personal- oder IT-Beratung spiegelt sich in der seit Jahren positiven Umsatzentwicklung der Gesamtbranche wider. Von wenigen Jahren abgesehen – wie etwa zu Zeiten der Wirtschaftskrise der späten 2000er-Jahre – entwickeln sich die Wachstumsraten in der Beraterbranche positiv. Dementsprechend entwickelt sich auch dort die Vergütung – und das für Experten mit unterschiedlichsten Erfahrungen und Kenntnissen. Eine Karriere als Consultant ist keineswegs nur Wirtschaftswissenschaftlern vorbehalten, sondern auch für Ingenieure, Naturwissenschaftler, Psychologen und Soziologen attraktiv und begehrt.

Berufsbild und Karrierewege der Unternehmensberater

Volatile Arbeitsbelastung sowie häufig hoher Leistungs- und Termindruck gehören zum Berateralltag. Andererseits ist die Abwechslung, die der Beraterjob mit sich bringt und ihn deutlich von einer klassischen Industriekarriere unterscheidet, ein starkes Argument, mit dem die Beratungsgesellschaften gegenüber der klassischen Industriekarriere punkten können. Ebenso ist die Möglichkeit, bei wirtschaftlich bedeutenden Entscheidungen mitzuarbeiten und in deren Umsetzung involviert zu sein, ein wichtiges Argument der Beratungsgesellschaften bei der Rekrutierung neuer Mitarbeiter. Dies trifft insbesondere auf Hochschulabsolventen und Young Professionals zu.

Bei entsprechender Leistung und Unternehmenserfolg können sich in jungen Jahren schnelle Aufstiegsmöglichkeiten ergeben. Generell werden die Arbeitsleistungen im Vergleich zu klassischen Industrieunternehmen in deutlich kürzeren Intervallen erfasst und bewertet. Erfüllt der Einsteiger das erwartete Leistungsniveau nicht, ziehen sowohl Mitarbeiter wie auch die Unternehmensberatungen im Allgemeinen deutlich schneller ihre Konsequenzen.

Einhergehend mit den hohen Erwartungen bezüglich Leistungsniveau und -bereitschaft seitens des Unternehmens bieten Unternehmensberatungen im Gegenzug flexible Arbeitsmöglichkeiten wie u. a. Homeoffice sowie die dafür nötigen Arbeitsgeräte wie Firmenlaptops und Handys. Sie sorgen oft für eine intensiv gelebte Unternehmenskultur, die ein Gemeinschaftsgefühl erzeugt und die Identität mit dem Unternehmen stärkt.

Anstieg der Vergütungen im Spiegel der wirtschaftlichen Entwicklungen

Mit Beginn der Wirtschafts- und Finanzkrise war auch die Vergütung für Unternehmensberater unter Druck geraten. Es herrschten nicht nur Zurückhaltung bezüglich Neueinstellungen aufgrund des ungewissen Marktumfelds, sondern auch „Salary Freezes", was sich auch auf die Vergütungsentwicklung unmittelbar auswirkte.

Aufgrund der wirtschaftlichen Erholung im Allgemeinen stiegen allmählich auch wieder die Gehälter. Von 2017 auf 2018 ist dabei das Grundgehalt um durchschnittlich 2,2 Prozent über alle betrachteten Positionen gestiegen. Die Gesamtzielvergütung ist im selben Zeitraum um 4,4 Prozent gestiegen, was auf eine verbesserte Performance und eine höhere Bonuszahlung hinweist.

In den unteren Ebenen der Junior Consultants und Consultants bewegt sich die Steigerung der Grundvergütung für 2018 bei 1,8 Prozent. Für die Gesamtzielvergütung liegt die Steigerung bei 3,0 bis 5,0 Prozent. Demnach liegen die Vergütungssteigerungsraten auf den ersten Karrierestufen/-positionen in der Unternehmensberatung unterhalb der bundesweit für 2018 erwarteten Gehaltssteigerungsbudgets von 2,9 Prozent. Auf den höheren Karrierestufen im Bereich der Senior Consultants und Manager hat sich die Grundvergütung zwischen 2,0 bzw. 2,9 Prozent entwickelt, während die Zielbarvergütung um 3,7 bzw. 4,2 Prozent gestiegen ist. Für einen Principal fällt die Vergütungssteigerung 2018 um 2,5 Prozent bzw. 6,2 Prozent höher aus.

Heterogene Vergütungslandschaft

Ein Blick auf die absoluten Zahlen der Zielbarvergütung belegt eine große Spreizung der Vergütungsniveaus über die Karrierestufen hinweg. Lag die Gesamtzielvergütung für einen Junior Consultant 2018 zwischen 42.200 Euro und 66.400 Euro, wurden auf der folgenden Karrierestufe im Durchschnitt bereits von 53.600 Euro bis zu 84.800 Euro gezahlt. Auch das Erreichen der nächsten Karrierestufen wird von deutlichen Vergütungssprüngen begleitet. Als Senior Consultant können zwischen 73.700 Euro und 124.800 Euro verdient werden, für Manager bewegt sich die Zielbarvergütung zwischen 100.800 bis 169.900 Euro. Auf der Stufe des Principals fällt die Spanne am deutlichsten aus: Von 121.400 Euro bis zu über 241.900 Euro stellen hier den Rahmen dar. Die teils deutlichen Erhöhungen sind mit dem Interesse der Beratungen zu erklären, die entwickelten Mitarbeiter einerseits im Unternehmen als Experten zu halten und andererseits Fach- und Branchenkenner mit ihrer Reputation am Markt für sich zu gewinnen. So fällt der Anstieg der Zielbarvergütung mit 47 Prozent von der Karrierestufe Consultant auf Senior Consultant am deutlichsten aus, eine Beförderung auf ein Manager- bzw. Principal-Level wird mit ca. 36 bzw. 42 Prozent mehr entlohnt.

Karrierestufe	Grundvergütungsspanne im deutschen Markt in Euro	Veränderung 2017 zu 2018 in %
Junior Consultant	40.200–60.400	1,8%
Consultant	49.600–75.700	1,8%
Senior Consultant	63.000–105.800	2,9%
Manager	86.200–135.900	2,0%
Principal	102.000–179.200	2,5%

Karrierestufe	Zielbarvergütungsspanne im deutschen Markt in Euro	Veränderung 2017 zu 2018 in %
Junior Consultant	42.200–66.400	5,0%
Consultant	53.600–84.800	3,0%
Senior Consultant	73.700–124.800	4,2%
Manager	100.800–169.900	3,7%
Principal	121.400–241.900	6,2%

Entwicklung der Grund- und Zielbarvergütung im Bereich Business Consulting
Quelle: Willis Towers Watson

In der Regel verdient ein Strategieberater in den großen, namhaften Unternehmen der Branche am besten. Dies wird insbesondere bei den Einstiegsgehältern deutlich, die über denen der kleineren Beratungsgesellschaften liegen. So liegen die kleineren Beratungen eher am jeweilig unteren Ende der Spanne und die großen Beratungen am oberen Ende.

Spezialisierte Beratungen gewinnen an Bedeutung

Es zeigt sich auch, dass neben der klassischen Strategieberatung auch spezialisierte Firmen gesucht werden. Unternehmen fragen zunehmend gezielt nach Spezialisten, zum Beispiel in den Bereichen Personalwesen, Engineering oder IT. Durch den Ab- und Umbau interner Funktionen und Strukturen in diesen Bereichen haben die Unternehmen Know-how und Ressourcen für die Aufgaben in diesen Bereichen verloren. Der Zukauf externer Beratungsleistung durch Spezialisten kann den Unternehmen nun im Bedarfsfall helfen. Vor allem für die spezialisierten Beratungen besteht hier die Möglichkeit, Berater auf lukrativen „On-Site-Projekten" beim Kunden zu platzieren - für den Berater selbst entsteht dabei die Möglichkeit, in seinem Fachbereich ein enges Verhältnis zum Kunden aufzubauen und sich somit Karrierechancen in der Industrie zu eröffnen.

Variable Vergütungsbestandteile machen den Unterschied

Bei der Betrachtung der Vergütung von Consulting-Spezialisten sollte auch berücksichtigt werden, dass nicht nur das Grundgehalt wichtig ist: Mit zunehmender Karrierestufe gewinnt der jährliche Bonus als variables Element, der als entscheidender Hebel bei der Differenzierung der Vergütung von Beratern wirkt, an Gewicht. Die im vorliegenden Vergleich ausgewiesenen Werte für die variablen Bezüge sowie für die Gesamtvergütung sind Zielwerte, das heißt: Vergütungen, die bei einer hundertprozentigen Zielerfüllung zur Auszahlung kommen. Die Projekterfahrung zeigt jedoch, dass insbesondere in Beratungsunternehmen die individuellen Jahresgehälter aufgrund hervorragender Mitarbeiter- und Unternehmenserfolge enorm ansteigen können.

Ein wichtiges Detail ist ebenfalls zu berücksichtigen: Während viele Industrieunternehmen die variablen Bezüge ihrer Mitarbeiter ab einem gewissen Vergütungsniveau deckeln, tun dies Beratungen selten. Die Chancen für den einzelnen Mitarbeiter sind damit höher, dem entgegen steht das Risiko, in schlechten Zeiten durch das Nichterreichen der gesetzten Ziele eine geringere Gesamtvergütung zu erhalten.

Die Gesamtvergütung im Blick

Neben den monetären Elementen der Vergütung nutzen immer mehr Unternehmensberatungen einen ganzheitlichen „Total Rewards"-Ansatz, um Vergütung, Nebenleistungen, Unternehmenskultur und Karriereperspektiven für den Ausbau der Attraktivität als Arbeitgeber, die Steigerung der Motivation und die Mitarbeiterbindung einzusetzen. Ein Mittel, auf das Unternehmen bei der Gewinnung und vor allem stärkeren Bindung von Mitarbeitern zunehmend zurückgreifen, sind Investitionen in die Verbesserung der Vereinbarkeit von persönlichen und familiären Interessen mit beruflichen Anforderungen. Diese Work-Life-Balance-Leistungen fußen auf zwei grundlegenden Ideen:

- dem Konzept der Total Rewards, nach dem Vergütung weitaus mehr als nur die monatliche Überweisung auf das Konto ist, und
- den wichtigsten Anreiztheorien, nach denen Geld zwar wichtig, aber bei Weitem nicht allein und hauptsächlich entscheidend ist für Mitarbeiterbindung und -motivation.

Zu den wichtigsten Work-Life-Balance-Leistungen zählt die Flexibilisierung von Arbeitszeit und -ort. Diese kommt gerade Mitarbeitern entgegen, die in Arbeitsverhältnissen stehen, die keine oder nur eine begrenzte zeitliche wie örtliche Kernpräsenz erfordern, darüber hinaus aber die individuelle Bewältigung des Arbeitspensums gestatten. Vor allem für Eltern können hier flexible Lösungen angeboten werden, um Familie und Beruf besser zu vereinen und die Verbindung in das Unternehmen zu erhalten. Andererseits bleibt dem Unternehmen das Know-how der Mitarbeiter als Ressource erhalten. Zudem hat in den vergangenen Jahren das Angebot an längeren Pausen (Sabbaticals) sowie auch familienfördernden Angeboten wie z. B. Krippenplätzen zugenommen.

Fazit

Angesichts der hohen Anforderungen an Persönlichkeit, Qualifikation, Erfahrung und insbesondere die individuelle Leistungsfähigkeit gilt die Beraterbranche zu Recht als eines der herausforderndsten Berufsfelder. Allerdings werden Berater, die dem anspruchsvollen Anforderungsprofil entsprechen, je nach Branche, Unternehmen und Aufgabenbereich sehr gut vergütet. Das gilt sowohl für Einsteiger wie auch für Mitarbeiter mit langjähriger Berufserfahrung. Angesichts eines engen Talentmarktes folgen Unternehmen in ihrer Vergütungsphilosophie immer stärker dem Total Rewards-Ansatz, der einen ausgewogenen, für Mitarbeiter wie Unternehmen attraktiven Deal ermöglicht. Vergütung ist demnach mehr als nur „hard money". Unter dem Stichwörtern „Millenials" oder auch „Demokratisierung der Arbeitswelt" lässt sich festhalten, dass Absolventen und junge Arbeitnehmer immer mehr Erwartungen an den Arbeitgeber über eine angemessene Entlohnung hinaus stellen. Dies reicht von Subventionen bzgl. der Anreise zur Arbeit (z. B. Berufstickets), über Unterstützung berufsfremder Aufwendungen (z. B. Fitnessclub), flexiblen Arbeitsmodellen bis hin zu größerer Mitbestimmung bei der eigenen Karriereplanung (z. B. 360-Grad- und Upward-Feedback, Entwicklungsgespräche). Dieses unternehmens- und mitarbeiterspezifisch ausgerichtete Gesamtpaket aus sogenannten harten und weichen Vergütungsbestandteilen macht am Ende den Unterschied. Am Geld allein lässt sich die Attraktivität eines Arbeitgebers immer weniger festmachen, auch – und vielleicht erst recht – in einer Branche mit einem grundsätzlich hohen monetären Vergütungsniveau.

Mit Bachelor in die Unternehmensberatung

von Karen Brandt

Durch das Bologna-Abkommen von 1999 gibt es immer mehr Bachelors auf dem Arbeitsmarkt. Doch nach wie vor stellen viele Unternehmen Bachelor-Absolventen entweder nur unter Vorbehalt oder überhaupt nicht ein. Die Haltung gegenüber Bachelors ist von Branche zu Branche unterschiedlich. Unternehmensberatungen reagierten bereits frühzeitig: Fast alle großen Strategieberatungen bieten mittlerweile Einstiegsmöglichkeiten speziell für Bachelor-Absolventen an. Von Trainee-Programmen über befristete Verträge bis hin zu einer unbefristeten Anstellung als Berater haben Beratungshäuser verschiedende Varianten entwickelt. Dennoch hegen viele Topabsolventen die Befürchtung, dass man insbesondere bei einer Managementberatung eher „Edelpraktikant" als vollwertiger Consultant ist.

Große Unsicherheit unter den Absolventen

Viele Absolventen entscheiden sich unmittelbar nach dem Bachelor-Abschluss für einen konsekutiven Master. Dies hängt oft mit der großen Unsicherheit unter den Bachelor-Absolventen bezüglich eines Berufseinstiegs zusammen: „Hat meine Ausbildung mich umfassend genug auf den Beruf vorbereitet? Welche Aufgaben werde ich übernehmen können? Wird mein Alter eine Rolle spielen? Akzeptiert mich der Kunde?" Die Zweifel sind groß. Doch gerade die Managementberatung bietet eine der besten Einstiegsmöglichkeiten für diese Gruppe.

Mittlerweile haben Beratungen genügend Erfahrung mit Bachelor-Absolventen gesammelt – und diese waren größtenteils positiv. Universitätsabgänger mit Bachelor-Abschluss sind heute eine wichtige Säule der Einstellungsstrategie. Oftmals gehören Neueinsteiger mit diesem Abschluss zum festen Bestandteil des Beraterteams. Der Absolvent startet als Consultant, wird sofort beim Kunden vor Ort eingesetzt und übernimmt direkt Verantwortung im Projekt. Durch umfassende Förderung und Trainings sowie gezielt geplante Projekteinsätze wird sichergestellt, dass der Neueinsteiger sein Potenzial bestmöglich entfalten kann. Die Erfahrungen sind bisher sehr positiv. Die Geschwindigkeit, mit der Bachelor-Absolventen innerhalb der Beratung Karriere machen, ließ anfängliche Zweifel sofort abklingen. Viele Bachelors der ersten Stunde sind mittlerweile in senioren Projektleiter-Rollen tätig, absolvieren im Rahmen von Förderprogrammen zurzeit einen MBA an einer der Topuniversitäten oder haben sogar den direkten Sprung in ein Doktorandenprogramm geschafft.

Das Alter ist kein Hindernis

Bachelor-Absolventen treten ein bis zwei Jahre früher in das Berufsleben ein als der durchschnittliche Universitätsabgänger, und insbesondere in den Topmanagement-Beratungen treffen sie auf Kunden, die deutlich älter sind als sie. Oft haben Bachelors daher Bedenken, ob sie sich beispielsweise während einer Präsentation vor dem Kundenvorstand durchsetzen können oder ernst genommen werden. Der Verunsicherung kann jedoch entgegengewirkt werden. So bestehen Projektteams häufig aus einer gesunden Mischung aus erfahrenen und jüngeren Beratern. Das ermöglicht eine hohe Akzeptanz beim Kunden und erlaubt es, die Fähigkeiten von „alten Hasen" mit den frischen, neuen Ideen von jungen Beratern zu kombinieren. Berater übernehmen bereits von Anfang an inhaltliche Verantwortung und können durch ihre Arbeit und die wachsende Kompetenz sukzessive Akzeptanz beim Kunden aufbauen. Das Alter spielt keine Rolle, da sich ein junger ebenso wie ein erfahrener Berater dem Kunden gegenüber immer durch gute inhaltliche Arbeit, analytische Fähigkeiten und soziale Kompetenz beweisen muss.

Seine soziale Kompetenz kann man bereits während des Studiums weiter ausbauen, etwa durch ehrenamtliches Engagement und die Übernahme von Verantwortung, beispielsweise in Hochschulgruppen oder Vereinen. Eine weitere gute Möglichkeit ist die Teilnahme an Veranstaltungen von Unternehmen, wo man in Fallstudien, Trainings oder Soft-Skill-Seminaren wichtige Fähigkeiten für das Berufs- und Beraterleben schulen kann. Die großen Beratungen bieten zudem häufig (auch mehrtägige) Workshops an, die ganz unterschiedliche inhaltliche Schwerpunkte haben und teilweise auch exklusiv für Bachelors angeboten werden. So erhält man als Bachelor-Student gemeinsam mit Studenten anderer Fachrichtungen aus ganz Europa die Möglichkeit, detaillierten Einblick in die Arbeit der Topmanagement-Beratung zu gewinnen und durch persönliche Gespräche mit Beratern das Unternehmen und seine Kultur kennenzulernen. Im Rahmen solcher Veranstaltungen besteht ausreichend Gelegenheit, Bedenken und Ängste hinsichtlich eines direkten Einstiegs in das Berufsleben anzusprechen und Informationen aus erster Hand zu bekommen.

Flexible Weiterentwicklung ist entscheidend

Neben den inhaltlichen Erwartungen an den Job spielen die Weiterentwicklungsmöglichkeiten im Unternehmen für Bachelor-Absolventen eine wichtige Rolle bei der Entscheidung für oder gegen den Direkteinstieg in die Beratung. Kaum ein Topabsolvent will sich heute mit dem Bachelor als alleinigem Abschluss zufriedengeben. Meist wird mittelfristig eine Weiterbildung angestrebt. Da sich die Angebote der Managementberatungen erheblich voneinander unterscheiden, sollte jeder Neueinsteiger genau prüfen, welche Möglichkeiten ein potenzieller Arbeitgeber bietet und ob diese zur persönlichen Planung passen.

Unternehmensberatungen müssen sich den Anforderungen der Absolventen stellen und ihre Personalpolitik langfristig auf die Bedürfnisse der Bachelors ausrichten. Daher haben viele Beratungen eigene Bachelor-Programme geschaffen, die ein Sprungbrett in die erfolgreiche Karriere darstellen können und gleichzeitig Raum für die persönliche Weiterentwicklung garantieren.

Zum Einstieg werden häufig Trainingsprogramme angeboten, die die Neulinge auf die herausfordernde Tätigkeit eines Beraters vorbereiten. Mit Unterstützung des Unternehmens steht Bachelor-Absolventen oft die Tür zum Master, MBA oder zur Promotion offen – zu einem möglichst flexiblen Zeitpunkt, der zu der persönlichen Karriere- und Lebensplanung passt. Auf diese Weise wird sichergestellt, dass der direkte Berufseinstieg als Bachelor die persönlichen Möglichkeiten nicht einschränkt, sondern erweitert.

Eine typische Beraterwoche

von Birte Schreitter von Schwarzenfeld

„Stefan, hast du irgendwo noch Druckerpapier gesehen?", ruft Tina. „Das Meeting mit dem Vorstand fängt in zehn Minuten an, und die Präsentation ist noch nicht fertig ausgedruckt. Die letzten Änderungen wurden ja noch vor ein paar Minuten gemacht. Und jetzt streikt der Drucker!"

Die Präsentation vor dem Kunden ist häufig das Highlight einer Beraterwoche, bis zur letzten Minute wird darauf hingearbeitet. Doch wie kommt die fertige Präsentation zustande, und was passiert drumherum? Im Folgenden wird am Beispiel von Tina beschrieben, wie die typische Woche eines Consultants aussehen kann.

Montag
Tinas Woche beginnt um 4:45 Uhr morgens. Das Taxi steht um 5:30 Uhr vor der Tür, um sie rechtzeitig zum 7-Uhr-Flieger zu bringen. Am Flughafen geht alles schnell und routiniert, und das Flugzeug hebt pünktlich ab. Das erste Meeting beim Kunden steht bereits um 10 Uhr auf der Agenda. Da bleibt zeitlich nicht viel Spielraum. Zum Glück bekommen Tina und ihre Teamkollegen ohne Probleme ein Taxi, sodass sie die Firmenzentrale des Kunden gegen 9 Uhr erreichen.

Als Erstes trifft Tina sich mit ihrem Projektleiter Stefan, um den Ablauf des heutigen Tages zu besprechen. Sie treffen sich im Teamroom, d. h. in einem Bereich, den der Kunde für sie vor Ort bereitgestellt hat und der eine Art „mobiles Büro" ist, komplett mit Drucker, Wireless-Router und sogar ein paar Snacks.

Im aktuellen Projekt hilft das Team dem Kunden, eine firmeninterne Kommunikation zu entwickeln, die die Vorteile der neuen IT-Strategie beschreibt. Hierfür befragt Tina Abteilungsleiter im Unternehmen, welche Bedenken sie bezüglich der neuen IT-Strategie haben. Für Montag ist eine Reihe von Interviews geplant und aufgesetzt. Den dafür nötigen Interviewleitfaden hat Tina bereits in der letzten Woche erstellt und mit Stefan abgestimmt.

Die Interviews vergehen wie im Flug, gegen 17:30 Uhr ist Tina wieder im Teamroom. Nun macht sie sich daran, aus den Interviewnotizen die häufigsten Bedenken herauszuarbeiten. Um 19 Uhr setzt Tina sich mit Stefan zusammen, um die Ergebnisse und potenzielle Reaktionen zu besprechen. Außerdem zeigt Tina Stefan ein paar Entwürfe von PowerPoint-Folien, die sie für das sogenannte Case Team Meeting am nächsten Tag vorbereiten will - dort kommen alle Berater des Projekts, inklusive der Partner, zusammen, um vorliegende Inhalte zu präsentieren und zu diskutieren. Tina möchte dem Team am kommenden Tag die Hauptbedenken der Abteilungsleiter vorstellen und zusammen mit den Kollegen die möglichen Reaktionen weiter ausarbeiten. Stefan gibt ihr noch eine Reihe von Verbesserungsvorschlägen mit auf den Weg, um die Inhalte auf den Folien möglichst überzeugend darzustellen. Damit wird Tina an diesem Abend noch lange beschäftigt sein.

Um 20 Uhr bestellt das Team Essen in den Teamroom, es gibt Pizza. Gegen 23 Uhr nehmen sie ein Taxi zum Hotel. Einige Berater gehen noch auf einen Drink an die Hotelbar.

Dienstag

Das Case Team Meeting ist für 11 Uhr angesetzt. Die Diskussion ist lebhaft, jeder kann und soll seine Meinung frei äußern. Außer Tina präsentieren noch zwei weitere Kollegen ihre Inhalte. Die Folien werden für die große Vorstandspräsentation am Donnerstag zusammengefasst. Der Partner merkt an, dass Tinas Teil noch mit Best Practices angereichert werden sollte: Was hat bei ähnlichen Aufgabenstellungen am besten funktioniert? Tina und Stefan vereinbaren, wie sie das angehen wollen: Zuerst wird Tina das Wissensmanagement-Team kontaktieren, und dann werden sie Kollegen anrufen, die in diesem Bereich bereits Erfahrung haben.

Nachdem am Montag nur Zeit für ein schnelles Sandwich zum Mittagessen war, geht Tina heute mit Kollegen in die Kantine des Kunden. Am Nachmittag führt sie noch zwei weitere Interviews und integriert die Ergebnisse. Außerdem startet sie mit dem zweiten Arbeitsblock für diese Woche: dem Benchmarking. Das Beraterteam soll vergleichen, wie effizient die neue IT-Strategie des Kunden im Vergleich zu anderen Unternehmen ist. Nach kurzer Vorrecherche im Intranet der Beratung und im Internet überlegt Tina sich, welche Kennzahlen für den Vergleich sinnvoll wären, und fragt Stefan nach seiner Einschätzung.

Da das Benchmarking bereits am Mittwochnachmittag für eine erste Durchsicht mit dem Projektleiter des Kunden benötigt wird, ist Eile geboten. Tina bereitet ein Template vor, in das ein Kollege aus dem Wissensmanagement-Team die nötigen Informationen direkt eintragen kann. Nach kurzer Rücksprache verspricht ihr der Kollege, die Daten bis Mittwochmittag zu liefern. Parallel überlegt Tina sich bereits, wie sie die Ergebnisse auf Folien grafisch darstellen kann. Zusammen mit ihren geänderten Folien sendet sie die Infos für weiteres Feedback an Stefan. Gegen 20 Uhr bricht das Team zu einem gemeinsamen Abendessen auf.

Mittwoch

Das Wissensmanagement-Team hat Tina einige Kollegen genannt, die sie anruft, um Best Practices zu sammeln. Die besten arbeitet sie im Anschluss bereinigt in ihre Folien ein. Außerdem bekommt sie wie versprochen die Benchmarking-Daten und analysiert sie in Excel.

Bis 16 Uhr arbeitet das Team mit Hochdruck daran, die Folien fertigzustellen. Der Projektleiter des Kunden möchte alle Inhalte sehen, bevor sie am nächsten Tag dem Vorstand präsentiert werden. Tina stellt dem Projektleiter die Folien selbst vor, am Donnerstag werden dann Stefan und der Partner dem Vorstand die Ergebnisse präsentieren.

Die Präsentation am Mittwoch läuft gut, der Projektleiter hat noch einige Änderungsvorschläge. Tina kontaktiert erneut das Wissensmanagement-Team, um kurzfristig zusätzliche Daten zu bekommen. Der Partner möchte am Donnerstag um 10 Uhr alle Folien durchgehen, bis dahin müssen alle Änderungen eingearbeitet sein. Es wird also ein langer Abend ...

Donnerstag

Nach einer kurzen Nacht sind die Folien um 10 Uhr tatsächlich fertig, und der Partner ist zufrieden. Einige Folien sind allerdings noch nicht ausdrucksstark genug und werden noch ein letztes Mal geändert. Um 15 Uhr geht dann alles zum Vorstand, Tina druckt die Präsentation aus. Während Stefan und der Partner präsentieren, warten Tina und ihre Teamkollegen gespannt: Wie kommen die Folien an? Wird der Vorstand ihren Empfehlungen folgen?

Nach dem Meeting kommt Stefan mit guten Nachrichten zurück: Der Vorstand hat den Vorschlag abgesegnet, das heißt, es kann mit Volldampf in die nächste Phase gehen. Das Team diskutiert grob das weitere Vorgehen.

Um 17 Uhr fährt Tina mit ihren Teamkollegen im Taxi zum Flughafen. Gegen 21 Uhr ist Tina wieder zu Hause.

Freitag

Freitag ist Office Day. Im Heimatbüro erledigt Tina einige administrative Dinge wie die Reisekostenabrechnung und bereitet die nächste Woche vor, indem sie Meetings vereinbart und Analysen vorstrukturiert. Außerdem nutzt sie den Freitag zum Networking - beim Mittagessen kommt das gesamte Büro zusammen. Das ist eine gute Gelegenheit, neue Leute kennenzulernen und sich mit alten Bekannten auszutauschen.

Gegen 19 Uhr geht Tina nach Hause und freut sich auf ein ruhiges Wochenende, bevor am Montag wieder eine neue spannende Woche beginnt.

Work-Life-Balance: Mut zur Selbstentfaltung

von Tim Ruhoff

Balance ist eine Situation, in der unterschiedliche Elemente ausgewogen sind oder in der korrekten Proportion zueinander stehen. Das „Work" bei Work-Life-Balance ist leicht zu definieren – alles, was zum Job dazugehört: Reisen, Arbeit mit unterschiedlichen Kunden, in diversen Ländern, in vielen Sprachen und mit einer Fülle von spannenden Themen.

„Life" sollte dementsprechend der Gegenpol sein. Aber ist Arbeit nicht auch ein Teil des Lebens, der sogar Spaß machen kann? Wichtig ist letztlich, dass man außerhalb des Jobs den Kopf frei bekommt und Kraft tankt. Da Unternehmensberatungen eine Menge fordern, wissen sie, dass ihre Consultants diese Balance benötigen, und sind für viele Wege offen – geschenkt wird einem allerdings auch in der Beraterbranche nichts!

Das richtige Unternehmen

Nicht ohne Grund ist der sogenannte Inseltest für beide Seiten ein essenzieller Bestandteil in jedem Bewerbungsgespräch: Könnte ich mit meinem Gegenüber eine Woche auf einer einsamen Insel ausgesetzt werden und mit ihm dort auskommen? Kann man es sich nicht vorstellen, wird es schwer, die richtige Balance zu finden. Denn auf einem Beratungsprojekt verschwimmt die Grenze zwischen Work und Life oft wesentlich stärker als bei anderen Jobs. Lange Schichten im Project Office, gemeinsame Wochenenden im Ausland und eine sehr intensive Zusammenarbeit sollten weitestgehend harmonisch ablaufen. Bewerber haben nach einem erfolgreichen Gespräch daher oft die Chance, an einem Schnuppertag ihre zukünftigen Kollegen kennenzulernen. Häufig bekommt man aber schon durch die vielen Einzelinterviews im Bewerbungsprozess einen guten Eindruck von den Kollegen. Falls man hier ein schlechtes Gefühl hat, wird man auf lange Sicht in der Firma nicht glücklich.

Beratung und die Zeit mit den Kollegen müssen einem Spaß machen. Jedes Beratungsunternehmen bietet unterschiedliche Chancen und hat einen anderen Spirit. Während man in kleinen Beratungen oft noch familiäre Umgangsformen findet, kann es in großen Beratungen passieren, dass man über Jahre nie auf zwei Projekten mit den gleichen Kollegen arbeitet. Auch deshalb ist es entscheidend, sich vorher zu überlegen, was einem persönlich wichtig ist. Die Probezeit sollte daher immer sehr bewusst genutzt werden, um sich zu überlegen, ob die Beraterpraxis für den eigenen Lebensweg balancierbar ist.

Work-Life-Balance in der Unternehmensberatung

Bevor man sich für eine Karriere als Berater entscheidet, sollte man sich überlegen, welchen Stellenwert welche Freizeitaktivitäten im eigenen Leben haben sollen. Es ist schlicht falsch zu sagen, dass es in der Beratung keinen Raum für Freizeit und Selbstentfaltung gibt. In der Praxis muss man sich aber zwei Herausforderungen stellen:

Zum einen hat man meist nur einen kurzen Planungshorizont für seine Projekteinsätze und ist die Woche über oft stark eingespannt. Es gibt Kunden, bei denen man morgens um 6:30 Uhr startet, und andere, bei denen der Berater erst ab 10 Uhr mit den Mitarbeitern sprechen kann. Das Arbeiten über unterschiedliche Zeitzonen hinweg verkompliziert die Situation häufig noch. Oft muss sich ein Berater kurzfristig auf den nächsten Kunden einstellen und seine Work-Life-Balance den Gegebenheiten anpassen.

Zum anderen ist man abends oft beim Kunden und damit lokal gebunden. Selbst wenn man rechtzeitig aus dem Büro käme, könnte man nicht am Fußballtraining des Heimvereins teilnehmen. Aber: Es gibt durchaus Teams, die einen flexibel mittrainieren lassen. Das gilt für Wien gleichermaßen wie für Kopenhagen.

Aktiver Umgang mit Freizeit im Alltag

Der Beraterallltag ist fordernd: Wenn eine Vorstandspräsentation um Punkt 9 Uhr fertig sein muss, dann muss sie bis dahin auch wirklich fertig sein. Viele wichtige Aufgaben lassen sich langfristig planen und zeitgerecht umsetzen. Es gibt aber auch Kunden, die großzügig sagen: „Machen Sie sich keinen Stress, es reicht, wenn ich die (noch nicht existierende) Präsentation in einer Stunde habe." Dann ist Einsatz gefragt – und zwar reichlich.

Auf der anderen Seite sollte man auch den Mut haben, seine Freizeit aktiv in das Beraterleben zu integrieren. Eine Beratung, die viel verlangt, sollte auch bereit sein, ihren Beratern Raum zur Selbstentfaltung zu geben. Wenn man in den Sommermonaten z. B. abends Sport treiben will, ist es nicht unmöglich, ab und zu um 18 Uhr zu gehen. Wichtige E-Mails können auch noch danach oder frühmorgens beantwortet werden – Hauptsache, die Ergebnisse stimmen. Wenn man am Brückentag arbeitet, der Kunde aber keine Anwesenheit verlangt, lässt sich ein solcher Tag nach Absprache auch im Homeoffice verbringen.

Oft lassen sich Beratung und Freizeit durchaus gut miteinander kombinieren. Hat man den eingangs erwähnten Inseltest bestanden, spricht viel für eine Freizeitgestaltung mit den Kollegen. Dies hilft nebenbei auch dabei, im Beruf besser zu werden, denn Beratung ist ein Teamsport, und man sieht seine Projektkollegen definitiv mehr als seinen Partner und die Familie. Wenn man die Arbeit gelegentlich mit etwas Freizeit kombiniert, kann das auch auf die Zusammenarbeit positive Auswirkungen haben.

Kommst du heut' nicht …

… wird es wohl erst am nächsten Wochenende gehen. Das Wochenende ist der Zeitraum, auf den ein Berater seine Freizeitaktivitäten fokussiert, und das sollte man gut planen. Am Donnerstag kommt man zurück und packt den Koffer aus, freitags sind viele Kollegen im Büro, man hat Meetings, Trainings und Workshops, trinkt anschließend ein Bier an der hauseigenen Bar, und schon ist es 19 Uhr und Wochenende. Am Sonntag muss der Koffer dann gepackt werden, damit es am Montag wieder losgehen kann. Die verbleibende Zeit sollte also sinnvoll genutzt werden.

Besonders wichtig ist die Erkenntnis, dass das persönliche Umfeld oft einen vollkommen anderen Rhythmus hat als ein Berater. Anfangs wird man noch zu Kinoabenden und Konzerten am Dienstag eingeladen, aber irgendwann verschwindet man aus dem Verteiler. Auch die besten Freunde gewöhnen sich an die Absagen und wollen einem dann auch nicht das Gefühl geben, etwas zu verpassen. Hier sollte man aktiv gegensteuern und sich frühzeitig an die Freizeitplanung für das Wochenende machen, um nicht vom Radar der Freunde und Bekannten zu verschwinden, und um verpasste Treffen nachzuholen.

Was Unternehmensberatungen bieten

Die Work-Life-Balance ist längst zum Buzzword avanciert und darf auf keiner Bewerberwebsite fehlen. Im Rahmen ihrer jeweiligen Möglichkeiten bieten große und kleine Unternehmensberatungen ähnliche Modelle. Längere kreative Pausen – wie beispielsweise ein Ausstieg auf Zeit für den Aufbau eines eigenen Unternehmens, eine Promotion, einen MBA oder Ähnliches – sind denkbar. Die Frage ist nur: Wann?

Dabei gilt die Regel: je kleiner die Beratung, desto flexibler die Programme. Auch Weiterbildungsmöglichkeiten werden oft an Bedingungen und festgelegte Zeiten geknüpft. Legt man auf diese Programme Wert, sollte man bereits im Bewerbungsgespräch die grundlegenden Details klären.

Neben den Möglichkeiten für längere Auszeiten bieten Unternehmensberatungen natürlich weitere Programme an, um Bewerber von sich zu überzeugen. Beispiele dafür sind Sommerfeste, Skievents mit der Firma, Abendveranstaltungen, exotische Weiterbildungsmaßnahmen und vieles mehr. Hier ist das Angebot in großen Unternehmensberatungen sicherlich breiter, es werden aber nicht zwangsläufig alle Kosten vom Unternehmen getragen. Wie so oft lohnt sich hier genaues Nachfragen.

Darauf sollte man achten

Bevor man sich für den Weg in die Unternehmensberatung entscheidet, sollte man wissen, ob man bereit ist für einen Lebensabschnitt auf der Überholspur. Das Plus an Erfahrung und der Einblick in die unterschiedlichsten Unternehmen, die spannenden Herausforderungen und die steile Lernkurve gehen ganz klar mit einem Minus an flexibler Freizeitgestaltung einher.

Nicht jede Unternehmensberatung ist gleich, und nicht überall gehören Nachtschichten zum täglich Brot. Oft lohnt es sich, genau nachzufragen und sich bewusst bei unterschiedlichen Beratungen zu bewerben. Alle Beratungen suchen den fleißigen, alleskönnenden Entrepreneur und generalistischen Multispezialisten. Nicht immer passt das Unternehmen aber zu den persönlichen Erwartungen, denn nicht alle Beratungen setzen die gleichen Schwerpunkte.

Unabhängig davon, für welche Beratung man sich entscheidet, steht fest, dass zur Regeneration ein Ausgleich nötig ist, der bei jedem Menschen anders gelagert ist. Ohne eine angemessene Work-Life-Balance ist die Profession und Passion eines Consultants auf Dauer nicht lebbar!

Karrieresprungbrett studentische Unternehmensberatung?

von Dominik Klimmek

Ob Erstsemester oder frischgebackener Absolvent – eine Karriere bei den großen Namen der Consulting-Branche ist bei Studenten verschiedenster Fachrichtungen heiß begehrt. Doch der Einstieg ist mit erheblichen Hürden verbunden: Exzellente Studienleistungen, analytischer Scharfsinn, Unternehmergeist und Projekterfahrung sind nur Auszüge aus der Wunschliste der Topunternehmen, an denen oftmals schon die Aussicht auf ein Praktikum scheitert. Die gute Nachricht: Zumindest in Bezug auf die letzten drei Bereiche können sich Consultants in spe durch die Tätigkeit bei einer studentischen Unternehmensberatung weiterentwickeln, wertvolle Erfahrung sammeln und somit ihren Marktwert erheblich steigern.

Historie

Die Idee, motivierten Studenten bereits während ihrer Ausbildung die Möglichkeit zu geben, ihre theoretischen Kenntnisse in die Praxis umzusetzen, wurde 1967 in Frankreich geboren und von dort aus in die ganze Welt getragen. 1988 schwappte die Welle nach Deutschland über und führte zur Gründung der ersten deutschen studentischen Unternehmensberatung in Darmstadt. Bis heute sind den Pionieren aus Darmstadt etwa 80 weitere Initiativen an Universitäten und Fachhochschulen im gesamten Bundesgebiet gefolgt, die zumeist in Form eines eingetragenen Vereins organisiert sind.

Um auch angesichts dieser großen Anzahl die Qualität der Beratungsleistungen zu sichern, haben sich 32 studentische Initiativen mit insgesamt 2.200 Mitgliedern zu dem 1992 gegründeten Bundesverband Deutscher Studentischer Unternehmensberatungen (BDSU) zusammengeschlossen. Der BDSU fördert den Wissens- und Erfahrungsaustausch zwischen den einzelnen Initiativen. Zudem müssen sich die Mitglieder des BDSU zu hohen Qualitätsstandards verpflichten, deren Einhaltung jährlich überprüft wird.

Beratungsbereiche und -leistungen studentischer Unternehmensberatungen

Studentische Unternehmensberatungen decken das gesamte Spektrum der klassischen Beratungsleistungen ab. Neben Marktstudien und Prozessanalysen bieten die studentischen Berater IT-, Personal- und Strategieberatung an, entwickeln Marketing- sowie Markteintrittsstrategien und erstellen Business-Pläne. Einige Initiativen haben sich dabei auf bestimmte Beratungsleistungen oder Branchen spezialisiert und verfügen in diesen Bereichen über eine Expertise, die der kommerzieller Spezialberatungen in nichts nachsteht. Aufgrund ihres engen Kontakts zu Hochschulen und Professoren werden studentische Unternehmensberatungen zudem gerne mit der Erstellung wissenschaftlicher Studien beauftragt.

Die Kundschaft der studentischen Berater reicht vom Familienbetrieb über den Mittelstand bis hin zum globalen Großkonzern. Auch Vereine im Profit- und Non-Profit-Sektor schätzen die maßgeschneiderten Lösungen der Studenten. Beispielsweise veranstaltete das Berliner Campus Projekt einen Marketing-Workshop für den Fußballverein Union Berlin.

Aus Sicht der Kunden spricht eine ganze Reihe von Gründen für studentische Unternehmensberatungen: Ihre Mitglieder zeichnen sich aufgrund des interdisziplinären Ansatzes durch besonders innovative und kreative Lösungen aus und befinden sich durch engen Kontakt zu Hochschulen und Professoren stets auf dem neuesten Stand der Wissenschaft. Darüber hinaus legen die Studenten ein außerordentliches Maß an Motivation an den Tag, da eine gute Leistung einer Empfehlung für potenzielle Arbeitgeber gleichkommt. Im Gegensatz zu den „Großen" sind studentische Beratungen bereit, auch Projekte mit einem Umfang von nur wenigen Tagen zu übernehmen. In puncto Flexibilität bieten sie ihren Kunden ebenfalls einen herausragenden Service, da sie lediglich ein paar Tage Vorlaufzeit benötigen, um ein Projektteam zusammenzustellen und ein Angebot vorzubereiten.

Anforderungen an studentische Unternehmensberater

Um dieser Vielfalt an Beratungsprojekten und Kunden gerecht zu werden, setzen studentische Unternehmensberatungen auf interdisziplinäre Zusammenarbeit. Gesucht werden Generalisten wie auch Spezialisten aller Fachbereiche, die neben fundiertem Fachwissen aus dem Studium über eine schnelle Auffassungsgabe verfügen und jederzeit dazu bereit sind, sich in neue Sachverhalte und Aufgabenstellungen einzuarbeiten. Letzteres setzt vor allem Durchhaltevermögen und Begeisterungsfähigkeit voraus.

Beratungsprojekte erfolgreich und termingerecht abzuschließen erfordert darüber hinaus Organisationsvermögen, ein gutes Zeitmanagement und die Fähigkeit, auch dann noch einen kühlen Kopf zu bewahren, wenn die Deadline bedrohlich nahe rückt. Da die Projekte stets im Team absolviert werden, sind außerdem ein hohes Maß an sozialer Kompetenz und Kommunikationsstärke ein absolutes Muss.

Wer über diese Schlüsselqualifikationen verfügt, hat gute Chancen, im Auswahlverfahren zu bestehen: Nach erfolgreicher schriftlicher Bewerbung werden die Kandidaten zu ausführlichen Einzelgesprächen eingeladen, in denen ihre Motivation für eine Tätigkeit als studentischer Berater sowie ihre fachliche und persönliche Kompetenz ergründet werden. In einigen studentischen Beratungen müssen sich Bewerber zusätzlich sogar einem kompletten Assessment-Center stellen. Darin können sie ihre Eignung bei der Bearbeitung und Präsentation einer Fallstudie unter Beweis stellen.

Wer diese Hürde genommen hat, erhält zunächst die Anwartschaft und wird mit Pflichtschulungen in den Bereichen Projektmanagement, Rhetorik, Präsentationstechnik und Angebotserstellung auf seine Tätigkeit als studentischer Berater vorbereitet. Erst nachdem der Anwärter alle Schulungen absolviert und ein vereinsinternes Projekt erfolgreich abgeschlossen hat, erhält er den vollen Mitgliedsstatus.

Wie kann man sich eine Tätigkeit als studentischer Unternehmensberater vorstellen?

Die Tätigkeit als studentischer Unternehmensberater umfasst zwei Bereiche: Das ehrenamtliche Engagement innerhalb des Vereins und die Durchführung vergüteter Beratungsprojekte für Kunden.

Wie in jedem Unternehmen besteht auch in studentischen Unternehmensberatungen die Möglichkeit, sich in den Bereichen Finanzen und Recht, Marketing, Qualitätsmanagement, Akquise, Personal oder IT einzubringen. Erst durch dieses vereinsinterne Engagement der Mitglieder können die notwendigen Voraussetzungen und Strukturen für ein funktionierendes Projektgeschäft geschaffen werden. So ist beispielsweise ein professioneller Marketingauftritt unerlässlich zur Steigerung des Bekanntheitsgrads bei potenziellen Kunden. Externe Beratungsprojekte bestehen in der Regel aus den Arbeitsschritten Angebotserstellung, Projektdurchführung und Projektdokumentation.

Potenzielle Kunden bitten meistens mehrere (studentische) Unternehmensberatungen um ein Angebot für die Durchführung eines bestimmten Projekts. Die Beratung mit dem besten Konzept erhält dann den Zuschlag. Das studentische Beraterteam erstellt daraufhin ein Angebot, das folgende Punkte umfasst:

- das genaue Ziel, das das Beraterteam nach Abschluss der Projektarbeit erreicht haben will,
- die geplante Vorgehensweise zur Erreichung dieses Projektziels (hierbei wird das Projekt in verschiedene Arbeitsschritte unterteilt),
- den genauen Zeitrahmen, in dem die einzelnen Arbeitsschritte und der Projektabschluss erfolgen,
- die Budgetplanung für die Durchführung des Projekts.

Überzeugt dieses Angebot, wird das studentische Beraterteam mit der Durchführung des Projekts beauftragt. Da die meisten Projekte beim Kunden vor Ort stattfinden, müssen sich studentische Berater in puncto Kleidungsstil und Auftreten entsprechend anpassen und tragen in der Regel Anzug.

Der wichtigste Aspekt der Projektarbeit ist die regelmäßige Rücksprache mit dem Kunden, damit dieser jederzeit intervenieren kann, wenn der Projektverlauf nicht seinen Vorstellungen entspricht. Zu diesem Zweck erfolgt nach dem Abschluss der wichtigsten Arbeitsschritte eine Zwischenpräsentation. Außerdem muss der tatsächliche Zeit- und Budgetaufwand ständig mit dem Projektplan verglichen werden, um bei Abweichungen rechtzeitig gegenzusteuern.

Nach dem Abschluss der Projektarbeit und der Erreichung des Projektziels hält das studentische Beraterteam eine Abschlusspräsentation, bei der oft auch der Vorstand des beratenen Unternehmens anwesend ist. In der abschließenden Projektdokumentation werden alle Informationen und Unterlagen zum Projektverlauf gesammelt, sodass bei der Durchführung späterer Projekte auf dieses Wissen zurückgegriffen werden kann.

Studentische Beratung als Sprungbrett für den Einstieg in die Unternehmensberatung?

Eine Tätigkeit bei einer studentischen Unternehmensberatung, die über die reine Mitgliedschaft hinausgeht, wird bei kommerziellen Unternehmensberatungen gern gesehen. Je nach Art, Dauer und Intensität von Projekten, für die man als studentischer Unternehmensberater mitverantwortlich war, kann ein Engagement bei einer studentischen Beratung die Chancen im Bewerbungsprozess für eine kommerzielle Beratung erhöhen.

Zudem können studentische Berater durch die Angebotserstellung, Planung und Durchführung von Projekten ihr Organisationsvermögen schulen, ihr Zeitmanagement verbessern, sich eine analytische und strukturierte Arbeitsweise aneignen und ihre Teamfähigkeit unter Beweis stellen. Darüber hinaus verfügen studentische Berater über ein souveränes und professionelles Auftreten, da sie bereits eine Reihe von Präsentationen vor Kunden in Führungspositionen gehalten haben. Daher schlagen sich erfahrene studentische Unternehmensberater oft besser in den Auswahlverfahren großer Consulting-Unternehmen, insbesondere bei der Durchführung von Case Studies.

Doch auch durch ehrenamtliches Engagement innerhalb des Vereins ergeben sich hervorragende Perspektiven für die Consulting-Karriere. Somit können Studenten auch abseits des Studiums praktische Erfahrungen in bestimmten Fachgebieten erwerben. Wer als Vorstand oder Ressortleiter Verantwortung übernimmt, kann zudem seine Führungsqualitäten ausbauen und Unternehmergeist beweisen. Vor allem aber können sich studentische Berater durch vereinsinternes Engagement ein Netzwerk aus hoch qualifizierten Nachwuchskräften aufbauen, von dem sie auch im weiteren Verlauf ihrer Karriere profitieren.

Insbesondere für den Bereich Consulting stellt die Tätigkeit als studentischer Berater noch ein zusätzliches Karrieresprungbrett bereit: Renommierte Unternehmensberatungen bieten studentischen Unternehmensberatungen zu Recruiting-Zwecken Schulungen und Workshops an, bei denen die Mitglieder nicht nur vom Know-how der hauptberuflichen Consultants profitieren, sondern auch wertvolle Kontakte für den Einstieg in die Unternehmensberatung knüpfen können.

3. Tipps zu Bewerbung und Interviewvorbereitung

All in all: It's not (only) about the case

von Thomas Fritz

Wer als Berater mit seinen Klienten nachhaltige Veränderungen bewirken will, muss sowohl fachlich als auch persönlich überzeugen. Das beste Konzept ist nutzlos, wenn es nicht gelingt, die Menschen in der Organisation dafür zu gewinnen. Daher legen Beratungen neben den Problemlösungsfähigkeiten (im Case-Interview) ebenso großen Wert auf die persönliche Qualifikation eines Bewerbers. Und dabei geht es um weitaus konkretere Aspekte als den oft beschworenen persönlichen Fit. Viele Bewerber unterschätzen die Bedeutung dieser persönlichen Seite: Lieber werden 100 Cases geübt, als sich einmal hinzusetzen und konzentriert zu überlegen, wie die eigenen Stärken und Erfahrungen zu den Anforderungen der Beratung passen.

Aber auch hier gilt: Erfolg kommt zu denen, die sich vorbereiten. Alle anderen müssen Glück haben, dass ihnen in der Stresssituation des Interviews die richtigen Erfahrungen zu ihren Stärken einfallen und sie diese auch noch überzeugend darstellen können.

Besser ist es da, sich schon im Vorfeld die richtigen Fragen zu stellen:
a. Worauf kommt es der Beratung, bei der ich mich bewerbe, an?
b. Wie passen meine Stärken zu diesen Anforderungen, und wo habe ich diese unter Beweis gestellt?
c. Wie kann ich meine Erfahrungen überzeugend im Interview darstellen?

Ein positiver Nebeneffekt dieser Gedanken ist die positive Auswirkung auf Ihre eigene Einstellung: Wenn Sie sich im Vorfeld gute Erfahrungen in Erinnerung rufen, versichern Sie sich unterbewusst noch einmal Ihrer eigenen Qualifikation und gehen optimistischer in die Gespräche.

Whatever it takes

Wer die Unternehmensporträts in diesem Buch aufmerksam liest, bekommt einen guten ersten Eindruck von den individuellen Schwerpunkten, die die Beratungen bei persönlichen Anforderungen setzen. Suchen Sie zusätzlich das persönliche Gespräch mit Beratern und Recruitern, z. B. auf Recruiting-Events oder Messen. Hier erhalten Sie häufig wertvolle Hinweise zu den im Interview diskutierten Themen. Es gibt natürlich auch Qualifikationen, die gute Berater ganz grundsätzlich auszeichnen. Dazu gehören: Teamfähigkeit, Überzeugungsfähigkeit sowie Flexibilität im Denken und Handeln.

If you want people to think you are funny, don't tell them you are funny, tell them a joke

Im nächsten Schritt ergründen Sie, wie die eigenen Stärken zu den Anforderungen passen und wo Sie diese zeigen konnten. Eine persönliche Stärke ist keine Eigenschaft, die Sie gerne hätten. Sie müssen vielmehr glaubhaft davon berichten können, wo Sie Ihre Stärken auch tatsächlich unter Beweis gestellt haben.

Wenn Sie sich nicht sicher sind, wie Ihre Erfahrungen und die gesuchten Eigenschaften zusammenpassen, helfen die folgenden Fragen:

- In welchen Situationen erhalte ich positives Feedback von Kollegen, Kommilitonen oder Freunden?
- Auf welche Erfahrungen bin ich besonders stolz?
- Wo habe ich zur Lösung von Problemen beigetragen?

Aber Vorsicht: Bleiben Sie bei den Tatsachen und ehrlich zu sich selbst. Wenn Sie wesentliche Aspekte im Nachhinein ergänzen müssen, um Ihre Stärken deutlich zu machen, ist die Erfahrung ziemlich sicher nicht geeignet. Es kann immer sein, dass Ihr Interviewer ebenfalls passionierter Pianist war und interessierte Detailfragen zu Ihrer Konzertreise stellt. Die sollten Sie sicher beantworten können oder lieber weiter nach anderen geeigneten Erfahrungen suchen. Ebenso macht es den Interviewer misstrauisch, wenn Sie sich bei Ihrem Bericht von der Gruppenarbeit an der Hochschule nicht mehr an die Namen der anderen Teammitglieder erinnern können.

Beschränken Sie sich bei der Suche nach geeigneten Episoden nicht nur auf das Studium oder berufliche Umfelder. Manchmal finden sich die besten Erfahrungen auch im außeruniversitären Engagement, beim Sport oder anderen Hobbys. Mit einer guten Auswahl von Beispielen können Sie zudem persönliche Leidenschaften transportieren und dem Interviewer einen Einblick in Ihre Persönlichkeit geben.

Es sollte allerdings nicht zu persönlich werden: Krankheiten oder die engere Familie sind tabu. Hier wird schnell eine emotionale Ebene berührt, die sowohl für Sie als auch für Ihren Gesprächspartner unangenehm werden kann.

You should have been there

Wenn die passenden Erfahrungen gefunden sind, gilt es, diese überzeugend darzustellen. Je lebendiger Sie die relevanten Soft Skills mit konkreten Taten illustrieren, desto einfacher machen Sie es dem Interviewer, sich an Ihre Qualifikation zu erinnern.

Zunächst schreiben Sie sich dazu für jedes Beispiel auf, was die genaue Herausforderung war und aus welchen konkreten Taten oder Interaktionen Ihr persönlicher Beitrag bestand. Sollte der Auswahltag aus mehreren Gesprächen bestehen, zahlt es sich aus, wenn Sie zu den wichtigsten Themen mehr als ein Beispiel parat haben – so müssen Sie nicht jedem Interviewer dieselbe Erfahrung schildern. Die Interviewer entscheiden in der Regel am Ende gemeinsam und je breiter das Bild ist, das Sie anbieten, desto besser sind Ihre Chancen.

Anschließend sollten Sie mit einem Partner üben, Ihre Erfahrungen souverän, authentisch und fokussiert wiederzugeben. Dabei achtet der Sparringspartner vor allem auf die folgenden Punkte:

- Nicht zu viele Details – Interviewzeit ist kostbar: Beschreiben Sie den Kontext nur so detailliert, wie es zum Verständnis Ihrer persönlichen Erfahrung unabdingbar ist. Interviewer sind sehr viel mehr an Ihrer persönlichen Rolle im Projekt interessiert als an der generellen Situation des Unternehmens, in dem Sie Ihr Praktikum absolviert haben.
- Vermeiden Sie Generalisierungen – Beschreiben Sie konkret, was Sie meinen, wenn Sie von den Chancen und Herausforderungen sprechen. Statt einem generalisierenden „die Zusammenarbeit mit Chinesen ist ja immer sehr schwierig" schildern Sie besser genau, was die Teamarbeit in der konkreten Situation herausfordernd gemacht hat.
- Ich statt Man – Trauen Sie sich, konkret hervorzuheben, worin Ihr persönlicher Beitrag bestand. Natürlich gewinnt man öfter als Team und seltener alleine. Ihr Interviewpartner will aber vor allem ein Gefühl dafür bekommen, welche Rolle Sie persönlich in diesem Team gespielt haben.
- Chancen statt Probleme – Schildern sie nicht nur die Probleme, die Sie in der Situation gesehen haben. Wer vor allem die Schwierigkeiten sieht bzw. diese besonders detailliert schildert, wird auch nachher eher mit diesen in Verbindung gebracht. Erzählen Sie lieber von den interessanten Möglichkeiten, denen Sie begegnet sind und kommen dann zu den Hindernissen, die auf dem Weg dorthin zu überwinden waren.
- Jeder Mensch verdient Wertschätzung – Schon auf dem Schulhof gilt: Wer immer schlecht über andere spricht, hat irgendwann keine Freunde mehr. Versuchen Sie auch in der Beschreibung von herausfordernden Persönlichkeiten nicht nur über deren negative Eigenschaften zu sprechen. Zeigen Sie, dass Sie in der Lage sind, jeden Menschen wertzuschätzen und dessen Verhalten in den Kontext der konkreten Situation einzuordnen.
- Schau mir in die Augen – Wer selbst nicht überzeugt ist, kann auch andere nicht überzeugen. Zeigen Sie dem Interviewer, dass Sie gut vorbereitet sind. Lächeln Sie und schauen Sie Ihr Gegenüber an, wenn Sie zuversichtlich und optimistisch Ihre Erfahrung schildern.

Im letzten Schritt müssen Sie im Gespräch die richtige Gelegenheit finden, Ihre Erfahrung zu teilen. Wann immer der Interviewer Sie nach Ihren Stärken oder Erfahrungen zu persönlichen Eigenschaften fragt, ist der Moment gekommen. Lassen Sie das generische „ich habe immer gerne im Team gearbeitet" hinter sich und glänzen Sie mit Ihrer Vorbereitung, wenn Sie lebendig und authentisch von Ihren spannendsten Teamerfahrungen berichten.

Anforderungen an Bewerber

von Nadja Peters

Der Berufseinstieg in die Unternehmensberatung ist ein ideales Karrieresprungbrett. Kein anderes Umfeld bietet die Möglichkeit, so schnell Verantwortung zu übernehmen und einen umfassenden Einblick in die Welt der Wirtschaft oder auch des öffentlichen Sektors zu erhalten. Nur: Wie wird man Consultant? Welche Profile und Qualifikationen werden gesucht - und warum?

Worauf es nicht ankommt

Das Studienfach ist bei den meisten Unternehmensberatungen kein Auswahlkriterium. Im Consulting geht es vor allem darum, Probleme zu lösen - und diese Fähigkeit wird in jeder wissenschaftlichen Ausbildung entwickelt, unabhängig von der Fachrichtung. Neuen Kollegen ohne wirtschaftswissenschaftlichen Studienhintergrund werden die BWL-Grundbegriffe gleich zu Beginn in speziellen Trainings vermittelt.

Was eine Unternehmensberatung stark macht, ist die Vielfalt ihrer Mitarbeiter, die Kombination aus wissenschaftlichem Arbeiten, interdisziplinärem Denken und Praxisorientierung. Diese Mischung führt zu optimalen Lösungen, die oft neu und überraschend sind. Aus diesem Grund suchen Beratungen Absolventen und Promovierte aller Disziplinen: Ingenieure, Naturwissenschaftler und Mathematiker ebenso wie Wirtschafts- und Geisteswissenschaftler, Mediziner oder Juristen. Bei McKinsey beispielsweise hat nur die Hälfte der Berater einen wirtschaftswissenschaftlichen Hintergrund.

Dieses breite Spektrum spiegelt sich in der Vielfalt der Projekte und Klienten wider. Von der Entwicklung einer Unternehmensstrategie oder Organisationsstruktur über funktionsbezogene Aufgaben in Forschung, Produktion und Logistik, Marketing, IT und Finanzen bis hin zu speziellen Programmen zur Effizienz-, Umsatz- oder Ertragssteigerung - das alles sind Projekte, mit denen Unternehmensberatungen beauftragt werden. Die Arbeit erfolgt stets direkt beim Klienten vor Ort, oft in internationalen Teams.

Auch ein bestimmter Notendurchschnitt ist keine zwingende Voraussetzung, um sich bei einer Beratung zu bewerben. Akademische Leistungen sind wichtig - aber eine Einladung zum Kennenlernen ist nicht ausschließlich daran geknüpft.

Worauf es wirklich ankommt

Relevante Auswahlkriterien sind neben den akademischen Leistungen insbesondere analytische Fähigkeiten, praktische Erfahrungen und Engagement, das über das Curriculum hinausgeht. Tätigkeitsfelder können hier im sozialen, kulturellen, sportlichen oder auch politischen Bereich liegen. Entscheidend ist zu sehen, dass sich ein Bewerber für verschiedene Themen begeistern kann und bereit ist, Verantwortung zu übernehmen.

Grundvoraussetzung für die konstruktive Arbeit im Team und mit dem Klienten sind soziale Kompetenzen. Hierzu zählen insbesondere Kommunikations- und Kooperationsfähigkeit, Teamgeist und Einfühlungsvermögen. Da Unternehmensberater immer wieder neu mit den unterschiedlichsten Aufgaben und Fragen konfrontiert werden, ist große Flexibilität im Denken und Handeln ebenfalls unverzichtbar.

Wie man sich bewirbt

Der Einstellungsprozess bei Unternehmensberatungen umfasst in der Regel zwei Schritte: die schriftliche Bewerbung und den Auswahltag mit Interviews. Für die schriftliche Bewerbung, die jederzeit eingereicht werden kann, sind folgende Unterlagen erforderlich:

- **Motivationsschreiben:** Darin erläutern die Bewerber, warum sie sich für das Berufsfeld der Unternehmensberatung interessieren.
- **Lebenslauf:** Er enthält Angaben zum akademischen Werdegang (mit Abschluss- bzw. Zwischennoten), zu Praktika, Berufserfahrung und Auslandsaufenthalten sowie zu Interessen und Engagements außerhalb der Ausbildung.
- **Zeugnisse:** Alle Schul- bzw. Hochschulzeugnisse ab dem Abitur sowie Praktikumszeugnisse und Zertifikate sollten dem Schreiben beigefügt sein.

Wenn die schriftlichen Unterlagen überzeugen, werden die Bewerber zu Interviews eingeladen. Dabei erwarten die Interessenten mehrere etwa einstündige Gespräche mit meist je einem Consultant. Teil dieser Gespräche ist die Diskussion einer Fallstudie. Dafür muss man keinen Mathe-Leistungskurs belegt haben; allerdings sollte man auch einmal ohne Taschenrechner zurechtkommen können.

Die Bewerber erhalten in der Regel noch am selben Tag ein persönliches Feedback. Falls sich die Berater nach den Interviews einig und die Eindrücke positiv sind sowie das Interesse auf beiden Seiten fortbesteht, folgt abschließend ein Interview mit einem Senior-Partner. Geeigneten Bewerbern wird dann meist direkt ein Angebot gemacht.

Das Auswahlgespräch – mehr als eine Case Study

von Tim Ruhoff

„Sehr geehrter Bewerber, wir haben Ihre Bewerbung mit Interesse gelesen und möchten Sie zum Bewerbungsgespräch einladen." – Wer ein solches Schreiben von einer Beratung erhält, sollte sich geehrt fühlen. Der Pflichtteil ist somit geschafft; nun folgt die Kür.

Warum es „Bewerbungsgespräch" heißt

Viele Bewerber glauben, dass die Vorbereitung auf ein Bewerbungsgespräch hauptsächlich im Trainieren von Case Studies besteht. Ja – in jedem Interview gibt es eine oder mehrere Case Studies. Ja – mit etwas Übung gelingen diese schneller und sicherer. Das ist jedoch bei Weitem nicht alles! Ein Bewerbungsgespräch ist in erster Linie ein Gespräch, sonst hieße es „Bewerbungs-Case-Study". Genau hier liegt der häufigste Fehler von Bewerbern. Auswendig gelernte Antworten, zurechtgelegte Floskeln und das krampfhafte Anwenden von Analyse-Tools sind schlicht unerwünscht. Stellen Sie sich den Kunden vor, der Sie als Berater für viel Geld einkauft. Will der Dinge hören, die er selbst nachlesen kann? Darüber hinaus sind erlernte Beispiele oft nicht übertragbar, und bei jedem Interviewer hagelt es Minuspunkte, wenn der Eindruck entsteht, dass ein Bewerber nicht mitdenkt.

Jedes Beratungsprojekt verlangt, dass man sich in die Probleme des Kunden einfindet und nach Lösungen sucht. Ob das Problem mit oder ohne das Five-Forces-Modell von Porters zu lösen ist, interessiert den Kunden nur marginal. Die Hauptsache ist, es wird gelöst. Es ist noch nie ein Bewerber gescheitert, weil er kein Analyse-Tool genutzt hat. Viele Bewerber haben aber dadurch geglänzt, dass sie sich davon gelöst und unkonventionelle Wege gefunden haben.

Der Bewerbertag

Sie bekommen vor einem Interview immer Infos zum Tagesablauf. In den meisten Fällen sollten diese Informationen vollkommen ausreichend sein. Seien Sie sich bewusst, dass dem Interviewer Ihre Korrespondenzen mit den Personalern, insbesondere E-Mails, zur Verfügung gestellt werden. Schreiben Sie also formal korrekte E-Mails und führen Sie höfliche Telefonate – egal, mit wem. Lesen Sie auf jeden Fall vorher alle Unterlagen sorgfältig durch, und werfen Sie zur Sicherheit noch einen Blick auf die Website. Sollte sich bei der Vorbereitung zeigen, dass Sie nicht sorgfältig vorgehen, wird jede Beratung das vermerken.

Angemessen gekleidet, fit, ausgeschlafen und pünktlich

Berater kleiden sich schlicht und elegant. Mit einem schwarzen bzw. dunkelgrauen Anzug oder Kostüm liegt man nie falsch. Das äußere Erscheinungsbild ist wichtig, denn Kleider machen bekanntlich Leute. Deshalb sollten Sie auch Tattoos, Piercings oder auffälligen Schmuck nur so zeigen, wie es im Business passend ist. Der Berater wird sich sonst immer fragen: Was würde der Kunde jetzt denken? Lassen Sie es nicht so weit kommen.

Was brauchen Sie, um richtig fit zu werden? Literweise Kaffee? Eine Runde Joggen im Park? Musik Ihrer Lieblingsband? Organisieren Sie es! Man sollte für sein Interview so fit wie möglich sein. Das Auswendiglernen von Kennzahlen oder Formeln gehört unter keinen Umständen an den Frühstückstisch. Sie müssen nicht alles wissen, sondern sich gut verkaufen. Im Interview können Ihnen die Bücher nicht mehr helfen. Ein erholter Geist kann allerdings einiges bewirken.

Seien Sie pünktlich. Am besten stehen Sie mit einem Puffer von 20 Minuten am Empfang der Beratung, bekommen ein Namenskärtchen und setzen sich zu den anderen Bewerbern. Das ist die erste Schlüsselszene. Sicherlich können nicht alle genommen werden, aber die meisten Beratungen haben keine Quote für einen Bewerbungstag. Das bedeutet, die Mitbewerber sind mögliche Verbündete, denn einige Beratungen machen Team-Stresstests, bei denen analysiert wird, wie Sie sich in ein Team einfinden können. Wenn man von Anfang an den Eindruck erweckt, dass man nur sein eigenes Weiterkommen im Sinn hat, werden einem die übrigen Bewerber diese Einstellung nicht danken. Selbiges gilt übrigens für die Berater, die sich im Interview überlegen, ob sie sich ein Projekt mit Ihnen vorstellen können. Außerdem: Man sieht sich immer zweimal im Leben.

Der persönliche Eindruck

Könnte ich mir vorstellen, mit meinem Gegenüber auf einer einsamen Insel ausgesetzt zu sein und mich mit ihm dort durchzuschlagen? Nicht jeder Kollege muss ein Freund werden, aber man sollte schon auf einer Wellenlänge liegen, denn Projekteinsätze sind immer strapaziös. Enge Deadlines, Vorstandspräsentationen, lange Flüge und Wochenenden im Ausland lassen sich nur schwer ertragen, wenn man einander persönlich nicht leiden kann. Daher sollten Sie sich die Interviewpartner genau ansehen und überlegen, ob Sie sich eine intensive Zusammenarbeit vorstellen können.

Ausschlaggebend für ein erfolgreiches Gespräch ist daher die richtige Einstellung: Bewerber und Unternehmen befinden sich an einem Bewerbertag in einer gleichgewichtigen Situation. Schon aus dieser Erkenntnis heraus sollte ein Bewerber offen, ehrlich, aber auch selbstbewusst und durchaus entspannt in solche Bewerbertage starten. Unternehmen suchen nicht den perfekten Bewerber mit dem perfekten Lebenslauf und perfekten Fähigkeiten. Sie suchen den perfekten Match. Nutzen Sie dieses Wissen!

100 Prozent bis zum Ende

Sollte es letztlich nicht klappen, unterschätzen Sie nicht den Wert des abschließenden Gesprächs. Aus Fehlern kann man lernen, aber vielleicht gibt es auch Hinweise, warum Sie zu genau dieser Beratung nicht gepasst haben. Die Erkenntnisse können sowohl für die Vorbereitung weiterer Interviews als auch für die Auswahl der Beratungen sehr wichtig sein.

Bewerbungscheckliste und Partnertraining

von Tim Ruhoff

In einem Interview soll möglichst naturgetreu simuliert werden, was den Kandidaten beim Kunden erwartet. Auch vor einem Beratungsprojekt müssen eine Menge Dinge vorbereitet und erledigt werden - genauso ist es mit dem Bewerbertag. Nutzen Sie die folgende Checkliste, damit Sie nichts vergessen und sich auf das Wesentliche konzentrieren können.

Vier Wochen vor dem Interview – nicht alles geht von heut auf morgen

Check 1: Partnerinterviews

Die beste Vorbereitung auf ein Interview in der Beratung ist das Partnerinterview. Es geht darum, gemeinsam mit einem anderen Menschen einen Fall zu lösen. Zwar muss der Bewerber die Arbeit machen, aber die Kommunikation und das sinnvolle Fragenstellen sind essenziell. Nutzen Sie die Cases in diesem Buch, und planen Sie möglichst drei Partnerinterviews mit anderen Kandidaten. Die Anfrage für ein Partnerinterview sollte etwa mit dem Versand der Bewerbungsunterlagen beginnen.

Finden Sie Ihren Trainingspartner unter www.e-fellows.net/lernpartner
- Sie können in Lernangeboten suchen, oder Sie stellen selbst ein Lerngesuch ein.
- Das Formular sollte selbsterklärend sein. Wählen Sie unter „Suche Partner für" die Option „Cases üben"; in den weiteren Feldern können Sie unter anderem die Region/Stadt, den Zeitraum sowie die Art der Zusammenarbeit (online oder „in echt") angeben.
- Tragen Sie im Erläuterungsfeld ein, was Sie trainieren möchten (Case Studies, Bewerbungsgespräch inkl. Case Study, inhaltliche Schwerpunkte oder Branchen).
- Meist bekommen Sie schon nach wenigen Tagen die ersten Rückmeldungen.

Es ist sinnvoll, sich vor dem Training über den Ablauf und den Übungsmodus zu verständigen. Ein persönliches Treffen ist sicherlich die beste Vorbereitungsform, allerdings auch die zeitaufwendigste. Für die Interviews sollte Folgendes vorbereitet werden:
- Austausch der Bewerbungsunterlagen vorab
- zwei Fragen zum Tagesgeschehen
- mindestens zwei kritische Fragen zum CV des Partners
- ein Brainteaser und eine Case Study

Was den Ablauf und gewisse Grundregeln betrifft, noch einige Tipps: Erst stellt ein Partner die Fragen. Wenn das Interview nach 45 bis 60 Minuten abgeschlossen ist, tauscht man die Rollen. Der Brainteaser sollte ungefähr fünf bis zehn Minuten der Zeit in Anspruch nehmen, die Case Study maximal 25 Minuten. Damit bleiben mindestens 35 Minuten für das Gespräch. Wer seinen Partner hier ins Schwitzen bringt, bereitet ihn am besten auf das reale Interview vor und verhilft ihm zu einem strategischen Vorteil - oft weiß ein Bewerber nämlich selbst nicht, worüber ein Fremder beim

Lesen des CVs stolpert. Im Nachgang kann man sich nun gut auf mögliche Fragen vorbereiten. Das Partnertraining hat den großen Vorteil, dass die Interviewsituation greifbarer wird und man sich schneller auf das Wesentliche konzentrieren kann. Das Selbstvertrauen wächst ebenfalls, was für das Bewerbungsgespräch sehr wichtig ist. Das Partnerinterview ist nicht dazu da, sich gegenseitig fertigzumachen, sondern um den anderen auf Stresssituationen vorzubereiten. Das ist zweifellos ein schmaler Grat für zwei Menschen, die einander nicht kennen. Daher ist es wichtig, sachlich, professionell und eher eine Spur gutmütiger zu sein, als man es im Interview erwartet – schließlich tut man sich gegenseitig einen großen Gefallen.

Check 2: Zeitungen

Zeitunglesen ist gut für den Background. Sie sollten up to date sein, denn manche Interviewer werden Ihnen Fragen zum aktuellen Geschehen stellen. Außerdem ist es immer gut, wenn man bei einer Case Study den Bogen zu aktuellen Themen schlagen kann.

Check 3: Kopfrechnen

Kopfrechnen ist nicht bei allen Beratungen in gleichem Maße Pflicht, aber an einem souveränen Umgang mit Zahlen wird jeder Bewerber gemessen. Das Schöne daran ist: Man kann es sehr gut üben und beim Interview beispielsweise durch sehr gute Kopfrechen-Fähigkeiten glänzen.

Check 4: Interviewpartner

Meistens sind die Interviewpartner auf der Website des Unternehmens oder auf Plattformen wie Xing zu finden. Wenn Sie herausfinden, wo sich die Interviewer engagieren, ist das sicherlich ein guter Aufhänger für das Gespräch.

Check 5: Beratungen

Beratungen unterscheiden sich nicht nur in ihren Themenschwerpunkten, sondern auch in den Umgangsformen und Erwartungen an die Bewerber. Die Branchenrubrik „Beratung" auf der e-fellows.net-Website und dieses Buch zeigen Ihnen in den Beratungsprofilen, wen die Firmen suchen.

Check 6: the Case Study State of Mind

„The Case Study State of Mind" soll bedeuten, dass man bewusst quer und kritisch denken soll, wenn man Informationen aus der Presse erhält oder Dinge im Alltag wahrnimmt.

- Deutschland hat die Energiewende beschlossen und im folgenden Jahr die Subventionen für alternative Energien reduziert – welche Folgen hat das?
- In vielen europäischen Ländern wird die Anschaffung von Elektroautos durch Zuschüsse vom Staat gefördert. Warum geschieht das bislang nicht in Deutschland?
- Im Zuge der Euro-Krise zeigte sich, dass Griechenland bei der Aufnahme in die Euro-Zone falsche Wirtschaftsdaten angegeben hat. Warum waren diese Daten so wichtig, und warum wäre es für Griechenland in der Krise gut gewesen, keinen Euro zu haben?
- Wie viel kostet eigentlich ein Döner in der Herstellung, und wann ist ein Schnellimbiss profitabel?
- Wie kann es sein, dass es günstiger ist, Krabben aus England in Thailand pulen zu lassen, um sie dann zum Verkauf wieder nach England zu schicken?

Wenn Sie solche Fragen mit Ihren Freunden diskutieren oder selbst eine Antwort suchen, bereiten Sie sich bestens auf ein Interview in der Beratung vor. Dinge hinterfragen und sehend durch das Leben gehen sind Eigenschaften, die man trainieren kann.

Zwei Wochen vor dem Interview – letzte Vorbereitungen

- Kennen Sie Ihre Unterlagen?
- Kennen Sie das Unternehmen und möglichst Ihren Interviewer?
- Wissen Sie, warum Sie genau in dieser Beratung anfangen möchten?
- Kennen Sie den Ablauf und das Timing des Interviews?
- Kennen Sie Ihre Stärken, und wissen Sie, wie Sie sie anschaulich belegen können?
- Kennen Sie die Schwachpunkte Ihres CVs und wissen Sie sie zu rechtfertigen?
- Kennen Sie Ablauf und Timing von Brainteasern und Case Studies?
- Haben Sie einige schlaue Fragen an den Interviewer vorbereitet?

Eine Woche vor dem Interview – Finetuning

- Die Reiseplanung steht an.
- Erhöhen Sie Ihren Nachrichtenkonsum.
- Suchen Sie nach realen aktuellen Erfahrungsberichten.

Zu diesem Zeitpunkt sollten Sie wissen, was auf Sie zukommt. Case Studies sollten kein Fremdwort mehr sein, 12 × 19 rechnen Sie in wenigen Sekunden im Kopf. Warum Sie das Wartesemester gut genutzt haben, auch wenn Sie kein Praktikum vorweisen können, legen Sie in drei kompakten Sätzen dar, und was in der Welt der Wirtschaft gerade passiert, wissen Sie auch. Greifen Sie auch auf Erfahrungsberichte anderer Bewerber zurück, die Sie in diesem Buch, unter www.e-fellows.net/consultingerfahrungsberichte, in der e-fellows.net community und in weiteren Online-Foren finden.

Wenn Sie alle genannten Punkte berücksichtigt haben, sind Sie bestens auf das Interview vorbereitet.

Mit Stress im Bewerbungsgespräch souverän umgehen

von Prof. Dr. Johanna Moebus

Sie haben den Termin Ihres Bewerbungstages rot im Kalender markiert. Sie üben fleißig Case Studies, lesen regelmäßig Zeitung und können Dreisatz und Prozentrechnung ohne Taschenrechner sicher bewältigen. Gratulation, Ihre Vorbereitung läuft auf Hochtouren! Dennoch bekommen Sie schweißnasse Hände, wenn Sie nur an den Bewerbungstag denken? Keine Panik – diese Stressreaktion ist vollkommen normal. Mit der richtigen Vorbereitung und Einstellung können Sie sie sogar zu Ihrem Vorteil nutzen.

Jedes Bewerbungsgespräch ist eine Stresssituation – akzeptieren und nutzen Sie das!

Herzklopfen, kalte schweißnasse Hände und ein flaues Gefühl im Magen – diese Symptome kennen Sie sicher aus anderen Prüfungs- oder Stresssituationen. Mithilfe des vegetativen Nervensystems und des Botenstoffs Adrenalin reagiert Ihr Körper auf einen Stressor. Der Körper will damit die Energie freisetzen, die für eine angemessene Reaktion auf die „Gefahrensituation" nötig ist. Körperfunktionen, die für das unmittelbare Überleben nicht notwendig sind, werden dabei unterdrückt.

Während unsere Vorfahren gut beraten waren, beim Auftauchen eines Säbelzahntigers vor der Höhle entweder zu kämpfen oder möglichst schnell zu fliehen, sollten Sie dies natürlich im Bewerbungsgespräch nicht tun. Nutzen Sie stattdessen die körperliche Stressreaktion als Ihren Bewerbungsturbo – sie ermöglicht Ihnen nämlich, genau im richtigen Augenblick Energie zu mobilisieren und sie Ihrem Gehirn und damit Ihrer Konzentration auf das Bewerbungsgespräch zur Verfügung zu stellen. Auch wenn Sie in der Nacht vor dem großen Tag noch so schlecht geschlafen haben – Sie werden im entscheidenden Moment nicht müde sein. Genauso wenig müssen Sie sich sorgen, während des Gesprächs zur Toilette laufen zu müssen.

Stress wird erst dann zum Problem, wenn die Stressdosis zu groß wird und die Stressreaktion Ihre Leistungsfähigkeit im Bewerbungsgespräch bremst. Dies geht typischerweise damit einher, dass die anregende Wirkung der Stresssituation in Angst oder Panik umschlägt. Sie können sich dann nicht mehr gut konzentrieren und empfinden vielleicht den Drang, das Gespräch abzubrechen. Damit Sie im Bewerbungsprozess Ihr Bestes geben können, ist es daher wichtig, sowohl die Stressdosis als auch Ihre Reaktion darauf zu kontrollieren.

Typische Stresssituationen am Bewerbungstag

Stress entsteht am Bewerbungstag bei einer Unternehmensberatung nicht nur durch das eigentliche Bewerbungsgespräch, sondern auch durch äußere Faktoren und andere Elemente des Bewerbungstages (z. B. schriftliche Tests). Minimieren Sie möglichen Stress durch äußere Faktoren, wo immer dies in Ihrem Einflussbereich liegt. Planen Sie die Anfahrt sorgfältig, informieren Sie sich genau darüber, wo Sie erwartet werden, und kalkulieren Sie einen ausreichenden zeitlichen Puffer ein. Wer bereits in der Bahn den ersten Schweißausbruch erlebt, wird im Bewerbungsgespräch weniger souverän und konzentriert agieren können.

Schriftliche Tests, vor allem Mathematik- oder Logiktests, werden neben den eigentlichen Bewerbungsgesprächen von den Bewerbern als starke Stressoren empfunden. Problematisch ist hierbei häufig nicht der Schwierigkeitsgrad der Aufgaben, sondern eher der Gesamtumfang und das Gefühl des Bewerbers, nicht alles schaffen zu können. Machen Sie sich klar, dass es in der Regel kaum möglich ist, alle Aufgaben eines Tests in der gestellten Zeit zu beantworten. Genauso unwahrscheinlich ist, dass Sie – oder Ihre Mitbewerber – alles fehlerlos bearbeiten können. Schriftliche Tests überprüfen neben Ihrer intellektuellen Leistung immer auch Ihre Souveränität und gegebenenfalls Ihre Fähigkeit, mit einer suboptimalen Leistung umzugehen. Versuchen Sie daher, einen geschriebenen Test für den restlichen Bewerbungstag mental zur Seite zu legen. Sollten Sie später auf die Ergebnisse angesprochen werden, ist es immer noch früh genug, Ihre Leistung selbstkritisch zu diskutieren.

Das eigentliche Bewerbungsgespräch ist in der Regel zweigeteilt. Häufig beginnt das Gespräch mit Fragen zur Person und zum Werdegang, bevor der Berater zur Case Study übergeht. Sogenannte Stressfragen, die den Bewerber gezielt aus der Fassung bringen oder provozieren sollen, sind im Gespräch mit Beratern eher unüblich. Stress entsteht in dieser Phase des Gesprächs vielmehr durch Fragen, auf die der Bewerber nicht ausreichend vorbereitet ist: zum Beispiel nach persönlichen Schwächen. Viele Bewerber empfinden auch die persönliche Note des Gesprächs insgesamt als Stressfaktor. Der Druck, als potenzieller neuer Kollege möglichst sympathisch zu wirken, kann zum Stressor werden. Während der zweiten Phase des Case-Interviews kommt typischerweise die Angst, den Case nicht richtig oder schnell genug lösen zu können, als Stressfaktor hinzu.

Drei Elemente für mehr Souveränität: Vorbereitung, Kommunikation, Authentizität

Vorbereitung ist nicht nur für die erfolgreiche Bearbeitung von Case Studies notwendig. Auch im persönlichen Teil des Bewerbungsgesprächs kann mit der richtigen Vorbereitung die Stressdosis deutlich reduziert werden. Viele Bewerber stellen sich zwar auf gängige Fragen ein, geraten aber ins Schwitzen, wenn der Interviewer konkrete Beispielsituationen wissen will und detailliert nachfragt.

Wenn es dann so weit ist und Sie im Bewerbungsgespräch sitzen, helfen Ihnen richtige Kommunikation und Authentizität, die Stressbelastung zu kontrollieren und mit Sympathie und Souveränität zu punkten.

Vorbereitung: Ihre USP, überzeugende Stärken und glaubhafte Schwächen

„Inwiefern machen Sie uns besser – nicht nur größer?" „Warum sollten wir gerade Sie einstellen?" Wenn Sie auf diese Fragen eine überzeugende Antwort liefern können, haben Sie bereits einen wesentlichen Aspekt der Vorbereitung geleistet: Sie kennen Ihr Alleinstellungsmerkmal, Ihre Unique Selling Proposition (USP). Der Begriff der USP kommt aus dem klassischen Marketing und passt genauso gut auf Ihr Selbstmarketing im Bewerbungsprozess. Ihre USP beschreibt, welchen Nutzen Sie der Unternehmensberatung durch die spezielle Kombination Ihrer Eigenschaften und Fähigkeiten bringen. Ihre USP sollte Sie nicht nur von anderen Bewerbern unterscheiden, sondern auch einen eindeutigen Nutzen für die Beratung haben. Dabei geht es eher selten um rein fachliche Qualifikationen. Natürlich ist beispielsweise ein sehr gutes BWL-Studium beim Einstieg in die Unternehmensberatung von Nutzen – es ist aber noch lange kein hinreichendes Einstellungskriterium.

„Was schätzen Ihre Kommilitonen/Kollegen an Ihnen?“ Dass die Frage nach persönlichen Stärken zum typischen Repertoire eines Bewerbungsgesprächs gehört, ist mittlerweile Allgemeinwissen. Dennoch wird dieses scheinbar harmlose Thema leicht zur Stressfalle. Bedenken Sie, dass Berater berufsbedingt Experten in kritischen Fragen sind. Wenn Sie Ihre Teamfähigkeit als Stärke präsentieren, müssen Sie sich darauf einstellen, diese mit überzeugenden Beispielsituationen belegen zu können. Was genau haben Sie und Ihr Team bereits erreicht? Wie können Sie belegen, dass es sich dabei um eine herausragende Leistung und nicht nur um einen Durchschnittserfolg handelt? Inwieweit ist diese Stärke für die Firma von Nutzen? Beschäftigen Sie sich daher im Vorfeld der Bewerbung strukturiert mit Ihren Stärken. Versuchen Sie, mindestens zwei relevante Stärken fachlicher Art (Hard Skills) und zwei persönlicher Art (Soft Skills) zu finden, die Sie jeweils mit konkreten Beispielen oder Anekdoten belegen können. Üben Sie, Ihre Stärken einer anderen Person zu erklären, und lassen Sie sich kritisch hinterfragen. Es kann hilfreich sein, sich die eigene Argumentation wie eine selbstgemauerte Wand vorzustellen – eine Wand, gegen die der Interviewer kräftig tritt. Bleibt Ihre Wand dabei stehen?

„Was können Sie gar nicht?“ Auch auf eine direkte Frage nach Schwächen sollten Sie sich einstellen. Widerstehen Sie der Versuchung, Perfektionismus und Selbstkritik als Schwächen zu verpacken, und überlegen Sie stattdessen: Wo sehen Sie bei sich noch Lernbedarf? Bei welchen Aufgaben sind Sie unsicher? Vielleicht gerade jetzt, im Bewerbungsgespräch, unter Leistungsdruck? Bei dieser Frage geht es primär darum, Ihre Fähigkeit zur Selbstreflexion und Lösungskompetenz zu überprüfen. Bereiten Sie sich darauf vor, zwei Schwächen – am besten je eine aus dem Bereich der Hard und Soft Skills – anhand von realen Beispielsituationen schildern zu können. Je konkreter Sie dies vorbereiten, desto souveräner können Sie mit der Stresssituation im Gespräch umgehen. Vermeiden Sie, Ihr Unvermögen breitzutreten, und konzentrieren Sie sich stattdessen darauf, wie Sie diese Schwäche im Berufsalltag durch Unterstützung und Kompetenzaufbau überwinden können.

Kommunikation: Schweigen ist Silber, Reden ist Gold

Auch bei optimaler Vorbereitung kann es vorkommen, dass Sie beim Bearbeiten der Case Study vor Nervosität den Faden verlieren. Berater sind es gewohnt, nicht alleine zu arbeiten, und das sogenannte Team Problem Solving – also die Problemlösung im Team – gehört zu ihrem Tagesgeschäft. Versuchen Sie, sich dies zunutze zu machen, indem Sie Ihren Interviewer aktiv in die Lösung der Case Study einbeziehen. Der Berater weiß, dass Sie sich in einer Stresssituation befinden und ist häufig bereit, Ihnen die ein oder andere Unterstützung zu geben. Dies setzt jedoch voraus, dass Sie ihn Anteil an Ihren Gedanken haben lassen. Kommunizieren Sie daher transparent und möglichst strukturiert, aber nehmen Sie sich Zeit zum Denken und vermeiden Sie Verzweiflung oder gar Panik. Bedenken Sie, dass Interviewer meist weniger Wert auf eine perfekte Lösung legen, sondern auf ein souveränes und strukturiertes Vorgehen. In der Praxis hat sich folgendes Kommunikationsmuster bewährt:

- Fassen Sie zunächst zusammen, was Sie bereits verstanden haben. Wenn wesentliche Informationen fehlen, wird Sie Ihr Interviewer höchstwahrscheinlich darauf hinweisen. Sie müssen hierbei keine intellektuelle Höchstleistung vollbringen! Die richtige Strukturierung der Ausgangslage ist bereits ein guter Schritt in Richtung Lösung.

- Stellen Sie sicher, dass Sie die Aufgabe verstanden haben, indem Sie sie paraphrasieren.
- Strukturieren Sie den Lösungsraum: Was benötigen Sie für die Lösung der Fragestellung? Welche alternativen Lösungswege sehen Sie? Ihr Gesprächspartner wird Ihnen an dieser Stelle vermutlich einen Hinweis geben, in welche Richtung Sie gehen sollen.
- Erarbeiten Sie den ausgewählten Lösungsweg mithilfe von lautem Denken und Fragen. Nutzen Sie Ihren Interviewer als Sparringspartner und Informationsquelle. Achten Sie auf seine Reaktion: Wenn Sie auf dem Holzweg sind, wird er Ihnen das sehr wahrscheinlich zu verstehen geben.

Vielen Bewerbern hilft es, diese Stresssituation leichter zu bewältigen, wenn sie Stift und Papier zur Hilfe nehmen. Schreiben Sie sich Zahlen, die Sie genannt bekommen, stets auf. Rechnen Sie ruhig schriftlich, und machen Sie sich Notizen zu Lösungsansätzen.

Authentizität: Bitten Sie um Hilfe, und bleiben Sie sich treu

So weit die Theorie – was aber tun, wenn der Test eine gefühlte Katastrophe war, Sie es nicht geschafft haben, das Thema Ihrer Master-Arbeit allgemeinverständlich zu erklären, und Sie sich noch dazu bei der Case Study verrechnet haben? Erste Hilfe bei Stress und Panik leistet folgende Regel: Bitten Sie um Hilfe! Konkret bedeutet das: Sagen Sie Ihrem Gesprächspartner, dass Sie nervös sind, und nehmen Sie sich eine Minute zum Durchatmen. Allein das Ansprechen Ihrer Aufregung wird Ihnen etwas Erleichterung verschaffen. Bitten Sie um Hilfe, wenn Sie im Case partout nicht mehr ein noch aus wissen. Ein guter Berater kennt auch seine eigenen Grenzen und weiß, wann er sich Unterstützung holen muss. Ihr Interviewpartner wird Ihnen Ihre Nervosität in der Regel nicht negativ auslegen, wenn Sie in der Lage sind, sich aus der Panikfalle zu befreien und das Gespräch beziehungsweise den Case anschließend vernünftig abzuschließen.

Bleiben Sie sich dabei immer treu, und investieren Sie keine Energie darin, sich zu verstellen. In einem Berufsalltag, in dem Zwölfstundentage eher die Regel als die Ausnahme sind, sollten Sie sich auch am Ende eines Projekts noch im Teamraum wohlfühlen. Wenn Sie aber bereits im Verlauf des Bewerbungstages das Gefühl bekommen, dass Sie und die Unternehmensberatung, bei der Sie sich beworben haben, nicht gut zusammenpassen, sollten Sie sich die Freiheit nehmen, weiterzusuchen.

Wie Case-Interviewer ticken

von Fedon Moog

Zu einem erfolgreichen Bewerbungsgespräch gehört eine kleine Portion Magie. Sicherlich, Sie können sich inhaltlich blendend vorbereiten, Dutzende Ratgeber lesen, Cases üben, im Internet recherchieren – Ihr Interview kann trotzdem schiefgehen. Meistens hat das zwei Gründe. Erstens: Sie denken zu viel an sich und zu wenig an Ihren Gesprächspartner. Zweitens: Sie gehen (fälschlicherweise) davon aus, Interviews seien standardisierte, binäre Angelegenheiten, in denen es nur richtig oder falsch gibt. Das ist genau die Haltung, mit der Sie scheitern werden. Denn Berater sind auch nur Menschen, die man am besten auch wie Menschen behandelt. Überzeugen Sie Ihren Gesprächspartner, auch emotional.

Interviews werden meistens von Beratern durchgeführt. Das bedeutet, Ihnen sitzt kein psychologisch ausgebildeter Personalmensch gegenüber. Zwar haben die meisten Interviewer einige Seminare besucht, um gute Bewerberinterviews zu führen. Berater sind dennoch in der Regel keine Interviewprofis, sondern Beratungsprofis. Versetzen Sie sich also in die Lage eines Beraters: In welcher Situation befindet er sich, wenn er ein Interview führt? Und was würde Sie an einem Bewerber interessieren, wenn Sie auf der anderen Seite säßen?

Berater gehen davon aus, dass die Welt durch Vereinfachung besser zu verstehen ist. Helfen Sie Ihrem Gesprächspartner: Sagen Sie einprägsame Dinge mit simplen Worten. Etwas, das im Gedächtnis haften bleibt. Natürlich waren Sie auf einer guten Uni, können beeindruckende Abschlüsse vorweisen und sich in endlosen Schachtelsätzen kompliziert ausdrücken. Wenn Sie das gern tun, dann gehen Sie am besten an die Uni, nicht in die Beratung. Präsentieren Sie sich also kompakt und klug!

Im Interview ist der Berater Ihr Kunde, den Sie überzeugen wollen. Bedenken Sie, dass er ein anstrengendes Leben führt (Hotels, Meetings, Präsentationen, Flüge, Telefonkonferenzen etc.) – unterhalten Sie ihn, und wecken Sie den Menschen im Berater. Vielleicht mit einer Anekdote, die ihn zum Lachen bringt. Ein seltsames Hobby oder ein skurriles Praktikum wird Ihnen mehr helfen als eine endlose Aufzählung beruflicher Stationen.

Sie brauchen diese emotionale Verbindung: Wenn Sie mindestens einen Ihrer Interviewer auf Ihrer Seite haben, erhöhen sich Ihre Erfolgschancen erheblich. Das liegt am Prozess der Interviewbewertung. Im Regelfall werden Sie von mehreren Beratern separat befragt, im Anschluss ziehen sich die Interviewer zur Beratung zurück. Wenn sich alle einig sind, dann rutschen Sie problemlos durch. Aber gerade Wackelkandidaten benötigen einen aktiven Fürsprecher. Einen, der für sie kämpft. In einen solchen Kampf wird niemand ziehen, nur weil Sie den Case richtig gelöst haben (das haben vor Ihnen schon Hunderte geschafft).

Stellen Sie sich die meisten Berater wie Diven vor. Zu einer Diva gehört eine Menge Kompetenz und ein Schuss Eitelkeit. Senior-Berater – diejenigen, die Sie interviewen – sind meistens seit einigen Jahren in der Beratung und haben dafür sehr viel (auf-)gegeben. Wenn Sie diese Opfer anerkennen, wird sich der Berater verstanden fühlen. Bedauern Sie Ihr Gegenüber nicht, weil es selten zu Hause ist und wenig Zeit für Freunde hat – fragen Sie lieber: „Wie gehen Sie damit um, dass ...?" Vergessen Sie nicht: Eitle Menschen reden gerne über sich. Sie möchten bewundert werden. Tun Sie Ihrem Berater den Gefallen. Lachen Sie mit ihm, streicheln Sie sein Ego, und geben Sie zu erkennen, dass sein Projekt total spannend klingt. Das gehört schlicht zum guten Ton.

Über unterschiedliche Firmen, Altersgruppen und soziale Prägungen hinweg kann man drei Gruppen von Beratertypen beobachten: den Macher, den Analytiker und den Sozialen. Jede Gruppe legt in Gesprächen Wert auf unterschiedliche Aspekte. Wer im Interview Erfolg haben will, sollte sich diese Unterschiede bewusst machen. (Natürlich ist die Realität nicht ganz so einfach wie dieses Modell – aber Sie wollen ja in die Beratung!)

Der Macher: Ergebnisse sind alles

Der Macher unterbricht schnell, baut gerne (Zeit-)Druck auf und legt großen Wert auf Geschwindigkeit. Lassen Sie sich bloß nicht verunsichern, sondern legen Sie einen Zahn zu – auch wenn Sie damit höhere Risiken eingehen. Der Macher wird Ihnen den Rundungsfehler im Kommabereich nicht vorwerfen. Halten Sie sich nicht zu sehr mit der Diskussion von Varianten Ihrer Annahmen auf – damit nerven Sie den Macher-Berater, der Sie dann nur noch öfter unterbrechen wird. Also: Zack, zack Richtung Ergebnis – und die vielen Abers besser außen vor lassen. Wenn Sie am Ende des Case ein falsches Ergebnis haben, wird Ihnen der Macher das verzeihen. Haben Sie gar keins, dann haben Sie ein Problem.

Der Analytiker: Stringenz zählt

Der Analytiker ist der Gegenpol des Machers. Schnell-schnell nimmt er als oberflächlich wahr, eine spontane Antwort empfindet er als „aus der Hüfte geschossen". Er schätzt einen guten Plan und das Abwägen von Varianten. Logik und Gründlichkeit gehen vor Zwischenergebnissen und „Nase". Sie erkennen den Analytiker daran, dass er grundsätzlich ruhig ist und eher langsam spricht. Er wird weniger, dafür aber durchdachtere Fragen stellen. Findet er eine Inkonsistenz in Ihrer Antwort oder im Lösungsvorgehen, wird er anfangen zu bohren, bis Sie entweder den Fehler einsehen oder das Gespräch beendet ist. Vermeiden Sie in jedem Fall Emotionalität; knicken Sie nicht zu schnell ein (der Analytiker weiß Sturheit zu schätzen). Gehen Sie lieber etwas langsamer und dafür genauer vor.

Der Soziale: Der Mensch zählt

Der scheinbar angenehmste Interviewer ist der Soziale. Er ist ein Menschenversteher, der oft flexibler, nahbarer, weniger penetrant als der Macher und weniger scharf als der Analytiker wirkt. Dumm nur, dass diese Sorte Interviewer auch am schwersten mit Fakten zu überzeugen ist. Hier hilft es, den Kopf kurz auf Stand-by-Modus zu schalten und sich auf das Gefühl zu verlassen. Der Soziale interessiert sich für die Schnittmenge an Chemie zwischen ihm, Ihnen und der Firma. Teilen Sie vielleicht Hobbys, Erfahrungen im Studium, haben Sie in derselben Stadt gewohnt? Sagen Sie es ihm. Behandeln Sie den Sozialen eher wie eine Kneipenbekanntschaft in Köln. Aber Vorsicht: Duzen Sie ihn nicht, und überschreiten Sie ebenso wenig die Respektgrenzen. Zeigen Sie sich so, wie Sie sind – alles andere wird er Ihnen wahrscheinlich sowieso nicht abnehmen.

Interviewtipps für fachfremde Bewerber

von Fedon Moog

Unternehmensberatungen bezeichnen sich gerne als „offen für Bewerber aller Fachrichtungen". Das klingt gut und muntert den Kunsthistoriker mit überschaubaren Jobaussichten möglicherweise auf. Freuen Sie sich allerdings nicht zu früh. Denn gerade ein fachfremder Kandidat muss Hürden im Interview überwinden, bei denen der Exotenstatus im schlimmsten Fall auch hinderlich sein kann.

Der Regelfall: Interviewer mit Wirtschaftshintergrund befragen Exoten
Fachfremde Bewerber, also Bewerber ohne einschlägige Wirtschaftskenntnisse, werden oft als etwas Besonderes behandelt, weil die Interviewer nicht so recht wissen, was sie tatsächlich von dem vermeintlichen Paradiesvogel verlangen können. Denn die meisten Interviewer – Exotenquote hin oder her – sind eben doch BWLer und artverwandte Exemplare. Deswegen fragen sie sich, ob ihr Case „exotentauglich" ist. Ob vielleicht eine Modifikation erforderlich ist. Wie so ein Exot überhaupt an ein Problem herangeht. So viel Unsicherheit gegenüber unserem Kunsthistoriker kann dazu führen, dass er einen weichgespülten Case lösen darf, der nahezu keine BWL-Fachkenntnisse erfordert.

Aber auch dieser glückliche Regelfall bedeutet nicht, dass Keine-Ahnung-Haben eine Option ist. Natürlich müssen Sie auch – und vor allem als Fachfremder – die gängigen Frameworks beherrschen; das ist nicht zuletzt eine Frage des Respekts gegenüber Ihrem potenziellen künftigen Arbeitgeber. „Weichgespült" kann bedeuten, dass der Interviewer nicht die verschiedensten Bilanzpositionen nach unterschiedlichen Rechnungskonventionen erläutert haben will. Ein Fachfremder zu sein wird Sie aber nicht davon entbinden, die Grundrechenarten zu beherrschen und Geschäftssinn zu zeigen.

Abweichend vom Normalfall gibt es zwei Extreme. Die Variante: „Der soll als Exot erst recht zeigen, dass er etwas von BWL versteht." Und die Variante: „Der soll beweisen, dass er wenigstens in seinem Fachgebiet spitze ist."

Um sich auf den BWL-Extrem-Prüfer vorzubereiten, lesen Sie die einschlägigen Ratgeber, und lernen Sie vor allem die technischen Teile (Bilanzposten, GuV, Cashflow, buchhalterische Grundregeln etc.). Der BWL-Extrem-Interviewer wird nicht von Ihnen verlangen, dass Sie alles können. Wenn Sie aber mit dem einen oder anderen Fachterminus glänzen und im Großen und Ganzen eine akzeptable Figur machen, dann haben Sie ihn für sich gewonnen. Um hier zu bestehen, müssen Sie nur ein wenig büffeln, mehr nicht. Schließlich sind die Grundlagen der BWL keine Hexerei.

Selbst wenn Sie folgenden Hinweis für selbstverständlich halten: Seien Sie niemals – auch nicht gegenüber dem Extrem-BWLer – arrogant. Es mag ja durchaus sein, dass die BWL eine der vermutlich jüngsten Hilfswissenschaften ist (insbesondere im Vergleich zur Mathematik, Physik, Philosophie etc.). Es mag auch sein, dass Ihnen die vereinfachten Problemstellungen der klassischen BWL eher banal vorkommen. Aber es wird einen Grund geben, warum sich Ihr Interviewer dafür entschieden hat. Seien Sie also nett, freundlich und offen.

Der schwierigere Fall: fachfremde Interviewer befragen fachfremde Bewerber
Schwieriger ist es, wenn fachfremde Bewerber von fachfremden Interviewern geprüft werden. Ein solcher Interviewer ist selbst als Exot eingestiegen, er weiß aus Erfahrung, was auf Sie zukommt - und genau deswegen werden Sie auch von ihm befragt. Jetzt müssen Sie aufpassen, denn es kann durchaus sein, dass der Interviewer das Gleiche studiert hat wie Sie.

Als Erstes wird der Interviewer herausfinden wollen, ob Sie auf Ihrem Fachgebiet wirklich der Experte sind, für den Sie sich in der Papierbewerbung ausgegeben haben. Es ist (leider) keine Ausnahme, dass Interviewer Bewerber vor sich sitzen haben, die als Studienschwerpunkte Internationale Politik, Internationale Wirtschaftspolitik, Politische Theorie oder Philosophie angegeben haben und bei fachspezifischen Fragen maximale Ahnungslosigkeit beweisen. Grundbegriffe und Überblickswissen Fehlanzeige? So wird das nichts.

Machen Sie es besser. Wenn Sie schon wenig Ahnung von BWL haben, dann sollten Sie wenigstens Ihr Studiengebiet extrem gut beherrschen. Wenn Sie auch hier wenig zu bieten haben - dann tun Sie nicht so als ob. Lassen Sie alles, was Sie im Interview nicht mit fundiertem Wissen belegen können, in Ihrer Papierbewerbung weg. Es besteht die Gefahr, dass Sie als Blender dastehen - und Sie gerade deswegen nicht den Einstieg schaffen.

Neben Ihrem fachspezifischen Know-how wird der fachfremde Interviewer Ihre Beratungsfertigkeiten sehen wollen. Es geht darum zu zeigen, dass Sie in Ihrem Wissensgebiet das kleine Beratungseinmaleins anwenden können: Gehen Sie strukturiert an das Problem heran? Wenden Sie die 80/20-Regel an? Kommen Sie auf den Punkt? Konzentrieren Sie sich auf das Wesentliche, gerade dann, wenn Sie sehr viel Expertise auf einem Fachgebiet mitbringen?

Gerne werden Fachfremde mit komplizierten akademischen Abschlussarbeiten darum gebeten, ihr Werk in wenigen Sätzen für jedermann verständlich darzustellen. Bereiten Sie sich auf so eine Frage vor. Erklären Sie Ihrer Oma, was Sie in der Robotik eigentlich vier Jahre lang gemacht haben. Wenn Oma kapiert, wieso dieser Leiter, an dem Sie geforscht haben, die Menschheit weiterbringt, dann sollte es Ihr Interviewer auch verstehen.

Unterschiedliche Case-Typen erfolgreich meistern

von Dr. Stephan Baur

Im Recruiting-Prozess von Unternehmensberatungen sind Case-Bearbeitungen an der Tagesordnung. Nach einer Begrüßung könnte Ihr Bewerbungsgespräch mit der Aufforderung starten: „Erstellen Sie bitte ein Marketingkonzept für ein Hotel!" Sie haben zwar Betriebswirtschaft studiert, das Wort „Marketing" jedoch zum letzten Mal im zweiten Semester gehört? Außerdem kennen Sie das Hotelgewerbe nur als Gast? Dennoch kein Grund, nervös zu werden! Selbst wenn Sie einschlägige Vorkenntnisse in der Branche besitzen, wird der Interviewer durch weitere Nachfragen einen wunden Punkt bei Ihnen finden.

Aber warum verwenden Unternehmensberatungen diese Fallstudien und Aufgaben, deren Lösung ein Bewerber nicht kennen kann? Cases sollen Bewerber in eine Situation versetzen, mit der Unternehmensberater jeden Tag konfrontiert sind: Sie müssen sich schnell in neue und ungewohnte Situationen hineindenken und zügig ein Lösungskonzept für eine definierte Aufgabenstellung erarbeiten. Mithilfe eines Cases können die Interviewer schnell erkennen, wie der Kandidat eine derartige Aufgabe bewältigen kann. Die Kriterien, die im Rahmen eines Case abgeprüft werden können, sind vielfältig: Strukturiertheit, Stressresistenz, Kreativität, logisches sowie analytisches Denken sind im Interview immer gefragt. Man sollte sich jedoch nicht abschrecken lassen: Mit der richtigen Vorbereitung schaffen Sie die besten Voraussetzungen, um jeden Case zu lösen.

Der Abschätzungs-Case

Wie oft drückt ein Unternehmensberater täglich die Enter-Taste einer PC-Tastatur? Wie viele gebrauchte Autos wechseln in Deutschland jährlich ihren Besitzer? Wie viele Fußbälle gibt es in Europa? Die Themenstellungen in Abschätzungs-Cases sind unerschöpflich und unberechenbar. Hier gilt es, strukturiert an die Lösung heranzugehen, damit Sie alle wesentlichen Aspekte in Ihren Überlegungen berücksichtigen. Ihnen fehlen wichtige Informationen? Fragen Sie nach – in der Regel verrät Ihnen der Interviewer dann mehr Details. Wenn nicht, nehmen Sie die erhaltenen Informationen als Basis, und treffen Sie Annahmen. Bringen Sie dabei Ihre eigene Lebenserfahrung ein: Denken Sie an das Tippen Ihrer Abschlussarbeit, die Anzahl an Gebrauchtwagenverkäufen im Bekanntenkreis und die Fußballvereine aus Ihrer Stadt. Sicherlich helfen Ihnen diese Erfahrungen im Case weiter und geben Ihnen auch Ansatzpunkte, um sich selbst Abschätzungs-Cases zur Übung zu überlegen.

Der Business Case

Business Cases geben Unternehmensberatungen die Möglichkeit, die Fähigkeiten ihrer Bewerber unter praxisnahen Voraussetzungen zu beurteilen. Viele der Cases beruhen auf tatsächlichen, aber stark vereinfachten Projekterfahrungen der Berater und geben dem Bewerber einen guten Einblick in die Beratertätigkeit und eine typische Projektsituation: Nicht nur das Marketingkonzept für das Hotel, sondern auch Finanzierungsstrategien für eine Schiffswerft oder die Kostenreduktion einer Bank können im Business Case als Herausforderung auf Sie zukommen. Oft werden aber auch offene Fragen formuliert: Stellen Sie sich vor, Sie haben eine Million Euro zur Verfügung und möchten ein Unternehmen gründen. Welche Branche wählen Sie? Zeigen

Sie die Profitabilität Ihres Unternehmens auf. Ein Grundverständnis der Wirtschaftswissenschaften ist ein absolutes Muss. Ein gutes Allgemeinwissen und Erfahrungen aus Praktika und Studium helfen, um den Interviewer mit realitätsnahen Grundannahmen zu beeindrucken. Von Bewerbern ohne wirtschaftswissenschaftlichen Hintergrund werden keine Expertenkenntnisse verlangt. Dennoch sollten Sie sich in jedem Fall wirtschaftliches Basiswissen angeeignet haben.

Wenn Sie in die Detailanalyse eines Business Case eintauchen, versetzen Sie sich in die Lage des Unternehmers. Welche Ziele und Interessen verfolgt er? In der Regel gilt es zu optimieren: Umsatz steigern, Produktportfolio anpassen, Kosten senken oder auch Prozesse verbessern. Um zu vermeiden, dass Sie sich in den zahlreichen potenziellen Problemstellungen verlieren, bieten Sie dem Interviewer früh eine Grundstruktur für Ihren Lösungsansatz an. So können Sie rasch in die Diskussion mit ihm einsteigen und eventuell einzelne Aspekte ausklammern.

Im Rahmen aller dieser Cases kann es auch sein, dass der Interviewer Sie quantitative Abschätzungen (im Kopf oder auf dem Papier) machen lässt. Dies wird Ihnen sicherlich dank Ihrer guten Vorbereitung und der Wiederholung der Grundrechenarten keine Probleme bereiten. Sollten Sie sich dennoch einmal verrechnen, dann bemühen Sie sich, nicht nervös zu werden, sondern gehen Sie nochmals in Ruhe den Rechenweg durch. Mein Tipp: Machen Sie, bevor Sie das Ergebnis nennen, nochmals eine grobe Abschätzung hinsichtlich der Größenordnung des Ergebnisses.

Es kommt vor, dass Business Cases auch von einer Gruppe von Bewerbern gelöst werden sollen, um die Teamfähigkeit der Bewerber zu beobachten. Finden Sie Ihre Rolle im Team! Allerdings kann nicht jeder der Wortführer sein. Beteiligen Sie sich aktiv an Diskussionen und Analysen, und treiben Sie nicht nur stumm Ihre eigene Analyse voran. Reflektieren Sie im Vorfeld Teamerfahrungen aus Studium oder Praktika: Auf welche Stärken können Sie sich verlassen, und wobei benötigen Sie Unterstützung?

In der Vorbereitung auf den Business Case sollten Sie sich mit Grundzügen der Betriebswirtschaft, wie zum Beispiel einer Gewinn- und Verlustrechnung oder einer Bilanz, aber auch den einschlägigen Lösungsmodellen wie Porters Five Forces oder den 4 Ps des Marketing vertraut machen, die in diesem Ratgeber im Kapitel „Frameworks zur Bearbeitung von Cases“ (ab Seite 100) näher betrachtet werden. Der Interviewer kennt oft die angewendeten Modelle und wird deshalb nicht sonderlich beeindruckt sein. Sie sollten diese Modelle also nur als Starthilfe betrachten und eigene Ansätze entwickeln. Aber aufgepasst: Bei der Anwendung eines unpassenden Modells kann der Schuss nach hinten losgehen.

Der Brainteaser

Eineinhalb Hühner legen an eineinhalb Tagen genau eineinhalb Eier. Wie viele Eier legt ein Huhn an einem Tag? Falls Sie nicht das Glück hatten, bereits während Ihrer Vorbereitung über den gefragten Brainteaser gestolpert zu sein, gilt es Ruhe zu bewahren. Ihre Analysefähigkeit und Ihr Vorstellungsvermögen werden in dieser Situation auf die Probe gestellt. Oft landen Sie bei Ihrem Lösungsweg in einer Sackgasse und müssen noch mal von vorne anfangen. Dies bedeutet jedoch nicht, dass Sie gescheitert sind. Sie sollten Ihre Überlegungen aussprechen, eventuell gibt der Interviewer Ihnen zusätzliche Hinweise. Ändern Sie Ihren Blickwinkel, und überzeugen Sie ihn auch mit unkonventionellen Ansätzen. Vermutlich sind Sie so auch darauf gekommen, dass ein Huhn an einem Tag genau zwei Drittel Eier legt.

Neben den verschiedenen Fallstudien sollten Sie im Bewerbungsgespräch eines nicht vergessen: Überzeugen Sie durch Ihre Persönlichkeit. Der Interviewer sucht neben Ihrer fachlichen und analytischen Klasse auch einen zukünftigen Kollegen, mit dem er gerne zusammenarbeitet und auch das ein oder andere Feierabendbier trinkt.

Case Studies und Brainteaser zur Übung finden Sie im vierten Kapitel.

Tipps für Case-Interviews:

1. **Bleiben Sie ruhig!** Der Interviewer wird versuchen, Sie unter Druck zu setzen. Sollten Sie merken, dass Ihre Antwort nicht den Vorstellungen des Gesprächspartners entspricht, bewahren Sie Ruhe. Wichtig ist, dass Sie weiterhin konzentriert bleiben und nach Alternativen suchen. Übrigens: Man muss nicht alle Fragen richtig beantworten, um bei einer Bewerbung Erfolg zu haben.
2. **Strukturieren Sie!** Die Aufgabenstellungen eines Case sind mitunter sehr komplex. Umso wichtiger ist eine strukturierte Herangehensweise. Geben Sie dem Interviewer das Gefühl, dass Sie durch Ihre eigene Ordnung der Themenbereiche die Problemstellung verstehen und im Griff haben. So wird es für Sie auch leichter, nach Detailausführungen zu den Kernpunkten des Case zurückzufinden. Als hilfreich erweist es sich hierbei auch, die Aufgabenstellung und die Annahmen des Case zu notieren, sodass Sie sich während der Bearbeitung immer sicher sein können, dass Sie die richtige Frage beantworten.
3. **Arbeiten Sie ergebnisorientiert!** Verlieren Sie sich nicht im Detail, und beziehen Sie sich immer wieder auf die Ausgangsfrage. So gelingt es Ihnen, in der gesetzten Zeit die geforderte Lösung zu erarbeiten. Bedenken Sie: Die Dauer des Interviews ist begrenzt. Je schneller Sie zu einer Lösung kommen, desto mehr Zeit hat der Interviewer, Sie durch weitere Fragen als interessanten Gesprächspartner kennenzulernen.
4. **Teilen Sie Ihre Gedanken!** Ein richtiges Ergebnis im Case genügt nicht für den Interviewerfolg. Der Lösungsansatz spielt eine entscheidende Rolle. Sie sollten also den Interviewer an Ihren Überlegungen teilhaben lassen, um ihm zu zeigen, dass Sie die Problemstellung erfasst und eine gute Lösung erarbeitet haben.
5. **Stellen Sie Fragen!** Aus Ihrer Sicht fehlen Informationen für ein erfolgreiches Lösen des Case? Fragen Sie beim Interviewer nach! Dies gilt ebenso, wenn Ihnen Einzelheiten während des Case unklar erscheinen. Auf diese Weise lassen sich Missverständnisse schnell aufklären.
6. **Begeistern Sie!** Unternehmensberater müssen ihre Kunden überzeugen. Hierzu sollten Sie in der Lage sein, mit Ihren Ideen zu begeistern und Ihr Gegenüber mitzureißen. Das setzt neben der inhaltlichen Qualität Ihres Vortrags auch ein selbstbewusstes Auftreten und entsprechende kommunikative Fertigkeiten voraus. Sie könnten auch dazu aufgefordert werden, Ihren Vortrag am Flipchart zu präsentieren. Polieren Sie also noch einmal Ihr Soft-Skills-Repertoire auf.
7. **Seien Sie Sie selbst!** Zwar kommt es bei einer Fallstudie in erster Linie auf fachliche Kompetenz an. Dennoch wird sich der Interviewer fragen, wie die Zusammenarbeit mit Ihnen im Team wäre. Arroganz und Überheblichkeit können hier trotz sehr guter Fachkenntnisse zum Ausschlusskriterium werden.

Neun Stolpersteine beim Lösen von Cases

von Fedon Moog

Eine Menge Bewerbungsratgeber behaupten, Case-Interviews bei Unternehmensberatungen seien eine spezielle, maßgeschneiderte Angelegenheit. Das stimmt zwar in Bezug auf den Inhalt der Cases, aber nicht auf deren Beurteilung. Denn die Beurteilung der Bewerberleistung folgt ungeschriebenen, aber recht einheitlichen Standards. Firmenübergreifend sind die Kriterien für Erfolg, Mittelmaß und Scheitern ziemlich stereotyp. Welche Faktoren sind die wichtigsten, und welche Fehler führen mit hoher Sicherheit zur Ablehnung?

Cases sind zwar individuell – die Beurteilung ist aber einheitlicher, als man denkt

Unabhängig davon, bei welcher Unternehmensberatung Sie sich bewerben und wie selektiv das Unternehmen bei der Personalauswahl vorgeht - jeder Berater, der typischerweise ein Case-Interview mit Bewerbern durchführt, prüft vier Faktoren: Struktur, Wissen, Geschäftssinn und Ergebnis. Natürlich werden Sie keine Beratung finden, die explizit genau diese oder nur diese vier Faktoren prüft. Dennoch: Es sind die wichtigsten Aspekte, die in eine Vielzahl von Einzelprüfungskriterien einfließen.

- **Struktur:** Der Bewerber entwirft einen Plan, hat diesen logisch strukturiert, folgt ihm und macht Annahmen während der Case-Bearbeitung transparent.
- **Verständnis:** Der Bewerber versteht den Case, und er kennt sich zumindest grob mit dem (Geschäfts-)Umfeld aus, in dem der Case angesiedelt ist.
- **Gespür:** Geschäftssinn ist beim Bewerber erkennbar. Er fokussiert sich auf die businessrelevanten Fragestellungen.
- **Ergebnis:** Der Case endet mit einem (Zwischen-)Ergebnis, das mindestens plausibel, idealerweise auch richtig ist.

Als Faustregel gilt: Erfüllen Bewerber alle vier Kriterien, haben sie den Case gemeistert. Drei von vier sind okay bzw. Mittelmaß. Weniger heißt: Die Bewerber haben den Case nicht bewältigt. Ob das nun bedeuten muss, dass sie als künftige Mitarbeiter nicht infrage kommen, hängt vom Unternehmen und dessen Auswahlstandards ab. Auch wenn es kaum ein Personaler zugeben würde - von der Laune des Interviewpartners hängt das Glück natürlich auch ab, vor allem bei Grenzfällen.

Was bedeuten die Bewertungskriterien nun in der Praxis? Am einfachsten ist es, einen exemplarischen Case durchzugehen, der einem auch im Interview begegnen könnte - mit dem Ziel, mögliche Stolpersteine zu (er)kennen und diesen geschickt auszuweichen.

Aufgabenstellung des exemplarischen Case

„Ein befreundeter Skilehrer möchte netto mehr verdienen. Ihm ist aufgefallen, dass es in seinem Skigebiet nur wenige Möglichkeiten gibt, Snacks und Getränke direkt auf der Piste zu kaufen. Er fragt Sie, ob es sich lohnen würde, wenn er mit einer Art mobilem Kiosk (im Sinne eines Bauchladens) im Skigebiet unterwegs wäre. Was raten Sie ihm?“

Auf den ersten Blick sieht dieser Case einfach aus. Es gibt wenige Zahlen und Fakten, der Case ist nicht kompliziert dargestellt. Zudem spielt er in einem Umfeld, das dem Bewerber möglicherweise bekannt ist (anders als vielleicht IT-Netzwerke, Backoffice-Prozesse einer Bank etc.). Doch hinter der Oberfläche stecken eine Reihe von Fallen, die sich auch in anderen Cases wiederfinden.

Struktur

Beratung lebt davon, unstrukturierten Kunden zu helfen, passende Lösungen zu finden. Meistens kennen die Kunden unendlich mehr Details ihrer Branche. Was vielen Kunden aber fehlt, sind die Methoden, um strategische Fragen zu beantworten. Hier können Berater wie Sie helfen.

Fehler 1: zu breit denken

Das erste K.o.-Kriterium bei einem so breiten Case lauert darin, den Case nicht einzuschränken. Es ist zwar verlockend, die Frage des Skilehrers aus steuerlicher, rechtlicher, organisatorischer, logistischer, Marketing- und Pricing-Sicht zu beleuchten. Realistischerweise wird man das allerdings in 20 bis 35 Minuten nicht schaffen.

Eine mögliche Einschränkung könnte man vornehmen, indem man eines der vielen Frameworks anlegt. Wichtig ist, ein passendes Framework einzusetzen. Man könnte zum Beispiel Porters Five Forces einsetzen, alternativ auch eine Marketingbetrachtung (4 Ps) oder eine Gewinnabschätzung (Kosten/Umsätze im Vergleich zum aktuellen Netto-Einkommen des Skilehrers). Experimentieren Sie besser nicht zu viel – lieber ein bekanntes Framework als eine bunte Lösung, in der Sie (und Ihr Gesprächspartner) den Überblick verlieren.

Fehler 2: keinen Plan skizzieren

Natürlich sind Sie intelligent und clever. Deswegen wollen Sie auch Berater werden. Vielleicht glauben Sie, dass nur Halbschlaue einen Plan auf Papier skizzieren. Falsch! Ohne Plan werden Sie sich verrennen. Auf jeden Fall aber werden Sie Ihren Interviewer irgendwo auf Ihrem genialen, aber intransparenten Lösungsweg verlieren. Selbst wenn Sie begnadet sind – Ihr Interviewer wird davon ausgehen, dass Sie keinen Plan haben. Also: Skizzieren Sie Ihr Lösungsvorgehen, und sprechen Sie es mit Ihrem Interviewer durch. „Erstens schaue ich mir an…, zweitens werde ich…“ Nutzen Sie die Gelegenheit, um klärende Fragen zu stellen.

Fehler 3: einen Plan haben, ihn aber nicht einhalten
Häufig fangen Bewerber gut an: Sie denken nach, strukturieren das Problem und schreiben den Lösungsweg auf einen Zettel. Der Interviewer freut sich. Und dann passiert es leider, dass der Bewerber sich von seinem Plan löst. Manchmal liegt es am Bewerber, der vor Aufregung nicht mehr geradeaus denken kann und selbst vergessen hat, dass er ja einen Plan skizziert hat.

Manchmal aber liegt es auch am Interviewer, der Fragen stellt, um den Bewerber zu verunsichern, Druck aufzubauen oder einfach nur abzulenken. Ihr Gesprächspartner will sehen, wie Sie mit solchen Situationen umgehen. Das Beste ist, freundlich, aber bestimmt darauf hinzuweisen, dass Sie nun die Bearbeitung des Case kurzzeitig unterbrechen, aber gleich zum Case zurückkehren werden. Wenn es zeitlich kritisch wird, weisen Sie darauf hin, dass die Beantwortung dieser Extra-Frage möglicherweise die finale Antwort auf die Frage des Skilehrers in Gefahr bringt. Damit zeigen Sie, dass Sie den Fokus auch unter Druck nicht verlieren.

Fehler 4: intransparent vorgehen
Angenommen, Sie haben sich dafür entschieden, für den Skilehrer das Gewinnpotenzial zu ermitteln, und Sie haben dieses Ziel mit Ihrem Interviewer abgestimmt. Sie planen, zunächst die Umsatzseite zu analysieren, um besser zu verstehen, welche Produkte für welche Kunden und zu welchem Preis angeboten werden könnten. Viele Bewerber vergessen dabei jedoch, den Interviewer im detaillierten Denkprozess mitzunehmen.

Wenn Sie festlegen, nur Energy-Drinks anzubieten, von drei Euro pro Stück ausgehen und abschätzen, wie viele Skifahrer auf der Piste an solchen Drinks interessiert wären, müssen Sie dies Ihrem Interviewer erklären. Es reicht nicht, sich einfach an das Flipchart zu stellen und „500 Euro pro Tag" hinzuschreiben. Stellen Sie sich vor, Ihr Interviewer ist blind, und Sie wollen ihm über den Gehweg helfen – auch in so einer Situation würden Sie erklären, was Sie nun genau machen und warum.

Verstehen

Oft heißt es, man brauche keinerlei Fachkenntnisse, um einen Bewerbungsprozess erfolgreich zu durchlaufen. Das mag in Ausnahmefällen stimmen. In der Regel müssen Sie aber zumindest sehr genau begreifen, um was es in einem Case eigentlich geht. Das setzt voraus, dass Sie den Case zu 100 Prozent durchdringen und das Umfeld des Case zumindest einschätzen können.

Fehler 5: den Case nicht verstehen
Logisch, Sie müssen nachvollziehen können, um was es in diesem Case geht. Bei dem Skilehrer-Case sollte das kein Problem sein. Schwierigkeiten kann es aber bereiten, wenn Sie zu etwas Untypischem aufgefordert werden, z. B. einen Umsetzungsplan bzw. einen Netzplan zu erstellen oder eine Rede zu halten. Grundsätzlich gilt: Wenn Sie auch nur einen Hauch Unsicherheit verspüren, ob Sie den Case richtig verstanden haben und die an Sie gestellte Aufgabe: Fragen Sie nach! Es ist besser zu fragen, als auf Verdacht in die falsche Richtung zu starten. Das könnte Ihnen als Mangel an Struktur ausgelegt werden. Zudem gilt: Der Interviewer wird Ihnen Fragen fast immer nachsehen.

Um das richtige Framework für die Case-Lösung anzuwenden, müssen Sie das Umfeld verstehen, in dem der Case spielt. Sie müssen sich vorstellen können, wie das Geschäftsmodell in der Praxis aussieht. Sie müssen vernünftige Annahmen treffen können, etwa in Bezug darauf, was die meisten Skifahrer interessiert, wie ein Skigebiet funktioniert und was ein Bauchladen ist. Wenn Sie noch nie Ski fahren waren, dann haben Sie ein Problem. Der größte Fehler, den Sie jetzt machen können, wäre zu bluffen. Fragen Sie nach! Sagen Sie, dass Sie noch nie Ski fahren waren. Tun Sie nicht so, als sei alles klar, wenn Sie in Wahrheit Zweifel haben.

Gespür

Ärgerlicherweise kann man Gespür nicht auswendig lernen. Streber haben hier keine Chance. Den richtigen Riecher für ein gutes Geschäft, eine kreative Strategie oder einen vernünftigen Umsetzungsplan können Sie nicht üben. Interviewer prüfen dieses schwer zu fassende Gespür oft unbewusst ab. Schließlich würde ein Berater niemals zugeben, ein derartig schwammiges Kriterium heranzuziehen. Ein britischer Berater würde möglicherweise von „common sense“ sprechen.

Fehler 6: weltfremd denken

Bei unserem Skilehrer-Case haben Sie viele Möglichkeiten, mangelnden Geschäftssinn zu beweisen. Sie könnten beispielsweise auf die Idee kommen, warme Snacks anzubieten (das wird logistisch kaum funktionieren). Sie könnten auch vorschlagen, Skistöcke anzubieten (Skifahrer verlieren die Stöcke gelegentlich beim Liftfahren). Auch das ist keine sonderlich pragmatische Idee, weil Stöcke schwer sind und in sehr individuellen Größen angeboten werden. Beide Ideen sind hübsch, aber funktionieren wohl eher nicht.

Fehler 7: zu theoretisch vorgehen

Einer der größten Fehler von Bewerbern ist, dass sie einen Case verkomplizieren, anstatt ihn zu vereinfachen. Beim Skilehrer könnte das bedeuten, dass der Bewerber nicht das Umsatzpotenzial (grob) überschlägt, sondern sich in vielfältigen Szenarien bezüglich der Produkt- und Kundenvarianten verirrt. Ein Theoretiker würde eine Matrix aufmalen, Kundensegmente nach Interesse und Alter aufzeigen, Einkaufskosten danebensetzen, sich vielleicht noch über Sourcing bestimmter Warengruppen Gedanken machen. Alles richtig, aber trotzdem nicht hilfreich. Eine so weitverzweigte Analyse lässt sich in der Kürze der Zeit kaum umsetzen.

Besser ist es, sich zunächst zu überlegen, wie vielen Skifahrern unser mobiler Bauchladen überhaupt pro Tag begegnen könnte. Die Kundengruppen spielen bei dieser Betrachtung zunächst einmal keine Rolle. Ist die Zahl klein, macht eine Segmentierung keinen Sinn, weil die Geschäftsidee unseres Skilehrers vermutlich nicht funktionieren wird (es sei denn, er bietet hochpreisige Produkte mit großer Marge an).

Ergebnis

Berater mögen geniale Strategen sein. Der Kunde wird in der Regel aber nicht am Gedankenprozess seines Beraters, sondern an einem Ergebnis interessiert sein. Dasselbe gilt für den Interviewer. Auch wenn es seltsam klingen mag: Ihr Interviewer ist Ihr Kunde. Er will von Ihnen beraten werden. Vor allem aber wünscht er sich eine Antwort auf seine Frage. Kein Ergebnis zu liefern ist daher keine Option.

Fehler 8: gar kein Ergebnis liefern
Cases können eine eigenständige Dynamik entwickeln. Man startet mit dem Skilehrer, plaudert hier und da, schiebt noch einen Brainteaser dazwischen - und zack, die Zeit ist um. Das ist schlecht für den Interviewer, zeigt es doch, dass er den Prozess nicht sonderlich gut gemanagt hat. Es ist aber auch schlecht für den Bewerber - denn im Zweifel notiert der Interviewer, dass der Bewerber keine Lösung für den Case gefunden hat (auch wenn das ungerecht erscheinen mag).

Um sich abzusichern, sollten Sie Ihre (Zwischen-)Ergebnisse am Ende des Case darstellen. Vier Punkte sind hierbei wichtig:
- Was war die Aufgabe?
- Wie sind Sie die Aufgabe angegangen?
- Was haben Sie herausgefunden?
- Was empfehlen Sie?

Auch wenn man zu keinem konkreten Ergebnis gekommen ist, lässt sich das als Ergebnis darstellen. Wenn Sie also festgestellt haben, dass die Geschäftsidee des Skilehrers stark von der Größe des Skigebiets und von rechtlichen Rahmenbedingungen abhängt (Lizenz für den Bauchladen), verkaufen Sie diese Erkenntnis als Ergebnis. Das ist zwar nicht sonderlich spannend, aber besser als gar nichts.

Fehler 9: ein völlig unplausibles Ergebnis anbieten
Selbst wenn Sie einen tollen Plan herausgearbeitet haben, strukturiert vorgegangen sind, Zwischenfragen beantwortet haben - Sie sind am Case gescheitert, wenn Ihre Empfehlung komplett danebenliegt. Kommen Sie beim möglichen Umsatz auf 100.000 Euro pro Monat, dann sind Sie vielleicht ein bisschen zu optimistisch für einen Berater. Oder Sie haben tatsächlich eine geniale Geschäftsidee und sollten sich überlegen, ob Sie wirklich als Greenhorn in der Beratung anfangen wollen.

BWL-Basiswissen zur Case-Bewältigung

von Thiemo Purkart

Die Grundlagen der Betriebswirtschaftslehre (BWL) sowie deren Grundkonzepte sind eine wichtige Basis für die Arbeit in einer Unternehmensberatung. Zusammen mit den im nächsten Beitrag erläuterten Frameworks sind sie essenziell für die Bearbeitung von Case Studies. Die Modelle und Methoden der BWL basieren auf dem Grundsatz, dass Mittel und Waren in der Regel nicht unbegrenzt verfügbar sind. Die BWL umfasst den gesamten Prozess unternehmerischer Tätigkeiten von der Planung über die Organisation und die Steuerung bis hin zur Durchführung und Kontrolle. Grundlegend für die BWL ist das sogenannte ökonomische Prinzip. Es beschreibt die betriebswirtschaftliche Notwendigkeit, die nötigen Mittel zur Erreichung der Unternehmensziele möglichst ideal einzusetzen. Die Ziele (z.B. Nutzen- , Gewinn- oder Umsatzsteigerung) können auf verschiedene Art und Weise erreicht werden:

- **Minimalprinzip:** Bei vorgegebenem Ziel ist der Mitteleinsatz so gering wie möglich zu halten.
- **Maximalprinzip:** Bei vorgegebenem Mitteleinsatz ist das höchstmögliche Ziel zu erreichen.
- **Optimalprinzip:** Weder das zu erreichende Ziel noch die verfügbaren Mittel sind fest vorgegeben. Die Auswahl der besten Handlungsalternative erfolgt über eine Funktion, die die anfallenden Kosten dem erzielbaren Nutzen gegenüberstellt.

Grundlagen der Betriebswirtschaftslehre

Die Grundlagen der Betriebswirtschaftslehre bilden die einzelnen Funktionen innerhalb eines jeden Unternehmens. Alle hier genannten Funktionen spielen prinzipiell in jedem Unternehmen eine Rolle und sind lediglich je nach Branche oder Ausrichtung eines Unternehmens unterschiedlich stark ausgeprägt. Ein Dienstleistungsunternehmen beispielsweise hat in der Regel weniger stark ausgeprägte Logistikbereiche als ein Unternehmen aus dem produzierenden Gewerbe. Aber auch ein Dienstleistungsunternehmen greift auf „Lieferanten" (z.B. andere Dienstleister) zurück und betreibt eine „Produktion" (z.B. Wissensgenerierung, Wissensspeicherung), die gesteuert werden muss. Bei der Bearbeitung von Case Studies sind entweder einzelne Funktionen im Detail zu erläutern und ein spezifisches Problem zu lösen, oder es muss der übergreifende Zusammenhang der einzelnen Bereiche innerhalb und außerhalb des Unternehmens hergestellt werden.

Logistik

Die Logistik beschäftigt sich mit den Waren- und Informationsflüssen zwischen Lieferanten (Beschaffungsmarkt), Produktion, Lagern und Kunden (Absatzmarkt). Ebenso sind Abfallentsorgung und Recycling ein wichtiges Aufgabengebiet dieser Teildisziplin. Grosvenor Plowman hat mit der Formulierung der sogenannten Seven Rights eine bekannte Kurzdefinition der Logistik formuliert: Es gilt, das richtige Gut in der richtigen Menge, im richtigen Zustand, am richtigen Ort, zur richtigen Zeit, für den richtigen Kunden und zu den richtigen Kosten bereitzustellen.

Logistikkette nach Ihde

Produktionswirtschaft
Die Produktionswirtschaft behandelt die Planung und Steuerung von Produktionsprozessen sowie deren vor- und nachgelagerte Aufgaben, wie etwa die Bedarfsplanung oder Qualitätskontrolle. Im Allgemeinen unterscheidet diese spezielle Betriebswirtschaftslehre (SBWL) nach der Art der Produkterzeugung zwischen Fertigungs- und Prozessindustrie. In der Fertigungsindustrie werden Produkte in der Regel durch die Montage einzelner Bauteile hergestellt (z. B. Autoindustrie, Maschinenbau etc.). Die Prozessindustrie erzeugt Waren im Zuge durchgängiger Produktionsprozesse, die als Ergebnis stets eine bestimmte Menge, wie etwa Gewicht oder Volumen, eines Produkts haben (z. B. Chemie-, Stahl-, Pharmaindustrie etc.).

Marketing
Das Marketing setzt sich zum Ziel, betriebswirtschaftliche Entscheidungen optimal an den Anforderungen des Marktes auszurichten. Im sogenannten Marketingmix werden die langfristig geplanten Vorgaben in konkrete Aktivitäten betreffend Produkt (Product), Preis (Price), Kommunikation (Promotion) und Distribution (Placement) umgesetzt. Mit der steigenden Bedeutung des Dienstleistungssektors wurde der klassische Marketingmix um die Perspektiven Personal, Prozesse und physisches Umfeld erweitert, um die besonders in diesem Industriesektor relevanten Aspekte zu erfassen.

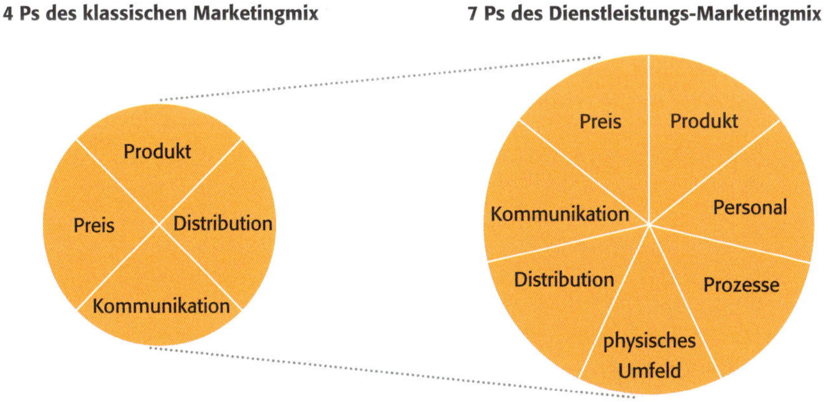

Marketingmix nach Homburg

Finanzwirtschaft

Die Finanzwirtschaft beschäftigt sich mit drei wichtigen Aufgaben unternehmerischen Handelns: Beschaffung von Kapital, Investition und Risikomanagement. Bei der Finanzierung von Unternehmenszielen kommen der Absatzmarkt für die eigenen Produkte, aber auch die Mittel des Kapitalmarktes zum Einsatz. Durch die finanzielle Bewertung von Investitionsalternativen werden Entscheidungshilfen gegeben, wie das Kapital des Unternehmens optimal eingesetzt werden kann. Im Rahmen des Risikomanagements erfasst und bewertet die Finanzwirtschaft die Risiken des unternehmerischen Handelns, wie etwa Kredit- und Anlagerisiken, Umweltrisiken oder auch Produkt- und Absatzrisiken. Nach nationalem und internationalem Gesetz (z. B. Aktiengesetz, Sarbanes-Oxley-Act – SOX etc.) sind zahlreiche Unternehmen gesetzlich verpflichtet, ihren Fortbestand durch gezieltes Risikomanagement abzusichern.

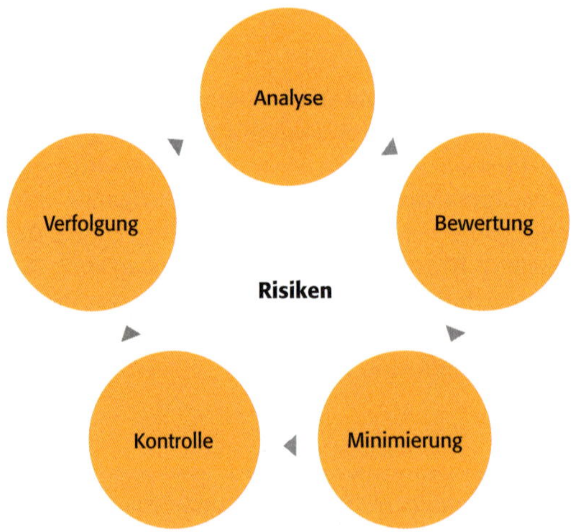

Regelkreis des Risikomanagements

Internes und externes Rechnungswesen

Im Rechnungswesen werden Methoden und Werkzeuge entwickelt und eingesetzt, die es ermöglichen, Finanzströme innerhalb und außerhalb des Unternehmens zu erfassen und einzelnen Situationen und Positionen zuzuordnen. Das interne Rechnungswesen bildet mit der Kosten- und Erlösrechnung die Grundlage zur Steuerung und Kontrolle unternehmensinterner Leistungserbringung durch das Unternehmens-Controlling. Das externe Rechnungswesen unterliegt meist handels- und steuerrechtlichen Anforderungen (z. B. Handelsgesetzbuch – HGB, International Financial Reporting Standards – IFRS etc.) und dokumentiert die Vermögens-, Finanz- und Ertragslage des Unternehmens für Außenstehende. Die wichtigsten Elemente des externen Rechnungswesens sind die Bilanz sowie die Gewinn- und Verlustrechnung.

Unternehmenspolitik

Mit der Unternehmenspolitik legt ein Unternehmen fest, auf welchen Gebieten es tätig ist und welche Verhaltensgrundsätze für diese Tätigkeiten gelten müssen. Die wichtigste Aufgabe der Unternehmenspolitik besteht darin, den verschiedenen Interessen von Eigentümern (Shareholder) und anderen Anspruchstellern (Stakeholder;

z. B. Angestellte, Kunden, Lieferanten etc.) gerecht zu werden. In jüngster Vergangenheit sind die Aufgaben der Unternehmenspolitik unter dem Begriff „Corporate Governance“ in den Mittelpunkt des öffentlichen Interesses gerückt.

Organisation und Personalwesen

Das Organisationsmanagement beschäftigt sich mit der Aufbau- und Ablauforganisation eines Unternehmens, in neuerer Zeit auch mit der Systemkonfiguration. Die Aufbauorganisation, z. B. visualisiert durch ein Organigramm, legt fest, wie einzelne Arbeitsschritte im Unternehmen aufgeteilt werden. Die wichtigsten Bausteine der Aufbauorganisation sind dabei u. a. Betriebsstätten und Werke, aber auch kleinere Einheiten wie etwa Abteilungen, Stabsstellen oder Berichtslinien. Die Ablauforganisation bestimmt und optimiert die Koordination zwischen den Organisationseinheiten zur Erstellung der gesamtbetrieblichen Leistungen. Die resultierende Form von Aufbau- und Ablaufstruktur hat wiederum großen Einfluss auf die Gestaltung und Anpassung der Systemkonfiguration. Die Systemkonfiguration definiert, welche Arbeitsmittel den einzelnen Einheiten der Aufbauorganisation zur Verfügung stehen, und legt fest, wie die Ablauforganisation dadurch unterstützt wird, z. B. durch Kommunikations- und Informationssysteme.

Die Hauptaufgaben des Personalwesens liegen in der Personalführung (Personalplanung und -entwicklung, Kommunikation etc.) und der Personalverwaltung (Personaleinsatz und -betreuung, Lohn- und Gehaltswesen etc.). Auch diese Disziplin der BWL unterliegt zahlreichen Gesetzen und Regelungen. International agierende Unternehmen müssen sich dabei mit einer Vielzahl unterschiedlicher Bestimmungen auseinandersetzen, um eine gleiche und faire Behandlung der Mitarbeiter zu gewährleisten.

Informationsmanagement

Informationsmanagement ist einer der am stärksten wachsenden Bereiche in heutigen Unternehmen. Das Informationsmanagement bekommt insbesondere dann großes Gewicht, wenn es darum geht, Informationen und Daten aus verschiedenen Bereichen und den dort genutzten Informations- und Anwendungssystemen innerhalb eines Unternehmens oder z. B. auch nach Fusionen allgemein zugänglich und auswertbar zu machen. Die drei Kerninformationstypen, die zur Steuerung eines Unternehmens benötigt werden, sind:

- Informationen, die eine Aussage über die Zielerreichung der Unternehmensstrategie ermöglichen
- Informationen, die zur Erfüllung rechtlicher und anderer Verpflichtungen dienen
- Informationen, die die Mitarbeiter des Unternehmens benötigen, um ihre täglichen Aufgaben optimal zu erfüllen

Das Informationsmanagement ist eine der wichtigsten Querschnittfunktionen im Unternehmen, da es insbesondere durch die Bereitstellung der Informations- und Systeminfrastruktur die Arbeitsgrundlage für die meisten anderen Unternehmensbereiche schafft. Mit dem Informationsmanagement wird unternehmensweit festgelegt, wie und wo Informationen gespeichert werden, wer Zugang zu diesen Informationen braucht und bekommt und welche Werkzeuge zur Analyse und Nutzung der Daten bereitgestellt werden.

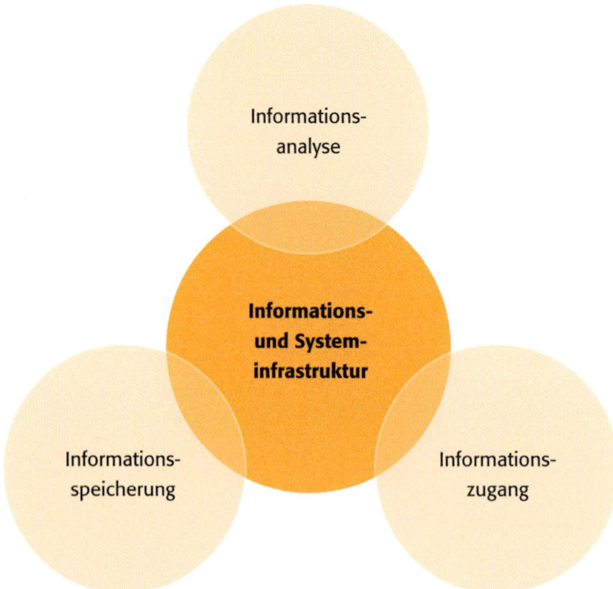

Kerngebiete des Informationsmanagements

Betriebswirtschaftliche Grundkonzepte

Die im Folgenden erläuterten betriebswirtschaftlichen Grundkonzepte bilden – gemeinsam mit den im nächsten Beitrag beschriebenen Frameworks – die Grundlage für die Bearbeitung von Case Studies. Häufig stehen diese Grundkonzepte im Kontext mit den oben aufgeführten Funktionen innerhalb jedes Unternehmens. Bei Fragestellungen aus dem Bereich Marketing spielen oftmals die Konzepte zur Preispolitik eine Rolle, in der Produktionswirtschaft dagegen Skalen-, Verbund- und Dichtevorteile sowie Erfahrungskurven und Produktlebenszyklen. Für Case Studies aus den Bereichen Finanzwirtschaft oder Rechnungswesen werden häufig die Gewinn- und Verlustrechnung, die Bilanz oder bestimmte Kennzahlen benutzt.

Preispolitik
Die Preispolitik beschäftigt sich maßgeblich mit den zwei wichtigsten Marktfaktoren eines Produkts: der Preisuntergrenze und der Preisobergrenze. Die Preisuntergrenze lässt sich aus den Material- und Produktionskosten der Herstellung berechnen und definiert somit die Gewinnschwelle. Die Preisobergrenze ist in der Regel marktorientiert und wird unter anderem von den Preisen konkurrierender Unternehmen oder auch dem Kaufverhalten der Kunden beeinflusst. Das Ziel der Preispolitik ist die Maximierung des Gewinns, der mit einzelnen Produkten oder Dienstleistungen erzielt werden kann. Die gängigsten Preisstrategien sind die Festpreisstrategie (Hochpreis- oder Niedrigpreisstrategie), die Wettbewerbspreisstrategie (Preisführer, -folger oder -kämpfer) und die Preisabfolgestrategie (mit der Zeit sinkende oder mit der Zeit steigende Preise; auch als Abschöpfungs- bzw. Penetrationsstrategie bekannt).

Skalen-, Verbund- und Dichtevorteile

In der BWL spricht man von Skalenvorteilen (Economies of Scale), wenn sich die produzierte Menge über die Zeit stärker vergrößert als die Menge der dafür eingesetzten Mittel. Die häufigsten Ursachen für das Auftreten von Skaleneffekten sind steigende Automatisierung, effizientere Arbeitsteilung und Produktionsstätten sowie die Erfahrungskurve. Skaleneffekte können ein entscheidender Faktor in der Preispolitik sein, ermöglichen sie es doch einem Unternehmen, ein Produkt mit der Zeit immer günstiger zu produzieren und somit entweder den Profit zu steigern oder den Preis zu senken.

Darüber hinaus lassen sich Kostenvorteile auch durch effektivere Produktionsmethoden oder eine sinnvolle Erweiterung der Produktpalette erreichen. Realisieren lassen sich diese sogenannten Verbundvorteile (Economies of Scope) beispielsweise durch die Nutzung derselben Produktionsstätten und -mittel für zusätzliche Produkte und Dienstleistungen. Dies führt zu einer Senkung des Anteils der fixen Kosten je Produkt oder Serviceleistung.

Eine dritte Möglichkeit, Kosten zu senken, ergibt sich, wenn die Nachfrage räumlich konzentriert ist. Diese Dichtevorteile (Economies of Density) lassen sich besonders bei Unternehmen realisieren, deren Produkte und Dienstleistungen im Transport von Gütern bestehen oder vom Anschluss an ein Versorgungsnetz abhängen, z. B. Post- und Paketdienste, Schienen- und Straßenverkehr, Wasser-, Strom- und Gasversorger etc.

Erfahrungskurve

Die Erfahrungskurve ergibt sich aus der Betrachtung der Auswirkungen von Skalen-, Verbund- und Dichtevorteilen. Anhand dieses Konzepts lässt sich aufzeigen, dass sich ein möglichst hoher Marktanteil zu Beginn eines Produktlebenszyklus vorteilhaft auf die langfristige Wettbewerbsfähigkeit auswirkt. Wichtig ist bei dieser Betrachtung, dass sich die Erfahrungskurve nicht auf die absolute Produktionsmenge bezieht, sondern auf die kumulierte. Vereinfacht ausgedrückt trägt dies der Tatsache Rechnung, dass man pro produzierter Einheit immer weniger dazulernen und somit optimieren kann. Die Erfahrungskurve ist branchenabhängig und lässt deshalb keine generellen Aussagen zu. Für das produzierende Gewerbe geht man davon aus, dass sich die Produktionsstückkosten bei einer Verdoppelung der kumulierten Produktionsmenge um 20 bis 30 Prozent senken lassen.

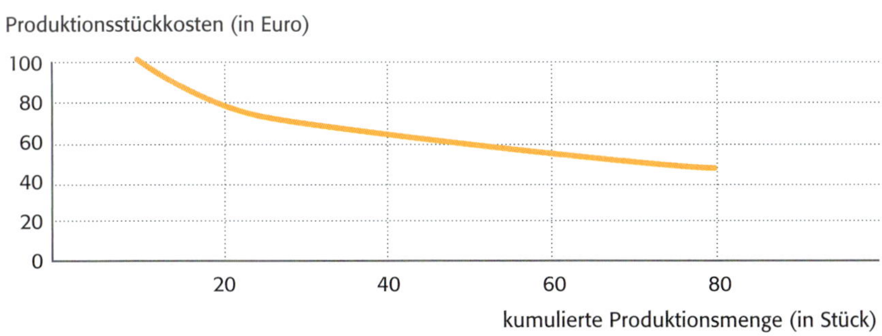

Erfahrungskurve (exemplarisch)

Produktlebenszyklus

Das Modell des Produktlebenszyklus beschreibt die typischen Phasen, die ein Produkt oder eine Dienstleistung durchläuft. Es beginnt mit der Entwicklung und endet mit der Ablösung des Produkts durch einen Nachfolger oder den vollständigen Rückzug aus dem Markt. Das Produktlebenszyklus-Management (kurz: Produktmanagement; engl. Product Lifecycle Management) ist das Kerngebiet der Produktpolitik eines Unternehmens. Dadurch wird entschieden, wie ein Unternehmen auf neue Anforderungen mittels Produktinnovation reagiert oder sich durch Produktvariation auf veränderte Bedingungen einstellt.

Eines der wichtigsten Ereignisse im Produktlebenszyklus ist der Durchbruch der Einnahmen-/Ausgabenkurve durch null, der sogenannte Break-even. Ab diesem Punkt hat das Produkt genug Umsatz erwirtschaftet, um nicht nur die Produktions- und Vertriebskosten zu decken, sondern auch die bis dahin entstandenen Entwicklungskosten. Jedes Unternehmen ist bestrebt, die Phasen des Wachstums und der Reife so lange wie möglich auszudehnen, indem es beispielsweise durch die Preispolitik oder gezieltes Marketing seine Marktposition gegen andere Wettbewerber verteidigt.

Ein oft unterbewertetes Handlungsgebiet des Produktmanagements ist die Sättigungsphase. Gelingt es dem Unternehmen in dieser Phase nicht, durch Diversifikation oder Differenzierung den Rückgang der Verkäufe abzufangen, muss das Produkt konsequent und rechtzeitig aus der Produktion und vom Markt genommen werden, bevor Verluste entstehen. Besonders zu beachten ist dabei, dass sich die durch ein Produkt anfallenden Kosten nicht allein durch die Einstellung der Produktion auf null reduzieren lassen. Vielmehr fallen die sogenannten Verkaufsfolgekosten, wie z. B. Service- und Garantieleistungen oder die Bereitstellung von Ersatzteilen, weiterhin an.

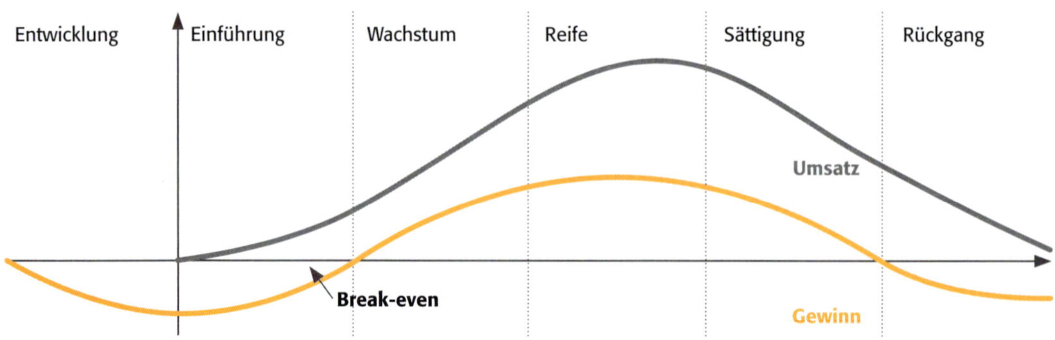

Produktlebenszyklus nach Vernon/Hirsch

Gewinn- und Verlustrechnung (GuV)

Die Gewinn- und Verlustrechnung (GuV) fällt unter das Aufgabengebiet des externen Rechnungswesens und ist neben der Bilanz ein Hauptbestandteil des Jahresabschlusses. Da sich die GuV primär an Empfänger außerhalb des Unternehmens richtet, z. B. Kapitalgeber, Kunden, Lieferanten, Arbeitnehmer etc., unterliegt sie zahlreichen nationalen und internationalen handels- und steuerrechtlichen Vorschriften, z. B. Handelsgesetzbuch (HGB), International Financial Reporting Standards (IFRS), International

Accounting Standards (IAS), United States Generally Accepted Accounting Principles (US-GAAP) etc. Die Rechengrößen der GuV sind die Aufwendungen und Erträge zur Ermittlung des Betriebsergebnisses oder Jahresüberschusses eines Geschäftsjahres. Obwohl diese Größen grundsätzlich periodengerecht erfasst werden müssen, gibt es Unterschiede in den einzelnen Vorschriften, wie das Betriebsergebnis daraus zu berechnen ist. Die US-GAAP schreiben das sogenannte Umsatzkostenverfahren (UKV) vor, während das HGB, aber auch die IAS zusätzlich das sogenannte Gesamtkostenverfahren (GKV) zulassen. Der wesentliche Unterschied zwischen den Berechnungsmethoden ist, dass das UKV nur die Umsätze und Kosten der in der Periode abgesetzten Produkte und Dienstleistungen berücksichtigt, während das GKV auch Bestandsveränderungen an fertigen und unfertigen Erzeugnissen einbezieht.

Gewinn- und Verlustrechnung

	Gesamtkostenverfahren (GKV)		**Umsatzkostenverfahren (UKV)**
	Periodenumsatz		Periodenumsatzerlöse
+/–	wertmäßige Bestandsveränderungen an fertigen und unfertigen Erzeugnissen	–	Periodengesamtkosten (Kosten des Umsatzes)
–	Periodengesamtkosten		
=	**Betriebsergebnis/Jahresüberschuss nach GKV**	**=**	**Betriebsergebnis/Jahresüberschuss nach UKV**

Neben der Erfüllung von rechtlichen Anforderungen hat das UKV zudem den Vorteil, dass sich mithilfe der Kostenstellen- und Kostenträgerrechnung die Ergebnisse über Absatzgebiete, Kundenbereiche oder Unternehmensteile aufgliedern lassen. Im GKV werden Aufwendungen und Erlöse lediglich auf einzelne Kostenarten, z. B. Material-, Personal-, Energiekosten etc. aufgeteilt.

Bilanz

Die Bilanz bildet zusammen mit der GuV den Jahresabschluss eines Unternehmens. Wie die GuV auch, richtet sich die Bilanz primär an Empfänger außerhalb des Unternehmens und erfüllt aufgrund ihrer Vergangenheitsorientierung in erster Linie eine Dokumentationsfunktion. Im Gegensatz zur GuV bezieht sich die Bilanz immer auf einen bestimmten Zeitpunkt, den sogenannten Bilanzstichtag, und weist die Vermögens-, Finanz- und Ertragslage eines Unternehmens zu diesem Zeitpunkt aus. Die Bilanz gliedert sich in Vermögen (sogenannte Aktiva) zur Auskunft über die Mittelverwendung und Verpflichtungen (sogenannte Passiva) zum Ausweis der Mittelentstehung und der Finanzierung des Unternehmens.

Innerhalb der Aktiva wird das Vermögen in zwei Gruppen aufgeteilt: zum einen das sogenannte Anlagevermögen, das im Unternehmen langfristig verwendet wird, zum anderen das sogenannte Umlaufvermögen, das dem Unternehmen nur kurzfristig zur Verfügung steht. Die Passiva werden in drei Gruppen untergliedert: das Eigenkapital, das das von den Anteilseignern eingebrachte Stamm- bzw. Grundkapital zuzüglich der erwirtschafteten Rücklagen und Gewinne umfasst; die Rückstellungen, die beispielsweise für Pensionen oder Steuerzahlungen gebildet werden; außerdem das Fremdkapital, das die von Dritten zur Verfügung gestellten Mittel ausweist.

Analog zur GuV müssen Aufwendungen und Erträge auch bei der Bilanz periodengerecht erfasst werden. Zu diesem Zweck können auf beiden Seiten der Bilanz zusätzlich sogenannte Rechnungsabgrenzungsposten gebildet werden, die es ermöglichen, Vermögen und Verpflichtungen der richtigen Bilanzperiode zuzuordnen, z. B. wenn der Zeitpunkt der Lieferung und Rechnungsstellung in eine andere Abrechnungsperiode fällt als der Zahlungseingang.

Bilanz

Aktiva	**Passiva**
A. Anlagevermögen	**A. Eigenkapital**
I. Sachanlagen	I. Gezeichnetes Kapital
II. Immaterielle Vermögensgegenstände	II. Kapitalrücklagen
III. Finanzanlagen	III. Gewinnrücklagen
B. Umlaufvermögen	IV. Gewinnvortrag/Verlustvortrag
I. Vorräte	V. Jahresüberschuss/Jahresfehlbetrag
II. Forderungen und sonstige Vermögensgegenstände	**B. Rückstellungen**
III. Wertpapiere	I. Rückstellungen für Pensionen und ähnliche Verpflichtungen
IV. Kassenbestand, Bundesbankguthaben, Guthaben bei Kreditinstituten und Schecks	II. Steuerrückstellungen
C. Rechnungsabgrenzungsposten	III. Sonstige Rückstellungen
	C. Verbindlichkeiten
	I. Anleihen
	II. Verbindlichkeiten
	III. Erhaltene Anzahlungen
	D. Rechnungsabgrenzungsposten
Bilanzsumme	**Bilanzsumme**

Kapitalstrukturkennzahlen

Eigenkapitalquote: Die Eigenkapitalquote drückt den Anteil der Eigenmittel am Gesamtkapital bzw. der Bilanzsumme eines Unternehmens aus.

- Eigenkapitalquote [%] = (Eigenkapital ÷ Gesamtkapital) × 100

Fremdkapitalquote: Die Fremdkapitalquote gibt den Anteil des Fremdkapitals am Gesamtkapital bzw. der Bilanzsumme an.

- Fremdkapitalquote [%] = (Fremdkapital ÷ Gesamtkapital) × 100

Verschuldungsgrad: Der Verschuldungsgrad gibt das Verhältnis von Fremdkapital zu Eigenkapital an.

- Verschuldungsgrad [%] = (Fremdkapital ÷ Eigenkapital) × 100

Erfolgskennzahlen/Gewinnkennzahlen

Zur Berechnung des Gewinns eines Unternehmens haben sich zahlreiche Varianten mit unterschiedlicher Zielrichtung und kontextbezogener Aussagekraft entwickelt. Als Ausgangslage dient all diesen Kennzahlen der Jahresüberschuss, der in der Gewinn- und Verlustrechnung ausgewiesen wird.

- **EBT** Ertrag vor Steuern (Earnings before Taxes): Im Gegensatz zum Jahresüberschuss ist der Gewinn vor Steuern unabhängig von Steuereffekten wie z. B. Steuernachzahlungen oder Steuerminderung. Er eignet sich daher besser für den Vergleich des Gewinns verschiedener Abrechnungsperioden oder Unternehmensbereiche.
- **EBIT** Ertrag vor Zinsen und Steuern (Earnings before Interest and Taxes): Um die Vergleichbarkeit weiter zu erhöhen, wird zur Berechnung des EBIT der Jahresüberschuss zusätzlich zu den Steuereffekten auch um alle Zinsaufwendungen und -erträge bereinigt.
- **EBITA** Ertrag vor Zinsen, Steuern und Abschreibungen auf immaterielle Vermögenswerte (Earnings before Interest, Taxes and Amortisation): Diese Kennzahl ist gegenüber dem EBIT zusätzlich noch um die Abschreibungen auf Firmenwerte bereinigt.
- **EBITDA** Ertrag vor Zinsen, Steuern und Abschreibungen auf Sachanlagen sowie auf immaterielle Vermögenswerte (Earnings before Interest, Taxes, Depreciation and Amortisation): Als Erweiterung zum EBITA wird hier der Gewinn nicht nur um Abschreibungen auf Firmenwerte, sondern um alle Abschreibungen auf Vermögensgegenstände bereinigt. Diese Kennzahl ermöglicht somit den Vergleich von Unternehmen, die nach unterschiedlichsten Gesetzgebungen bilanzieren. Die Aussagekraft des EBITDA ist jedoch umstritten, da er im Vergleich mit dem EBT oder dem EBIT zahlreiche Aufwendungen ignoriert.
- **Geldfluss** (Cashflow): Der Cashflow wird aus der Differenz von Einnahmen und Ausgaben ermittelt und gibt an, in welchem Umfang ein Unternehmen finanzielle Mittel aus eigener Kraft erwirtschaften kann. Eine genauere Erklärung sowie die bekannten Berechnungsmethoden folgen auf den Seiten 98 und 99.

Gewinnkennzahlen

Jahresüberschuss + Steueraufwand – Steuererträge + außerordentlicher Aufwand – außerordentliche Erträge	
= EBT	
+ Zinsaufwand – Zinserträge	+ Zinsaufwand – Zinserträge + Abschreibungen auf Firmenwerte – Zuschreibungen auf Firmenwerte
= EBIT	**= EBITA**
+ Abschreibungen auf das Anlagevermögen – Zuschreibungen zum Anlagevermögen	+ Abschreibungen auf Sachanlagen – Zuschreibungen auf Sachanlagen
= EBITDA	

Rentabilitätskennzahlen

Als Basis zur Berechnung der meisten Rentabilitätskennzahlen wird in der Regel der Gewinn vor Steuern (Earnings before Taxes - EBT) benutzt. Dadurch wird eine vergleichende Bewertung der Rentabilität verschiedener Unternehmen oder Abrechnungsperioden, z. B. wegen unterschiedlicher Steuergesetze möglich.

Umsatzrendite: Die Umsatzrendite (Return on Sales) bezeichnet das Verhältnis von Gewinn zu Umsatz innerhalb einer bestimmten Periode.

- Umsatzrendite [%] = (Gewinn ÷ Umsatz) × 100

Eigenkapitalrentabilität: Die Eigenkapitalrentabilität (Return on Equity) gibt an, wie hoch sich das Eigenkapital innerhalb einer bestimmten Periode verzinst hat.

- Eigenkapitalrentabilität [%] = (Gewinn ÷ Eigenkapital) × 100

Die Vergleichbarkeit zwischen verschiedenen Unternehmen allein auf Basis dieser Kennzahl ist nur eingeschränkt möglich, da durch die Senkung der Eigenkapitalquote (z. B. durch die Aufnahme von Fremdkapital) die Eigenkapitalrentabilität steigt. Dieser Effekt wird auch als Hebeleffekt (Leverage Effect) bezeichnet.

Gesamtkapitalrentabilität: Die Gesamtkapitalrentabilität (Return on Investment - ROI) gibt an, wie hoch sich das Gesamtkapital innerhalb einer bestimmten Periode verzinst hat.

- Gesamtkapitalrentabilität [%]
  = [(Gewinn + Fremdkapitalzinsen) ÷ Ø Gesamtkapital] × 100

Da das Gesamtkapital aus Eigenkapital und Fremdkapital besteht, müssen zur Berechnung der Gesamtkapitalrentabilität sowohl der Gewinn (erwirtschaftet durch den Einsatz des Eigen- und Fremdkapitals) als auch die Fremdkapitalzinsen (an die Fremdkapitalgeber abgeführter Gewinn) mit einbezogen werden. Durch die Verwendung dieser Kennzahl lassen sich die Nachteile der Eigenkapitalrentabilität umgehen.

Durch Erweiterung der obigen Formel um

- Umsatzrendite = (Gewinn + Fremdkapitalzinsen) ÷ Umsatz
- Kapitalumschlag = Umsatz ÷ Ø Gesamtkapital

erhält man eine ebenfalls weit verbreitete Darstellung zur Berechnung der Gesamtkapitalrentabilität bzw. des Return on Investment (ROI).

- ROI [%] = (Umsatzrendite × Kapitalumschlag) × 100

Cashflow

Der Cashflow ist eine betriebswirtschaftliche Kennzahl, die eine Aussage über die Fähigkeit eines Unternehmens erlaubt, die benötigten finanziellen Mittel selbst zu erwirtschaften. Im Zusammenhang mit dem Cashflow spricht man häufig auch vom sogenannten Innenfinanzierungspotenzial, das sich aus der Differenz von Einnahmen und Ausgaben innerhalb einer bestimmten Periode ergibt. Als Einnahmen und Ausgaben sind alle Erträge und Aufwendungen zu verstehen, die innerhalb der Periode zu Ein- oder Auszahlungen geführt haben, d.h. zahlungswirksam waren.

Bei der Berechnung des Cashflows im engeren Sinn, dem sogenannten Cashflow aus Geschäftstätigkeit oder auch operativem Cashflow, können zwei Methoden angewandt werden: Bei der indirekten Methode werden alle nicht zahlungswirksamen Erträge und Aufwendungen vom Jahresüberschuss abgezogen. Bei der direkten Methode ergibt sich der Wert aus der Addition der zahlungswirksamen Erträge und Aufwendungen. Darüber hinaus gibt es noch weitere Varianten von Cashflow-Kennzahlen, die entweder eine Aussage über einen bestimmten Bereich der unternehmerischen Tätigkeit (z.B. Cashflow aus Investitionstätigkeit, Cashflow aus Finanzierungstätigkeit etc.) oder einen bestimmten Teil des finanziellen Potenzials des Unternehmens treffen sollen (z.B. Free Cashflow – freies Kapital beispielsweise zur Rückzahlung von Krediten oder zur Ausschüttung an Anteilseigner).

Cashflow aus Geschäftstätigkeit

Indirekte Methode	**Direkte Methode**
Jahresüberschuss	
+/– Abschreibungen/Zuschreibungen	[+] Einzahlungen aus Umsätzen
+/– Erhöhung/Minderung des Gewinnvortrags	+ Einzahlungen aus Forderungen
+/– Erhöhung/Minderung von Rückstellungen	– Auszahlungen aufgrund der betrieblichen Tätigkeit (z.B. Personal, Betriebsmittel etc.)
+/– Erhöhung/Minderung von Rücklagen	– Auszahlungen für Verbindlichkeiten
+/– Erhöhung/Minderung am Bestand fertiger und unfertiger Erzeugnisse	
= Cashflow aus Geschäftstätigkeit (operativer Cashflow)	

Cashflow aus Investitionstätigkeit

[+] Einzahlungen aus Anlagenabgängen (Desinvestitionen)
– Auszahlungen für Anlagenzugänge (Investitionen)
= Cashflow aus Investitionstätigkeit

Cashflow aus Finanzierungstätigkeit

[+] Einzahlungen von Eigenkapital
– Auszahlungen von Eigenkapital
+ Einzahlungen aus Aufnahme von Krediten/Verbindlichkeiten
– Auszahlungen zur Tilgung von Krediten/Verbindlichkeiten
= Cashflow aus Finanzierungstätigkeit

Free Cashflow

Cashflow aus Geschäftstätigkeit
– Cashflow aus Investitionstätigkeit
= Free Cashflow

Frameworks zur Bearbeitung von Cases

von Ali Aslan Gümüsay und David Liebig

Frameworks bieten Strukturen für die Lösung von Case Studies und sind daher wichtige Instrumente in Bewerbungsgesprächen. Sie stellen jedoch lediglich eine unterstützendes Hilfsmittel zur Lösung von Cases dar. Zur erfolgreichen Lösung eines Falls sind in der Regel Flexibilität und Kreativität gefragt, was zudem die Auslassung oder Anpassung von Frameworks sowie Outside-the-Box-Denken erfordert. Das Beherrschen der Frameworks alleine garantiert nicht, dass stets ein passendes Tool zur Falllösung zur Verfügung steht, das dann nur noch mit Inhalten zu füllen ist. Vielmehr sollte der Bewerber zeigen, dass er in der Lage ist, schnell individuelle und kontextspezifische Strukturen zur Fallstudien-Bearbeitung zu schaffen bzw. bekannte Frameworks so umzugestalten bzw. zu verknüpfen, dass diese den meist komplexeren Ansprüchen des Case gerecht werden.

Ein Vorschlag für eine strukturierte Übersicht und Anwendung von Frameworks ist nachstehend dargestellt. Die Aufteilung erhebt dabei nicht den Anspruch auf Vollständigkeit. Sie bietet dem Bewerber vielmehr Werkzeuge für die erfolgreiche Bearbeitung von Case Studies. Strategische Fallbeispiele können meist in drei Kategorien untergliedert werden: interne, externe und gemischte Fragestellungen. Je nach Fragestellung können unterschiedliche Frameworks genutzt werden. Dies bedeutet, dass man den Case für die Auswahl des richtigen Frameworks zunächst einer der drei Problemstellungen zuordnen sollte.

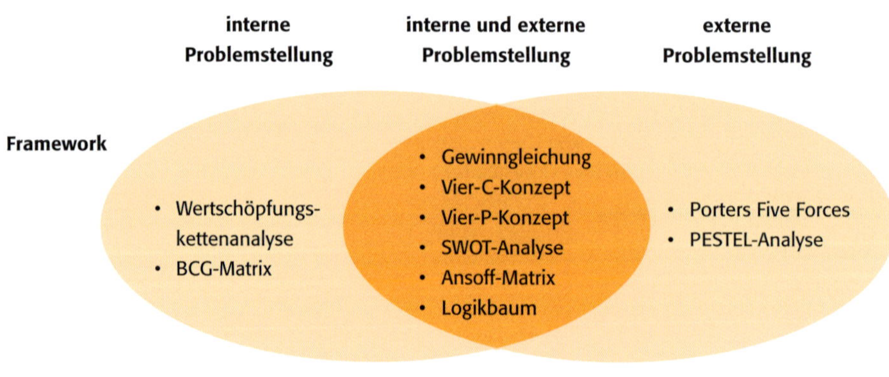

Untergliederung strategischer Fallbeispiele

Externe Problemstellung

Eine externe Problemstellung fokussiert sich auf die Faktoren, die außerhalb des Unternehmens zu finden sind. Nicht die internen Prozesse und Faktoren des Unternehmens stellen das primäre Problemfeld dar, sondern die Umwelt, der Markt, Kunden oder andere Unternehmen sowie von diesen erzeugte Effekte. Folgende zwei Frameworks werden zur Identifikation und Analyse externer Problemstellungen erläutert:

- Five-Forces-Modell
- PESTEL-Analyse

Interne Problemstellung
Fallbeispiele mit internen Problemstellungen betrachten unternehmensinterne Fragestellungen. Sie behandeln beispielsweise eine zu hohe Kostensituation bei den Vertriebsmitarbeitern oder einen zu hohen Lagerbestand aufgrund einer fehlenden Prozesssichtweise. Für die interne Analyse sind folgende Frameworks hervorzuheben:
- Wertschöpfungskettenanalyse
- BCG-Matrix

Interne und externe Problemstellung
Meist sind sowohl interne als auch externe Betrachtungen des Falls notwendig, um herauszufinden, welche Problemstellung vorliegt. Neben der Anwendung der bereits vorgestellten Frameworks zur Analyse von internen und externen Problemstellungen können folgende Analyse-Tools für beide Analyseebenen verwendet werden:
- Gewinngleichung
- Vier-C-Konzept
- SWOT-Analyse
- Vier-P-Konzept
- Ansoff-Matrix
- Logikbaum

Ein gemischter Fall könnte beispielsweise der Gewinneinbruch eines Unternehmens sein. Dies kann sowohl unternehmensinterne Gründe haben, die sich auf die Kostensituation des Unternehmens niederschlagen, als auch externe Ursachen, die beispielsweise die abgesetzte Menge oder eine falsche Preispolitik betreffen. In diesem Fall sollte der Bewerber mögliche interne wie externe Ursachen erkennen und dem Interviewer eine strukturierte beidseitige Analyse präsentieren.

Five-Forces-Modell von Michael Porter

Das Five-Forces-Modell ist ein Analysewerkzeug, das von Michael E. Porter im Jahr 1979 entwickelt wurde. Porter definierte fünf Faktoren, die eine Branche maßgeblich beeinflussen und die es zur Bewertung der Wettbewerbsintensität und Branchenattraktivität zu berücksichtigen gilt. Für Unternehmen und Organisationen bietet die Betrachtung der fünf von Porter definierten Einflussfaktoren eine Möglichkeit zur systematischen Beobachtung der Marktkräfte sowie deren Zusammenspiel. Es handelt sich bei diesem Modell um ein strategisches Analysewerkzeug, bei dem in Case Studies die ganzheitliche Betrachtung der Umwelt im Vordergrund steht und nicht die Detailbewertung des Unternehmens. Ziel der Analyse anhand der Five Forces ist die Bewertung der Marktkräfte und die Ermittlung der Attraktivität einer Branche.

Die Betrachtung der Haupteinflussfaktoren auf eine Branche und das Verständnis für die Zusammenhänge werden in Case-Interviews häufig und gern abgefragt. Die Anwendung des Five-Forces-Modells bietet eine Möglichkeit der ersten Bearbeitung.

Fünf Faktoren des Five-Forces-Modells

Im Folgenden wird das Modell näher erläutert:

Verhandlungsmacht der Lieferanten

Als einen Einflussfaktor bestimmt Porter die Verhandlungsmacht der Lieferanten. Im Case-Interview ist hier beispielsweise die Anzahl sowie die Größe und Marktmacht der Lieferanten abzuschätzen. Bei nur wenigen Anbietern im Markt (Oligopol) werden diese ihre starke Machtposition ausnutzen und erhöhte Preise verlangen. Sofern es sich um einen fragmentierten Lieferantenmarkt mit geringen Marktanteilen der einzelnen Zulieferer handelt, hat das beziehende Unternehmen eine gestärkte Verhandlungsmacht und kann die verschiedenen Lieferanten gegeneinander ausspielen. Dies ist auch abhängig von den Möglichkeiten und/oder Kosten eines Produktwechsels. Im Fall eines Spezialprodukts fällt es in der Regel schwerer, das Produkt zu ersetzen bzw. ist ein Wechsel mit höheren Kosten verbunden.

Rivalität innerhalb der Branche

Die Rivalität innerhalb der Branche ist meistens der am stärksten wirkende Einflussfaktor. Hierbei ist zu hinterfragen, welcher Wettbewerbssituation das Unternehmen ausgesetzt ist. Anzahl und Marktmacht der Wettbewerber geben hier bereits eine gute Basis für die Bewertung. Häufig kann als erster Anhaltspunkt eine Abschätzung der Concentration Ratio (CR) herangezogen werden. Diese misst den Marktanteil der größten Unternehmen und gibt dadurch Auskunft über die Konzentration in einem Markt. Vereinen beispielsweise die vier größten Unternehmen mehr als 80 Prozent des gesamten Marktes, ist dies ein mögliches Indiz für eine hohe Konzentration in einem Markt, wodurch auf eine eher niedrige Konkurrenzsituation geschlossen werden kann. Hoch fragmentierte Märkte weisen demgegenüber in der Regel einen weitaus größeren Wettbewerb auf. Auch eine fehlende Produktdifferenzierung erhöht den Wettbewerbsdruck.

Verhandlungsmacht der Kunden

Die Marktmacht der Kunden ist eng mit dem angebotenen Produkt verbunden. Handelt es sich um ein undifferenziertes Standardprodukt, können Kunden möglicherweise schnell, günstig und unkompliziert den Anbieter wechseln. Hierbei ist insbesondere auch die Preissensitivität der Kunden einzubeziehen. Bei hoher Sensitivität werden Kunden bei Preissteigerungen schneller geneigt sein, einen Produktwechsel vorzunehmen. Zusätzlich ist die Anzahl der Kunden zu bewerten. Basiert der Absatz eines Unternehmens auf nur wenigen Schlüsselkunden, so ist deren Machtposition deutlich stärker einzustufen als die einer großen, unbekannten Kundenmasse.

Bedrohung durch neue Marktteilnehmer
Neue Marktteilnehmer können sich im Markt etablieren und stellen dabei eine potenzielle Bedrohung dar. In diesem Zusammenhang sind Eintrittsbarrieren in der Branche ein mögliches Hemmnis für Neueintritte. Bestehen beispielsweise rechtliche Beschränkungen in Form von restriktiven Lizenzen, ist der Eintritt von Wettbewerbern schwieriger bzw. seltener der Fall. Weiterhin stellen Kostenvorteile und Skaleneffekte einen wichtigen Bewertungspunkt dar. Besonders kapitalintensive Branchen wie Luft- und Raumfahrt, Pharma oder die Automobilindustrie bieten weniger Möglichkeiten für schnelle Neueintritte und sind dadurch eher weniger von neuen Wettbewerbern bedroht.

Bedrohung durch Substitute
Substitute sind Güter oder Dienstleistungen, die das Potenzial aufweisen, das bestehende Gut oder die bestehende Dienstleistung zu ersetzen. Sie stellen hierdurch eine direkte Bedrohung dar. Klassische Substitutionsgüter sind z. B. Butter und Margarine. Substitutionsprodukte, die unter anderem durch technologischen Fortschritt entwickelt werden, können das vom Unternehmen angebotene Produkt sogar überflüssig werden lassen.

PESTEL-Analyse

Die verschiedensten Umweltfaktoren wirken kontinuierlich auf Unternehmen ein. Die PESTEL-Analyse ist ein Umweltanalyse-Modell, das die strukturierte Betrachtung dieser verschiedenen externen Faktoren ermöglicht. Die Buchstaben sind ein Akronym und stehen für „political, economical, social, technological, environmental, legal", also die politischen, ökonomischen, soziokulturellen, technologischen, ökologischen und rechtlichen Faktoren. Es existieren verschiedene Zusammenstellungen der Buchstaben, wie zum Beispiel PESTLE; zudem gibt es Modelle mit weniger Faktoren wie STEP oder STEEP, die dementsprechend weniger Buchstaben im Akronym beinhalten. Je nach Fallstudie kann die Betrachtung der Faktoren auch auf eine Auswahl beschränkt werden.

Politische Faktoren
Zu den politischen Faktoren gehören unter anderem Wirtschaftsabkommen, Steuern oder andere Beschlüsse der verschiedenen Institutionen. Wirtschaftsabkommen können z. B. das Bewegen von Waren, Dienstleistungen, Personen und Kapital erleichtern, was für das einzelne Unternehmen positive wie auch negative Auswirkungen haben kann. Einerseits können sie für einen stärkeren Wettbewerb sorgen, andererseits mögen dadurch Faktorpreise sinken. Um die jeweiligen Auswirkungen im fiktiven Fallbeispiel zu analysieren, hilft es, mögliche Effekte zu benennen und sie dem Gesprächspartner aufzuzeigen, sodass dieser den fiktiven Kontext erläutern kann.

Ökonomische Faktoren
Ökonomische Faktoren sind zum Beispiel Zinsraten, Währungsschwankungen, Inflation oder Arbeitslosigkeit. Ein Unternehmen, das sehr viel exportiert, mag unter einer starken heimischen Währung leiden, da es nur bedingt die gestiegenen Produktionskosten auf den Preis aufschlagen kann. Gleichzeitig kann ein Unternehmen so vergünstigt nötige Ressourcen importieren. Ein hoher Zinskurs kann größere Investitionen erschweren, weil die Kapitalbeschaffung dadurch teurer ist.

Soziokulturelle Faktoren

Soziokulturelle Faktoren wie die demografische Lage, die Einkommensverteilung oder das Arbeitsverständnis wirken sich auf Arbeitnehmer wie auch Konsumenten aus. So kann der demografische Wandel für ein Unternehmen bedeuten, dass es seine Kundenzielgruppe ändern, das Produkt anpassen oder neue Märkte erschließen muss.

Technologische Faktoren

Technologische Faktoren beinhalten Aspekte rund um Forschung, Innovation, Trends und Produktlebenszyklen. Ein Unternehmen kann seinen Wettbewerbsvorteil verspielen, wenn es nicht inkrementelle und disruptive Innovationen hervorbringt bzw. auf diese reagiert. Innovation umfasst hierbei nicht nur neue Erfindungen, sondern auch ihre Implementierung bzw. Kommerzialisierung.

Ökologische Faktoren

Zu den ökologischen Faktoren gehören unter anderem Emissionen, Ressourcen-Verbrauch und die Nutzung von Ökosystemen. Ressourcen-Knappheit kann zum Beispiel zu einem Preisanstieg oder zum Bedarf an alternativen Mitteln führen; eine Veränderung der Ökosysteme bzw. des ökologischen Bewusstseins kann die Nachfrage beeinflussen.

Rechtliche Faktoren

Zuletzt sind rechtliche Faktoren wie Gesetzesänderungen zu analysieren – sei es im Wettbewerbsrecht, Arbeitsrecht oder bei anderen Gesetzen an tatsächlichen wie potenziellen Produktions- und auch Vertriebsstandorten. Auch Entscheidungen zu Fusionen und Übernahmen sind stark von den rechtlichen Rahmenbedingungen abhängig.

BCG-Matrix

Die 1968 von der Boston Consulting Group (BCG) entwickelte Matrix bietet eine Portfolioübersicht und dient der Bewertung der unternehmensspezifischen Geschäftseinheiten (Business Units) oder Produkte. Sie ist die wohl bekannteste 2-×-2-Matrix und wird daher im Folgenden detaillierter beschrieben. Hintergrund der Bewertung von Produkten oder Geschäftseinheiten mithilfe der BCG-Matrix ist die andauernde und teilweise unreflektierte Weiterentwicklung von Unternehmen. Produktinnovationen wurden in der Vergangenheit vom Unternehmen geschaffen und am Markt etabliert, ohne jedoch näher auf den Markterfolg oder das Potenzial zu achten. Die BCG-Matrix positioniert die Bewertungsgegenstände, beispielsweise Produkte oder Business Units, anhand der zwei Dimensionen Marktwachstum und relativer Marktanteil.

Marktwachstum

Die Positionierung der Bewertungsgegenstände anhand der Marktwachstums-Dimension zeigt die Marktattraktivität eines Produkts und macht das zukünftige Entwicklungspotenzial transparent. Besonderen Einfluss hat dabei die Produktlebenszyklus-Kurve, die als Grundlage der Bewertung des Marktwachstums herangezogen wird. Ein Produkt, das am Beginn der Lebenszyklus-Kurve steht, sieht sich in der Regel einem hohen Marktwachstum ausgesetzt und ist dementsprechend in der BCG-Matrix hoch zu positionieren.

Relativer Marktanteil

Die Bewertung des relativen Marktanteils ergibt sich aus dem Verhältnis des eigenen Marktanteils zu dem des stärksten Konkurrenten. Ein relativer Marktanteil > 1 weist auf die Marktführerschaft eines Produkts bzw. der Geschäftseinheit hin, da in diesem Fall das Produkt des stärksten Wettbewerbers einen kleineren Marktanteil aufweist als das eigene. Je höher der relative Marktanteil des Produkts, desto weiter links steht es in der Matrix.

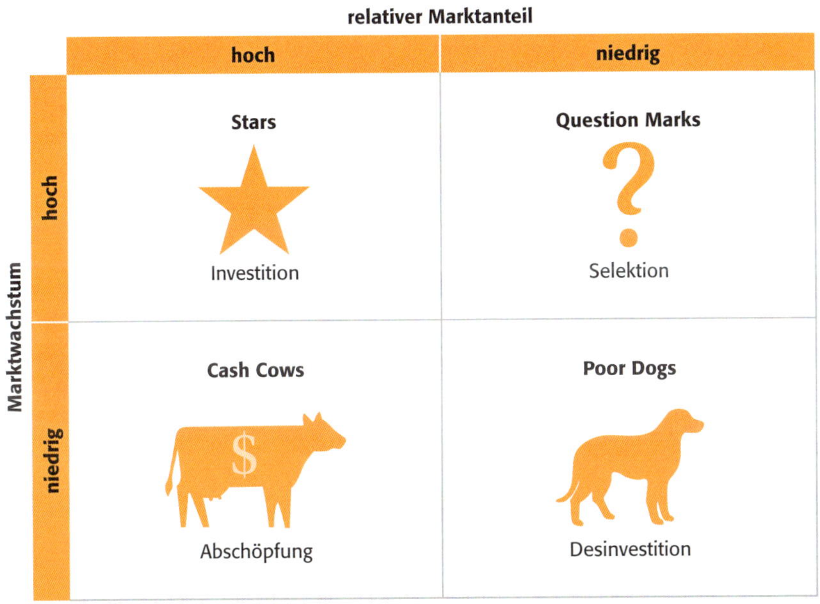

BCG-Matrix

Die Positionierung der unternehmensspezifischen Produkte und Geschäftseinheiten erfolgt in vier Quadranten, denen jeweils unterschiedliche Interpretationen und Handlungsempfehlungen zukommen:

Fragezeichen oder Question Marks

Fragezeichen sind Neuprodukte, die über ein hohes Wachstumspotenzial verfügen, bisher jedoch nur geringe Marktanteile erzielen konnten. Die Produkte bedürfen daher zunächst einer Bewertung in Hinblick auf das tatsächliche Potenzial, um zu einer Aussage über die Weiterentwicklung zu gelangen. In potenzialträchtige Produkte ist zu investieren. Rückflüsse zu Beginn der Markteinführung sind jedoch nicht zu erwarten. In weniger aussichtsreiche Produkte sollte hingegen desinvestiert werden. Bei den Fragezeichen ist somit eine Selektion vorzunehmen.

Stars
Hierunter fallen die Geschäftseinheiten und Produkte, die bereits hohe Rückflüsse generieren, große Marktanteile aufweisen und zudem über weiteres Potenzial verfügen. Trotz des hohen Investitionsbedarfs für die Festigung und den Ausbau der Marktsituation verfügen die Stars bereits über einen hohen Cashflow, der auch zukünftig als aussichtsreich einzuschätzen ist. Strategisch ist daher eine weitere Investition in die Stars zu empfehlen.

Cash Cows
Cash Cows sind durch einen hohen Marktanteil, jedoch nur niedriges Marktwachstum gekennzeichnet. Sie weisen eine hohe Profitabilität, allerdings keine langfristige Ausbaubarkeit auf. Cash Cows stellen allerdings die notwendige Liquidität zum Ausbau der anderen Produkte und Geschäftseinheiten zur Verfügung und sind daher weiter zu „melken". Für Produkte und Geschäftseinheiten der Cash Cows empfiehlt sich eine Abschöpfungsstrategie.

Poor Dogs
Schließlich befinden sich im rechten unteren Quadranten die Poor Dogs. Dabei handelt es sich um auslaufende Produkte, die über einen niedrigen Marktanteil und nur geringes Wachstum verfügen. Obwohl sie meist unprofitabel sind, verbrauchen Poor Dogs Ressourcen im Unternehmen. Mögliche Erträge sind daher kurzfristig weiter abzuschöpfen, langfristig sollte jedoch desinvestiert werden. Für die Poor Dogs empfiehlt sich daher eine Desinvestitionsstrategie.

Mittels der BCG-Matrix können im Rahmen von Fallstudien Geschäftseinheiten und Produkte bewertet werden. Möglicherweise lassen sich aber Cases durch abweichende und individualisierte Matrixformen treffender behandeln. In solchen Fällen sollten die Dimensionen der BCG-Matrix angepasst werden.

Wertschöpfungskettenanalyse

Zahlreiche Case-Interviews beschäftigen sich mit den internen Prozessen in Unternehmen. Das von Michael E. Porter 1985 vorgestellte Modell zur Analyse der Wertschöpfungskette (Value Chain) bietet in diesem Zusammenhang eine systematische Analyse der im Unternehmen ablaufenden Aktivitäten und Prozesse.

Im Case-Interview ist die Value Chain eine äußerst hilfreiche Methode zur strukturierten Identifikation unternehmensinterner Problemfelder. Nach Porter ist die Wertkette in primäre und sekundäre bzw. unterstützende Aktivitäten untergliedert. Der Bewerber sollte das Problem zunächst anhand der primären Aktivitäten zu ergründen versuchen und anschließend Fragen zu den unterstützenden Aktivitäten stellen. Primäre Aktivitäten sind in diesem Zusammenhang unmittelbar auf den Kunden ausgerichtete Prozesse, wohingegen sekundäre Aktivitäten die primären unterstützen.

Primäre Aktivitäten umfassen folgende Bereiche:
- **Eingangslogistik:** Die Eingangslogistik umfasst den Wareneingang, die Qualitätskontrolle, gegebenenfalls die Lagerung und den anschließenden Transport.

- **Operationen:** Die Operationen stellen den Kern der Leistungserstellung im Unternehmen dar. Dabei kann es sich um eine Weiterverarbeitung oder Zusammenführung mit anderen Komponenten handeln.
- **Marketing und Vertrieb:** Marketing und Vertriebsleistungen umfassen alle mit dem Absatz der Produkte in Zusammenhang stehenden Aktivitäten, wie z. B. Werbeannoncen, Preispolitik etc.
- **Ausgangslogistik:** Die Ausgangslogistik umfasst eine weitere Lagerung und Distribution der im Unternehmen erstellten betrieblichen Leistung.
- **Kundendienst:** Serviceleistungen im Unternehmen finden im Anschluss an die Leistungserstellung und den Absatz des Produkts statt. Hierzu sind im Rahmen der Wertschöpfungskettenanalyse vor allem Kundenbetreuung, Ersatzteillieferung, Garantien etc. zu zählen.

Sekundäre Aktivitäten haben unterstützenden Charakter und sind daher abteilungsübergreifend zu betrachten:

- Als **Unternehmensinfrastruktur** wird die Unternehmensführung bezeichnet. Bei der Identifikation von Problemfaktoren können Bewerber z. B. Fragen zur betrieblichen Infrastruktur stellen, da diese von der Unternehmensinfrastruktur festgelegt werden. Dazu gehören Ressourcen-Allokationen, Organisationsstrukturen, Strategiedefinitionen etc.
- Die **Personalwirtschaft** umfasst die Rekrutierung, die Einsatzplanung, Entlohnung und Freisetzung von Arbeitskräften. Darüber hinaus sind Trainings und Weiterbildungsmaßnahmen in diesem Bereich zu berücksichtigen.
- **Technologieentwicklung** betrifft die IT-Systeme im Unternehmen, die Datenspeicherung und -verwaltung, das unternehmensinterne sowie gegebenenfalls externe Daten- und Wissensmanagement.
- Abschließend ist als unterstützende Aktivität die **Beschaffung** von Produktionsfaktoren im Unternehmen von großer Wichtigkeit. Diese umfasst alle Kommunikations- und Informationsaustausch-Beziehungen zwischen dem Unternehmen und seinen Lieferanten.

Die hier vorgestellte Wertschöpfungskette von Porter stellt ein generisches Instrument dar, das unbedingt der Anpassung und Spezifizierung auf die jeweilige Unternehmenssituation bzw. den Case bedarf. Die Wertschöpfungskette bietet eine mögliche Prozessschritt-Übersicht an, die von der tatsächlichen abweichen kann und daher meist auf unternehmensspezifische Aspekte angepasst werden muss.

Primäre und sekundäre Aktivitäten der Wertschöpfungskette nach Porter

Gewinngleichung

Die aus den betriebswirtschaftlichen Grundlagen bekannte Gewinngleichung lässt sich ebenfalls als gute Strukturierungshilfe heranziehen. Die Gewinngleichung besteht in ihrer Grundform aus drei Bestandteilen: Gewinn = Erlöse – Kosten.

Häufig steht der Bewerber im Case-Interview vor der Situation eines Gewinnrückgangs, oder das Unternehmen im Fallbeispiel ist sogar in die Verlustzone geraten. Anhand der Gewinngleichung kann nun eine strukturierte Analyse aufgebaut werden. Hierzu sind zunächst die Bestandteile der rechten Seite der Gleichung vertieft zu betrachten.

Erlöse

Eine Ursache für den Gewinnrückgang kann im abnehmenden Umsatz liegen. Der Umsatz ergibt sich aus der Anzahl der verkauften Produkte (Menge) zum jeweiligen Verkaufspreis. Da die abgesetzte Menge und der Preis den Umsatz bestimmen, sind diese beiden Bereiche vom Bewerber zu analysieren. Zu geringe Absatzzahlen können beispielsweise auf falsch eingeschätzte Kundenwünsche, eine verfehlte Produktpolitik oder eine mangelhafte Ermittlung des optimalen Vertriebskanals zurückzuführen sein. Möglicherweise ist jedoch die Verkaufsmenge im Interview-Case gleich geblieben oder gar gestiegen, wohingegen die Preise gesunken sind. Dies kann beispielsweise an durch den Vertrieb zusätzlich eingeräumten Rabatten liegen.

Kosten

Die Ursache für einen Gewinnrückgang kann neben einer Umsatzabnahme auch eine Kostensteigerung sein. Die Kosten der Gewinngleichung lassen sich in variable und fixe Kosten unterteilen. Fixkosten fallen unabhängig von der tatsächlich produzierten Menge der Produkte an. Hierzu gehört beispielsweise die Abschreibung für Maschinen. Variable Kosten hingegen sind abhängig von der produzierten Menge und fallen somit nur an, wenn tatsächlich ein Produktionsprozess stattfindet. Hierunter fallen beispielsweise die meisten Input-Faktoren, die in das Produkt einfließen. Dabei sollte auch bewertet werden, ob etwa Komplexitätsvereinfachungen möglich sind, weil das Produkt „over-engineered“ ist.

Der Bewerber kann hierbei das Verhältnis der fixen und variablen Kosten untersuchen, wobei vor allem die Ausnutzung von Skalen- und Lerneffekten zu analysieren ist. Zudem sind vor diesem Hintergrund mögliche Investitionsplanungen zu beobachten. Neben dem Verhältnis fixer und variabler Kosten sollte der Bewerber auf die internen Prozesse des Unternehmens eingehen, wobei eine Verknüpfung mit der bereits oben dargestellten Wertschöpfungskette möglich ist.

Insgesamt stellt die Gewinngleichung somit ein gleichermaßen einfaches und effektives Mittel zur Fallbearbeitung dar: Gewinn = Menge × Verkaufspreis – (fixe Kosten + variable Kosten), siehe Grafik auf der nächsten Seite.

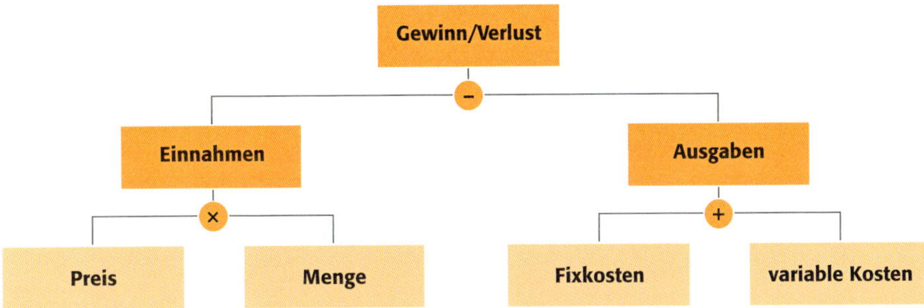

Vier-C-Konzept

Das Vier-C-Konzept bewertet vier maßgeblich auf das Unternehmen wirkende Einflussfaktoren und ermöglicht hierdurch eine grobe Evaluierung des Kerngeschäfts. Die Einflussfaktoren sind dabei sowohl interner als auch externer Natur und bieten dadurch die Grundlage für eine umfassende und übergeordnete Bewertung.

Kunden (Customers)
Zur Bewertung des Kerngeschäfts eines Unternehmens sind zunächst die Kunden zu analysieren. Ähnlich wie in dem bereits vorgestellten Five-Forces-Modell stellt sich die Frage nach der Anzahl und Marktmacht der Kunden. Preissensitive Kunden reagieren anders auf Preiserhöhungen als weniger sensitive. Weiterhin sind in einigen Bereichen mögliche Stammkunden in Erwägung zu ziehen, die für einen kontinuierlichen Umsatz sorgen. Zusätzlich können Kunden in Segmente untergliedert und gegebenenfalls mit differenzierten Produkten angesprochen werden.

Wettbewerb (Competitors)
Eine weitere externe Bewertung ist in Bezug auf den Wettbewerb vorzunehmen. Auch dies ist analog zum Five-Forces-Modell durchzuführen, wobei auf die Stärke der Wettbewerber einzugehen ist. Zudem sind hierbei potenzielle neue Wettbewerber zu analysieren sowie hemmende Marktein- und -austrittsbarrieren in die Bewertung einzubeziehen.

Fähigkeiten (Capabilities)
Die Fähigkeiten eines Unternehmens sind in Bezug auf den Gegenstand der Geschäftstätigkeit zu bewerten. Der Bewerber sollte die Ressourcen des Unternehmens abschätzen können, die diesem zu einem Wettbewerbsvorteil verhelfen. Hierunter können beispielsweise die Organisationsstruktur, besondere Logistiksysteme oder ein herausragendes Produktdesign fallen. Neben der Identifikation von positiven Fähigkeiten sind weitere Verbesserungspotenziale offenzulegen.

Kosten (Costs)
Zuletzt ist die Kostenstruktur eines Unternehmens zu betrachten. Hierbei kann der Bewerber auf das Verhältnis von fixen zu variablen Kosten eingehen und auf eventuelle Risiken hinweisen. Zudem können Vergleiche zu anderen Unternehmen durchgeführt werden. Ebenfalls ist in diesem Zusammenhang auf Skaleneffekte einzugehen, die bei einer höheren Produktionsauslastung möglich werden.

Das Vier-C-Konzept bietet ein ausgezeichnetes Modell für die erste interne und externe Bewertung von Unternehmen und gibt in den meisten Case Studies insbesondere bei Marketingthemen eine gute Strukturierungshilfe. Allerdings sollte der Bewerber auch hierbei eine Erweiterung oder Einschränkung in Erwägung ziehen. Zudem analysiert das Vier-C-Konzept die Kernkompetenzen eines Unternehmens und bietet daher nur eingeschränkte Analysemöglichkeiten, wenn es um diversifizierte Unternehmen geht.

SWOT-Analyse

Die SWOT-Analyse unterstützt den Bewerber bei der Analyse von strategischen Fragen und Problemstellungen, die sowohl intern als auch extern begründet sein können. Sie stellt eine einfache und flexible, aber eher oberflächliche Methode dar, bei der sowohl die innerbetrieblichen Stärken und Schwächen (Strengths & Weaknesses) als auch die externen Chancen und Risiken (Opportunities & Threats) in die Betrachtung einfließen:

intern	**Strengths (Stärken)** • Konzentration auf High-Value-Kunden ermöglicht hohe Margen • Personenbeförderungsschein bereits vorhanden • langjährige Erfahrung in der Personenbeförderung	**Weaknesses (Schwächen)** • geringe Fahrerqualifikationen im Team vorhanden • geringes Startkapital für hochklassige Limousinen vorhanden • wenig bestehende Kontakte zu potenziellen Kunden
extern	**Opportunities (Chancen)** • steuerliche Absetzbarkeit von Limousinenservices • alter Fahrzeugbestand der Konkurrenzunternehmen • lokaler Markt für High-Value-Kunden vorhanden • Wirtschaftsaufschwung und aufstrebendes Marktumfeld	**Threats (Gefahren)** • problematischer Markt für qualifiziertes Personal und mehrsprachige Fahrer • Existenz langjährig etablierter Konkurrenzunternehmen

SWOT-Analyse zur Eröffnung eines Limousinenservices

Aus dieser ganzheitlichen Betrachtung kann eine übergeordnete Strategie für das Unternehmen abgeleitet werden, die neben internen Prozessoptimierungen langfristige Zielrichtungen unter Berücksichtigung der Marktentwicklung umfasst. Eine effektive SWOT-Analyse zeichnet sich nicht dadurch aus, dass für jeden der vier Bereiche möglichst viele Themen identifiziert werden, sondern vor allem durch die Selektion der wichtigsten drei bis fünf Inhalte. Der Bewerber sollte daher bemüht sein, den wirklichen Kern jeder Kategorie zu identifizieren.

Die SWOT-Analyse kann beispielsweise zur Bewertung von Unternehmen, Geschäftseinheiten, Produkten oder zur Standortplanung eingesetzt werden.

Die einzelnen Analyseteile werden im Folgenden dargestellt:

Interne Analyse

Die interne Analyse fokussiert das Unternehmen selbst und dient dazu, die wesentlichen Stärken und Schwächen zu identifizieren. Hierbei empfiehlt sich ein klar strukturiertes Vorgehen, damit der Bewerber nicht den Eindruck vermittelt, beliebig nach Stärken und Schwächen zu suchen. Der Bewerber hat selbstverständlich die Möglichkeit, die SWOT-Analyse mit anderen Frameworks zu verknüpfen, sodass im Rahmen der internen Analyse beispielsweise die Wertschöpfungskette untersucht werden kann. Die im Unternehmen ablaufenden Wertschöpfungsstufen werden schrittweise durchgegangen und in Bezug auf ihre Stärken und Schwächen analysiert.

Neben der prozessorientierten Analyse können auch Abteilungen des Unternehmens wie Produktion, Marketing und Personalabteilung durchleuchtet werden. Andere Strukturen, beispielsweise die Betrachtung von verschiedenen Kosten und Produkten, z. B. anhand der Bilanz sowie Gewinn- und Verlustrechnung, sind selbstverständlich ebenso anwendbar.

Zusätzlich sollte darauf geachtet werden, dass nicht nur materielle Stärken und Schwächen identifiziert, sondern auch immaterielle Bereiche miteinbezogen werden. Beispielsweise können das Produktdesign oder die äußerst hohe Qualifikation der Mitarbeiter ein Herausstellungsmerkmal darstellen.

Wichtig ist bei der Durchführung der internen Analyse zudem die Gegenüberstellung des Untersuchungsgegenstands mit anderen Vergleichseinheiten (z. B. Unternehmen, Produkten etc.). Eine Stärke oder Schwäche des Unternehmens sollte nur dann als solche identifiziert werden, wenn es sich darin signifikant von den Wettbewerbern unterscheidet.

Externe Analyse

Die externe Analyse umfasst die Untersuchung und Identifikation der Chancen und Risiken. Sie beschäftigt sich mit der Umwelt des Unternehmens und betrachtet somit Einflussfaktoren, die in der Regel exogen sind. Da die Unternehmensumwelt kaum beeinflussbar ist, bedarf es einer Anpassung des Unternehmens an die Umweltsituation. Das Unternehmen kann somit lediglich reagieren.

Die externe Analyse sollte ebenfalls strukturiert gestaltet werden und umfasst beispielsweise die Themenbereiche Markt, Wettbewerb, Kunden und Zulieferer. Mögliche Chancen und Risiken ergeben sich dabei aus gesättigten Märkten, Bevölkerungsabnahme, demografischen Veränderungen in der Bevölkerung etc.

Im Anschluss an die interne und externe Analyse sind Handlungsanleitungen zu generieren und Empfehlungen abzuleiten. Vereinfacht kann dies durch die Kombination der vier Bereiche geschehen:

- **Stärken – Chancen:** Die Stärken eines Unternehmens sollten im Hinblick auf die gebotenen Chancen bestmöglich genutzt werden. Beispielsweise kann ein charismatischer Unternehmensführer (Stärke) dazu genutzt werden, mithilfe neuer Medien (Chance) Online-Werbung für das eigene Produkt zu machen.

- **Stärken – Risiken:** Eine Unternehmensstärke kann ebenfalls dazu verwendet werden, auftauchenden Risiken zu begegnen. Beispielsweise kann die charismatische Führungskraft (Stärke) aktive Lobbyarbeit zur Verbesserung der politischen Rahmenbedingungen (Risiko) leisten.
- **Schwächen – Chancen:** Hierbei sollte sich der Bewerber fragen, wie die Chancen zu nutzen sind, um die Schwächen des Unternehmens zu reduzieren. Beispielsweise kann die Globalisierung (Chance) zu einem höheren Absatz in aufstrebenden Ländern verhelfen, wodurch durch verbesserte Skaleneffekte die Kostensituation des Unternehmens verbessert wird.
- **Schwächen – Risiken:** Bei dieser Kombination sollte der Bewerber für mögliche Bedrohungen sensibilisiert werden. Wenn das Unternehmen beispielsweise einen extrem hohen Energieausstoß bei der Erzeugung seiner Produkte hat (Schwäche), müssen bei einer Änderung der energiepolitischen Rahmenbedingungen in Richtung Restriktionen dringend Maßnahmen ergriffen werden.

Trotz ihrer Einfachheit bietet die SWOT-Analyse somit eine Methodik zur Analyse der internen und externen Situation und führt zudem zu sinnvollen Vorschlägen.

Vier-P-Konzept

Das Vier-P-Konzept wurde von Jerome McCarthy entwickelt und umfasst als Hauptelemente die wichtigsten absatzpolitischen Entscheidungsdimensionen. Dieser Marketingmix dient der Ableitung konkreter Handlungsalternativen und hilft dem Bewerber vor allem bei der Identifikation von Schwachstellen einer Produktpositionierung. Das Vier-P-Konzept umfasst die vier Bereiche Product, Price, Promotion und Place, die unmittelbar auf den Markterfolg eines Produkts einwirken. Die Methode unterstützt den Bewerber sowohl bei der Bewertung einer Neuprodukteinführung als auch bei der Identifikation von Stärken und Schwächen bestehender Produkte.

Product

Der Erfolg eines Produkts am Markt wird maßgeblich durch eine passende Produktpolitik beeinflusst. Das Produkt muss den Markterfordernissen gerecht werden und sich an den Bedürfnissen des Kunden orientieren. Nur ein vom Kunden wahrgenommener Nutzen des Produkts führt zum Kauf. Wichtig ist hierbei, dass das Produkt ein eindeutiges Differenzierungsmerkmal gegenüber anderen Produkten aufweist, wobei häufig von einem einzigartigen Verkaufsargument (USP – Unique Selling Proposition) gesprochen wird.

Neben dem Produkt selbst sind im Rahmen der Analyse auch weitere Aspekte der Produktpolitik zu analysieren. Beispielsweise können hierbei ein modularer Aufbau des Produkts, das Angebot von Nebenleistungen oder Zusatzausstattungen analysiert werden.

Price
Ein entscheidendes Kriterium für den Markterfolg ist die Preispolitik. Diese steht in Zusammenhang mit der Produktpolitik und ist daher nicht ohne deren Einbeziehung zu bewerten. Differenziert sich das Produkt stark von Wettbewerbsprodukten und leistet dieser Unterschied einen wesentlichen Vorteil für den Kunden, so ist in der Regel ein höherer Angebotspreis gerechtfertigt. Ein extrem niedriger Preis, beispielsweise bei einem Standardprodukt, kann ebenfalls sinnvoll sein und zu einer Verdrängung der Wettbewerber führen.

Zusätzlich sind hierbei auch mögliche Rabattaktionen, Sonderkonditionen, Skonti oder Boni zu analysieren, die ebenfalls einen Einfluss auf die Preispolitik des Produkts haben.

Promotion
Maßgeblichen Einfluss auf den Erfolg hat weiterhin die Werbung, die beispielsweise für eine Produktneueinführung durchgeführt wird. Der Bewerber hat diesbezüglich die Art und das Medium der Werbung zu analysieren, deren Angemessenheit zu bewerten sowie Verbesserungspotenziale aufzuzeigen.

Place
Zuletzt ist im Rahmen des Vier-P-Konzepts auf die Distributionspolitik des Produkts einzugehen. Hierbei bewertet der Bewerber, welche Distributionskanäle für die Marktplatzierung optimalerweise zu wählen sind und wie die Kunden zielgerichtet angesprochen werden können.

Die Ansoff-Matrix

Die Ansoff-Matrix, benannt nach ihrem Erfinder Harry Igor Ansoff, ist ein Instrument zur strategischen Betrachtung unterschiedlicher Wachstumsstrategien. Da sie die vier Produkt-Markt-Kombinationen beleuchtet, wird sie auch Produkt-Markt-Matrix genannt. Die vier Wachstumsstrategien sind Marktdurchdringung bei bestehenden Märkten und Produkten, Produktentwicklung bei bestehenden Märkten und neuen Produkten, Marktentwicklung bei neuen Märkten und bestehenden Produkten und Diversifikation bei neuen Märkten und Produkten. Entlang dieser vier Strategieoptionen können Unternehmen Szenarien der Produktgestaltung entwickeln, die Risiken und Nutzen abwägen und eine Wachstumsstrategie oder eine Kombination auswählen.

		Produkt	
		bestehend	**neu**
Markt	**bestehend**	Marktdurchdringung	Produktentwicklung
	neu	Marktentwicklung	Diversifikation

Ansoff-Matrix

Die vier Produkt-Markt-Optionen:

- **Marktdurchdringung:** Eine Intensivierung der Marktbearbeitung erfolgt z. B. durch Kosten- und Preissenkungen und verstärktes Marketing. Ziel ist es, den Marktanteil mindestens zu halten oder auszubauen, indem der Absatz bei bestehenden Kunden erhöht wird und/oder die Produkte an neue Kunden verkauft werden. Das Wachstumspotenzial ist hierbei begrenzt, wenn der Markt bereits gesättigt ist. Dafür ist das Risiko bei dieser Strategie meist gering.
- **Produktentwicklung:** Die Gestaltung von Neuprodukten oder neuen Produktlinien entsteht durch eine Weiterentwicklung oder die Einführung eines vollständig neuen Produkts in den bestehenden Markt. Das Unternehmen kann auf eine hohe Marktkenntnis und eine bestehende Infrastruktur zurückgreifen, z. B. bei Organisation, Logistik und Vertrieb.
- **Marktentwicklung:** Die Marktentwicklung erfolgt durch eine geografische Expansion in neue Exportmärkte oder eine Marktausweitung auf neue Kundenzielgruppen. Da bestehende Märkte häufig gesättigt sind, kann das Verkaufspotenzial durch neue Distributions- und Absatzkanäle wirksam erhöht werden.
- **Diversifikation:** Die Diversifikation ist ein doppelter Aufbruch, da sich das Unternehmen außerhalb von gegenwärtigen Produkten und Märkten bewegt. Sie ist damit die risikoreichste Strategie, weil wenig Synergieeffekte zu bestehenden Produkten vorhanden sind und das Unternehmen Neuland betritt. Ansoff unterscheidet hierbei drei Typen der Diversifikation: Die horizontale Diversifikation umfasst artverwandte neue Produkte im Einklang mit Kernkompetenzen des Unternehmens. Die vertikale Diversifikation ist eine Ausweitung der Wertschöpfungskette des Unternehmens auf vorgelagerte (Rückwärtsintegration) oder nachfolgende (Vorwärtsintegration) Prozesse. Die laterale/konglomerate Diversifikation schließlich ist die Ausweitung auf gänzlich neue Markt- und Produktgebiete.

Die Ansoff-Matrix wurde vor über 50 Jahren entwickelt und wird noch heute als Analysewerkzeug genutzt. Zwar beschränkt sie sich auf die beiden Faktoren Märkte und Produkte, ist wachstumsfixiert und erklärt weder die spezifischen Strategie- noch Implementierungsprozesse; dennoch ermöglicht sie eine unkomplizierte Strukturierung von Wachstumsstrategien. Die Ansoff-Matrix ist daher ein hilfreiches Instrument, um die unternehmerische Produkt- und Marktgestaltung in Cases zu analysieren und zu bewerten.

Logikbaum

Entscheidungs- oder Logikbäume dienen der strukturierten Herangehensweise an ein Problem und sind gleichermaßen für interne und externe Problemstellungen geeignet. Der Logikbaum zerlegt das Problem in seine Einzelteile und gewährleistet hierdurch eine übersichtliche Darstellung der Teilprobleme und Gesamtzusammenhänge. Der Top-down-Ansatz ist die am häufigsten verwendete Vorgehensweise, wobei jedoch ein Bottom-up-Ansatz ebenso gut denkbar ist.

Bei der Problemzerlegung muss der Bearbeiter jedoch beachten, dass die Teilprobleme jeweils auf der richtigen Ebene angesiedelt sind und zudem dem MECE-Prinzip entsprechen. MECE steht hierbei für einen Ansatz, der „Mutually Exclusive" (ME) und „Collectively Exhaustive" (CE) ist. Die Bestandteile des Logikbaums sollen demnach überschneidungsfrei sein, gleichzeitig aber im Ganzen ausreichen, um das Problem zu erfassen. Beispielhaft kann dies anhand des Logikbaumes der Gewinngleichung verdeutlicht werden.

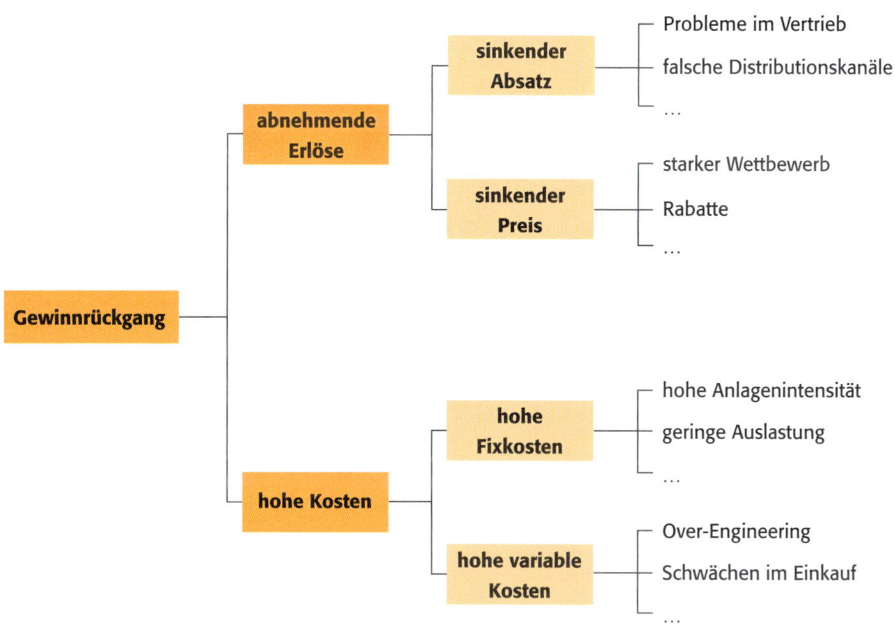

Logikbaum

Weitere Frameworks

Wie anfangs erwähnt, dienen Frameworks als Stütze bei der Bearbeitung von Fallstudien und sind besonders nützlich, wenn sie kritisch und kreativ angewendet werden. Es gibt zahlreiche Konzepte, die als Repertoire dienen. Fünf weitere seien hier kurz erwähnt:

- Benchmarking bezeichnet den Vergleich von Produkten, Dienstleistungen, Prozessen, Methoden und Praktiken zwischen Unternehmen, um Verbesserungspotenzial zu erkennen und entsprechend umzusetzen.
- Die Wettbewerbsmatrix von Michael Porter, die auch unter dem Konzept der generischen Strategien bekannt ist, ist ebenfalls ein Instrument für die Produktpolitik eines Unternehmens. Porter benennt darin die drei Wettbewerbsstrategien Differenzierung, Kostenführerschaft und Fokussierung.
- Eine Alternative zum Five-Forces-Modell bietet das Wertnetz von Adam Brandenburger und Barry Nalebuff. Es betont insbesondere kooperative neben kompetitiven Strategien und führt das Konzept von Komplementoren ein. Komplementoren sind Unternehmen, die zum eigenen Produkt bzw. zur eigenen Dienstleistung ergänzende Produkte oder Dienstleistungen anbieten.
- Das Konzept des Shared Value von Kramer und Porter verortet das Unternehmen in der Gemeinschaft und ist ein integrativer Ansatz von sozialem und wirtschaftlichem Fortschritt. Die Konkurrenzfähigkeit eines Unternehmens und das Befinden der Gemeinschaft bedingen einander in diesem Ansatz.
- Die Szenariotechnik dient als Analysemethode zur strategischen Unternehmensplanung, indem sie Trend- und Extremszenarien aufzeigt, woraus sich Handlungsempfehlungen für das betroffene Unternehmen ableiten lassen.

Abschließend ist anzumerken, dass zahlreiche weitere Frameworks herangezogen werden können, um Cases zu verstehen, zu strukturieren sowie Handlungsalternativen zu erkennen und aufzuzeigen. Der herausragende Bewerber zeichnet sich insbesondere durch einen neuartigen und kreativen Ansatz aus, der die bekannten Frameworks abändert oder selbstständig neue erschafft.

LINK-TIPP:

Mindmap zum Lösen von Case Studies

Der ehemalige e-fellows.net-Stipendiat Sebastian Paasch hat eine Mindmap angefertigt, die zeigt, wie man an Case Studies herangehen kann. Sie steht unter folgendem Link zum Download zur Verfügung: http://download.e-fellows.net/mind_map.pdf

Hilfreiche Basisdaten für Case Studies

Ob konkreter, realitätsnaher Business Case oder kreative Abschätzung - grundlegende Daten helfen nicht nur beim Meistern von Fallstudien, sie zeigen außerdem ein solides Grundwissen und eine gute Vorbereitung auf das Bewerbungsverfahren. Im Folgenden sind einige Basisdaten zu Deutschland, Europa und der Welt zusammengestellt.

Länderprofil - Deutschland

Basisdaten Deutschland

Fläche	**357 Tsd. km²**
N-S-Ausdehnung	ca. 870 km
O-W-Ausdehnung	ca. 630 km
Straßennetz	**230 Tsd. km**
Autobahnnetz	13 Tsd. km
Schienennetz	**38,5 Tsd. km**
Einwohnerzahl	**82,8 Mio.**
< 15 Jahre	11 Mio.
15 bis 65 Jahre	54 Mio.
≥ 65 Jahre	17,8 Mio.
männlich/weiblich	40,9 Mio./41,9 Mio.
Erwerbstätige	44,9 Mio.
Geburten	785 Tsd.
Anzahl privater Haushalte	**41,3 Mio.**
mit Internetzugang	37 Mio.

Viele weitere Daten und Statistiken zu den Themenfeldern Wirtschaft, Umwelt und Gesellschaft finden sich zum Beispiel auf der Website des Statistischen Bundesamts. Zusätzlich zu den oben genannten Fakten ist es nützlich, über aktuelle politische sowie wirtschaftliche Entwicklungen informiert zu sein. Hierzu empfiehlt sich die Lektüre der gängigen Tageszeitungen.

Zahlen, Daten, Fakten zu Europa

Kommt man im Interview auf das Thema Europa zu sprechen, ist es zunächst wichtig, abzuklären, „welches" Europa gemeint ist: das geografische Europa, die Europäische Union oder etwa die Eurozone. Die folgende Übersicht der Basisgrößen bezieht sich auf Daten der Europäischen Union mit ihren 28 Mitgliedsstaaten.

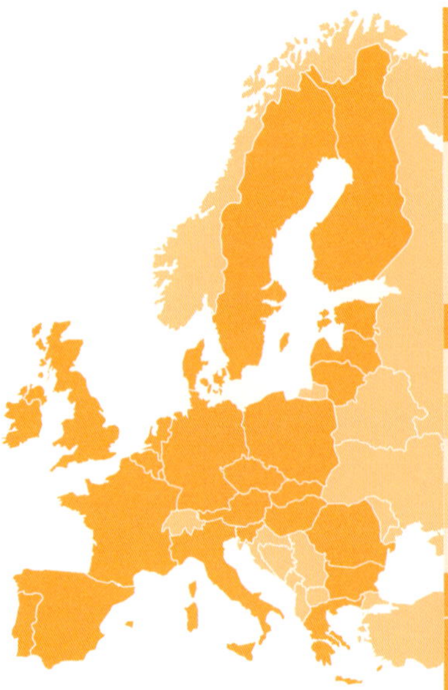

Basisdaten EU

Mitgliedsstaaten	**28**
Amtssprachen	**24**
Fläche gesamt	**ca. 4,5 Mio. km²**
flächengrößter Staat: Frankreich (exkl. Übersee)	544 Tsd. km²
flächenkleinster Staat: Malta	316 km²
Einwohnerzahl gesamt	**517,1 Mio.**
Euro-Raum (19 Länder)	341,2 Mio.
Frankreich	66,9 Mio.
Großbritannien	66,3 Mio.
Italien	60,5 Mio.
Spanien	46,7 Mio.
Geburten gesamt pro Jahr	**5,1 Mio.**
Erwerbstätigenquote (15–64-Jährige) gesamt	**73,8 %**
Frauen	68,4 %
Männer	79,3 %

Mithilfe von Eckdaten einiger EU-Staaten lassen sich nun, falls benötigt, die Größenordnungen z. B. von Einwohnerzahl oder Fläche weiterer Länder grob abschätzen. Statt ins Blaue hinein etwa die Fläche von Spanien zu schätzen, macht es einen besseren Eindruck, die Schätzung mit logischen Annahmen zu begründen:

„Die Fläche Spaniens ist etwas kleiner als die Fläche des größten EU-Landes Frankreich mit ca. 550.000 km². Sie ist allerdings weit größer als die Fläche Deutschlands mit ca. 360.000 km². Deshalb schätze ich die Fläche Spaniens auf rund 500.000 km²."

Auf der Website des statistischen Amts Eurostat der Europäischen Kommission sind zusätzlich zu den oben genannten Daten eine große Zahl von Statistiken, Grafiken und Veröffentlichungen über eine weite thematische Bandbreite frei zugänglich.

Basisinformationen – die Welt

Basisdaten global

Anzahl Staaten/Territorien	**ca. 270**
UN-Mitgliedsstaaten	**193**
Erdoberfläche	**510 Mio. km²**
Meeresfläche	ca. 360 Mio. km²
Landfläche	ca. 150 Mio. km²
landflächengrößte Staaten:	
Russland	17,1 Mio. km²
Kanada	10,0 Mio. km²
USA	9,8 Mio. km²
China	9,6 Mio. km²
landflächenkleinster Staat: Vatikanstadt	0,4 km²
Weltbevölkerung	**7,5 Mrd.**
bevölkerungsreichste Staaten:	
China	1.385 Mio.
Indien	1.297 Mio.
USA	329 Mio.
Indonesien	263 Mio.
bevölkerungsärmster Staat: Vatikanstadt	ca. 1.000
Anteil < 15 Jahre	**25 %**
Anteil > 65 Jahre	**9,0 %**
Ø jährl. Bevölkerungswachstum	**1,05 %**
max. Bevölkerungswachstum: Angola	3,49 %
min. Bevölkerungswachstum: Cookinseln	–2,72 %

QUELLEN:

- CIA: https://www.cia.gov/library/publications/the-world-factbook/index.html
- Destatis (Statistisches Bundesamt Deutschland): www.destatis.de
- Eurostat (statistisches Amt der Europäischen Kommission): http://ec.europa.eu/eurostat
- Lexas: www.lexas.de/erde/erdoberflaeche.aspx
- United Nations, Overview: www.un.org/en/sections/about-un/overview/index.html

4. Case Studies zur Übung

Batteriespeicher für Regelenergieleistung: ein profitables Geschäft?

von Tobias Finke und Moritz Hahn

Aufgabenstellung

Interviewer: Optimum Battery, ein Hersteller von Lithium-Ionen-Batteriespeichern, hat in seinem amerikanischen Heimatmarkt mit geringen Margen zu kämpfen und überlegt daher, international zu expandieren. In einer ersten Recherche ist die Leiterin für strategische Weiterentwicklung auf den Markt für Regelenergieleistung in Deutschland aufmerksam geworden. Sie hat vom wachsenden Anteil an erneuerbaren Energien im deutschen Energiemix und deren damit einhergehende volatile Erzeugung erfahren. Dies führt dazu, dass die deutschen Übertragungsnetzbetreiber die Herausforderung bewältigen müssen, das notwendige Leistungsgleichgewicht zwischen Stromerzeugung und -abnahme zu halten. Zur Gewährleistung dieses Leistungsgleichgewichts kaufen die Übertragungsnetzbetreiber Regelenergieleistung ein. Optimum Battery möchte daher von Ihnen wissen, ob es realistisch ist, mit ihren Batteriespeichern im deutschen Markt für Regelenergieleistung innerhalb der nächsten fünf Jahre einen Profit von zehn Millionen Euro zu generieren. Wie würden Sie vorgehen?

Lösungsweg

Bewerber: Das klingt nach einer spannenden Fragestellung. Bevor ich einen möglichen Lösungsweg skizziere, möchte ich zunächst den Markt für Regelenergieleistung besser verstehen. Was genau ist die Aufgabe von Übertragungsnetzbetreibern, und wie kaufen diese Regelenergieleistung ein? In welche Segmente teilt sich der Markt für Regelenergieleistung auf? Welche Anbieter können Regelenergieleistung erbringen?

Interviewer: Übertragungsnetzbetreiber sind für die strategische Planung, die Instandhaltung und das operative Betreiben von überregionalen Stromnetzen verantwortlich. Diese Aufgaben erfüllen Übertragungsnetzbetreiber mit der Prämisse, die Stabilität des Energieversorgungssystems sicherzustellen. Das Übertragungsnetz in Deutschland wird von den vier Unternehmen 50Hertz, Amprion, TenneT und TransnetBW betrieben. Um die Stabilität der Übertragungsnetze zu halten, beschaffen die deutschen Übertragungsnetzbetreiber Regelenergieleistung über einen gemeinsamen Netzregelverbund. Der Gesamtbedarf an Regelenergieleistung wird in wöchentlichen Auktionsverfahren an präqualifizierte Anbieter vergeben. Dies wird in unabhängigen Auktionen für die Segmente Primärregelleistung, Sekundärregelleistung und Minutenreserveleistung durchgeführt. Die Anbieter sind sowohl Kraftwerksbetreiber (z. B. Wasserkraft, Kohle, Gas, Wind) als auch Betreiber von Großbatteriespeichern. In der Realität gibt es weitere Anbieter von Regelenergieleistung, die aber nicht im Fokus unseres Case stehen.

Bewerber: Interessant. Wie genau unterscheiden sich die Segmente Primärregelleistung, Sekundärregelleistung und Minutenreserveleistung?

Interviewer: Der Hauptunterschied ist der Aktivierungszeitraum. In anderen Worten: die Zeit, die vergehen darf, bis ein Anbieter seine Regelenergieleistung hochfährt und somit effektiv Einfluss auf das Leistungsgleichgewicht im Übertragungsnetz nehmen kann. Primärregelleistung muss innerhalb von 30 Sekunden automatisch und vollständig aktiviert sein. Sekundärregelleistung muss innerhalb von maximal fünf Minuten und die Minutenreserveleistung innerhalb von 15 Minuten aktiviert sein.

Bewerber: Okay, ich verstehe. Kann jede Einheit an Regelenergieleistung dann nur exklusiv in einem der drei Segmente des Marktes eingesetzt werden?

Interviewer: Genau, jede Einheit an Regelenergieleistung darf nur exklusiv in einem der Segmente angeboten werden.

Bewerber: Kann ich davon ausgehen, dass die Lithium-Ionen-Batterien von Optimum Battery grundsätzlich die Anforderungen zur Präqualifikation für alle drei Segmente erfüllen?

Interviewer: Grundsätzlich ja, allerdings müsste die Technologie von Optimum Battery leicht angepasst werden, um europäische Standards zu erfüllen.

Bewerber: Da werden vermutlich zusätzliche Kosten anfallen. Das habe ich mir notiert und werde später darauf zurückkommen. Ich denke ich habe jetzt erstmal genug Informationen gesammelt, um einen Lösungsweg skizzieren zu können. Bitte geben Sie mir einen kurzen Moment, um meine Gedanken zu strukturieren.

HINWEIS: Um die Komplexität dieses sehr spezifischen Marktes zu verringern und zu eruieren, ob es möglich ist, einen Profit von zehn Millionen Euro innerhalb von fünf Jahren zu generieren, empfiehlt es sich, einen Lösungsweg anhand eines Logikbaums zu skizzieren. Dies trägt zur strukturierten Lösung der Aufgabenstellung bei und hilft dem Interviewer, die Ansätze und Gedankengänge nachzuvollziehen.

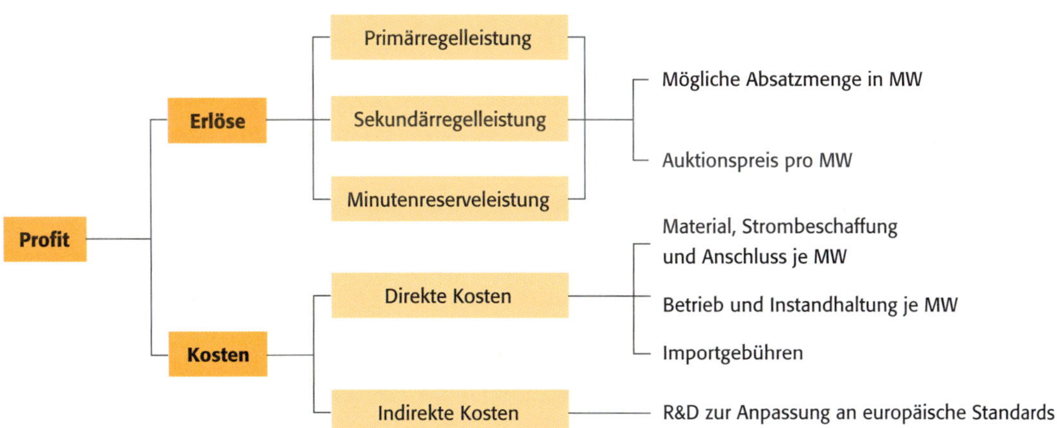

Logikbaum zum Profit von Batteriespeichern im Markt für Regelenergieleistung

HINWEIS: In der Herleitung dieses Logikbaums ist zu erwarten, dass ein ausgiebiges Brainstorming und ggf. ein Dialog zwischen dem Bewerber und dem Interviewer stattfindet. Der Umfang dieses Dialogs wird davon abhängen, wie groß das Vorwissen und Verständnis des Energiesektors beim Bewerber ist.

Bewerber: Um zu beurteilen, ob es möglich ist, mit der Bereitstellung von Regelenergieleistung in Deutschland innerhalb von fünf Jahren einen Profit von zehn Millionen Euro zu erzielen, würde ich die potenziellen Erlöse den entsprechenden Kosten gegenüberstellen. Nach meiner Einschätzung hängen die möglichen Erlöse je Segment hauptsächlich von vier Faktoren ab:

- dem zu erschließenden Markt, also dem Gesamtbedarf an Regelenergieleistung
- die voraussichtliche Entwicklung des Gesamtbedarfs
- dem möglichen Marktanteil und somit der potenziellen Absatzmenge von Optimum Battery
- dem Auktionspreis, der pro Megawatt (MW) erzielt werden kann

Mit diesen Informationen kann ich dann die Erlöse je Segment berechnen (potenzielle Absatzmenge multipliziert mit dem Auktionspreis) und priorisieren, welches Segment für Optimum Battery am attraktivsten ist.

HINWEIS: An dieser Stelle ist es tatsächlich sinnvol, sich lediglich auf das Segment mit dem potenziell höchsten Erlös je MW zu fokussieren.

Bewerber: Auf der Kostenseite sehe ich direkte und indirekte Kosten. Unter direkten Kosten stelle ich mir Material, Strombeschaffung und Anschlussgebühren, Betriebs- und Instandhaltungskosten sowie möglicherweise Importgebühren vor. Unter indirekten Kosten greife ich die von Ihnen genannten Anpassungen der Batteriespeicher an europäische Standards auf.

Interviewer: Das ist ein logischer und gut strukturierter Lösungsweg. Lassen Sie uns auf der Erlösseite beginnen. Welche Informationen brauchen Sie, um die potenziellen Erlöse je Segment zu bestimmen?

1. Marktanteil und Erlöse

Bewerber: Um die potenziellen Erlöse zu bestimmen, brauche ich Informationen zu den möglichen Absatzmengen je Segment sowie zu den Auktionspreisen. Haben Sie dazu Informationen?

Interviewer: Ja, aktuell besteht ein Gesamtbedarf von fünf GW pro Monat für Primärregelleistung, ein GW pro Monat für Sekundärregelleistung und zwei GW pro Monat für Minutenreserveleistung. Dieser Bedarf ist aktuell komplett durch das Angebot der bereits präqualifizierten Anbieter gedeckt. Folgende Tabelle gibt Ihnen zusätzliche Informationen zur prognostizierten Entwicklung des Bedarfs und Angebots sowie zu den Auktionspreisen an Regelenergieleistung in Deutschland.

Position	Primär	Sekundär	Minuten
Prognostizierte Entwicklung des monatlichen Gesamtbedarfs	+ 50 MW pro Jahr	+ 1 MW pro Jahr	± 0 MW pro Jahr
Prognostizierter Eintritt neuer präqualifizierter Anbieter	zwei neue Anbieter mit jeweils 10 MW pro Jahr	ein neuer Anbieter mit jeweils 1 MW pro Jahr	es werden keine neuen Anbieter präqualifiziert
Auktionspreis	20.000 Euro pro MW pro Monat	1.000 Euro pro MW pro Monat	500 Euro pro MW pro Monat

Daten zur Berechnung der Erlöse je Segment

Bewerber: Hier fällt mir sofort auf, dass das Segment für Primärregelleistung am attraktivsten erscheint. Zum einen wächst der monatliche Gesamtbedarf für Primärregelleistung pro Jahr um 50 MW, während der Gesamtbedarf für Sekundär- und Minutenregelleistung nur minimal ansteigt bzw. stagniert. Das leichte Wachstum im Segment Sekundärregelleistung wird komplett durch die zusätzlich präqualifizierten Anbieter gedeckt. Somit sind die möglichen Absatzmengen für Sekundär- und Minutenregelleistung gleich null. Die positive Entwicklung des Gesamtbedarfs an Primärregelleistung wird nur zu 40 Prozent von den zusätzlich präqualifizierten Anbietern gedeckt. Daraus ergibt sich eine potenzielle Absatzmenge von monatlich 30 MW für Optimum Battery.

Dieser Absatz ist allerdings erst ab dem zweiten Jahr möglich, da der Gesamtbedarf aktuell bereits komplett durch das Angebot gedeckt wird und somit im ersten Jahr kein zusätzlicher Bedarf an Regelenergieleistung besteht. Dies würde Optimum Battery Zeit geben, die Batteriespeichertechnologie an die europäischen Standards anzupassen. Somit ist die mögliche Absatzmenge für Primärregelleistung im ersten Jahr null, ab dem zweiten Jahr steigt die monatliche Absatzmenge dann pro Jahr um 30 MW. Wie oben bereits erläutert, sind für Sekundär- und Minutenregelleistung keine Absätze zu erwarten. Daher fokussiere ich mich von nun an ausschließlich auf das Segment Primärregelleistung.

Interviewer: Das klingt sinnvoll.

Bewerber: Um die jährlichen Erlöse zu berechnen, muss die monatliche Absatzmenge (30 MW) mit dem Auktionspreis (20.000 Euro/MW) sowie mit zwölf Monaten multipliziert werden. Dies ergibt dann im zweiten Jahr einen potenziellen Erlös von 7,2 Millionen Euro. Gibt es eine Prognose zur Entwicklung des Auktionspreises für das dritte, vierte und fünfte Jahr?

Interviewer: Sie könnten davon ausgehen, dass der Auktionspreis in dem relevanten Zeitraum stabil bleibt.

Bewerber: Okay, sehr gut. Da der mögliche Absatz jedes Jahr um die gleiche Menge ansteigt, können wir pro Jahr 7,2 Millionen Euro addieren. Daraus ergibt sich dann im dritten Jahr einen potenziellen Erlös von 14,4 Millionen Euro, im vierten Jahr von 21,6 Millionen Euro und im fünften Jahr von 28,8 Millionen Euro. Kumuliert man diese Erlöse, dann ergibt sich daraus ein potenzieller Erlös von 72 Millionen Euro innerhalb von fünf Jahren. Da diese Erlöse zu unterschiedlichen Zeitpunkten anfallen, müssten wir nun zusätzlich einen Diskontierungsfaktor ansetzen, um den Gegenwartswert der Erlöse zu bestimmen.

Interviewer: Das ist korrekt, in der Realität ist dies absolut notwendig. Zur Lösung dieses Case müssen Sie die Diskontierung aber nicht weiter betrachten.

2. Kosten und Profit

Bewerber: Okay, somit haben wir die Berechnung der Erlöse abgeschlossen. Ich würde nun mit der Kostenseite fortfahren.

Interviewer: Gerne. Was sind aus Ihrer Sicht die wichtigsten Kostenpositionen?

Bewerber: Wahrscheinlich die Material- und Anschlusskosten (inkl. der einmaligen Strombeschaffung). Ich würde annehmen, dass die Kosten für Betrieb und Instandhaltung und die Importgebühren im Vergleich etwas niedriger sind. Außerdem müssen die Kosten zur Anpassung an die europäischen Standards mitberücksichtigt werden.

Interviewer: Das ist korrekt, folgende Tabelle gibt Ihnen eine Übersicht der zur Verfügung stehenden Zahlen, um die Kosten dem potenziellen Gesamterlös von 72 Millionen Euro gegenüberzustellen.

Position	Wert
Anpassung der Technologie an europäische Standards	5 Mio. US-Dollar
Material, Strombeschaffung und Anschluss	400.000 US-Dollar pro MW
Importgebühren	25 Prozent
Betriebs- und Instandhaltung	25.000 Euro pro MW pro Jahr

Daten zur Berechnung der Kosten

Bewerber: Im ersten Jahr scheinen ausschließlich indirekte Kosten durch die notwendigen technologischen Anpassungen an europäische Standards anzufallen. Diese betragen fünf Millionen US-Dollar. Im zweiten, dritten, vierten und fünften Jahr kommen dann jeweils 30 MW hinzu. Insgesamt ergibt dies eine installierte Kapazität von 120 MW, die wir mit den angegebenen Kosten in Höhe von 400.000 US-Dollar/MW für Material, Strombeschaffung und Anschluss multiplizieren müssen. Dies ergibt 48 Millionen US-Dollar.

Zusätzlich müssen noch die Importgebühren von 25 Prozent berücksichtigt werden. Ich nehme an, dass die Produktion in den USA stattfindet und die Importgebühren auf alle nach Deutschland importierten Batteriespeicher anfallen. Ist das korrekt?

Interviewer: Das haben Sie richtig erkannt.

Bewerber: Somit fallen zusätzliche Kosten in Höhe von zwölf Millionen US-Dollar als Importgebühren an (48 Mio. US-Dollar × 25 Prozent). Dies ergibt eine Zwischensumme von 65 Millionen US-Dollar (5 Mio. US-Dollar + 48 Mio. US-Dollar + 12 Mio. US-Dollar). Hier müssen wir nun den Wechselkurs von US-Dollar zu Euro berücksichtigen.

Interviewer: Diesbezüglich können Sie von einem Wechselkurs von ein US-Dollar = 0,90 Euro ausgehen.

Bewerber: Verstanden. Die Umrechnung in Euro ergibt dann 58,5 Millionen Euro (65 Mio. US-Dollar × 0,90 Euro/US-Dollar). Außerdem müssen wir noch die Kosten für Betrieb und Instandhaltung berücksichtigen. Die Betriebs- und Instandhaltungskosten fallen für alle betriebenen MW an Batteriespeicher an. Im ersten Jahr sind dies null, im zweiten Jahr 30 MW, im dritten Jahr 60 MW, im vierten Jahr 90 MW und im fünften Jahr 120 MW. Summiert ergeben dies 300 MW, die wir mit den Betriebs- und Instandhaltungskosten von 25.000 Euro pro MW multiplizieren müssen. Somit fallen Kosten in Höhe von 7,5 Millionen Euro für Betrieb und Instandhaltung an.

Summiert man die Kosten für Material, Strombeschaffung und Anschlussgebühren, Importgebühren, Betriebs- und Instandhaltungskosten und die Kosten für die Anpassungen der Batteriespeicher an europäische Standards, müsste Optimum Battery mit Gesamtkosten von 66 Millionen Euro innerhalb von fünf Jahren rechnen.

Bei der Gegenüberstellung von Erlösen und Kosten ist zu erkennen, dass das Geschäft profitabel ist. Unter den getroffenen Annahmen würde Optimum Battery mit Regelenergieleistung in Deutschland innerhalb von fünf Jahren einen Gewinn von sechs Millionen Euro generieren (72 Millionen Euro Erlöse bei 66 Millionen Euro Kosten).

Interviewer: Sehr gut! Wie Sie schon richtig zusammengefasst haben, ist das Geschäft profitabel. Was würden Sie nun der Leiterin für strategische Weiterentwicklung empfehlen?

Bewerber: Ich würde empfehlen, nicht in das Geschäft einzusteigen, da der angestrebte Gewinn von zehn Millionen Euro innerhalb von fünf Jahren nicht gewährleistet ist. Wenn Optimum Battery allerdings bereit wäre, länger auf dem deutschen Markt für Regelenergieleistung aktiv zu sein, dann könnte dies durchaus interessant und sehr lukrativ werden, denn bei gleichbleibenden Annahmen und Trends wäre wahrscheinlich bereits nach sechs Jahren ein erheblicher Gewinn möglich.

Interviewer: Ich stimme mit Ihnen überein. Die Möglichkeit, länger als fünf Jahre im Markt für Regelenergieleistung aktiv zu sein, wird tatsächlich aktuell von Optimum Battery diskutiert. Vielen Dank für das interessante Gespräch.

Digitale Transformation zum Wettbewerbserhalt einer Krankenkasse

von Stephanie Sievers

Aufgabenstellung

Die digitale Transformation ist ein zentraler Treiber von Veränderung und bietet insbesondere für den Gesundheitssektor Gestaltungsräume, um sich langfristig in einem Marktumfeld zu behaupten, das sich zunehmend schnell und sprunghaft verändert. Gleichzeitig sind diese Chancen auch Herausforderungen, die es anzunehmen gilt.

Der Kunde, eine große deutsche gesetzliche Krankenkasse mit etwa 10.000 Mitarbeitern und fünf Millionen Mitgliedern, leidet unter Kostendruck, der Schnelllebigkeit und Dynamik im Marktumfeld und dem dadurch entstandenen Verdrängungswettbewerb. Start-ups und branchenfremde Unternehmen drängen sich zunehmend entlang der gesamten Wertschöpfungskette auf. Zusätzlich stellen die älteren Kunden und ein hoher Mitgliederverlust (ca. 100.000 Mitglieder pro Jahr), aber auch die verhältnismäßig vielen älteren Mitarbeiter ein Kostenproblem dar. Um diesen Problemen entgegenzuwirken, hat der Kunde in den vergangenen Jahren bereits einige – leider vielfach erfolglose – strategische sowie strukturelle Veränderungsprozesse angestoßen. In der letzten strategischen Initiative wurden eine veränderte Aufbauorganisation, die aktuellen IT-Architekturen und auch neue ablauforganisatorische Prämissen eingeführt, um zukunftsfähig zu bleiben und die Marktposition mindestens zu behaupten. Weiterer Anspruch war es, in diesem Zuge Prozesse effizienter zu machen und Zusammenarbeit bereichsübergreifend zu ermöglichen. Allerdings werden die erhofften Chancen nicht ausreichend kapitalisiert, da alte Arbeitsweisen und tradierte Verhaltensmuster handlungsbestimmend scheinen.

Aus diesem Grund beauftragt die Organisation eine Unternehmensberatung, um ihre Digitalisierungsstrategie wirkungsorientiert zu verankern und dabei die sicht- und spürbaren Veränderungen mitzudenken.

Folgende Fragestellungen sollen von der Unternehmensberatung beantwortet werden:

- Was könnten Gründe dafür sein, dass die Digitalisierungsstrategie bisher nicht erfolgreich umgesetzt werden konnte?
- Wie kann es gelingen, Widerständen zu begegnen und eine Digitalisierungskultur in der Organisation zu verankern?
- Welche Nutzergruppen sind wichtig, und wie können diese wirkungsorientiert in den Veränderungsprozess eingebunden werden?

Lösungsweg

HINWEIS: Der skizzierte Lösungsweg ist nicht umfassend, sondern gibt Einblicke, welche Ansätze, Herausforderungen und Fallstricke bei einem Beratungsprojekt auftauchen können. Ziel ist es, dass Bewerber ein Gespür für die Umsetzung von Veränderungsprozessen und damit einhergehenden Widerständen und Stolpersteinen bekommen. Nutzergruppen sind kursiv, Strukturelemente fett gedruckt.

Dass die angestoßene Digitalisierungsstrategie nicht die zu erwartende Wirkung erzielt, kann verschiedene Ursachen haben. So ist es denkbar, dass bei der Umsetzung des Veränderungsprozesses nicht alle Wirkungsebenen (Strategie, Struktur, Prozesse, Führung und Kultur) mitbedacht wurden. Daher wird im Folgenden darauf eingegangen, welche Aspekte und Nutzergruppen in den verschiedenen Ebenen mindestens berücksichtigt werden sollten, um Widerständen in Veränderungsprozessen vorzubeugen.

Bei der **Strategie**entwicklung ist es zunächst wichtig, durch das Aufsetzen einer Projekt-Governance sicherzustellen, dass das Projekt im Sinne der Auftraggeber und Entscheider gestaltet ist. *Entscheidungsträger und andere wichtige Stakeholder, wie Vorstand, Chief Digital Officer (CDO), Chief Communication Officer (CCO) etc.,* werden damit frühzeitig und konsequent in einem verbindlichen, partizipativen Format, z. B. in einem *Lenkungsausschuss,* eingebunden. Mit diesen gilt es insbesondere, ein passendes und realistisches Zukunftsbild mit strategischen Handlungsfeldern zu entwerfen. Dann ist es wichtig diese Vision zu kommunizieren, um - aufbauend auf die Analysephase - ein Gefühl der Dringlichkeit zu erzeugen. Hierbei sollte betont werden, dass die Strategie von allen wichtigen Stakeholdern mitgetragen wird und dadurch die gewünschte Wirkung in Breite und Tiefe entfalten kann.

Die Systematisierung von Kommunikation im Projektverlauf aktiv mitzudenken und zu gestalten, ist besonders erfolgsrelevant. Die Einrichtung eines sogenannten „Sounding Board" könnte genutzt werden, um Vertreter/innen relevanter Interessengruppen frühzeitig zu beteiligen. Ihre Erfahrungen, Hinweise und Ideen bereichern auf diese Weise das Projekt. Dadurch kann sichergestellt werden, dass die Strategieentwicklungen mit den Bedürfnissen der Interessengruppen sowie den Möglichkeiten der Organisation optimal verzahnt ist sind, da *wichtige Stakeholder* auch von Beginn an und ganzheitlich mitgedacht werden. Beispielsweise wäre es fatal, wenn eine neue Webanwendung für Mitglieder entwickelt werden würde und diese auch als Innovationsprodukt auf den Markt geht, die Versichertenbetreuer vor Ort jedoch erst dann von der Webabwendung erfahren, wenn ein Mitglied mit einer Frage dazu vor ihnen stünde. Das Beispiel zeigt deutlich, dass es für die Strategieentwicklung wichtig ist, dass verschiedene Wirkungsebenen durch systematische Information und Kommunikation in den Veränderungsprozess miteinbezogen werden müssen.

Auch könnte eine Qualifizierungsoffensive, getragen von *Multiplikatoren,* dazu führen, dass die Organisation hinsichtlich der strategischen Ausrichtung, digitaler und neuer Arbeitsweisen auf den gleichen Stand gebracht und möglichen Widerständen und Hindernissen frühzeitig begegnet werden kann. Eine interne Beratungseinheit, welche die strategischen Handlungsfelder (Kultur, Arbeitsweisen, Führung etc.) übersetzt in die Organisation trägt, kann ein zielführendes Instrument sein, um die Strategie mit einer hohen Reichweite wirksam zu machen.

In Bezug auf **Strukturen** ist die Organisation historisch bedingt sehr hierarchisch organisiert. Strukturell gilt es, die „neue" Organisation mit säulenübergreifenden Teilprojekten (à la Buschfeuer-Taktik) zum Leben zu erwecken. Die stark „versäulten" Strukturen mit traditionellen Entscheidungswegen langfristig aufzubrechen und die Organisation an agile und dynamische Arbeitsweisen heranzuführen, wird entscheidend für den Erfolg der Digitalisierungsstrategie sein. Gleichzeitig ist es eine enorme Herausforderung, auf diese Weise mit den *Beschäftigten* zu arbeiten, die aktuell in der Organisation sind – auch bedingt durch die demografischen Parameter und die über Jahre hinweg etablierten Routinen und Verhaltensweisen, die oftmals alles andere als dynamisch sind. Auch gilt es, die Besonderheiten in öffentlichen Organisationen – sprich: Tarifverträge – zu beachten. Das Ziel sollte jedoch sein, die Organisation stärker in Richtung projektbezogener und übergreifender Teamstrukturen zu entwickeln und die Mitarbeitenden dahingehend zu befähigen.

Neue, agile Arbeitsweisen sind zu forcieren, um langfristig in der schnelllebigen und unsicheren Wirtschaftswelt erfolgreich zu bleiben. Das bedeutet, dass die Strukturen und Abläufe neu zu denken und zu etablieren sind. Hierarchien müssen abgebaut werden und Teams stärker selbstorganisiert arbeiten. Prozesse werden schneller, iterativer und wandlungsfähiger. Insgesamt müssen Prozess- und Produktentwicklungen mehr aus der *Nutzer*perspektive, kleinschrittiger und von den *Beschäftigten* ausgehend angegangen werden. Nur so kann es in der aktuellen Marktdynamik gelingen, schnell und erfolgreich zu bleiben. Beispielsweise bietet sich für die Problembearbeitung die Sprint-Logik an, in der mitglieder- bzw. nutzerorientiert neue Prozesse oder Produkte entwickelt werden können, die im Rahmen der Digitalisierungsstrategie Erfolg versprechend sind. So könnte zum Beispiel eine Verbesserung der Mitgliederprozesse durch digitale Formate dazu führen, dass neue Zielgruppen erreicht und potenzielle Mitglieder angesprochen werden. Eine andere Möglichkeit ist, dass Schnittstellen auf Effizienz hin untersucht und optimiert werden.

Kultur und Führung sind erfolgskritische Dimensionen, die es bei der Strategieentwicklung unbedingt zu berücksichtigen gilt und die den Wandel maßgeblich beeinflussen. Neben den Strukturen und Prozessen muss auch das Führungsverhalten neu gedacht werden. So bedarf es einer Führung, die sich weniger operativen Aufgaben widmet und sich verstärkt im Bereich der Visions- und Personalentwicklung, des Enabling sowie der Steuerung bewegt. Im Sinne der Selbstorganisation sollte mehr Entscheidungskompetenz an die Mitarbeitenden abgegeben werden. Zudem ist es notwendig, dass Führungskräfte als Vorbilder agieren, d. h. die Unternehmenswerte und -arbeitsweisen vorleben. Dadurch steigern sie insbesondere die Veränderungsakzeptanz der kritischen Mitarbeitenden.

Neben einem agilen Mindset braucht es zudem eine glaubhafte und etablierte Fehler- und Feedbackkultur. Denn nur wer Fehler rechtzeitig macht, kommuniziert und frühzeitig lernt, diese zu verhindern, ist der wirtschaftlichen Schnelllebigkeit und Dynamik gewachsen. Ebenfalls maßgebend für die Entfaltung von Wirkung ist die Kommunikation. So ist es im Sinne der Veränderungsakzeptanz von entscheidender Bedeutung, dass kurzfristige und kleine Erfolge (Quick Wins) schnell sichtbar gemacht und kommuniziert werden.

Um die Veränderungen langfristig in Wirkung zu bringen, müssen diese in der Unternehmenskultur verankert werden. Häufig – natürlich nicht immer – sind eher die älteren Beschäftigten in Bezug auf Digitalisierung veränderungsavers und deshalb im Sinne der Veränderungsakzeptanz und unter Berücksichtigung der Gegebenheiten einer öffentlichen Organisation gesondert abzuholen. Daher kommt jungen und ggf. neuen Mitarbeitenden in Veränderungsprozessen eine besondere Rolle zu. Diese können ihre Kompetenzen als Multiplikatoren in die Organisation hineintragen und so langfristig sicherstellen, dass ein agiles Mindset sowie neue Routinen und Verhaltensweisen flächendeckend in Wirkung gebracht werden. Umsetzbar ist dies beispielsweise in Form eines Buddy-Prinzips.

Neben einer grundsätzlichen Offenheit für neue Methoden, Prozesse und einer Veränderungsbereitschaft, braucht es eine ständige Anpassung an aktuelle Herausforderungen und eine Überprüfung der eingeschlagenen Route. Um langfristig wettbewerbsfähig zu bleiben, müssen Gegebenheiten und Maßnahmen fortlaufend und systematisch auf den Prüfstand gestellt werden. Daher ist es wichtig, die Organisation dahin zu führen, die Umsetzung der Digitalisierungsstrategie möglichst selbstorganisiert zu gestalten. Durch eine solche Unternehmenskultur kann eine langfristige Wettbewerbsfähigkeit und Wirtschaftlichkeit sichergestellt werden.

Zusammenfassend lässt sich festhalten, dass die Wirkungsebenen Strategie, Strukturen, Prozesse sowie Kultur und Führung erfolgsrelevant sind, um nicht nur Widerstände aufzufangen, sondern insbesondere, um eine Digitalisierungsstrategie auf- und umzusetzen. Die folgende Grafik gibt nochmals eine Übersicht über die möglichen, beispielhaft herausgegriffen und skizzierten Maßnahmen, die keinen Anspruch auf Vollständigkeit erheben:

	Maßnahmen	Methodische Beispiele	Gründe für Widerstände
Strategie	• wichtige Entscheidungsträger/Stakeholder frühzeitig und verbindlich einbinden • Entwurf eines realistischen Zukunftsbildes mit strategischen Handlungsfeldern • Kommunikation der Vision und Gefühl der Dringlichkeit erzeugen	• Einrichtung eines „Sounding Board" • Qualifizierungsoffensive durch Ausbildung von Multiplikatoren • Aufbau interner Beratungseinheit, die strategische Handlungsfelder in die Organisation trägt	• Veränderungsaversität und mangelnde Veränderungsakzeptanz in der Belegschaft • mangelnde Feedback- und Fehlerkorrektur • Nicht-Einbeziehen aller Stakeholder • Fehlverhalten der Führungskräfte • mangelnde Kommunikation der Veränderungsnotwendigkeit • fehlende Kompetenzen im Hinblick auf digitale Arbeitsweisen • geringe Handlungsspielräume der Mitarbeitenden durch starke Hierarchien • mangelnde kontinuierliche Anpassung an aktuelle Herausforderungen
Struktur	• stark versäulte Strukturen mit traditionellen Entscheidungswegen aufbrechen • Heranführen der Organisation an agile und dynamische Arbeitsweisen • insbesondere ältere Beschäftigte für den Veränderungsprozess gesondert abholen	• Hineintragen agiler Arbeitsweisen durch Multiplikatoren	
Prozesse	• Abbau von Hierarchien, selbstorganisierte Teams und schnelle, iterative Prozesse • Prozesse aus Nutzerperspektive, kleinschrittiger und von Beschäftigten ausgehend neu denken • Schnittstellen auf Effizienz untersuchen und optimieren • agiles Mindset in die Organisation tragen	• junge und neue Mitarbeiter zu Multiplikatoren ausbilden • Buddy-Prinzip • Problembearbeitung in Sprint-Logik	
Kultur und Führung	• Führung verstärkt im Bereich der Überwachung und Steuerung statt operativer Aufgaben • Abgeben von Entscheidungsgewalt an Mitarbeitende • agiles Mindset • Etablieren einer Fehler- und Feedbackkultur • ständige Anpassung an aktuelle Herausforderungen	• Führungskräfte als Vorbilder • kurzfristige und kleine Erfolge (Quick Wins) schnell sichtbar machen und kommunizieren	

Tabelle mit den verschiedenen Ebenen und Schlagworten aus dem Text

Darüber hinaus, kann festgehalten werden, dass folgende Anspruchsgruppen mindestens relevant für die Strategieentwicklung und -umsetzung sind.

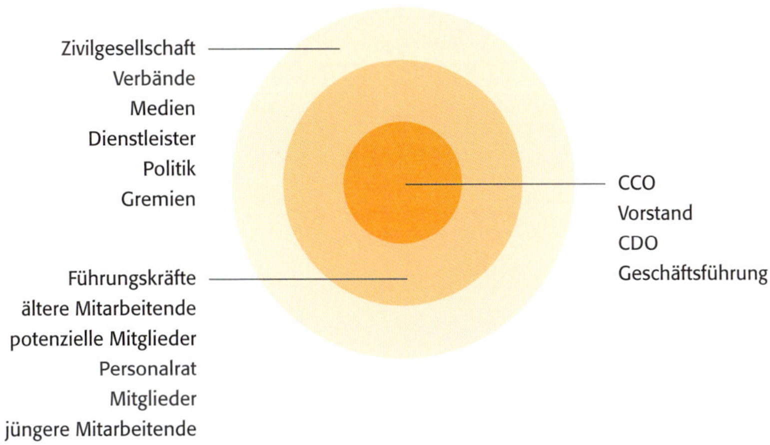

Stakeholder Map

Nachhaltiger Hochhausbau in Frankfurt am Main

von Fabian Gleisner

Interviewer: Stellen Sie sich vor, Sie beraten die Bürgermeisterin von Frankfurt am Main zu einem ambitionierten Bauprojekt zum Thema Nachhaltigkeit. Es soll ein Hochhaus weitgehend aus Holz gebaut werden, um ein Zeichen für Nachhaltigkeit zu setzen. Weiterhin soll dafür ausschließlich Holz aus dem eigenen Stadtwald genutzt werden. Im Sinne der Nachhaltigkeit muss das für das Bauprojekt dem Stadtwald entnommene Holz im vergangenen Jahr aus dem bestehenden Baumbestand gewachsen sein. Wie hoch wird das Hochhaus werden?

Bewerber: Das ist eine interessante Frage. Um sie zu beantworten und bevor ich mit der Berechnung beginne, möchte ich zunächst einige grundlegende Annahmen treffen. Ich unterstelle zunächst, dass ein Hochhaus tatsächlich nahezu ausschließlich mit Holz gebaut werden kann. Weiter gehe ich davon aus, dass kein Aussichtsturm gebaut werden soll, sondern ein echtes Hauchhaus.

Interviewer: Richtig, ein Hochhaus aus Holz, das für Büros genutzt werden soll. Ganz ähnlich wie die anderen Frankfurter Bürotürme in der Innenstadt.

Bewerber: Weiterhin unterstelle ich, dass man das Holz aus dem Stadtwald sofort entnehmen und verwenden kann und sich dieses Holz für ein solches Projekt als Baumaterial auch eignet. Ach ja, und man benötigt ein Grundstück. Ich gehe davon aus, dass das Grundstück von der Stadt bereitgestellt wurde.

Interviewer: Ja, das ist alles plausibel. Gehen Sie davon aus, dass Sie ein Grundstück zur Verfügung gestellt bekommen. Wie berechnen Sie nun die maximale Höhe des Hochhauses?

Bewerber: Okay, danke für diese Informationen. Mein Ansatz für die Berechnung der Höhe des Hochhauses ist folgender: Ich werde zunächst berechnen, wie viel Holz für einen Höhenmeter, oder noch besser für ein ganzes Geschoss Hochhaus benötigt wird. Wenn ich das weiß, muss ich noch herausfinden, wie viel Holz in einem Jahr im Stadtwald nachwächst und kann eine Aussage darüber treffen, wie hoch das Haus gebaut werden kann. Ist das für Sie ein nachvollziehbarer Ansatz?

Interviewer: Das klingt gut, fahren Sie gerne fort.

Bewerber: Ein Geschoss oder Stockwerk eines Hochhauses hat eine Höhe von etwa fünf Metern. Die Grundfläche der Hochhäuser in Frankfurt ist oftmals quadratisch. Lassen Sie mich annehmen, dass die Grundfläche auch für dieses Hochhaus quadratisch sein wird, circa 30 Meter lang und 30 Meter breit. Das bedeutet 900 m^2 Fläche, zur einfachen Berechnung gehe ich von 1.000 m^2 aus. Daraus folgt, dass ein Stockwerk als massiver Holzblock 1.000 $m^2 \times 5$ Meter Höhe = 5.000 m^3 Holz benötigen würde. Ein Gebäude ist natürlich kein massiver Block, sondern enthält überwiegend leeren Raum. Die Fassaden bestehen zudem überwiegend aus Glas. Außerdem wird im Inneren nicht alles aus Holz sein, beispielsweise die Strom- und Wasserleitungen.

Interviewer: Ja, da stimme ich Ihnen zu.

Bewerber: Nun muss ich wissen, wie viel Holz tatsächlich pro Stockwerk benötigt wird. Können Sie mir hier einen Anhaltspunkt geben?

Interviewer: Bitte treffen Sie selbst eine Annahme dazu.

Bewerber: Ich gehe davon aus, dass 90 Prozent eines Stockwerks aus freiem Raum bzw. Nicht-Holzmaterialien besteht. Das bedeutet für mich, dass ein Stockwerk aus (5.000 m^3 × 10 Prozent) 500 m^3 Holz besteht.

Interviewer: Damit können Sie weiterarbeiten. Und was ist nun mit dem Wald?

Bewerber: Ich muss jetzt wissen, wie viel Holz im Frankfurter Stadtwald pro Jahr nachwächst. Mir fällt es schwer, hier eine valide Schätzung abzugeben. Was ich weiß ist, dass das nachwachsende Holz offensichtlich eine Funktion der Fläche des Waldes und des Wachstums pro Fläche und Jahr ist. Ich müsste hier beim Forstamt nachfragen. Was würde ich hier erfahren?

Interviewer: Dort würde man Ihnen sagen, dass der Stadtwald 6.000 ha groß ist und in einer Sekunde dort ca. 1 dm^3 Holz wächst. Das entspricht einem kleinen Würfel.

HINWEIS: Der Bewerber soll nun mit Stift und Papier errechnen, wie viele Kubikmeter Holz in einem Jahr wachsen. Gegebenenfalls hilft der Interviewer bei der Berechnung.

Bewerber: Danke für die Information. Lassen Sie mich das umrechnen in das jährliche Wachstum. In einem Jahr wächst der Stadtwald (60 × 60 × 24 × 365 =) 31.536.000 dm^3 Holz. 1.000 dm^3 sind ein m^3, somit sind es 31.536 m^3 Holz. Ich stelle mir vor, dass es reichlich Verschnitt gibt, wenn man die gefällten Bäume nun weiter zu Brettern und Pfeilern verarbeitet. Um mit einer geraden Zahl weiterzurechnen nehme ich an, nach Verschnitt bleiben weniger als die Hälfte, nämlich 15.000 m^3 für mein Hochhaus übrig. Da ein Stockwerk 500 m^3 Holz benötigt, kann das Haus somit 30 Stockwerke hoch werden.

Interviewer: Sehr gut, ist das denn nicht viel zu hoch?

Bewerber: Ich hatte anfangs angenommen, dass ein Stockwerk fünf Meter hoch ist, somit ist das Hochhaus bei 30 Stockwerken 150 Metern hoch. Mit dieser Höhe reiht es sich wunderbar in die Skyline Frankfurts ein.

Interviewer: Okay, vielen Dank für die Berechnung, ich stimme Ihnen zu. Welche potenziellen Nachteile könnten mit Holz als Baustoff für ein Hochhaus verbunden sein, welche Aspekte würden Sie mit der Bürgermeisterin noch diskutieren wollen?

Bewerber: Nun, ich würde in jedem Fall mit der Bürgermeisterin das Thema Brandschutz diskutieren. Ein Brand in einem Hochhaus aus Holz klingt für mich wie ein großes Risiko, obwohl ich kein Experte für Werkstoffkunde bin. Ich könnte mir vorstellen, dass es hierzu bereits Forschungsarbeiten gibt, die man in einem ersten Schritt sichten könnte. Darüber hinaus würde ich empfehlen, die Experten des Bauamts zu konsultieren und dazu gegebenenfalls ein Gutachten einholen.

Interviewer: Das ist sicherlich ein wichtiger Aspekt. Fällt Ihnen noch ein weiterer Punkt ein?

Bewerber: Ich könnte mir auch vorstellen, dass das Hochhaus leichter ist als ein vergleichbares Gebäude aus Beton und Stahl. Insofern wäre auch allgemein das Thema Statik und speziell die Erdbebensicherheit ein wichtiger Aspekt, auch wenn Frankfurt nicht unbedingt ein Risikogebiet für Erdbeben ist.

Interviewer: Sehr gut. Noch etwas?

Bewerber: Eben fällt mir noch ein, dass bei Holz das Risiko von Schädlingen bestehen kann. Es wäre sicherlich sehr problematisch, wenn tragende Elemente des Hochhauses von einem Holzwurm befallen würden. Ich bin mir sicher, hier kann man geeignete Gegenmaßnahmen treffen.

Interviewer: Vielen Dank, das sind gute Impulse, das genügt mir für den Moment.

Kuh vs. Käfer – Marktpotenzial: Insekten als Nahrungsmittel der Zukunft

von Stephanie Behnke

Interviewer: Durch Bevölkerungswachstum und Verbesserung der Lebensbedingungen in vielen Ländern wächst die globale Nachfrage an Lebensmitteln. Es wird geschätzt, dass die Nahrungsmittelproduktion bis 2050 um 70 Prozent gesteigert werden muss.

Unser Klient ist ein Unternehmen aus der Lebensmittelbranche, das an den Marktauswirkungen interessiert ist. Die schieren Mengen an benötigten Nahrungsmitteln werden mit herkömmlicher Produktion kaum zu decken sein. Die Geschäftsführung des Unternehmens beobachtet den Trend, dass Insekten aufgrund ihres Proteinreichtums zunehmend als Alternative zu Fleisch aus Massentierhaltung in Betracht gezogen werden. Der Klient bittet daher um eine erste Einschätzung des Marktpotenzials in der EU für die nächsten fünf Jahre.

Wie würden Sie vorgehen?

Bewerber: Das Marktpotenzial lässt sich in Umsatz pro Jahr messen, sprich: Umsatz = Anzahl verkaufter Einheiten × Preis pro Einheit. Die Anzahl verkaufter Einheiten berechnet sich aus der Anzahl der potenziellen Konsumenten und der Absatzmenge pro Konsument. Der Preis pro Einheit unterscheidet sich meistens für den Einzel- und Großhandel. Der berechnete Jahresumsatz wird auf die nächsten fünf Jahre hochgerechnet.

Interviewer: Das klingt nach einer sinnvollen Vorgehensweise. Lassen Sie uns diese weiter vertiefen, indem wir zunächst den Absatz betrachten. Anhand welcher Parameter schätzen Sie diesen ein?

Bewerber: Vorerst lässt sich die Absatzmenge durch die Betrachtung der potenziellen Konsumenten in der EU eingrenzen. Hier gehe ich von ca. 500 Millionen Einwohnern in der EU aus.

Demografische Eingrenzung

- Kleinkinder essen tendenziell keine Insekten, und Senioren werden gegenüber diesem Trend pauschal als widerständig angesehen.
- Eine Möglichkeit der Annäherung an die Zahl potenzieller Abnehmer ergibt sich durch die Betrachtung der Anzahl der Erwerbstätigen in Deutschland (40 Millionen; ca. 50 Prozent der Einwohner). Da hier jedoch Nicht-Erwerbstätige und Jugendliche nicht mit eingerechnet sind, wird in der folgenden Berechnung davon ausgegangen, dass etwa 60 Prozent der EU-Bevölkerung als Konsumenten infrage kommen, sprich: 300 Millionen potentielle Konsumenten.
- Schätzungsweise gibt es ca. fünf Prozent Vegetarier, Tendenz steigend. In Osteuropa ist der Anteil geringer, jedoch wird mit einem Anstieg von zehn Prozent weitergerechnet: Das ergibt 270 Millionen Fleischkonsumenten innerhalb der betrachteten Bevölkerungsgruppe in der EU.

Konsumentenverhalten

- Innerhalb der infrage kommenden Konsumentengruppe wird lediglich ein geringer Anteil Insekten als Nahrungsmittel akzeptieren. Zur Ermittlung des Anteils wäre eine Marktforschung erforderlich. Die Bereitschaft könnte auch von der Verarbeitung abhängen und z. B. in Pulverform deutlich höher sein.
- Annahme: Jeder aktive Insektenkonsument nimmt monatlich eine Mahlzeit zu sich, die Insekten enthält.

Interviewer: Sie haben gerade das Konsumentenverhalten angeschnitten. Bitte nennen Sie mögliche Absatzarten.

Bewerber: Folgende Absatzarten wären vorstellbar:

- unverarbeitete Insekten, wie z. B. Heuschrecken, Mehl- und Buffalowürmer und Grillen
- verarbeitete Insekten in Proteinpulver oder -riegeln
- zu Pasta, Keksen, Snacks o. Ä. verarbeitete Insekten

Um weitere Berechnungen durchführen zu können, benötige ich die Information, ob das Unternehmen den Endverbraucher oder den Großhandel ansprechen möchte?

Interviewer: Das Unternehmen ist zunächst nur an privaten Konsumenten interessiert. Nun einige Informationen zur Preisfestsetzung: Eine 100-Gramm-Packung unverarbeiteter Insekten (zum Kochen oder als Snack) kostet den Konsumenten aktuell durchschnittlich sechs Euro. Die Packung ist ausreichend für eine Mahlzeit pro Person, da die Insekten üblicherweise mit weiteren Beilagen kombiniert werden.

Nach ersten Umfrageergebnissen kann davon ausgegangen werden, dass rund fünf Prozent der relevanten Zielgruppe (14–65 Jahre) monatlich eine Mahlzeit mit Insekten einnehmen würden.

Wie würden Sie nun fortfahren?

Bewerber: Ich würde nun den Umsatz pro Insektenkonsument im Jahr berechnen unter Beibehaltung der Annahme, dass jeder Insektenkonsument monatlich eine Mahlzeit zu sich nimmt, die Insekten enthält. Außerdem nehme ich an, dass die Preise tendenziell sinken, wenn sich Insekten zum Massenprodukt entwickeln, womit ich einen Preis von fünf Euro pro Mahlzeit ansetzen würde.

- **5 Euro**/monatliche Mahlzeit × **zwölf** Monate = **60 Euro** Umsatz pro Insektenkonsument im Jahr

Anzahl regelmäßiger Insektenkonsumenten:

- **500 Millionen** EU-Bürger × **0,6** (demografischer Anteil relevante Bevölkerungsgruppe) × **0,9** (Anteil Fleisch essender Bevölkerung) × **0,05** (Anteil regelmäßiger Konsumenten) = **13,5 Millionen** regelmäßige Insektenkonsumenten

Gesamtumsatz/Marktgröße:

- **13,5 Millionen** regelmäßige Insektenkonsumenten × **60 Euro** Umsatz = **810 Millionen Euro** jährliches Marktvolumen

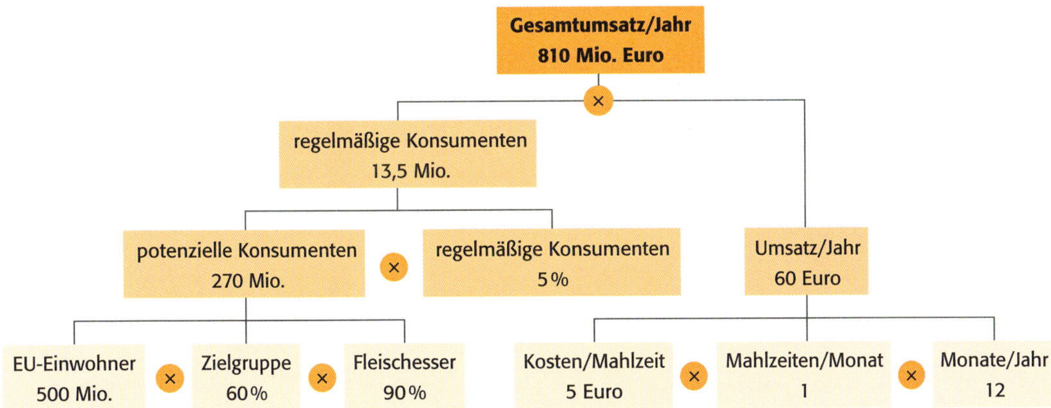

Gesamtumsatz des Insektenkonsums pro Jahr

Wenn zur Vereinfachung von einem Marktwachstum von null Prozent ausgegangen wird, beträgt das **Marktpotenzial der nächsten fünf Jahre ca. vier Milliarden Euro.**

Interviewer: Bitte fassen Sie Ihre Kernaussagen kurz zusammen. Wissenschaftliche Studien prognostizieren das Marktvolumen von essbaren Insekten im Jahr 2023 in Europa auf 260 Millionen US-Dollar. Bitte vergleichen Sie die von Ihnen errechneten Zahlen mit den vorliegenden Daten.

Bewerber: Der Klient bat um die Einschätzung des Marktpotenzials für Insekten als Nahrungsmittel in der EU der nächsten fünf Jahre. Das Marktpotenzial wurde mit dem jährlichen Umsatz hochgerechnet auf die nächsten fünf Jahre. Nach der Berechnung des Absatzmarktes und der Preisfestsetzung nach aktuellen Informationen sowie Abschätzungen erhalten wir ein Marktvolumen von **810 Millionen Euro** jährlich bzw. **vier Milliarden Euro** innerhalb von fünf Jahren.

Im Vergleich mit dem von Ihnen genannten Ergebnis ist die Einschätzung um den Faktor vier zu hoch berechnet. Diese ist damit deutlich zu optimistisch, auch wenn der genannte Wert in US-Dollar angegeben wurde. Folgende Gründe sind denkbar:

- Überschätzung des tatsächlichen Konsums – z. B. unregelmäßiger Konsum einmal im Quartal
- „regelmäßiger Konsum“ wurde nicht weiter definiert
- Umfrageergebnisse beziehen sich auf Deutschland, wo es bereits heute einen vergleichsweise hohen Anteil an Verbrauchern gibt, die auf fleischreduzierte und/oder ökologisch orientierte Ernährung achten. Dementsprechend könnte der Anteil an Insektenkonsumenten in anderen Ländern deutlich niedriger sein. Bei einer Weiterberechnung von zwei Prozent statt fünf Prozent Vegetariern, wird sich der Prognose genähert.
- konstante Annahme zur Nachfrage – die Nachfrage könnte dennoch im Laufe der Jahre steigen.

Es gibt jedoch auch nicht beachtete Punkte, die zu einem leicht höheren Marktpotenzial führen könnten, denn in der Rechnung wurden Senioren, die bereit wären, Insekten-Food zu kaufen, nicht beachtet.

Interviewer: Raten Sie dem Klienten angesichts dieser Erkenntnisse zu einem Einstieg? Welche grundsätzlichen Fragestellungen sollten bei der Ausarbeitung einer Markteintrittsstrategie geklärt werden?

Bewerber: Auf Basis der Erkenntnisse kann nicht auf die Profitabilität des Marktes geschlossen werden, weswegen keine fundierte Aussage zu einem Markteinstieg getätigt wird. In der EU wächst die Bevölkerung „nur" um etwa sechs Prozent. Aus diesem Grund sollte hinterfragt werden, inwieweit der steigende globale Nahrungsmittelbedarf direkten Einfluss auf die EU hat.

Weitere Fragestellungen und Analysen für eine künftige Betrachtung der Profitabilität des Marktes sind:

Externe Faktoren

- Sollte sich das Unternehmen auf ausgewählte Länder fokussieren? In welchen Ländern ist das prognostizierte Marktvolumen am höchsten? Welches Land passt am besten zu der gewählten Preisstrategie?
- Wie ist die Zielgruppe definiert? Wird das Produkt im Premiumsegment oder am Massenmarkt angeboten?
- Analyse der Branchenstruktur, um Chancen und Risiken aufzuzeigen: Wie steht es um die Verhandlungsstärke der Lieferanten, und der Kunden, gibt es eine Bedrohung durch neue Wettbewerber, durch Ersatzprodukte, wie hoch ist die Wettbewerbsintensität in der Branche?

Interne Faktoren

Die Kosten der eigenen Herstellung werden denen eines Zukaufs fertiger Produkte gegenübergestellt.

Interviewer: Welche allgemeinen Chancen und Risiken sehen Sie im Zusammenhang mit Insekten als Nahrungsmittel im Gegensatz zum Fleischkonsum?

Bewerber: Ich sehe in diesem Zusammehang unter anderem folgende Chancen und Risiken:

Chancen	Risiken
• hoher Nährwert durch erhöhten Proteingehalt • längere Haltbarkeit der Nahrungsmittel • deutlich reduzierter Flächenbedarf • geringerer Bedarf an Futtermengen • geringerer Wasserverbrauch im Vergleich zur Rinderzucht • weniger CO_2-Ausstoß	• Skepsis der Konsumenten • Qualitätsstandards und gesetzliche Regelungen • Meinung und Einfluss der Fleischlobby • Aufbau von Know-how

Des Weiteren könnte man folgende Aspekte zur Diskussion herzanziehen:

- möglicher Absatzeinbruch durch einen Durchbruch bei der Forschung zur künstlichen Fleischzüchtung
- Nahrungsmittelprodukte aus Insekten sind in der EU noch nicht lange gesetzlich zugelassen – Chancen und Risiken durch etwaige Gesetzesänderungen
- mögliche Gefahr von Plagen oder Allergien

Organigramm für die Implementierung eines Personalverwaltungssystems

von Lukas Kofler

Aufgabenstellung

Interviewer: Stellen Sie sich vor, Sie sind Teil eines Beraterteams im IT Consulting mit Schwerpunkt im Personalwesen. Ihr Team hilft Unternehmen dabei, neue Systeme für Personalprozesse zu implementieren, und erarbeitet gerade ein Angebot für die globale Einführung eines neuen, cloud-basierten Personalverwaltungssystems (HR-System) für einen internationalen Automobilkonzern. Dabei wird Ihr Beraterteam nicht nur die Konzeption der Systemeinführung anbieten, sondern auch die Umsetzung. Ihr Projektleiter bittet Sie nun darum, ein Projektorganigramm für Ihr Team sowie den Kunden zu erstellen, um einen Überblick der Rollen zu erhalten und darauf basierend Ressourcen-Schätzungen tätigen zu können. Wie würden Sie das Organigramm entwerfen, auf welche Besonderheiten sollte dabei geachtet werden, und welche Annahmen würden Sie dabei treffen?

HINWEIS: Für die Lösung dieser Aufgabe ist kein Hintergrundwissen im IT Consulting oder zu Cloud-Systemen notwendig. Mit diesem Case wird die Strukturierungsfähigkeit des Bewerbers auf die Probe gestellt.

Lösungsweg

Bewerber: Danke für diese spannende Aufgabenstellung. Darf ich Fragen stellen, um die Situation besser zu verstehen?

Interviewer: Selbstverständlich.

Bewerber: Können Sie mir bitte sagen, welche Personalprozesse mit dem neuen System abgebildet werden sollen und für welche Länder das neue System eingeführt werden soll?

Interviewer: Mit dem neuen cloud-basierten HR-System sollen folgende Funktionen abgedeckt werden: Personalstammdaten (Core HR), Recruiting, Compensation, Absence und Learning. Das System soll im ersten Schritt für die europäischen Niederlassungen des Kunden eingeführt werden, anschließend auch für Amerika und Asien.

Bewerber: Vielen Dank. Darauf basierend nehme ich an, das Projekt wird eine funktionale Arbeitsgruppe haben, um die soeben genannten Funktionen zu behandeln. Können Sie mir bitte auch sagen, ob der Kunde bereits Personalsysteme im Einsatz hat und ob diese ersetzt oder lediglich ergänzt werden sollen?

Interviewer: Die meisten Niederlassungen haben bereits Systeme für die vorher genannten HR-Funktionen. Jedoch sollten diese teilweise durch das neue System ersetzt werden. Die Abrechnung bzw. die Bezahlung der Gehälter wird allerdings nicht durch das neue System abgedeckt.

Bewerber: Danke für diesen Input. Ich nehme somit an, dass das Projekt eine technische Arbeitsgruppe hat, die sich um die Integrationen in bestehende Systeme kümmern wird. Darf ich noch eine dritte Frage stellen, bevor ich einen ersten Entwurf zeichnen werde? Wird dieses cloud-basierte System eine andere Logik bzw. einen zusätzlichen Mehrwert für den Kunden bieten, verglichen mit den derzeitigen Systemen?

Interviewer: Der Kunde hat derzeit keine Cloud-Produkte im Einsatz. Für manche Niederlassungen werden durch die Einführung des neuen Systems auch derzeit stark manuell geführte Prozesse digitalisiert. Mit dem System kommt also eine neue Art des Arbeitens.

Bewerber: Danke für die Antwort. Daraus schließe ich, dass auch Change Management bei diesem Projekt eine gewisse Rolle spielen wird. Ich möchte mir gerne kurz Zeit nehmen, um einen ersten Entwurf zu erstellen:

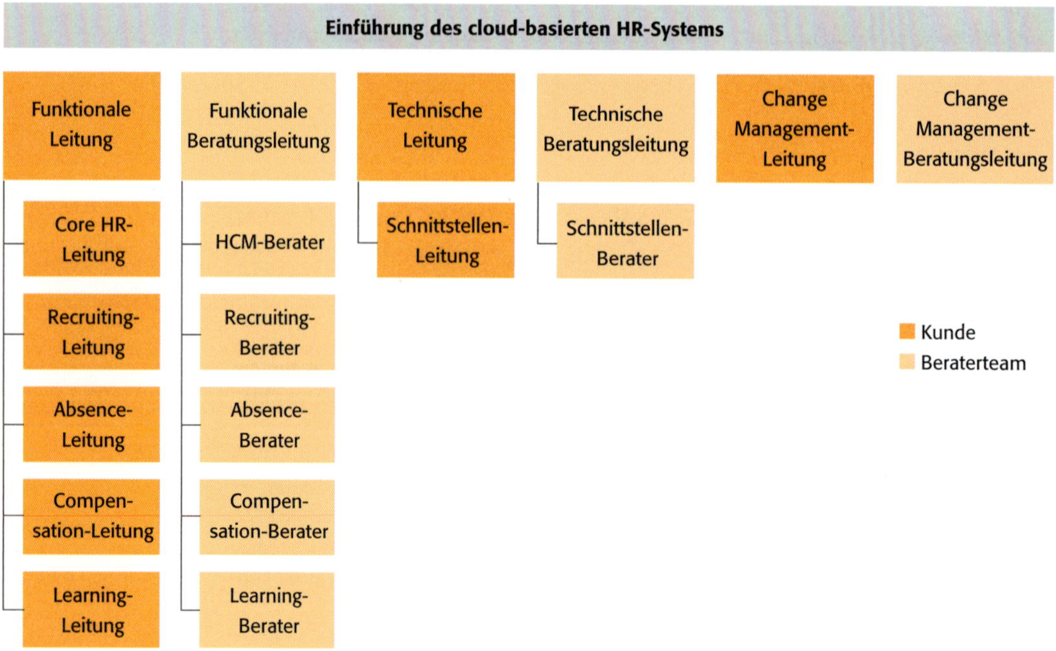

Erster Entwurf: Organigramm

Interviewer: Danke für diesen ersten Entwurf. Stellen Sie sich vor, ich wäre der Projektleiter. In den Arbeitsgruppen der technischen Leitung sowie Change Management sind weniger Rollen vorhanden als in der funktionalen Arbeitsgruppe. Ist diese Auflistung bereits komplett?

Bewerber: Nein. Ich möchte diese Arbeitsgruppen nun gerne gemeinsam mit Ihnen finalisieren. Ich habe drei Fragen dazu vorbereitet. Erstens, sollen mit dem neuen System nur Personalprozesse eingeführt werden, oder werden auch Mitarbeiterstammdaten migriert?

Interviewer: Es sollen keine historischen Daten übernommen werden. Jedoch soll der Status quo aller Stammdaten migriert werden, sodass die Mitarbeiterprofile im neuen System enthalten sind sowie die Prozesse durchgeführt werden können.

Bewerber: Danke. Ich nehme an, dass es daher auch Verantwortlichkeiten im Bereich Datenmigration von Kundenseite geben wird. Gibt es noch weitere Arbeitspakete, für die der Kunde unsere technische Unterstützung benötigt?

Interviewer: Nein. Allerdings wird der Kunde noch Arbeitspakete in den Bereichen Security und Testing selbstständig durchführen, um die Rollen im System zu definieren sowie die Prozesse vor der Einführung im System testen zu können.

Bewerber: Können Sie mir bitte sagen, wie stark die prozessualen und kulturellen Unterschiede zwischen den Ländern ausgeprägt sind?

Interviewer: Der Kunde ist derzeit prozessual sehr dezentral aufgestellt. Das heißt, dass die Niederlassungen teilweise sehr unterschiedliche Prozesse im Personalwesen leben.

Bewerber: Danke für diese Information. Ich nehme dadurch an, dass jedes Land daher einen Support im Bereich Change Management benötigt. Ich überarbeite daher das Organigramm kurz:

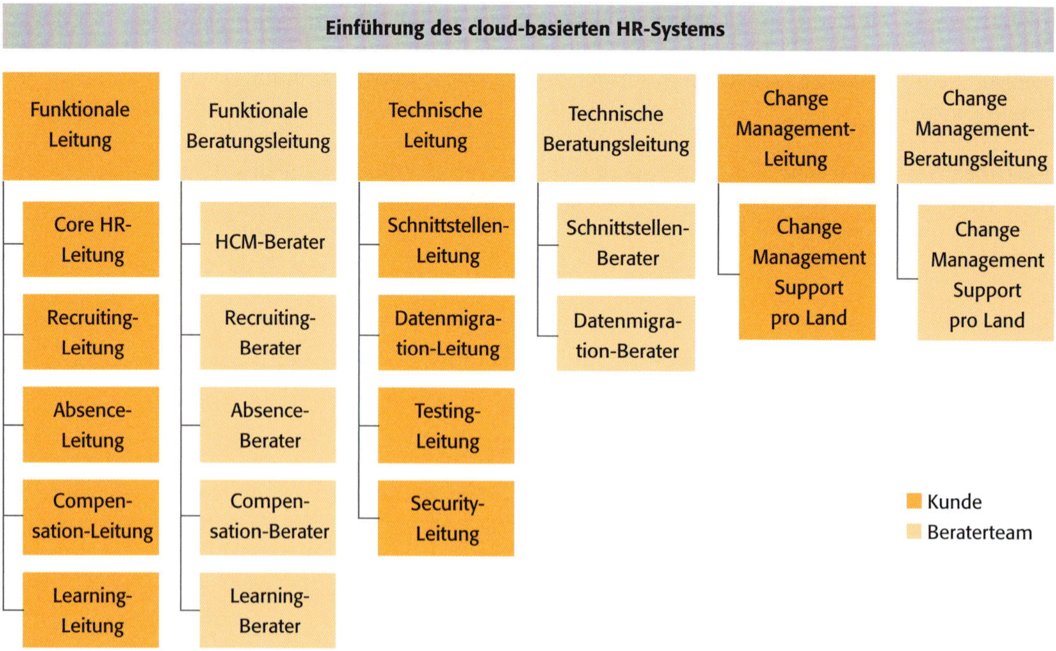

Zweiter Entwurf: Organigramm

Interviewer: Danke für den zweiten Entwurf. Wie Sie sehen, handelt es sich dabei um ein umfangreicheres Projekt. Wie stellen Sie sicher, dass die Meilensteine im Projekt erreicht werden, die Meetings regelmäßig stattfinden und die Projektkommunikation funktioniert?

Bewerber: Ich nehme an, dass es der Projektmanagement-Aktivitäten bedarf, um die Einhaltung der Meilensteine zu gewährleisten sowie die Meetings zu organisieren. Können Sie mir bitte sagen, von wem diese Aktivitäten wahrgenommen werden?

Interviewer: Welche Vor- und Nachteile gibt es denn, wenn das Projektmanagement beim Beraterteam liegt? Bitte geben Sie mir anschließend eine Empfehlung.

Bewerber: Projektmanagement beim Beraterteam stellt eine gewisse Objektivität sicher. Außerdem ist der Kunde nach Projektabschluss nicht mehr an die Ressourcen gebunden, die das Projektmanagement erbracht haben. Jedoch kann die Projektakzeptanz darunter leiden, wenn das Projektmanagement nicht durch den Kunden erfolgt. Man sollte dabei auf jeden Fall vermeiden, dass der Kunde nicht hinter seinem eigenen Projekt steht.

Interviewer: Danke für diese Erläuterung. Wir nehmen an, dass der Kunde keine ausreichenden Ressourcen für das Projektmanagement hat und daher das Beraterteam diese Aktivitäten übernehmen wird.

Bewerber: Danke, ich werde ein Projektmanagement-Office-Team im Organigramm hinzufügen.

Interviewer: Bevor Sie die letzte Fassung des Organigramms zeichnen, habe ich noch eine abschließende Frage. Wie stellen Sie sicher, dass Abweichungen im Projekt – z. B. in den Bereichen Kosten, Funktionsumfang oder Zeitplan – eskaliert werden und entsprechende Maßnahmen durchgeführt werden? Ist dafür Unterstützung von der Führungsebene des Kunden notwendig?

Bewerber: Ich gehe davon aus, dass das Projektmanagement-Office-Team die Meilensteine im Auge behält. Bei Verzug im Zeitplan sowie bei ungeplanten Veränderungen im Funktionsumfang des Systems nehme ich an, dass das Projektmanagement diese Situationen an den Lenkungsausschuss des Projekts kommuniziert. Dieser sollte sich aus Mitarbeitern der Führungsebene auf Kundenseite zusammensetzen und Entscheidungen über Eskalationsprobleme treffen. Ich hoffe, dass diese Antwort ausreicht. Gerne bereite ich nun die letzte Fassung des Organigramms vor:

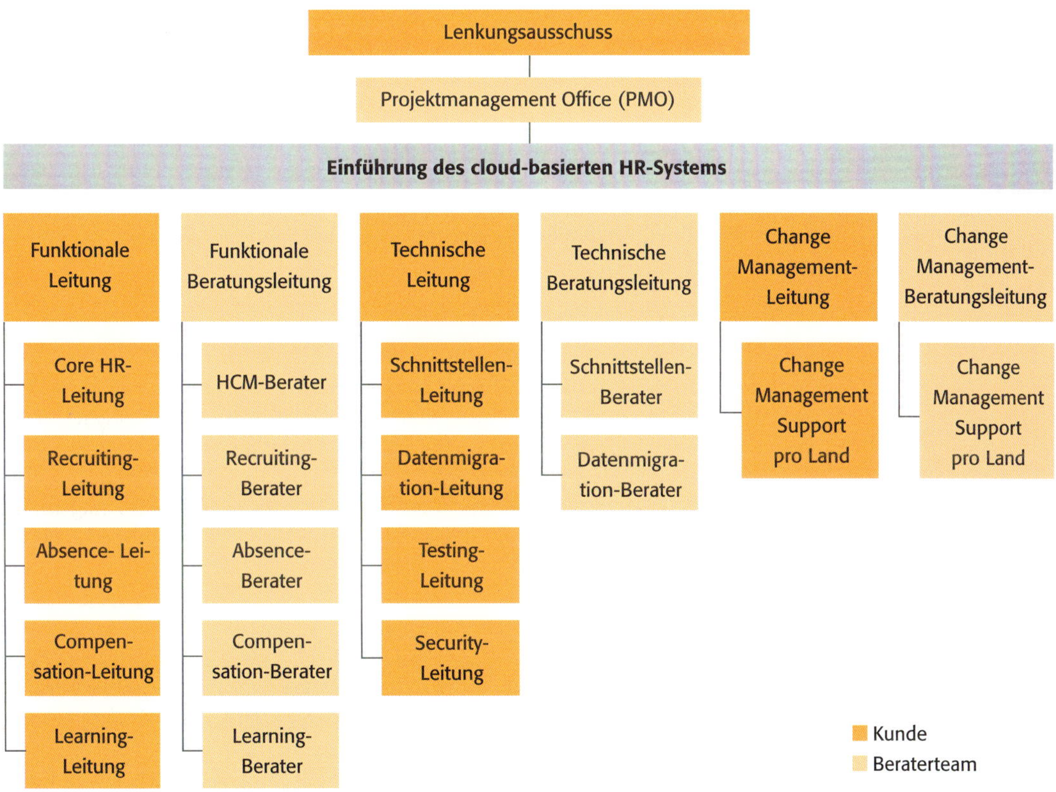

Finaler Entwurf: Organigramm

Interviewer: Vielen Dank für die gemeinsame Ausarbeitung dieser Case Study.

Budgetierung in der mittelständischen Einzelfertigung

von Prof. Dr. Sebastian Serfas

Aufgabenstellung

Eine gute Freundin, Tila, betreibt ein kleines Unternehmen (Herstellung und Verkauf von hochwertigen handgefertigten Stofftieren). Die Stofftiere werden sehr gut angenommen und die Verkaufszahlen steigen schnell, deshalb bittet Tila Sie um Unterstützung bei der anstehenden Planung und Budgetierung für ihr Unternehmen.

Für das kommende Quartal erwartet Tila, dass sie 2.500 Pferde (Verkaufspreis: 90 Euro/Stück), 1.600 Hunde (75 Euro/Stück) und 1.800 Katzen (80 Euro/Stück) verkauft. Pro Stofftier werden erfahrungsgemäß im Durchschnitt die folgenden Materialien verbraucht:

- Fell/Stoff: 0,6 m^2 (Pferd), 0,4 m^2 (Hund), 0,5 m^2 (Katze)
- Füllmaterial/Wolle: 500 Gramm (Pferd), 300 Gramm (Hund), 400 Gramm (Katze)
- Kleinteile (Augen, Nase, Schnurrhaare, Schweif etc.): zehn Stück pro Stofftier

Im Lager des Unternehmens befinden sich aktuell 400 m^2 Stoff (Einkaufspreis: 20 Euro/m^2), 300 Kilogramm Füllmaterial (Einkaufspreis: fünf Euro/Kilogramm) und 6.000 Kleinteile (Einkaufspreis: zehn Cent/Stück). Wegen der steigenden Nachfrage möchte Tila ihren Lagerbestand bis zum Ende des nächsten Quartals um jeweils 50 Prozent vergrößern.

Die Stofftiere werden von handarbeitsbegeisterten Senioren aus der näheren Umgebung hergestellt; hierfür entstehen Tila Kosten von insgesamt 12,50 Euro pro Stofftier. Sie gibt zudem jeden Monat durchschnittlich 5.000 Euro für allgemeine produktionsbezogene Kosten bei der Erstellung der Stofftiere (Strom, Miete, Abnutzung der Werkzeuge, Garn etc.) aus. Für Werbung fallen im Monat 750 Euro an, der Internetauftritt kostet 600 Euro im Quartal. Für verschiedenste sonstige administrative Kosten rechnet Tila mit 16.000 Euro im Jahr. Im Durchschnitt läuft jeder zweite Verkauf über externe Websites; deren Betreiber erhalten dann zehn Prozent des jeweiligen Verkaufspreises als Provision.

Helfen Sie Tila bei der Planung des nächsten Quartals. Erstellen Sie dazu das Absatz- und Erlösbudget, das Produktionsmaterialbudget (Darstellung des Materialbedarfs für die Produktion), das Einkaufsbudget, das Produktionskostenbudget und das Erfolgsbudget (Ermittlung des Gewinns) für das kommende Quartal.

HINWEIS: Sämtliche Angaben sind Netto-Werte, Umsatzsteuer ist nicht zu berücksichtigen.

Lösungsweg

HINWEIS: Der vorliegende Case ist sowohl für Case-Study-Neulinge als auch für Nicht-BWLer sehr gut geeignet; er umfasst bewusst nur solche (betriebswirtschaftlichen) Aspekte, die in einem Interview auch von einem fachfremden Bewerber erwartet werden können. Trotz der vielen Zahlen stehen die eigentlichen Berechnungsergebnisse gar nicht so sehr im Zentrum für die Bewertung dieser Case Study; vielmehr sollten Bewerber bei der Bearbeitung eine strukturierte Herangehensweise, eine schnelle Auffassungsgabe, einen sicheren Umgang mit Zahlen sowie ein gutes grundlegendes Verständnis für wirtschaftliche Zusammenhänge in einem Unternehmen demonstrieren.

1. Ermittlung des Absatz- und Erlösbudgets

Als erster Schritt werden die abgesetzten Produkte (inkl. Stückzahlen und erzielbarem Preis) und die daraus resultierenden Erlöse geplant. Konkret wird für das kommende Quartal mit dem Verkauf von 2.500 Pferden (Stückpreis: 90 Euro), 1.600 Hunden (75 Euro) und 1.800 Katzen (80 Euro) gerechnet; dadurch werden Erlöse von 489.000 Euro generiert.

Produkt	Stück	Preis	Erlöse
Pferd	2.500	90 Euro	225.000 Euro
Hund	1.600	75 Euro	120.000 Euro
Katze	1.800	80 Euro	144.000 Euro
Summe	5.900		**489.000 Euro**

Absatz- und Erlösbudget

2. Ermittlung des Produktionsmaterialbudgets

Auf Basis der Planung der abgesetzten Produkte wird der Materialbedarf für die Produktion ermittelt. Dazu wird für jedes Produkt der Verbrauch jedes Materials pro Stück mit der jeweiligen anvisierten Verkaufszahl multipliziert. Für den Materialbedarf an Stoff/Fell bedeutet dies: 2.500 Pferde × 0,6 m^2 pro Pferd + 1.600 Hunde × 0,4 m^2 pro Hund + 1.800 Katzen × 0,5 m^2 pro Katze ergibt insgesamt einen Bedarf von 3.040 m^2 Stoff. Analog ergibt sich ein Materialbedarf von 2.450 Kilogramm Wolle und 59.000 Kleinteilen.

Material	Verbrauch
Stoff	3.040 m^2
Wolle	2.450 kg
Kleinteile	59.000 Stück

Produktionsmaterialbudget

3. Ermittlung des Einkaufsbudgets

Basierend auf dem zuvor berechneten Materialbedarf für die Produktion kann das Einkaufsbudget erstellt werden; dieses enthält sowohl einzukaufende Mengen als auch die dabei entstehenden Kosten. Zudem ist die geplante Lageraufstockung einzubeziehen. Für Stoff/Fell bedeutet dies: Die aktuelle Lagergröße (400 m²) soll um 50 Prozent aufgestockt werden, d.h., zusätzlich zum Produktionsmaterialbedarf von 3.040 m² müssen weitere 200 m² zur Lagererweiterung eingekauft werden, in Summe also 3.240 m². Bei einem Einkaufspreis von 20 Euro/m² entstehen Kosten von 64.800 Euro. Analog ergeben sich 13.000 Euro für Wolle und 6.200 Euro für Kleinteile. Das gesamte Einkaufsvolumen beträgt 84.000 Euro.

Material	Produktion	Lageraufbau	Summe	Preis/Einheit	Kosten
Stoff	3.040 m²	200 m²	3.240 m²	20,00 Euro	64.800 Euro
Wolle	2.450 kg	150 kg	2.600 kg	5,00 Euro	13.000 Euro
Kleinteile	59.000 Stück	3.000 Stück	62.000 Stück	0,10 Euro	6.200 Euro
Summe					**84.000 Euro**

Einkaufsbudget

4. Ermittlung des Produktionskostenbudgets

Als Nächstes sind die Produktionskosten zu budgetieren. Diese bestehen typischerweise aus Material-, Personal- und Produktionsgemeinkosten. Die Materialkosten werden aus dem Produktionsmaterialbudget abgeleitet (nicht aus dem Einkaufskostenbudget, da dort auch die Lageraufstockung enthalten ist, nicht nur das in der Produktion verbrauchte Material). Als „Lohnkosten“ (im weiteren Sinne) – die Bezahlung der handarbeitsbegeisterten Senioren – fallen 12,50 Euro pro Stück an. Bei 5.900 Stück ergeben sich hier 73.750 Euro. Die allgemeinen produktionsbezogenen Kosten betragen 5.000 Euro pro Monat, d.h. 15.000 Euro pro Quartal. In Summe betragen die budgetierten Produktionskosten demnach 167.700 Euro.

Material	Verbrauch	Preis/Einheit	Kosten
Stoff	3.040 m²	20,00 Euro	60.800 Euro
Wolle	2.450 kg	5,00 Euro	12.250 Euro
Kleinteile	59.000 Stück	0,10 Euro	5.900 Euro
Löhne	5.900 Stück	12,50 Euro	73.750 Euro
Produktionsgemeinkosten			15.000 Euro
Summe			**167.700 Euro**

Produktionskostenbudget

5. Ermittlung des Erfolgsbudgets

Mithilfe des Erfolgsbudgets wird der erwartete Gewinn des Unternehmens ermittelt. Dazu werden die anvisierten Verkaufserlöse den budgetierten Kosten gegenübergestellt. Neben den zuvor berechneten Produktionskosten sind hier auch die administrativen Kosten zu beachten. Diese bestehen aus 2.250 Euro für Werbung (750 Euro pro Monat × drei Monate), 600 Euro für den Internetauftritt (600 Euro pro

Quartal), 24.450 Euro für Verkaufsprovisionen (zehn Prozent Provision auf die Hälfte der Verkaufserlöse) und 4.000 Euro für sonstige Kosten (16.000 Euro pro Jahr geteilt durch vier Quartale); in Summe 31.300 Euro. Daraus ergibt sich ein budgetierter Unternehmenserfolg von 290.000 Euro.

Position	Kosten
Verkaufserlöse	489.000 Euro
Produktionskosten	167.700 Euro
Administrative Kosten	31.300 Euro
Unternehmenserfolg	**290.000 Euro**

Erfolgsbudget

HINWEIS: Je nach Ausrichtung des Interviews, verfügbarer Zeit und Hintergrund des Bewerbers bietet es sich an, dass der Interviewer im Verlauf des Case auch kurze Fragen stellt bzw. Diskussionen zu theoretischen Hintergründen bzw. aktuellen Themen aus dem Bereich Budgetierung anstößt. Beispielsweise könnte nach dem grundsätzlichen Sinn und Zweck von Budgets gefragt werden oder nach alternativen Ansätzen wie Beyond Budgeting und Zero-based Budgeting, aber auch nach Möglichkeiten zum Umgang mit Unsicherheit hinsichtlich der zukünftigen Entwicklung im Rahmen der finanziellen Planung.

Lösungsstruktur auf einen Blick

Die folgende Darstellung gibt einen kurzen Überblick bzgl. Aufbau und Gesamtstruktur sowie einen möglichen Ablauf der Case Study. Je nach Ziel, Rahmenbedingungen und Verlauf des Interviews können Schwerpunkte, Detaillierungsgrad und Intensität der Betrachtung dabei stark variieren.

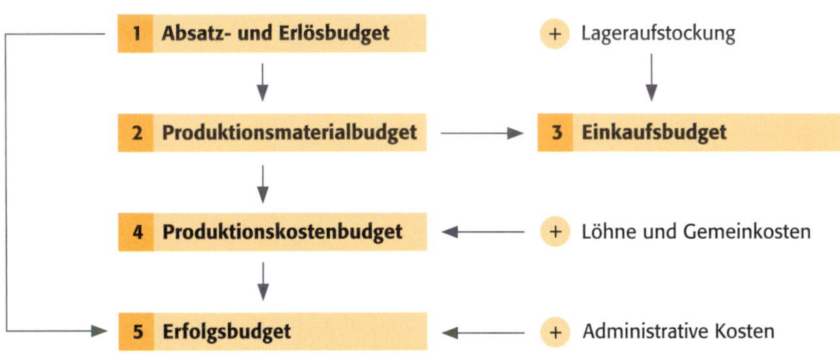

Ablauf und Gesamtstruktur des Case

Optimierungshebel zur Gewinnmaximierung eines Maschinenbauers

von Paula Lewerenz

Aufgabenstellung

Das Unternehmen PackagINC ist ein mittelständischer Maschinenbauer, der Verpackungsmaschinen für die Lebensmittelindustrie produziert. Obwohl der Markt in den vergangenen Jahren ein starkes Wachstum zu verzeichnen hatte, hat das Wachstum von PackagINC stagniert, und die EBIT-Marge ist eingebrochen. Das Unternehmen beauftragt Sie als marktorientierte Unternehmensberatung, Optimierungshebel zu identifizieren, die PackagINCs Gewinn wieder ankurbeln.

Aufgabe 1: Bitte identifizieren und beschreiben Sie Optimierungshebel, die den Gewinn von PackagINC in den nächsten fünf Jahren maximieren.

Aufgabe 2: Bitte bewerten Sie die von Ihnen identifizierten Optimierungshebel. Welche Dimensionen sind Ihrer Meinung nach relevant für die Bewertung dieser Hebel?

Aufgabe 3: Bitte sprechen Sie eine Empfehlung für PackagINC aus. Was sind aus Ihrer Sicht die besten drei Wachstumshebel?

Zusätzliche Informationen zur Ausgangslage
Mit dem Produktportfolio bedient PackagINC B2B-Kunden aus unterschiedlichen Bereichen der Lebensmittelverarbeitung. Von der kleinen Craftbeer-Brauerei bis hin zu international vertreibenden Molkereien und globalen Nahrungsmittelkonzernen – PackagINC geht auf die individuellen Kundenwünsche ein, nimmt auch kurzfristige Änderungswünsche entgegen und hat sich damit als Premiumanbieter etabliert.

Das Unternehmen wurde Anfang des 20. Jahrhunderts gegründet. Entsprechend ist auch das Produktportfolio historisch gewachsen und sehr vielfältig aufgestellt. Gleiches gilt für die Preisarchitektur und die Vertriebsprozesse, die in der Vergangenheit nicht hinterfragt wurden.

Derzeit generiert das Unternehmen einen Gesamtumsatz von 450 Millionen Euro pro Jahr, der sich zu 90 Prozent aus Neumaschinengeschäft und zu zehn Prozent aus After Sales Service zusammensetzt. Die EBIT-Marge im Neumaschinengeschäft liegt bei durchschnittlich fünf Prozent, im After Sales Service bei durchschnittlich 15 Prozent.

Da das Budget von PackagINC zur Implementierung der Optimierungshebel begrenzt ist, hat der Vorstand entschieden, sich zunächst auf bestehende Märkte zu fokussieren.

Lösungsweg

I. Identifikation von Optimierungshebeln

Die Optimierungshebel lassen sich anhand einer Vier-Felder-Matrix strukturieren. Da PackagINC entschieden hat, die Optimierungshebel auf bestehende Märkte zu reduzieren, sollten Sie Ihre Ansätze auf die linken beiden Quadranten beschränken. Als marktorientierte Beratung liegt Ihr Fokus zudem auf der Umsatzseite der Gewinngleichung (Gewinn = Umsatz - Kosten). Sie sollten die Kosten daher von Ihrer Betrachtung ausschließen.

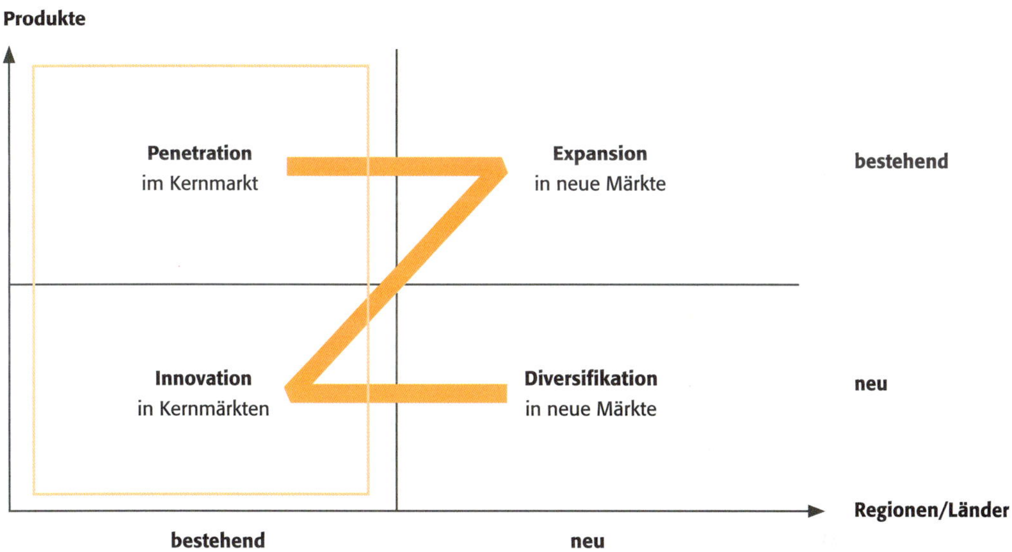

Optimierungshebel in bestehenden Märkten

HINWEIS: Im Folgenden wird eine Auswahl möglicher Optimierungshebel vorgestellt. Diese Liste hat nicht den Anspruch, vollständig zu sein, und kann beliebig erweitert werden. Im Gespräch sollte der Bewerber in der Lage sein, die identifizierten Hebel im Detail zu erläutern und Implementierungsvorschläge zu entwickeln.

Market Strategy

1. Portfoliobereinigung

Das Produktportfolio von PackagINC ist durch historisches Wachstum sehr vielfältig und breit aufgestellt. Bei historisch gewachsenen Unternehmen werden viele der Produkte im Portfolio nur noch selten oder gar nicht mehr angefragt, aber dennoch im Produktkatalog gepflegt. Aus Kundensicht wirkt dieses Portfolio sehr komplex und schwer zu durchdringen. Aus Unternehmenssicht führt die Komplexität zu Ineffizienzen und höheren Kosten in der Produktion, den Prozessen und im Vertrieb. Eine Verschlankung des Portfolios und die Definition von Standard- und Wachstumsprodukten dient der Fokussierung des Vertriebs und erleichtert dem Kunden die Übersicht über das angebotene Portfolio. Zusätzlich werden eine aktive Marktbearbeitung und ein effizienterer Ressourcen-Einsatz ermöglicht.

Diese Maßnahme bezieht sich auf bestehende Produkte in bestehenden Märkten.

2. Ausbau Servicegeschäft

Mit durchschnittlich 15 Prozent hat das Servicegeschäft im Maschinen- und Anlagenbau eine deutlich höhere EBIT-Marge als das Neumaschinengeschäft. Eine Steigerung des Serviceumsatzes wirkt sich daher überproportional auf den Gewinn aus. Mit einem Umsatzanteil von nur zehn Prozent ist das Servicepotenzial von PackagINC noch nicht voll ausgeschöpft. Zur Steigerung des Servicegeschäfts sollten schon bei Verkauf der Neumaschinen Serviceverträge angeboten werden. Zusätzlich sollte der Vertrieb geschult werden, entlang des Produktlebenszyklus proaktiv auf die Kunden zuzugehen und entsprechende Serviceleistungen anzubieten. Hierzu gehört unter anderem der aktive Verkauf von Ersatzteilen, bevor die Maschine stillsteht, Installationen, Reparaturen, Instandhaltung und Trainings.

Diese Maßnahme bezieht sich sowohl auf neue als auch auf bestehende Produkte in bestehenden Märkten.

3. Produktinnovation

Neben der Portfoliobereinigung muss PackagINC sicherstellen, den immer steigenden Anforderungen der Lebensmittelindustrie gerecht zu werden. Um auch langfristig am Markt erfolgreich zu sein, muss weiterhin in die Forschung und Entwicklung (F&E) neuer Produkte investiert werden. Hierfür bieten sich neben der Stärkung der eigenen F&E-Abteilung unter anderem Kooperationen mit Start-ups, Universitäten und Marktforschungsinstituten an.

Diese Maßnahme bezieht sich auf neue Produkte in bestehenden Märkten.

Sales

1. Optimierung der Vertriebsorganisation

In historisch gewachsenen mittelständischen Unternehmen ist die Vertriebsorganisation oftmals nicht marktgerecht aufgestellt. Um das Marktpotenzial ganz ausschöpfen zu können, sollten die relevanten Märkte in Vertriebsbereiche unterteilt und die Kundennähe garantiert sein. Außerdem sind eine klare Funktionenverteilung und Rollenbeschreibung essenziell, damit sich die Vertriebsmitarbeiter auf ihre Kernaufgaben konzentrieren können. Durch regelmäßige Schulungen werden zudem notwendige Kompetenzen entwickelt und gestärkt.

Diese Maßnahme bezieht sich sowohl auf neue als auch auf bestehende Produkte in bestehenden Märkten.

2. Kundensegmentierung

Da sich die Kunden von PackagINC in ihren Eigenschaften unterscheiden, sind auch ihre Anforderungen sehr divers. Eine Kundensegmentierung ermöglicht PackagINC, die Kundenbedürfnisse zu clustern und den Vertrieb und Service entsprechend darauf auszurichten. So lassen sich unter anderem die optimale Intensität der Kundenbetreuung, die strategische Bedeutung der jeweiligen Kunden sowie Up- und Cross-Selling-Potenziale erkennen. Mögliche Dimensionen einer Kundensegmentierung sind der durchschnittliche Umsatz, das vermutete Potenzial der Kunden, das Kaufverhalten, die installierte Basis und die Instandhaltungsphilosophie.

Diese Maßnahme bezieht sich sowohl auf neue als auch auf bestehende Produkte in bestehenden Märkten.

3. Kanalmanagement

Auf Basis der Kundensegmentierung können Kunden den optimalen Vertriebskanälen zugeordnet werden. Strategisch relevante Kunden sollten über den Direktvertrieb betreut werden, um eine enge und langfristige Kundenbindung zu gewährleisten. Kleinere Kunden hingegen gehen häufig mit hohen Prozesskosten einher und sollten über Alternativkanäle abgewickelt werden. Alternative Kanäle können zum Beispiel Zwischenhändler oder Online-Märkte sein.

Diese Maßnahme bezieht sich auf bestehende Produkte in bestehenden Märkten.

Pricing

Über den Preis lassen sich große Gewinneffekte erzielen. Da bei gleichbleibendem Absatz jede Preiserhöhung in direkten Gewinn übersetzt wird und noch im selben Jahr in den Financial Statements sichtbar ist, sind Preisanpassungen der effektivste Gewinnhebel.

Preismaßnahmen können sich generell sowohl auf neue als auch auf bestehende Produkte beziehen.

1. Preisoptimierung

Zur Berechnung optimaler Preise sollte zunächst ein Verständnis der aktuellen Preissituation geschaffen werden. Dies gilt sowohl für das Neumaschinen- als auch für das Ersatzteilgeschäft. Da für die Preisentwicklung bestehender Produkte in der Regel historische Daten vorliegen, dienen quantitative Analysen der ERP-Daten hierfür als gute Ausgangsbasis. Wie wurden Preise in der Vergangenheit differenziert? Welche Produkte haben die niedrigste Hit-Rate, wurden also häufig angefragt, aber selten verkauft? Wie stehen die Preise der Ersatzteile im Verhältnis zu den Neumaschinen? Welche Aufschlags- und Discount-Faktoren wurden verwendet, und welche Kundengruppen haben das niedrigste, welche das höchste Preisniveau?

Zusätzlich geben Werttreiber Auskunft darüber, wie relevant ein Produkt für den Kunden ist und wie preissensibel er auf Preisanpassungen reagiert. Hängt beispielsweise die gesamte Produktion eines Kunden von der Leistung der Maschine ab, wird der Kunde bereit sein, einen höheren Preis dafür zu bezahlen.

Ein weiterer Faktor zur Preisfindung, insbesondere für Ersatzteile, ist die Wettbewerbsintensität. Ist ein Produkt ein Standardteil, das auch von Wettbewerbern angeboten wird? Lässt sich der Kernnutzen des Produkts von anderen Anbietern kopieren? Vor allem bei Standardprodukten ist es sinnvoll, das Marktpreisniveau im Rahmen von Marktpreisrecherchen in die Betrachtung einzubeziehen. Bei spezialisierten Produkten hingegen hat der Kunde weniger Vergleichsmöglichkeiten, weswegen die Preisgestaltung hier flexibler definiert werden kann.

2. Optimierung des Konditionensystems

In vielen Unternehmen wird die Leistung des Vertriebs auf Basis des generierten Umsatzes und nicht der Gewinnmarge gemessen. Daher werden teilweise zu hohe Kunden-Discounts vergeben, die sich nicht nach dem Kundenverhalten richten. Die Ausarbeitung von Preisuntergrenzen und Zielpreisen je Kundensegment ermöglicht die Steuerung der Vertriebsaktivitäten und führt zu einer Erhöhung der Durchschnittserlöse. Durch Verkaufsverträge und damit vereinbarte Abzüge (abhängig vom Jahresumsatzvolumen) lassen sich Kunden zusätzlich motivieren, einen gewissen Jahresumsatz zu generieren.

3. Abrechnung von Sonderleistungen

PackagINC ist in der Branche bekannt dafür, jeden Kundenwunsch zu erfüllen. Während dies ein Alleinstellungsmerkmal gegenüber dem Wettbewerb ist, sollten diese Sonderleistungen jedoch auch entsprechend in Rechnung gestellt werden. Dabei kann die Preissetzung nach maßgeschneiderten oder Standardprodukten unterschieden werden, um den Zusatzaufwand im Preis widerspiegeln zu können.

II. Bewertung der Optimierungshebel

Mögliche Bewertungsdimensionen sind der Wachstumseffekt und der Implementierungsaufwand des jeweiligen Optimierungshebels. Der Bewerber wird gebeten, die Optimierungshebel innerhalb der Matrix zu platzieren und seine Entscheidung zu begründen.

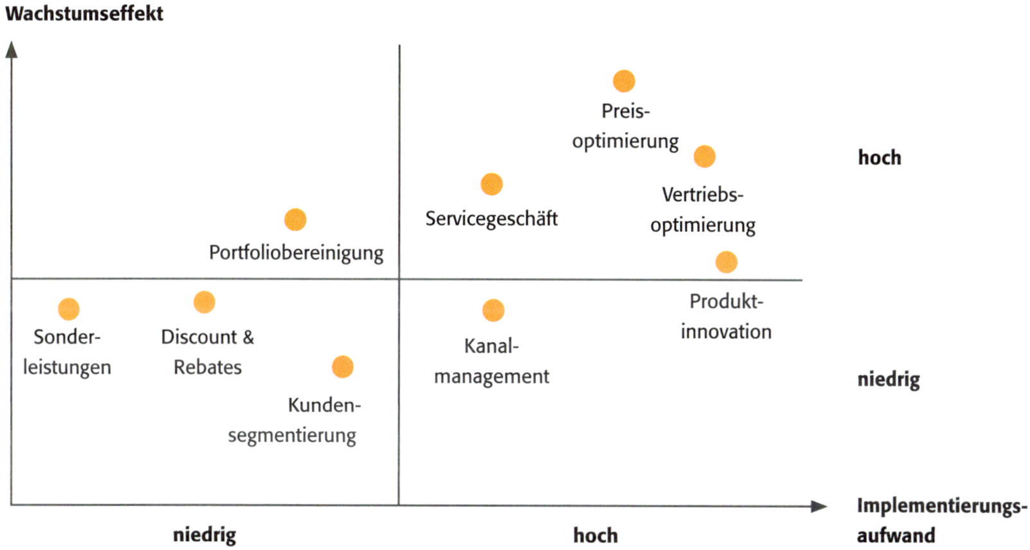

Empfehlung der Optimierungshebel

III. Empfehlung

In Bezug auf PackagINCs begrenztes Budget empfiehlt es sich, eine Maßnahme zu wählen, die einen hohen Wachstumseffekt verspricht. Diese ist aber entsprechend mit hohem Implementierungsaufwand verbunden. Demnach sollten zwei weitere Maßnahmen gefunden werden, die mit geringerem Implementierungsaufwand verbunden sind, obgleich sie niedrigere Wachstumseffekte versprechen.

HINWEIS: Bei der Bearbeitung dieser Aufgabe steht insbesondere die schlüssige Argumentation des Bewerbers im Vordergrund.

Beyond Banking: Plattformen – die Zukunft der Banken

von Dr. Georg Eder

Aufgabenstellung

Der Klient ist die Fin-Innovation-Bank (FIB), eine europäische Bank, die primär im Privatkundengeschäft tätig ist. Aufgrund der aktuellen Entwicklungen im Niedrigzinsumfeld stagnieren nicht nur die Erträge der Bank, auch die Anzahl der Kunden ist rückläufig. Das Management der Bank vermutet, dass die FIB die Erwartungen ihrer Kunden immer weniger erfüllt.

Deshalb bittet Sie deren CEO, die Situation der Bank zu durchleuchten und neue Ideen zur Generierung von Erträgen im Neu- und Bestandsgeschäft zu entwickeln. Dabei sollte das Augenmerk auf digitalen Lösungsansätzen im Privatkundenbereich liegen, da eine Kundenbefragung hier den größten Aufholbedarf identifiziert hat. Die FIB möchte mithilfe einer strategischen Neuausrichtung des Geschäftsfelds Privatkunden den geänderten Kundenansprüchen wieder gerecht werden.

Wie können Sie ihm helfen?

Lösungsweg

HINWEIS: In einem ersten Schritt sollten Sie den Kern des Case in Ihren eigenen Worten wiederholen, um ein gemeinsames Verständnis der Aufgabe sicherzustellen. Weitere Nebenbedingungen sind zu erfragen, um ein grundlegendes Verständnis für die Herausforderungen des Kunden zu erzielen.

Auf Nachfrage können Ihnen folgende Informationen gegeben werden:
1. Neben der langfristigen Steigerung der Erträge gibt es keine weiteren direkten Zielvorgaben. Die neuen Ansätze sollen dennoch zügig umgesetzt werden, da konstant neue, sehr agile Wettbewerber in den Markt stoßen.
2. Die FIB betreibt ein klassisches Einlagengeschäft und vergibt Kredite an Privatkunden vor allem im stationären Vertrieb. Den Kunden stehen zwei Produkte zur Auswahl: Baufinanzierungen und Konsumentenkredite. Weitere Produkte bietet die FIB aktuell nicht an.
3. Der Markt ist gesättigt, und es gibt viele Wettbewerber, insbesondere Mitbewerber mit regionaler Nähe dominieren den Markt.
4. Der Aufbau eines Geschäftsfelds für gewerbliche Kunden stellt keine Option dar, da hier in der Vergangenheit keine Mehrheit im Aufsichtsrat gefunden werden konnte.

Schlussfolgerung

Die FIB sollte ein digitales Ökosystem aufbauen und die eigene Produktpalette im Privatkundenbereich durch digitale Lösungsansätze unter Beachtung der geänderten Kundenansprüche erweitern. Aufgrund des hohen Handlungsdrucks ist eine Einbindung von Dienstleistern und Drittanbietern notwendig.

Lösungsansatz
Im nächsten Schritt soll ein möglicher Lösungsansatz diskutiert werden. Sie sollten dabei systematisch auf die unten stehenden Aspekte eingehen. Eine mögliche Struktur ist nachfolgend skizziert:

Struktur des Lösungsansatzes

- **Festlegung der Produktanbieter**: Es können eigene Produkte der FIB oder von verbundenen Partnerunternehmen vertrieben werden, aber auch Produkte anderer Anbieter sind im Lösungsraum zu betrachten. Da eine schnelle Umsetzung (Time-to-Market) im Vordergrund steht, sollten keine neuen eigenen Produkte entwickelt werden, die sich in den wesentlichen Ausprägungen des Leistungsumfangs nicht von bestehenden Konkurrenzprodukten unterscheiden. Die FIB kann kaum auf eigene digitalisierte Produkte zurückgreifen, daher ist der Verkauf von Drittanbieterprodukten erfolgskritisch. Nur durch diese Partnerschaften kann eine ausreichend große Produktpalette am Markt angeboten werden.
- **Festlegung der Produktkategorien und -auswahl**: Provisionsprodukte aus dem Finanzbereich (z. B. Altersvorsorgeprodukte, Versicherungen oder Robo Advisors), aber auch für die Bank gänzlich neue Produkte, wie Strom- oder Handyverträge, können berücksichtigt werden. Auch ist bei der Lösungsfindung an Dienst- und Serviceleistungen zu denken. Hierbei sind die Kundennachfrage, die erzielbare Marge und die Umsetzungsgeschwindigkeit zu beachten.
- **Bestimmung der Wirtschaftlichkeit**: Die Monetarisierung erfolgt bei eigenen Produkten über Provisionserträge und bei Fremdprodukten über Tippgeber-Provisionen. Auch eine kostenpflichtige Premiumfunktion kann diskutiert werden. Auf der Kostenseite stehen die einmaligen Fixkosten für den Aufbau der Plattform bzw. des digitalen Ökosystems und die laufenden Kosten. Vor allem bei Fremdprodukten kann über Preisvergleiche nachgedacht werden, um den Kundenmehrwert zu erhöhen.
- **Technische Umsetzung der Lösung**: Hier ist die Frage zu diskutieren, inwieweit White-Label-Lösungen (Lösungen Dritter ohne externes Branding) eingesetzt und wie über APIs und weitere Schnittstellen diese neuen Services in die bestehende Infrastruktur eingebunden werden können oder ob alternativ eine neue Plattform gestartet werden soll. Auch sollte die Erweiterbarkeit gewährleistet sein. Besonderes Augenmerk sollte auf die entsprechend positive Ausgestaltung der User Experience gelegt werden. Ein weboptimierter Plattformauftritt sowie die Möglichkeit des Aufrufs über Apps sind dabei selbstverständlich.
- **Auswahl der Vertriebskanäle**: Der bisher favorisierte stationäre Vertriebskanal muss zwingend in Richtung eines überzeugenden Omnikanal-Ansatzes erweitert werden. Um hier auch für die nächsten Ausbaustufen gerüstet zu sein, sollten die Produkte digital über eine zentrale Plattform vertrieben werden. Damit lassen sich zum einen Skaleneffekte realisieren, und zum anderen kann eine steigende Anzahl von Kunden erreicht werden, die in der Vergangenheit über die traditionellen Kanäle nicht angesprochen wurden.

- **Schaffung von Kundenmehrwert**: Hier könnte angeführt werden, dass die Plattform eine zentrale Anlaufstelle für viele Themen bietet, die User Experience besonders gut oder die Vergleichbarkeit von Produkten gegeben ist. Zudem kann die FIB für sich beanspruchen, dass sie in hohem Umfang digital agiert, aber trotzdem den Kunden auch weiterhin die lokale Nähe und Kompetenz offeriert.

Vertiefung Wirtschaftlichkeit je Produkt

Im Anschluss an die Diskussion der Lösungsansätze soll die Wirtschaftlichkeit des neuen digitalen Ökosystems bewertet werden. Es wird zum Beispiel darüber diskutiert, ob drei neue Produkte eingeführt werden sollten: Riester-Rente, Kfz-Versicherung und Handyverträge. Sie sollten strukturiert entlang des Lösungsbaums die relevanten Umsätze und Kosten abfragen. Anschließend ist eine Produktempfehlung auszusprechen und der Break-Even-Point zu berechnen. Auf Nachfrage bekommen Sie die folgende Tabelle ausgehändigt:

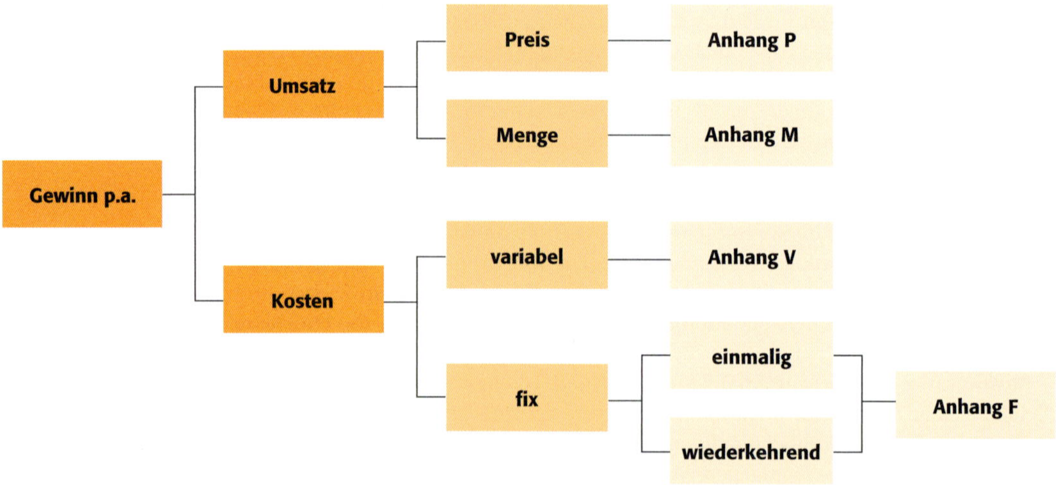

Vorgaben zur Bewertung der Wirtschaftlichkeit

Produkt	**Provision je Abschluss** (in Euro je Stück)
Riester-Rente	200
Kfz-Versicherung	50
Handyvertrag	20

Anhang P: Provision/Umsatz je Abschluss

Produkt	**Erwartete Nachfrage** (Stück pro Kalenderwoche)
Riester-Rente	200
Kfz-Versicherung	320
Handyvertrag	1.000

Anhang M: Erwartete Nachfrage/Menge je Produkt

Produkt	**Kundengewinnungskosten** (in Euro je Stück)	**Sonstige variable Kosten** (Transaktionsgebühren, Prozesskosten etc.)
Riester-Rente	20	20 % der Provision
Kfz-Versicherung	42	
Handyvertrag	4	

Anhang V: Variable Kosten je Produkt

Jährliche Fixkosten	**Kosten** (in Euro p.a.)
Administrationskosten	70.000
Bereitstellung Telefon-Hotline	je Produkt: 500.000
Serverkosten	10.000

Anhang F: Fixkosten

Für die initiale Bereitstellung des Ökosystems fallen noch einmal 3,25 Millionen Euro an.

In einem ersten Schritt sind die einzuführenden Produkte auf Basis der Deckungsbeiträge auszuwählen:

Produkt	**Provision, Kundengewinnungskosten, sonstige variable Kosten**	**Deckungsbeitrag** (in Euro je Stück)
Riester-Rente	200 Euro – 20 Euro – (200 Euro × 20 %)	140
Kfz-Versicherung	50 Euro – 42 Euro – (50 Euro × 20 %)	–2
Handyvertrag	20 Euro – 4 Euro – (20 Euro × 20 %)	12

Bewertung der Deckungsbeträge

Produkte mit negativen Deckungsbeiträgen sind grundsätzlich auszuschließen, sofern sie nicht dazu beitragen, andere strategische Ziele zu erfüllen (bspw. die Schaffung von Traffic auf der Plattform oder Schaffung von Cross-Selling-Ansätzen). Die Kfz-Versicherung wird in diesem Case nicht in das Produktportfolio aufgenommen und ist für die weiteren Rechenschritte nicht zu berücksichtigen.

Für die Berechnung des jährlichen Umsatzes wird die wöchentliche Nachfrage mit der Provision multipliziert und auf das Jahr hochgerechnet:

Produkt	**Provision × erwartete Nachfrage je Woche × 52 Wochen**	**Umsatz p.a.** (in Euro)
Riester-Rente	200 Euro × 200 × 52	2.080.000
Handyvertrag	20 Euro × 1.000 × 52	1.040.000
Summe		**3.120.000**

Berechnung des jährlichen Umsatzes

Produkt	**Nachfrage p.a. × (Kundengewinnungskosten + sonstige variable Kosten)**	**Variable Kosten p.a.** (in Euro)
Riester-Rente	(200 × 52) × (20 Euro + (200 Euro × 20 %))	624.000
Handyvertrag	(1.000 × 52) × (4 Euro + (20 Euro × 20 %))	416.000
Summe		**1.040.000**

Berechnung der variablen Kosten

Berechnung Ertrag pro Jahr (in Euro)	
Umsatz aus Provisionen (Riester-Rente + Handyvertrag)	3.120.000
– variable Kosten (Kundengewinnungskosten + sonstige variable Kosten)	1.040.000
– Fixkosten (70.000 Euro + 10.000 Euro + (500.000 Euro × 2))	1.080.000
= Profit	**1.000.000**

Berechnung des jährlichen Profits

Der Break-Even-Point wird nach drei Jahren und drei Monaten erreicht (3,25 Millionen Euro einmalige Kosten ÷ eine Millionen Euro Ertrag p.a.).

Möglicherweise kommt an dieser Stelle die Frage auf, ob ein einmal gewonnener Kunde zu einem späteren Zeitpunkt wiederkommt, um ein anderes Produkt zu kaufen. Dadurch würden die Kundengewinnungskosten im Vergleich zum Ertrag deutlich sinken, und unprofitable Produkte könnten sich mittelfristig als profitabel erweisen. Dieser Zusammenhang wird aus Vereinfachungsgründen im Folgenden allerdings nicht explizit berücksichtigt.

Vertiefung Vertriebsstrategie und Zielgruppen

Im Anschluss wird mit Ihnen noch die Vertriebsstrategie diskutiert. Folgende Themen sollten Sie dabei mindestens anführen:

- **Vertriebsmedien**: Direct Mailings, Newsletter, Google Ad Words, Social Media (z. B. Twitter, Instagram, Facebook), TV- oder Radiowerbung, Plakate etc.
- **Zielgruppen und Inhalte**: Durch die verschiedenen Kanäle lassen sich unterschiedliche Zielgruppen ansprechen. Dabei sollten Gruppen angesprochen werden, die einen hohen Produktbedarf haben, online-affin sind und eine ausreichend hohe Kaufkraft besitzen. Hier könnten junge Arbeitnehmer, spezifische Berufsgruppen usw. genannt werden. Die Werbeinhalte sollten sich entsprechend an den Bedürfnissen der jeweiligen Zielgruppe orientieren.
- **Märkte**: Da es sich um eine europäische Bank handelt, sollten hier auch die unterschiedlichen nationalen Märkte mit ihren Besonderheiten bei der Gestaltung der Vertriebsstrategie berücksichtigt werden. Dabei kann das Thema Regulatorik adressiert werden.
- **Markteinführungsstrategie**: Hier sollten Sie diskutieren, ob es z. B. zielführend ist, erst auf dem Heimatmarkt zu starten, da die Bank diesen Markt am besten kennt.

Empfehlung

Basierend auf der Ausgangsfrage könnte die Empfehlung lauten, eine digitale Plattform zu etablieren, über die eigene Produkte oder Produkte von Drittanbietern vertrieben werden. Durch den gewählten Plattformansatz ist auch die Erweiterbarkeit für zukünftige weitere Produkte gewährleistet. Die Plattform könnte schrittweise in den unterschiedlichen Märkten starten.

Evaluierung der Einführung eines Shared Service Center (SSC)

von Autoren der M2P Consulting GmbH

Ausgangssituation

Ein international operierendes Schifffahrtsunternehmen mit Sitz in Asien beauftragt Ihre Unternehmensberatung mit der Evaluierung der Einführung eines Shared Service Center. Das Management erhofft sich von der Einführung viele Chancen, die jedoch intern noch nicht genau benannt und auch finanziell bisher nicht bewertet werden konnten.

An Standorten in China, den Vereinigten Arabischen Emiraten und Deutschland existieren Büros. Diese drei Standorte bestehen aus den verschiedenen Funktionen: Frachtvertrieb, Frachtbuchung, dokumentarische und physische Frachtabwicklung.

Prozesskette Seefracht

Das Shared Service Center soll die Aufgaben der Frachtbuchung und der dokumentarischen Frachtabwicklung übernehmen. In der nachfolgenden Tabelle finden Sie die wichtigsten Kennzahlen für Ihre Evaluierung der Einführung eines SSC:

Standort	**China**	**VAE**	**Deutschland**
Anzahl Mitarbeiter	150	200	100
Anteil Mitarbeiter:			
• **im Vertrieb**	25 %	0 %	20 %
• **in der Frachtbuchung**	25 %	40 %	30 %
• **in der dokumentarischen Abfertigung**	30 %	40 %	30 %
• **in der physischen Abfertigung**	20 %	20 %	10 %
Anzahl bearbeiteter Frachtbriefe (pro Jahr)	150.000	400.000	110.000

Kennzahlen der drei möglichen Standorte

Aufgabenstellung

Im Rahmen Ihrer Evaluierung sollen Sie die folgenden Fragen für das Management der Reederei beantworten:

1. Welche Chancen und Risiken bietet die Einführung eines Shared Service Center für das Unternehmen?
2. Welcher Standort eignet sich aus finanzieller Sicht am besten zum Aufbau eines Shared Service Center? Berechnen Sie außerdem die jährlichen Einsparungen durch die Einführung eines Shared Service Center am optimalen Standort und begründen Sie kurz, wie viele Standorte es nach der Einführung noch geben wird.
3. Welche vorläufige Empfehlung würden Sie gegenüber dem Kunden auf Basis Ihrer Ergebnisse treffen? Welche weiteren Themen würden Sie in einer weiterführenden Evaluierung analysieren wollen, bevor Sie eine finale Empfehlung abgeben?

Lösungsweg

Klärung der Aufgabenstellung

HINWEIS: Bevor Sie mit der Ausarbeitung der Aufgabenstellung beginnen, sollten Sie sicherstellen, dass Sie und Ihr Aufgabensteller dasselbe Verständnis von einem Shared Service Center haben. Sollten Sie kein Hintergrundwissen zu Shared Service Centers haben, bitten Sie Ihren Aufgabensteller um eine kurze Erklärung. Sollten Sie sich nicht mehr an alle Informationen der Ausgangssituation erinnern, fragen Sie Ihren Aufgabensteller nach einer Wiederholung der Informationen und notieren Sie sich diese.

Ein Shared Service Center ist eine zentrale Abteilung innerhalb eines Unternehmens, die gleichartige Prozesse für verschiedene Abteilungen oder unterschiedliche Standorte eines Unternehmens durchführt. Oftmals wird bei einem Shared Service Center auch von einem „internen Outsourcing“ gesprochen.

Frage 1: Chancen und Risiken der Einführung eines Shared Service Center

HINWEIS: Für die Beantwortung dieser Frage kann es hilfreich sein, wenn Sie zuerst die Dimensionen für den Betrieb eines Shared Service Center definieren. Anschließend ist die Ableitung von Chancen und Risiken einfacher.

Der Betrieb eines Shared Service Center wird durch folgende Dimensionen ermöglicht: Auf- und Ablauforganisation, Mitarbeiter/Qualifikation und IT. Folgende Chancen und Risiken (Auswahl) können für diese Dimensionen durch die Einführung eines Shared Service Center auftreten:

Chancen	Risiken
• Ausgleich schwankender Auslastungen an den Standorten durch Einführung eines standortübergreifenden Mitarbeiter-Pools (Aufbauorganisation) • standortübergreifende Koordination einzelner Frachtabwicklungen (Auf- und Ablauforganisation) • Harmonisierung und Standardisierung von Prozessen (Ablauforganisation) • Qualitätssteigerung im Tagesgeschäft (Ablauforganisation) • breitere Einsatzmöglichkeiten durch Mehrfachqualifikation von Mitarbeitern, die zuvor nur in bestimmten Teilprozessen eingesetzt waren (Mitarbeiter/Qualifikation) • Vereinheitlichung der Systemlandschaft und Dokumenten-/Informationsbereitstellung (IT)	• komplexere Strukturen in der Unternehmensorganisation (Aufbauorganisation) • Verlust lokaler Wissensträger und Kontaktpersonen für Kundenbeziehungen (Mitarbeiter/Qualifikation) • mangelnde Veränderungsbereitschaft der Mitarbeiter durch Einführung einer neuen Abteilung und Umstellung von Zuständigkeiten (Mitarbeiter/Qualifikation)

Frage 2: Finanzielle Evaluierung

HINWEIS: Bei Rechenaufgaben empfehlen wir Ihnen, Ihrem Aufgabensteller sämtliche Annahmen mitzuteilen und mit ihm abzustimmen. Beispielsweise sollten Sie immer klären, ob Berechnungen auf Monats- oder Jahresbasis erfolgen sollen, wenn dies nicht explizit gefordert wurde. Darüber hinaus sollten Sie Zahlen runden, wenn sich Berechnungen dadurch vereinfachen lassen.

Bei dieser Frage soll auf Basis der zur Verfügung gestellten Kennzahlen evaluiert werden, welcher Standort aus finanzieller Sicht am geeignetsten für den Aufbau des Shared Service Center ist. Aus Unternehmens- und Managementsicht ist der Standort am besten geeignet, der am kostengünstigsten betrieben wird. Daher sind hier die Kosten für die Bearbeitung eines Frachtbriefs zu berechnen. Es muss berücksichtigt werden, dass die Mitarbeiterkosten nur für die Mitarbeiter berechnet werden müssen, deren Funktionen auch in das Shared Service Center übernommen werden (Frachtbuchung und dokumentarische Frachtabwicklung). Es empfiehlt sich eine Berechnung auf Jahresbasis.

Standort	China	VAE	Deutschland
Anzahl Mitarbeiter im SSC	(25 % + 30 %) × 150 = 82,5/~83	(40 % + 40 %) × 200 = 160	(30 % + 30 %) × 100 = 60
Kosten Mitarbeiter im SSC (pro Jahr)	83 × 750 Euro × 12 = 747.00 Euro	160 × 2.000 Euro × 12 = 3.840.000 Euro	60 × 3.500 Euro × 12 = 2.520.000 €
Kosten für Bearbeitung eines Frachtbriefs (FB): Kosten Mitarbeiter/Anzahl bearbeiteter Frachtbriefe (pro Jahr)	747.000 Euro ÷ 150.000 FB = 4,98/~5	3.840.000 Euro ÷ 400.000 FB = 9,6/~10	2.520.000 Euro ÷ 110.000 FB = 20,45/~20

Berechnung der Bearbeitungskosten eines Frachtbriefs auf Jahresbasis

Die Ergebnisse zeigen, dass der Standort China der kostengünstigste Standort ist und somit für den Aufbau des Shared Service Center gewählt werden sollte.

Im nächsten Schritt sollen die jährlichen Ersparnisse durch den Aufbau am kostengünstigen Standort errechnet werden. Dazu muss die Differenz aus den heutigen Kosten der drei Standorte (K_{Heute}) und den zukünftigen Kosten des Shared Service Center am Standort China (K_{SSC}) betrachtet werden: $K_{Heute} - K_{SSC}$ = jährliche Ersparnisse. Als Kosten liegen in diesem Fall nur die Mitarbeiterkosten vor und dienen als Rechnungsgrundlage.

- $K_{Heute} = K_{China} + K_{VAE} + K_{Deutschland}$
  = 747.000 Euro + 3.840.000 Euro + 2.520.000 Euro
  = 7.107.000 Euro

Die Mitarbeiterkosten des Shared Service Center am Standort China können nicht direkt berechnet werden. Um diese Kosten zu ermitteln, müssen zuerst die Anzahl der benötigten Mitarbeiter und zu bearbeitender Frachtbriefe definiert werden. Es empfiehlt sich, die folgenden Annahmen zu treffen: Die Produktivität der Mitarbeiter am Standort in China (P_{China}) entspricht auch der zukünftigen Produktivität der Mitarbeiter im Shared Service Center (P_{SSC}). Die Anzahl der zu bearbeitenden Frachtbriefe im Shared Service Center (FB_{SSC}) pro Jahr entspricht der Summe der Frachtbriefe aller drei Standorte pro Jahr. Basierend auf diesen Annahmen ergeben sich die folgenden Kennzahlen.

- $P_{China} = P_{SSC}$ = Anzahl bearbeiteter Frachtbriefe (pro Jahr) ÷ Anzahl Mitarbeiter
  = 150.000 FB ÷ 150 Mitarbeiter
  = 1.000 FB/Mitarbeiter

- $FB_{SSC} = FB_{China} + FB_{UAE} + FB_{Deutschland}$
  = 150.000 FB + 400.000 FB + 110.000 FB
  = 660.000 FB

Aus diesen beiden Kennzahlen sind nun auch die Anzahl der benötigten Mitarbeiter im Shared Service Center (M_{SSC}) berechnen und schließlich auch K_{SSC}.

- $M_{SSC} = FB_{SSC} \div P_{China}$
  = 660.000 FB ÷ (1.000 FB/Mitarbeiter)
  = 660.000 ÷ 1.000 Mitarbeiter
  = 660 Mitarbeiter

- $K_{SSC} = M_{SSC}$ × Kosten pro Mitarbeiter (pro Monat) × 12 Monate
  = 660 × 750 Euro × 12
  = 5.940.000 Euro

Schließlich lassen sich die jährlichen Ersparnisse wie folgt berechnen.

- Jährliche Ersparnisse = $K_{Heute} - K_{SSC}$
  = 7.107.000 Euro – 5.940.000 Euro
  = 1.161.000 Euro

Durch den Aufbau eines Shared Service Center am Standort China kann das Unternehmen jährlich rund 1,2 Millionen Euro einsparen.

Im letzten Schritt soll nun noch die Anzahl der Standorte nach Aufbau des Shared Service Center genannt und begründet werden. Nach dem Aufbau verbleiben weiterhin die drei Standorte in China, den Vereinigten Arabischen Emiraten und Deutschland. Durch das Shared Service Center werden nur die Funktionen der Frachtbuchung und der dokumentarischen Frachtabwicklung abgedeckt. Daher müssen die Funktionen des Frachtvertriebs und der physischen Frachtabwicklung weiterhin an den bestehenden Standorten erbracht werden. Dies lässt sich auch dadurch begründen, dass es sich bei dem Frachtvertrieb um lokale Vertriebskontakte und -termine handelt. Hier ist es von großem Vorteil, wenn feste Ansprechpartner vor Ort diese Kontakte und Termine mit Kunden durchführen und für die weiteren Geschäftsbeziehungen aufrechterhalten. Die physische Frachtabwicklung, d.h. das Handling von Fracht im Hafen, ist selbstverständlich nur vor Ort im Hafen möglich und kann nicht durch eine Funktion an einem anderen Standort in einem anderen Land übernommen werden.

Frage 3: Empfehlung und Themen für weiterführende Evaluierung
HINWEIS: Bei dieser Frage testet der Aufgabensteller Ihre Fähigkeit, komplexe Aufgabenstellungen und deren Ergebnisse strukturiert darzustellen und effizient zusammenzufassen. Stellen Sie sicher, dass Sie die wichtigsten Erkenntnisse hervorstellen und Ihre Empfehlung mit starken Argumenten untermauern. Stellen Sie sich vor, dass Sie Ihre Projektergebnisse im Abschlusstermin dem Management des Kunden präsentieren.

Wie bereits für die vorherigen Fragen dargestellt, bringt die Einführung eines Shared Service Center viele Chancen und Risiken für das Schifffahrtsunternehmen mit sich. Allerdings überwiegen die Chancen, wobei man besonders den Ausgleich schwankender Auslastungen durch einen standortübergreifenden Mitarbeiter-Pool und die Qualitätssteigerung im Tagesgeschäft betonen sollte. Bei der Einführung ist zu beachten, dass nicht alle Funktionen in das Shared Service Center überführt werden. Manche Prozesse sind lokal von großer Bedeutung (Vertrieb mit persönlichem Kundenkontakt) oder physisch an einen Ort gebunden (Hafenabwicklung von Fracht).

Die Analyse der finanziellen Kennzahlen hat gezeigt, dass das Shared Service Center zukünftig am kostengünstigsten am Standort China angesiedelt werden sollte. Unter den Annahmen einer Produktivität auf Basis aktueller Zahlen in China und einer gleichbleibenden Anzahl an zu bearbeitenden Frachtbriefen kann das Unternehmen Kosten von rund 1,2 Millionen Euro sparen. Neben der finanziellen Ersparnis könnten sicherlich auch weitere Synergien durch den Aufbau in China realisiert werden, da das Unternehmen seinen Hauptsitz in Asien hat.

Um eine finale Empfehlung hinsichtlich der Einführung des Shared Service Centers geben zu können, sollten noch die weiterführenden Themen berücksichtigt und analysiert werden (Auswahl möglicher Antworten):

- Unterschiede in der Frachtabwicklung aufgrund von Frachtkomplexität (Gefahrgüter vs. Nicht-Gefahrgüter)
- Unterschiede in Mitarbeiterqualifikationen über die Standorte hinweg
- rechtliche Rahmenbedingungen in den verschiedenen Ländern
- Herausforderungen in der Kommunikation aufgrund unterschiedlicher Sprachen und Zeitzonen

Absatztreiber in der Elektromobilität

von Dietrich von Trotha

Aufgabenstellung

Ihr Kunde, der große europäische Automobilhersteller YCar, plant den Verkauf von E-Autos ab dem Jahr 2022. Die Abteilung Preis- und Volumenplanung hat dem Vorstand die aktuellen Absatzzahlen für das erste Modell, einen eSUV, geliefert. Der Vorstand möchte von Ihnen wissen, welche Faktoren den Absatz der E-Autos in der Zukunft verstärken.

Darüber hinaus plant YCar, das E-Auto-Angebot um Ladestationen zu ergänzen. Der Vorstand beauftragt Sie mit der Analyse, ob sich der Verkauf von Ladestationen in den ersten drei Jahren lohnt.

Da die Ladestationen beim Fahrzeugkunden vor Ort fachkundig installiert werden müssen, besteht darüber hinaus die Option, auch einen Installationsservice anzubieten. Der Vorstand würde gerne erfahren, wie viele Installateure er voraussichtlich benötigt, um den Bedarf an Installationsvorgängen in den ersten drei Jahren zu decken. Außerdem möchte er wissen, welchen Verkaufspreis er bei einer Zielmarge von 20 Prozent für die Installation ansetzen muss.

Lösungsweg

Bewerber: Gerne fasse ich die Aufgabenstellung kurz zusammen. Bei YCar handelt es sich um einen klassischen Automobilhersteller, der ab 2022 einen elektrischen SUV anbieten wird. Ziel ist es zunächst für den Kunden die wichtigsten Faktoren herauszuarbeiten, die den Absatz von E-Autos positiv beeinflussen werden. Weiterhin fragt sich der Vorstand, ob der Absatz von Ladestationen wirtschaftlich sinnvoll ist. Da die Ladestationen beim Kunden installiert werden müssen, könnte YCar diesen zukünftig Service anbieten. Dazu soll nicht nur die Anzahl an benötigten Mitarbeitern für die Installation ermittelt, sondern auch der Verkaufspreis identifiziert werden, zu dem die geforderte Marge in Höhe von 20 Prozent erzielt wird.

Interviewer: Das ist richtig. Wie würden Sie methodisch vorgehen? Für die Bearbeitung der Fallstudie haben Sie maximal 40 Minuten Zeit.

HINWEIS: Sie können sich an dieser Stelle gerne zwei bis drei Minuten Zeit nehmen, um Ihr Vorgehen zu strukturieren. Empfehlenswert ist es, das Vorgehen zu skizzieren und den Interviewer hiermit durch den Case zu führen, gerne auch mit einem Flipchart.

Bewerber: Einleitend würde ich gerne Gründe für den steigenden Absatz von E-Fahrzeugen vorlegen. Danach bestimme ich den Gewinn durch den Verkauf der Ladestationen unter Betrachtung von Umsatz- und Kostenseite. Auf Basis dieser Berechnung sowie weiterer Annahmen werde ich den Bedarf an Servicemitarbeitern für die erwartete

Anzahl an Installationen abschätzen. Abschließend werde ich den Verkaufspreis für einen potenziellen Installationsservice identifizieren und die strategischen Vor- und Nachteile für den Einstieg in das Ladestationen- und Installationsgeschäft evaluieren.

Interviewer: Das Vorgehen ist plausibel, fahren Sie gerne fort.

Bewerber: Viele Automobilhersteller haben in der letzten Zeit eine E-Mobilitätsoffensive gestartet oder angekündigt, um das Modellportfolio um elektrisch betriebene Autos zu erweitern. Aus meiner Sicht gibt es verschiedene Treiber in insgesamt vier Kategorien mit Einfluss auf den Absatz von E-Autos weltweit. Es handelt sich um Technologie, Infrastruktur, Politik und Kosten.

Die Spezifizierung der Treiber sieht folgendermaßen aus:

Treiber	Beispiel
Technologie	• Reduktion der Batteriekosten (z.B. durch Skaleneffekte, Reduktion von hochwertigen Rohstoffen wie z.B. Kobalt) • verkürzte Ladedauer durch höhere Ladeleistung von Ladestationen und verbesserter Ladetechnik der E-Autos • größere Reichweite durch höhere Batteriekapazitäten und geringeren Energieverbrauch der Fahrzeuge • längere Lebensdauer der Batterie • höhere Dichte an Ladestationen
Infrastruktur	• höhere Dichte an Ladestationen • Standards für Buchungs- und Abrechnungssysteme von Ladestationen sowie Kompatibilitäten zwischen verschiedenen Mobilitätsdienstleistern
Politik	• Reduktion CO_2-Ausstoß zur Einhaltung von Emissionsgrenzwerten • Kaufanreize für Elektrofahrzeuge (Kaufprämie und geringere Kfz-Steuer) • nichtmonetäre Anreize wie kostenlose oder reservierte Parkplätze für Elektrofahrzeuge und Freigabe von Busspuren
Kosten	• geringere Betriebskosten durch geringere Reparaturfrequenz und geringere „Tankkosten" • Abgabe von Batteriestrom in das öffentliche Netz, z.B. als Regelenergie, bei gleichzeitiger Vergütung der Fahrzeugbesitzer • Unabhängigkeit vom stark schwankenden Kraftstoffpreis

Treiber der Elektromobilität

Interviewer: Danke. Wie würden Sie weiter vorgehen?

Bewerber: Um beurteilen zu können, ob sich der Einstieg für YCar in den Verkauf von Ladestationen lohnt, würde ich gerne das Geschäft des Automobilherstellers besser verstehen. Unter Betrachtung von Umsatz und Kosten werde ich dann den Gewinn für die Ladestationen ermitteln. Dabei ergibt sich der Umsatz aus dem geplanten Verkaufspreis sowie der abgesetzten Menge. Auf der Kostenseite werde ich Fixkosten und variable Stückkosten betrachten.

Ich gehe davon aus, dass der Schwerpunkt auf dem privaten Laden durch Endkunden liegt. Öffentliches Laden bzw. der Aufbau einer öffentlichen Ladeinfrastruktur würde ich ausblenden. Gibt es verschiedene Varianten von Ladestationen, die YCar verkaufen möchte? Wer produziert die Ladestationen?

HINWEIS: Die Berechnung des Gewinns kann gerne auch zunächst skizziert (z. B. in Form eines Logikbaums) und dann im Anschluss dem Interviewer präsentiert werden.

Interviewer: Die Konzentration auf private Ladestationen ist in Ordnung. YCar plant mit einer smarten, internetfähigen Ladestation sowie einer einfachen Standardversion der Station ohne Internetkonnektivität. Der Vorstand möchte für die Herstellung der Ladestationen eine eigene Produktionsstätte aufbauen.

Bewerber: Gibt es bereits konkrete Absatzzahlen für das eSUV für die Jahre 2022 bis 2024? Ausgehend vom Fahrzeugabsatz kann ich das Volumen an Ladestationen ableiten.

Interviewer: Ein Kollege hat bereits die wichtigsten Informationen zusammengestellt.

Jahr	2022	2023	2024
Absatz Premium eSUV an Privatkunden	15.000	30.000	60.000

Voraussichtliche Absatzzahlen des eSUV

Bewerber: Vielen Dank. Dabei handelt es sich nun zunächst um das Volumen des Fahrzeugs. Gibt es eine Indikation, wie viele der Kunden des eSUV eine Ladestation kaufen werden?

Interviewer: YCar rechnet damit, dass rund 70 Prozent der Kunden des eSUV auch eine eine YCar-Ladestation kaufen werden.

Bewerber: Das klingt nach einem realistischen Anteil. Analog der Absatzzahlen für den eSUV gehe ich davon aus, dass sich die Zahl der verkauften Ladestation für den vorgegebenen Zeitraum jährlich verdoppelt.

Jahr	2022	2023	2024
Anzahl Ladestationen	15.000 × 70 % = 10.500	21.000	42.000

Voraussichtliche Anzahl an verkauften Ladestationen

Jetzt wäre es noch interessant zu wissen, zu welchen Stückpreisen die Ladestationen angeboten werden sollen und welche variablen Stück- und Fixkosten für die Errichtung und den Betrieb der Produktionsstätte in die Planung einfließen werden. Aus Erfahrung schätze ich den Preis einer Ladestation auf 300 bis 800 Euro. Die smarte Ladestation wird durch die Internetkonnektivität etwas teurer sein als die Standardversion.

Interviewer: Das ist richtig. Die smarte Ladestation soll für 500 Euro verkauft werden bei variablen Kosten von 350 Euro pro Stück. Die Standard-Ladestation wird für 300 Euro in den Verkauf gehen mit variablen Stückkosten in Höhe von 200 Euro.

Bewerber: Wir wissen, dass 70 Prozent der eSUV-Kunden eine Ladestation kaufen möchten. Es ist wichtig, den Anteil von smarten und Standard-Ladestationen am Gesamtabsatz zu bestimmen. Ich würde davon ausgehen, dass der Absatz der smarten Ladestation aufgrund der höheren Produktattraktivität ca. 60 Prozent und die der Standard-Ladestation 40 Prozent beträgt.

Interviewer: Das Fahrzeug ist im Premiumsegment angesiedelt. Würden Sie die Verteilung nochmals verändern?

Bewerber: In diesem Fall gehe ich davon aus, dass die Kunden weniger preissensibel sind. Daher würde ich den Anteil der smarten Ladestationen am Gesamtabsatz nochmals auf 80 Prozent anheben und die der Standard-Ladestation auf 20 Prozent reduzieren.

Interviewer: Sehr gut. Bitte gehen Sie bei den Kosten von einmaligen Investmentkosten zum Aufbau der Produktionsstätte und Herstellung der beiden Varianten von fünf Millionen Euro aus. Diese Summe soll linear über zehn Jahre abgeschrieben werden. Zusätzlich fallen in jedem Produktionsjahr 0,5 Millionen Euro Fixkosten an.

Bewerber: Vielen Dank. Damit kann ich Umsatz, Kosten und Gewinn bestimmen.

HINWEIS: Eine Rundung auf die erste Nachkommastelle wird akzeptiert.

Jahr	**2022**	**2023**	**2024**
1. Umsatzberechnung			
Umsatz smart	10.500 × 80% × 500 Euro = 4,2 Mio. Euro	8,4 Mio. Euro	6,8 Mio. Euro
Umsatz Standard	10.500 × 20% × 300 Euro = ~0,6 Mio. Euro	~1,3 Mio. Euro	~2,5 Mio. Euro
Gesamtumsatz	**~4,8 Mio. Euro**	**~9,7 Mio. Euro**	**~19,3 Mio. Euro**
2. Kostenberechnung			
var. Kosten smart	10.500 × 80% × 350 Euro = ~2,9 Mio. Euro	~5,9 Mio. Euro	~11,8 Mio. Euro
var. Kosten Standard	10.500 × 20% × 200 Euro = ~0,4 Mio. Euro	~0,8 Mio. Euro	~1,7 Mio. Euro
Abschreibung Invest.	5 Mio. Euro ÷ 10 Jahre = 0,5 Mio. Euro	0,5 Mio. Euro	0,5 Mio. Euro
Fixkosten	0,5 Mio. Euro	0,5 Mio. Euro	0,5 Mio. Euro
Gesamtkosten	**~4,3 Mio. Euro**	**~7,7 Mio. Euro**	**~14,5 Mio. Euro**
3. Gewinnrechnung			
Gewinn	**0,5 Mio. Euro**	**2 Mio. Euro**	**4,8 Mio. Euro**

Umsatz-, Kosten- und Gewinnberechnung

Auf Basis der Absatzzahlen für das eSUV-Modell kann der Hersteller über die ersten drei Jahre einen Gewinn von insgesamt ca. 7,3 Millionen Euro erzielen.

Ich würde davon ausgehen, dass YCar neben dem eSUV auch weitere elektrisch betriebene Modelle plant. In Verbindung mit der steigenden Attraktivität der E-Mobilität ist von einem wachsenden Absatz an E-Autos im Modellportfolio von YCar zu rechnen. Wenn diese Annahme stimmt, würde auch der Gewinn mit Ladestationen entsprechend steigen.

Interviewer: Vielen Dank, das ist interessant. Und wie hoch schätzen sie den Bedarf an Servicemitarbeitern für die erwarteten Installationsvorgänge beim Kunden ein?

Bewerber: Um die benötigte Anzahl an Installateuren berechnen zu können, treffe ich Annahmen für die Anzahl an Arbeitstagen pro Jahr, die Arbeitsstunden pro Tag und die Dauer für eine Installation.

Arbeitstage pro Jahr	Arbeitsstunden pro Tag	Dauer pro Installation
250	8	2 Stunden

Annahmen zur Berechnung der Anzahl benötigter Installateure

Zusatzannahme: Die Anzahl der erforderlichen Installationsvorgänge über das Jahr hinweg ist gleichmäßig verteilt.

In Kombination mit unseren Berechnungen zu der erwarteten Anzahl an Ladestationen aus der vorherigen Fragestellung lassen sich nun die erwarteten Installationen pro Tag und somit die Anzahl benötigter Mitarbeiter berechnen.

Interviewer: Ihr Ansatz klingt plausibel. Kann YCar damit rechnen, dass alle Kunden der Ladestation ebenfalls die Installation dazukaufen?

Bewerber: Es kann natürlich durchaus sein, dass der Kunde die Ladestation von YCar bezieht, die Installation jedoch von einem anderen Anbieter durchführen lässt. Gründe hierfür könnten beispielsweise ein zu hoher Installationspreis bei YCar oder auch die Loyalität des Kunden zu seinem Installateur des Vertrauens sein. Ich würde allerdings schätzen, dass aufgrund des Angebots aus einer Hand mindestens 50 Prozent den Installationsservice von YCar in Anspruch nehmen.

Interviewer: Damit können Sie weiterrechnen.

Bewerber: Ich berechne zunächst die Anzahl an erforderlichen Installationen pro Tag auf Basis der 50-Prozent-Annahme. Somit kann ich im Anschluss die benötigte Anzahl an Installateuren bestimmen.

- Installationsvorgänge pro Tag ÷ Mitarbeiter: acht Stunden pro Tag ÷ zwei Stunden Installationsdauer = vier Installationen pro Tag pro Mitarbeiter

Jahr	Installationen	Installationen pro Tag	Mitarbeiter
2022	10.500 × 50% = 5.250	5.250 ÷ 250 = 21	21 ÷ 4 = ~ 6
2023	21.000 × 50% = 10.500	10.500 ÷ 250 = 42	42 ÷ 4 = ~ 11
2024	42.000 × 50% = 21.000	21.000 ÷ 250 = 84	84 ÷ 4 = ~ 21

Berechnung der MItarbeiteranzahl

Interviewer: Der Vorstand bedankt sich und geht mit Ihren Prognosen auf das Personalmanagement zu.

Zum Schluss bittet Sie der Vorstand zu berechnen, wie hoch der Verkaufspreis pro Installation angesetzt werden muss, damit er im ersten Jahr eine Marge von mindestens 20 Prozent realisieren kann. Hierzu teilt der Vorstand die erwarteten Kosten mit:

Personalkosten pro Installateur	70.000 Euro
Administrative Kosten	500.000 Euro

Vorgaben zur Berechnung des Verkaufspreises einer Installation

Bewerber: Mit den vorhandenen Informationen ist mit folgenden Kosten pro Installation für das nächste Jahr auszugehen:

Jahr	Variable Kosten	Fixkosten	Gesamt	Kosten pro Installation
2022	6 × 70.000 Euro = 420.000 Euro	500.000 Euro	920.000 Euro	920.000 Euro ÷ 5.250 = ~175 Euro

Berechnung der Kosten einer Installation

Damit der Vorstand seine Zielmarge von 20 Prozent im ersten Jahr realisieren kann muss der Verkaufspreis pro Installationsvorgang wie folgt berechnet werden:

- Verkaufspreis Installation = Kosten pro Installation ÷ (1 – Zielmarge in Prozent)
  = 175 Euro ÷ (1 – 0,2)
  = 218,75 Euro

Um die gewünschte Marge von 20 Euro zu erzielen, muss der Verkaufspreis pro Installation bei 218,75 Euro liegen. Durch eine Verteilung der Fixkosten über zusätzliche Mitarbeiter in den darauffolgenden Jahren würde sich die Marge pro Installation erhöhen, vorausgesetzt, der Preis bleibt gleich.

Interviewer: Wie würden Sie abschließend die Chancen und Risiken für einen Automobilhersteller einordnen, sein Geschäft um Ladestationen und deren Installation zu erweitern?

Bewerber: Der Einstieg in Ladestationen und Installationen ist in der Chancen-Risiken-Analyse separat zu betrachten, da beide Optionen unabhängig voneinander stattfinden können. Interne Stärken und Schwächen werden erst beim Verkauf von Ladestationen und Installation ersichtlich.

Die Chancen-Risiken-Analyse aus Sicht des Automobilherstellers sieht wie folgt aus:

Bereich	Chancen	Risiken
Lade-stationen	• Erschließung neuer Umsatzquellen durch Verkauf von Ladestationen • eigene Ladeinfrastruktur als Enabler für Energieservices (Lastmanagement etc.) • individuelles YCar-Branding	• Aufbau einer eigenen Produktionskapazität mit hohen Investmentkosten • Ladestationen aktuell kein Kerngeschäft von Automobilherstellern • Wettbewerb weist bereits großes Angebot an Ladestationen vor
Installation	• Erschließung neuer Umsatzquellen durch Installationsservice • One-Stop-Shop (alles aus seiner Hand) • Kontrolle über Wertschöpfungskette	• Standardisierung des Services schwierig, da sich Vor-Ort-Bedingungen unterscheiden • Komplexität der Steuerung von Installateuren • höhere Komplexität in der Logistik

Chancen-Risiken-Analyse

Interviewer: Vielen Dank für diese Einschätzungen. Welches Vorgehen empfehlen Sie YCar auf Basis Ihrer Analyse?

Bewerber: Diese erste Analyse hat gezeigt, dass der Einstieg in das Geschäft mit Ladestationen profitabel ist. Aus diesem Grund und den weiteren Chancen, die sich daraus ergeben, empfehle ich YCar den Verkauf von eigenen Ladestationen. Allerdings sollte vor Aufbau einer eigenen Produktion auch die Option eines externen Zukaufs der Ladestationen oder der Kauf einer darauf spezialisierten Firma geprüft werden.

Bei einem Verkaufspreis von rund 219 Euro kann die vom Vorstand geforderte Marge für eine Installation beim Endkunden erzielt werden. Allerdings ist es empfehlenswert, diesen Verkaufspreis mit dem Marktumfeld abzugleichen. Um einen wettbewerbsfähigen Service anzubieten, sollte der Preis dann je nach Ergebnis nach oben oder unten angeglichen werden.

Interviewer: Sie haben die Aufgabe sehr gut gelöst. Vielen Dank!

Turnaround eines mittelständischen Großhändlers

von Julian Müller

Fallbeschreibung

Unternehmensbeschreibung

Die Good Instruments GmbH (nachfolgend: Good Instruments) ist ein deutsches mittelständisches Unternehmen mit Sitz in Heidelberg und beschäftigt ca. 320 Mitarbeiter. Die Eigenkapitalanteile des Unternehmens werden zu 100 Prozent von der Eigentümerfamilie gehalten. Von dieser wird es in zweiter Generation, aktuell durch Sohn und Tochter des Gründers, geführt. Funktional überschneiden sich die Aufgaben der beiden teilweise, was Mitarbeiter verunsichert und immer wieder zu prozessualen Komplikationen führt. Good Instruments verkauft elektronische Musikinstrumente (Gitarren, Bässe, Schlagzeuge und Synthesizer) und Zubehör (Verstärker, Lautsprecher und Verbindungselemente) im Hochpreissegment an den Fachhandel. Seit zwei Jahren werden diese Produkte auch in niedriger und mittlerer Preis- und Qualitätsstufe verkauft. Direkter Endkundenzugang über Filialen oder einen eigenen Online-Shop besteht nicht. Good Instruments hat einen hohen Bekanntheitsgrad bei Händlern und in Deutschland einen relativen Marktantei von 18 Prozentl im Jahr 2016. Die kurzfristige Finanzierung erfolgt im Wesentlichen über eine bilaterale Betriebsmittellinie. Neben dem Eigenkapital ist das Unternehmen über ein Gesellschafterdarlehen sowie ein langfristiges Bankdarlehen finanziert. Vor einem halben Jahr wurden in einem Operational-Excellence-Projekt Maßnahmen initiiert, die u. a. die Auftragsbearbeitung und Auslieferung binnen eines Tages bei Verfügbarkeit der Artikel ermöglicht.

Aktuelle Situation

Seit ca. 1,5 Jahren erfährt das Unternehmen einen deutlichen Nachfragerückgang nach den angebotenen Produkten. Zudem hat einer der Hauptlieferanten Schwierigkeiten mit der Liefertreue. Das führt dazu, dass die Kundenaufträge der Good Instruments mit erhöhtem Ressourcen-Einsatz bearbeitet werden müssen, um die Leistung vereinbarungsgemäß zu erbringen. Mit dem besagten Hauptlieferanten sind aktuell keine Konventionalstrafen vereinbart. Kunden bemängeln zunehmend lange Wartezeiten und weniger individuelle Beratung im Kaufprozess. In den vergangenen zwei Jahren haben zwei Produktmanager das Unternehmen verlassen, deren Funktion aktuell nur kommissarisch ausgefüllt wird. Die Nachbesetzung der Stellen ist noch nicht gelungen. Dies hat unter anderem zur Folge, dass kein ganzheitlicher Überblick zum Produktmix und der spezifischen Marktnachfrage besteht. Aus aktuellen Studien und Fachmagazinen geht hervor, dass insbesondere Berufsmusiker und ambitionierte Hobby-Musiker zunehmend neue Funktionen an Gitarren, Synthesizern und Verstärkern erwarten.

In dem wachsenden Markt für elektronische Musikinstrumente und Zubehör herrscht ein harter Wettbewerb unter den Lieferanten. Insbesondere die Vielzahl neuer Online-Händler aus Ostasien verändert die Beschaffungsmärkte. Hauptsächlich im mittleren Preissegment kommen zunehmende Produktnachahmungen aus Asien auf die hiesigen Märkte. Anders als im Hochpreissegment bestehen in dem unteren und mittleren Preisbereich kaum technische Produktdifferenzierungen. Bei den hochpreisigen Produkten dominieren Innovationsführer die Wettbewerbslandschaft in den für Good Instruments relevanten Beschaffungsmärkten. Die Umsatzverteilung ist dank breiter Kundenbasis ausgeglichen, sodass keine Abhängigkeit von einigen wenigen Kunden besteht. In den letzten Jahren ist eine zunehmende Konsolidierung im Fachhandel sowie eine Verschiebung zu Online-Käufen der Endkunden zu beobachten. Im Einsteigerbereich besteht wegen der großen und weiter steigenden Anzahl neuer Wettbewerber wenig Transparenz über diese und deren Marktauftritt. Neben Good Instruments gibt es acht ausgemachte Wettbewerber, die spezialisierte Produkte im Hochpreisbereich in denselben Absatzmärkten vermarkten.

Jahresabschluss 2016 bis 2018 der Good Instruments GmbH

	2016	**2017**	**2018**
Umsatzerlöse	45.167	38.448	31.136
Bestandsveränderungen	100	670	23
Sonstige betriebliche Erträge	436	950	539
Gesamtleistung	**45.703**	**40.068**	**31.697**
Materialaufwand	(25.475)	(22.496)	(17.488)
Rohertrag	**20.228**	**17.572**	**14.209**
Personalaufwand	(10.179)	(9.631)	(8.472)
Sonstige betriebliche Aufwendungen	(7.074)	(8.459)	(6.925)
EBITDA	**2.976**	**(517)**	**(1.187)**
Abschreibungen auf immat. VG und Sachanlagen	(711)	(717)	(758)
Abschreibungen auf Finanzanlagen	–	(1.023)	–
EBIT	**2.264**	**(2.257)**	**(1.945)**
Erträge aus Wertpapieren/Ausleihungen	13	11	17
Sonstige Zinsen und ähnliche Erträge	44	67	79
Zinsen und ähnliche Aufwendungen	(869)	(906)	(1.024)
Ergebnis der gewöhnlichen Geschäftstätigkeit	**1.452**	**(3.085)**	**(2.873)**
Steuern vom Einkommen und Ertrag	(363)	2	–
Sonstige Steuern	(42)	(214)	(102)
Jahresüberschuss/-fehlbetrag	**1.046**	**(3.296)**	**(2.975)**

Gewinn- und Verlustrechnung (in Tausend Euro)

	2016	2017	2018
Immaterielle Vermögensgegenstände	914	1.023	1.267
Sachanlagen	3.022	3.166	2.948
Finanzanlagen	2.111	1.566	2.161
Anlagevermögen	**6.048**	**5.755**	**6.375**
Vorräte	16.051	16.439	13.800
Forderungen aus LuL	3.043	2.604	2.173
Forderungen gegen verb. Unternehmen	932	910	924
Sonstige Vermögensgegenstände	353	486	508
Forderungen/sonst. Vermögensgegenstände	4.328	3.999	3.606
Liquide Mittel	760	313	594
Umlaufvermögen	**21.139**	**20.750**	**18.000**
RAP	**218**	**237**	**260**
Aktiva	**27.404**	**26.743**	**24.635**
Kapitalanteile	4.806	5.852	2.556
Konzernbilanzgewinn/-verlust	1.046	(3.296)	(2.975)
Eigenkapital	**5.852**	**2.556**	**(419)**
Rückstellungen	**2.071**	**1.798**	**1.811**
Langfristige Bankverbindlichkeiten	2.247	1.913	1.580
Kurzfristige Bankverbindlichkeiten (Kontokorrent)	7.758	10.293	10.565
Bankverbindlichkeiten	10.005	12.207	12.144
Erhaltene Anzahlungen auf Bestellungen	49	29	8
Verbindlichkeiten aus LuL	996	2.179	2.954
Verbindlichkeiten gegenüber verbundenen Unternehmen	31	41	41
Verbindlichkeiten gegenüber Gesellschafter	6.712	6.581	7.123
Sonstige Verbindlichkeiten	1.689	1.352	974
Verbindlichkeiten gesamt	**19.482**	**22.389**	**23.243**
Passiva	**27.404**	**26.742**	**24.635**

Bilanz (in Tausend Euro)

		2017	2018
Periodenergebnis		**(3.297)**	**(2.975)**
+	Abschreibungen	1.740	758
–/+	Rückstellungen	(273)	13
Brutto-Cashflow		**(1.829)**	**(2.204)**
+/–	Vorräte	(388)	2.639
+/–	Forderungen LuL	440	430
+/–	sonstige Vermögensgegenstände	(111)	(37)
–/+	Verbindlichkeiten aus LuL	1.182	775
+/–	Ein-/Auszahlungen aus Anzahlung	(21)	(21)
–/+	Verbindlichkleiten gegenüber verbundenen Unternehmen	11	–
–/+	sonstige Verbindlichkeiten	(337)	(379)
+/–	Rechnungsabgrenzungsposten	(19)	(22)
Cashflow aus laufender Geschäftstätigkeit		**(1.072)**	**1.181**
+/–	Investitionen	(1.447)	(1.379)
Cashflow aus Investitionstätigkeit		**(1.447)**	**(1.379)**
Free Cashflow		**(2.519)**	**(197)**
–/+	Verbindlichkeiten gegenüber Gesellschaftern	(131)	542
–/+	Langfristige Bankverbindlichkeiten	(334)	(334)
Cashflow aus Finanzierungstätigkeit		**(465)**	**208**
Netto-Cashflow		**(2.983)**	**10**
Verfügbare Kontokorrentlinien		**10.799**	**10.799**

Cashflow-Rechnung (in Tausend Euro)

Aufgabenstellung und Lösungsweg

Basierend auf den gegebenen Informationen sollen das Verständnis für die Ursachen der Krisensituation des Unternehmens erlangt werden eine Einschätzung erbracht werden, wie weit diese fortgeschritten ist. Im Anschluss sollen mögliche Maßnahmen aufgezeigt werden, die für den Turnaround von Good Instruments geeignet sind.

Beschreibung der Marktposition und des Kompetenzprofils des Unternehmens
Anhand der Fallbeschreibung soll das Unternehmen in einem ersten Schritt in den Gesamtzusammenhang des Marktes eingeordnet werden. Dazu eignet sich zum Beispiel eine Five-Forces-Analyse nach Porter (siehe Seite 102 bis 104). Das mögliche und nicht abschließende Ergebnis einer solchen Analyse zeigt, dass die Marktmacht der Lieferanten eher gering ist (bspw. wegen starken Wettbewerbs unter den Lieferanten, hoher Anzahl an vor allem asiatischen Lieferanten oder der Etablierung von Innovationsführern). Die Marktmacht der Kunden ist als moderat einzustufen (Anhaltspunkte

sind z. B. keine Abhängigkeit von einzelnen Kunden wegen breiter Kundenbasis, Konsolidierungstrend im Fachhandel, Preistransparenz durch Online-Preisvergleich und kein direkter Endkundenzugang). Die Gefahr des Markteintritts neuer Wettbewerber ist insbesondere wegen geringer Markteintrittsbarrieren im niedrigen und mittleren Preissegment und neuer Wettbewerber aus Asien über Online-Vertrieb hoch. Hingegen ist die Gefahr durch neue Wettbewerber im Hochpreissegment eher gering. Im niedrigen und mittleren Preissegment ist die Verfügbarkeit von Substituten ist insgesamt hoch einzustufen. Beispielhaft dafür sind die Gefahr durch Produktnachahmung und geringe Produktdifferenzierung. Im Hochpreissegment spielen Individualisierung und Sonderanfertigungen eine prioritäre Rolle bei der Kaufentscheidung, weshalb Gefahr durch Substitute nicht bzw. in nur geringem Ausmaß vorherrscht. Insgesamt ist die Wettbewerbsintensität ist als generell hoch einzustufen. Neben den oben genannten Punkten spiegeln sich hier z. B. auch der Wettbewerb mit spezialisierten Nischenanbietern im Hochpreissegment, der Innovationsdruck zur Produktdifferenzierung und der harte Preiskampf, insbesondere bei Einsteigermodellen, wider.

Zusätzlich soll eine SWOT-Analyse Informationen zur aktuellen Lage von Good Instruments geben und Ansatzpunkte für Turnaround-Maßnahmen aufzeigen. Das Ergebnis sollte mindestens die folgenden Punkte beinhalten.

Stärken	**Schwächen**
• mit 22 Prozent hoher relativer Marktanteil (langjährige Händlerbeziehungen) • Verbundeffekte im Verkauf durch Angebot komplementärer Produkte • Logistik: zügige Auslieferung bei Verfügbarkeit …	• Service: Schlechte Kundenorientierung und zu lange Wartezeiten • Produktmanagement: Intrasparenz zum Produktmix, Verlust von Schlüsselpersonen • keine vereinbarten Konventionalstrafen mit Lieferanten • bisher kein Online-Vertrieb …
Chancen	**Risiken**
• wachsender Gesamtmarkt • zunehmende Bedeutung neuer Vertriebswege, insbesondere Online-Direktvertrieb • höhere Erwartungshaltung im Hochpreissegment an Produkt- und Funktionsinnovationen …	• Preisdruck durch neue Wettbewerber im niedrigeren und mittleren Preissegment • gestiegene Markttransparenz: Kunden liegen nahezu alle Preis- und sonstigen Produktinformationen vor …

SWOT-Analyse

Analyse der Krisenursachen und der Krisenstadien

Die Krisenursachen können aus der Fallbeschreibung und den beiden zuvor angestellten Analysen abgeleitet werden. Der Case ist generisch gestaltet, sodass für die Krisenursachenanalyse keine Ideallösung existiert. Dennoch empfiehlt sich die Aufteilung in externe und interne Krisenursachen. Im Folgenden werden wesentliche zu analysierende Punkte aufgezeigt.

Im Bereich der externen Faktoren sollte der Fokus vor allem auf dem starken Wettbewerbsdruck aus Asien im niedrigen und mittleren Preissegment liegen (z. B. Preisdumping, keine Produktdifferenzierung). Kundenseitig sollte der bei Good Instruments noch nicht eingeführte Online-Vertriebskanal und damit verbunden das Fehlen eines B2C-Geschäfts aufgegriffen werden. Zusätzlich kann die steigende Erwartung an Produktinnovationen, insbesondere im Hochpreissegment, sowie die bei Good Instruments festgestellte nachlassende Qualität in der spezifischen Verkaufsberatung angeführt werden.

Die Untersuchung interner Krisenursachen kann aufgeteilt werden in einen leistungs- und einen finanzwirtschaftlichen Teil. Ersterer sollte auf die Probleme im Produktmanagement (z. B. keine Transparenz zu Nachfrage nach einzelnen Produkten, noch nicht erfolgte Nachbesetzung der Produktmanager-Vakanzen) und die einhergehenden Effekte auf Beschaffung, Bevorratung und Vertrieb (z. B. fehlender Profitabilitätsfokus im Sortiment, viele „Ladenhüter", unnötig hohe Lagerbestände und Kapitalbindung, fehlender Vertriebsfokus) thematisieren. Die finanzwirtschaftliche Analyse sollte von der Frage, wo sich die operativen Probleme in GuV, Bilanz und Cashflow widerspiegeln, getrieben sein. Insbesondere sind hier der rückläufige Umsatz, die negative EBITDA-Entwicklung sowie die Working-Capital- und Eigenkapitalentwicklung zu diskutieren. Um den negativen Produktmanagement-Effekt zu erklären, könnten als KPI z. B. die Days Inventory Outstanding (DIO = Vorräte ÷ Materialaufwand × 365 Tage) berechnet werden. Verbesserungen wurden zwar bei den Days Payables Outstanding (DPO = Verbindlichkeiten LuL ÷ Materialaufwand × 365 Tage) erzielt, diese konnten jedoch die Verschlechterung der DIO nicht kompensieren. Bei nahezu gleichbleibenden Days Sales Outstanding (DSO = Forderungen LuL ÷ Umsatzerlöse × 365 Tage) ergibt sich insgesamt 2018 verglichen mit 2016 ein um zwölf Tage verlängerter Cash Conversion Cycle (DIO + DSO – DPO). Zudem sollte in Verbindung mit der Analyse des Cashflows 2018 auf den Abverkauf von Vorräten zur Liquiditätsfreistzung als Krisenindikator eingegangen werden. Weitere wichtige KPIs sind beispielsweise die für 2017 und 2018 negative EBITDA-Marge (EBITDA ÷ Gesamtleistung) und die rückläufige Eigenkapitalquote (Eigenkapital ÷ Gesamtkapital). Hierbei sollte der Zusammenhang zwischen negativer Geschäftsentwicklung, höherer Zinslast aus erweiterter und fast vollständig augeschöpfter Inanspruchnahme der Betriebsmittellinie und des zugeführten Gesellschafterdarlehens im Jahr 2018, dem Jahresfehlbetrag und schließlich der Erosion des Eigenkapitals erklärt werden.

Aus den identifizierten Krisenursachen und -symptomen kann abgeleitet werden, dass sich Good Instruments in einer strategischen Krise befindet, die sich in eine Produkt-, Absatz- sowie Ergebniskrise entwickelt hat. Hinsichtlich einer Liquiditätskrise sollte argumentiert werden, dass der Netto-Cashflow 2017 negativ und 2018 nur sehr gering positiv war, das Unternehmen sich zwar mit der Betriebsmittellinie finanzieren konnte, diese jedoch von 2016 bis 2018 zunehmend stärker in Anspruch nehmen musste. Somit ist der finanzielle Spielraum nur noch sehr gering und für die zukünftig notwendige Arbeitsliquidität möglicherweise nicht hinreichend.

Ableitung von Turnaround-Maßnahmen
Die Turnaround-Maßnahmen sollten in kurzfristige existenzsichernde und langfristige nachhaltige Handlungsoptionen unterschieden werden. Grundsätzlich kann und sollte sich dabei an den Ergebnissen der Porters-Five-Forces- sowie der SWOT-Analyse orientiert werden.

Kurzfristig steht vor allem die Sicherung der Durchfinanzierung im Fokus. Vor dem Hintergrund des geringen Spielraums wäre hier beispielsweise die Gewährung eines nachrangigen Gesellschafterdarlehens zur Steigerung der Liquiditätsreserven denkbar. Die Einführung von Factoring ist eine weitere Option, um die Einzahlungen aus Kundenumsätzen zu beschleunigen und die DSO zu senken. Darüber hinaus sollten zeitnah die Vakanzen im Produktmanagement besetzt werden, um Transparenz im Produktmix zu erlangen und ggf. unnötige Vorräte liquidieren zu können. Die Optimierung des Working Capital sollte Good Instruments langfristig fortsetzen. Der Aufbau eines Online-Direktvertriebs sollte angestrebt werden, um preiskompetitiv verlorenes Marktvolumen zurück- und neues hinzuzugewinnen. Zudem sollte die Kundenzufriedenheit in der Verkaufsberatung, insbesondere im Hochpreissegment, gesteigert werden, zum Beispiel mit dem Aufbau eines Experience Centers zum unverbindlichen Testen verschiedener Gitarren und Verstärker. Finanzierungsalternativen für diese Maßnahmen sind beispielsweise eine Kapitalerhöhung durch bestehende oder durch Aufnahme weiterer Gesellschafter mit einer etwaigen Kombination eines neuen langfristigen Bankdarlehens. Zudem sollten die Kompetenzbereiche in der Unternehmensleitung klar abgegrenzt werden, um die organisatorische Effizienz zu steigern.

Lösungsstruktur

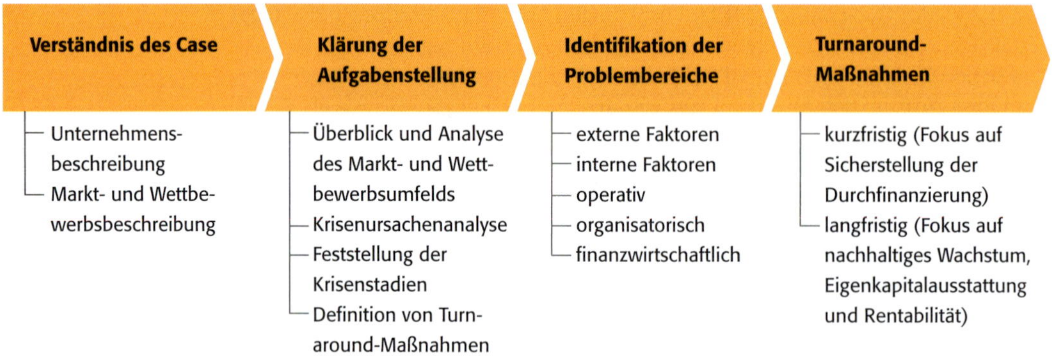

Ablauf und Gesamtstruktur des Case

Methoden zur Bepreisung einer Kochbox

von Julia Brechtel

Aufgabenstellung

Das Unternehmen TreatYourself möchte im kommenden Jahr damit beginnen, kochfertige Pakete, sogenannte Kochboxen, gefüllt mit ein paar Rezepten und vorbereiteten Zutaten, zu produzieren und zu vertreiben. Eine Box beinhaltet je nach Größe zwischen drei und fünf Rezepten und reicht - abhängig von der Kundenauswahl - für Mahlzeiten von jeweils zwei bis fünf Personen. Der Kunde konfiguriert sich über das Online-Portal von TreatYourself seine Box und erhält diese in der darauffolgenden Woche nach Hause geliefert. Alle Zutaten sind portionsgerecht und transportsicher verpackt, und bei Frischeprodukten, wie z. B. Fleisch, werden diese zusätzlich mit Kühlelementen ausgestattet.

Welche Möglichkeiten hat das Unternehmen TreatYourself, um Preise für seine Kochboxen zu definieren?

Lösungsweg

Gesprächsverlauf
Bewerber: TreatYourself hat zunächst einmal die Möglichkeit, die Herstellungskosten einer Kochbox zu ermitteln und dies als Basis für den Preis zu verwenden. Zusätzlich müsste das Unternehmen anschließend noch einen Gewinnaufschlag aufsetzen.

Interviewer: Genau richtig. Wir bezeichnen das in der Fachsprache als Cost-plus-Pricing. Welche Vor- und Nachteile sehen Sie bei diesem Modell?

Bewerber: Ein Vorteil ist natürlich, dass dieses Verfahren leicht anwendbar ist, da die Kosten in der Regel bekannt sind. Außerdem wird so eine ausreichend große Marge sichergestellt. Ein großer Nachteil zeigt sich darin, dass Ersparnisse im Einkauf direkt über günstigere Preise an den Kunden weitergegeben werden. Das kann unter anderem dazu führen, dass Kochboxen mit steigender Nachfrage günstiger verkauft werden, da TreatYourself mit größerer Abnahmemenge bessere Einkaufskonditionen aushandeln kann. Folglich werden Boxen mit sinkender Nachfrage langfristig teurer, die Preisbildung auf Kostenkalkulation verhält sich also antizyklisch zur Nachfrage. Ein weiterer Nachteil des Cost-plus-Pricing besteht darin, dass keine Markt- und Kundeninformationen berücksichtigt werden. Es könnte also passieren, dass ein Preis aufgrund der starken Wettbewerbsintensität nicht durchsetzbar ist. Auch ist es möglich, dass Kunden sogar bereit wären, mehr zu zahlen und dadurch Gewinne verschenkt werden.

Interviewer: Sehr schön zusammengefasst. Fallen Ihnen noch andere Modelle für die Bepreisung der Boxen ein?

Bewerber: Das Unternehmen kann sich an den Preisen des Wettbewerbs orientieren und mit Auf- bzw. Abschlägen entsprechend dem wahrgenommenen Nutzen der eigenen Marke arbeiten. Das ist einfach anzuwenden und hat den Vorteil, dass marktgerechte Preise abgebildet werden und gleichzeitig die Marktpositionierung berücksichtigt wird. Als Nachteil ist hierbei zu sehen, dass die Zahlungsbereitschaft der Kunden nicht in die Preise einfließt und mögliche Fehler in der Preisbildung der Wettbewerber in das eigene Pricing übernommen werden.

Interviewer: Richtig. Wenn wir nun annehmen, dass uns keine Wettbewerbsinformationen vorliegen und wir uns nicht an den Herstellkosten orientieren wollen, sehen Sie noch eine andere Möglichkeit, die Kochboxen zu bepreisen?

Bewerber: In diesem Fall müssen wir ein Modell entwickeln, das den finanziellen Wert der Kochbox für den Kunden abbildet. Die Hauptzielgruppe von TreatYourself besteht im Wesentlichen aus Kunden, die wenig Zeit haben, um Rezepte rauszusuchen und einkaufen zu gehen, die aber gleichzeitig großen Wert auf eine gesunde Ernährung legen. Grundsätzlich setzt sich der Produktwert aus dem Wert der Zeitersparnis und dem Wert der Zutaten zusammen. Anhand von Statistiken ist es möglich, das durchschnittliche Einkommen der Zielgruppe zu erfahren. Nun errechnen wir die Zeit, die der Kunde durch die Belieferung mit fertigen Rezepten und Zutaten einspart. Das Produkt aus dem durchschnittlichen Stundenlohn und eingesparter Zeit liefert den Zeitersparniswert für eine Box. Dazu addieren wir die durchschnittlichen Einkaufskosten für die Zutaten. Bei einer Kochbox für fünf Personen werden diese Kosten natürlich höher sein, als bei einer Box für zwei Personen. Die Einkaufskosten müssen zusätzlich noch mit der Anzahl der Mahlzeiten in der Box multipliziert werden, da auch diese den Wert der Zutaten beeinflussen. Die Summe aus dem Wert der Zeitersparnis und dem Gesamtwert der Zutaten ergibt den Gesamtnutzen der Box. Zusammengefasst erhalten wir folgende Formel für den Preis:

- P (Anzahl Mahlzeiten, Anzahl Personen)
  = (durchschnittlicher Stundenlohn × Zeitersparnis in Stunden) +
  (durchschnittliche Einkaufskosten für Anzahl Personen × Anzahl Mahlzeiten)

Value-Pricing-Modell für Kochboxen:

- Kundenwert = Wert der Zeitersparnis + Wert der Produkte

- P (AM, AP) =
  Ø Stundenlohn × Zeitersparnis in Stunden + Ø Einkaufskosten (AP) × AM
  (P = Preisfunktion, AM = Anzahl Mahlzeiten, AP = Anzahl Personen)

Interviewer: Der Ansatz gefällt mir sehr gut. Wir haben nun drei verschiedene Methoden erarbeitet, die für die Bepreisung der Kochboxen genutzt werden könnten. Welche Methode würden Sie der Geschäftsführung von TreatYourself empfehlen und warum?

Bewerber: Können Sie als mir Entscheidungsgrundlage mehr zur Gesamtstrategie des Unternehmens sagen?

Interviewer: Gerne. TreatYourself versteht sich als Premiumanbieter im Segment der Kochboxen und achtet auf durchweg gute Qualität seiner Zutaten sowie auf eine ausgewogene und saisonale Menüauswahl.

Bewerber: Vielen Dank. Da sich TreatYourself als Premiumanbieter positioniert und ein kleines Produktportfolio vertreibt, empfehle ich die wertbasierte Preisbildung. Diese ist in der Regel aufwendiger als die anderen Methoden, aber sie liefert Preise, die die Zahlungsbereitschaft der Kunden abgreift. In unserem Fall ist eine überschaubare Anzahl an Produkten zu bepreisen, sodass der Aufwand zur Entwicklung der Preislogik gerechtfertigt ist. Als Premiumanbieter sollten wir uns weniger an Kosten und Wettbewerb orientieren, sondern den Wert unserer Premiumware vermarkten.

Zusammenfassung Lösungsstruktur

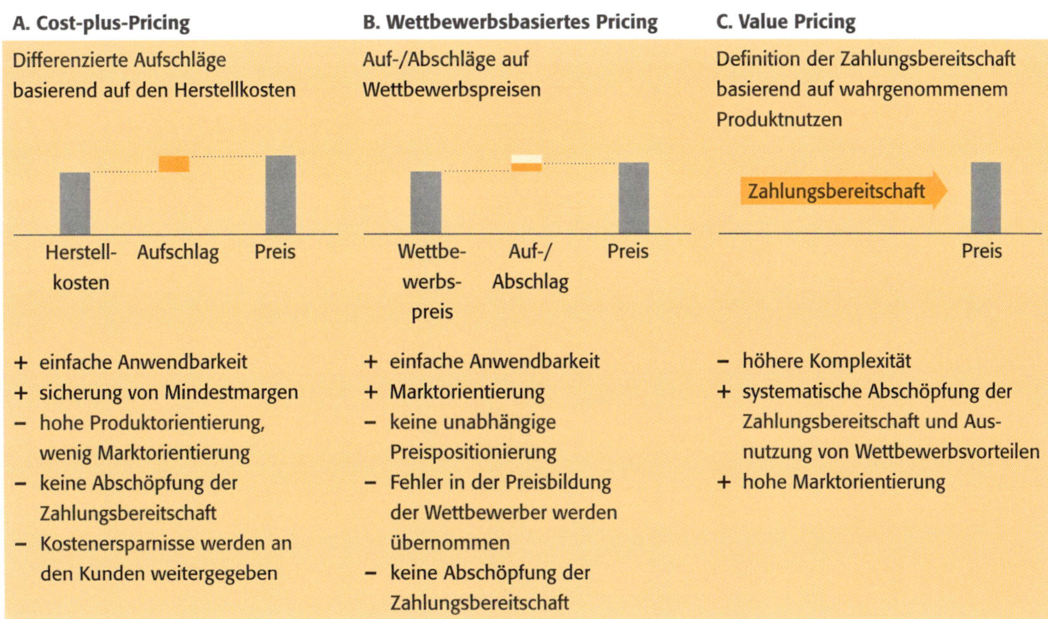

Überblick über die Pricing-Ansätze

Neuer Kern für die SEE Bank

von Manuel von Krosigk

Aufgabenstellung

Die Finanzkrise ist größtenteils überstanden und nach 2008 verstaatlichte Banken werden zunehmend privatisiert. Da die NPLs (non-performing loans) in Südosteuropa in weiten Strecken durch den Staat abgewickelt wurden, stellen jene mit einem Return on Equity von ca. zehn Prozent in den letzten Jahren, also in etwa dreimal so hoch wie in Deutschland, rentable Investitionen dar.

Aus diesem Grund hat ein großer amerikanischer Private Equity Fund drei kleinere Universalbanken aus dem südosteuropäischen Raum aufgekauft und ist dabei, diese zu verschmelzen. Neben kulturellen Aspekten und der Abstimmung des Betriebsmodells zur Hebung von Skaleneffekten, die in einem parallelen Projekt bearbeitet werden, ist die Vereinheitlichung der IT eine große Herausforderung. Insbesondere soll ein neues Kernbankensystem ausgewählt und in naher Zukunft installiert werden. Wie würden Sie dem Kunden helfen?

Klärung von Vorab-Fragen

Bewerber: Spannende Fragestellung! Um sicherzugehen, dass ich die Aufgabenstellung richtig verstanden habe, fasse ich kurz zusammen und konkretisiere das Ziel: Es geht in diesem Projekt darum, ein Kernbankensystem für eine frisch verschmolzene südosteuropäische Universalbank auszuwählen, das im Anschluss implementiert werden soll. Hierzu hätte ich drei kurze Verständnisfragen, bevor ich in die Lösung gehe:
1. Was genau ist ein Kernbankensystem?
2. Wer ist unser Kunde? Der PE Fund oder die Bank?
3. Gibt es weitere Ziele oder Aspekte, die ich berücksichtigen sollte, beispielsweise Investitionsziele des PE Funds?

Interviewer: Die Zusammenfassung ist korrekt. Zu den Fragen:
1. Ein Kernbankensystem (KBS) ist die zentrale Plattform einer Bank, auf der alle Kernprozesse in der IT abgebildet werden. Unter anderem wird hier die Verwaltung von Spar-, Darlehens-, und Girokonten abgewickelt.
2. Das KBS ist für die Bank selbst, die Interessen des Eigentümers sind aber ebenfalls zu berücksichtigen.
3. Der PE Fund möchte die Bank wettbewerbsfähig machen und als Investment halten; ein Verkauf in naher Zukunft oder die Eingliederung in eine andere Firma sind nicht geplant. Für diesen Projektauftrag ist die Auswahl des KBS ausreichend.

Bewerber: Dann würde ich mir einen Moment Zeit nehmen, um einen Lösungsweg für diese Aufgabe zu skizzieren.

Lösungsweg

Bewerber: Wie in meiner Skizze aufgeführt, würde ich folgendes dreistufiges Vorgehen vorschlagen:

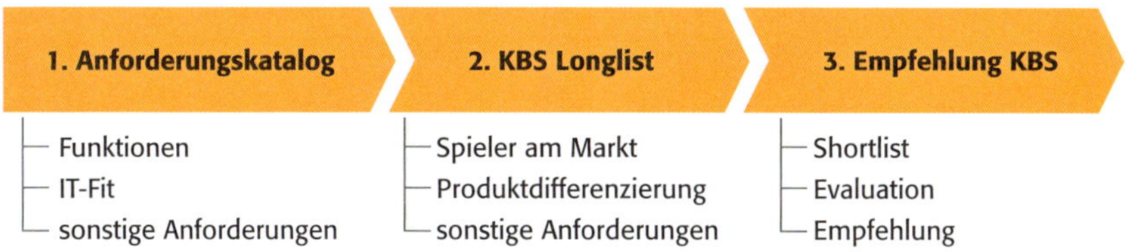

Dreistufiges Vorgehen zur Auswahl eines Kernbankensystems

In einem ersten Schritt gilt es, die Anforderungen an das KBS zu identifizieren - also: Welche Funktionen muss es business-seitig abdecken, auf welche Eigenheiten muss IT-seitig geachtet werden, und gibt es zeitliche und finanzielle Einschränkungen? Das Ziel wäre hier, einen Anforderungskatalog zu entwerfen.

Als Nächstes möchte ich mir einen Überblick über den Markt für KBS verschaffen: Wer bietet KBS an, wie differenziert sind die Angebote und gibt es regulatorische oder sonstige Einschränkungen? Als Ergebnis würde ich eine Longlist an möglichen KBS zusammenstellen.

Im letzten Schritt würde ich ein geeignetes KBS identifizieren und anschließend eine Empfehlung geben. Dazu würde ich die Longlist erstens um offensichtliche No-Gos reduzieren und die daraus resultierende Shortlist anhand eines strukturierten Bewertungsbogens beurteilen.

Wenn dieses Vorgehen für Sie in Ordnung ist, würde ich gerne mit der Ableitung eines Anforderungskatalogs beginnen.

Interviewer: Das hört sich gut an, fahren Sie bitte fort.

1. Anforderungskatalog

Bewerber: Der Anforderungskatalog sollte Funktionalitäten von der Business-Seite enthalten, aber auch den IT-Fit sicherstellen, damit Schnittstellen zu anderen Anwendungen, z. B. externen Applikationen für Karten und Geldautomaten, weiterhin genutzt werden können. Darüber hinaus sollten ein zeitlicher und finanzieller Rahmen festgelegt werden.

Interviewer: Welche Funktionen meinen Sie konkret?

Bewerber: Hier wird das Geschäft der Bank abgefragt: Welche Produkte werden angeboten, im Retail Business z. B. Kredite, Einlagen, Wertpapiergeschäft, im Firmenkundengeschäft Handelsfinanzierungen und im Investmentbanking-Bereich der institutionelle Handel, IPOs (Börsengänge) sowie M&A (Mergers & Aquisitions). Explizit geht es darum, dass das KBS diese Produkte sowie die damit verbundenen Prozesse unterstützen muss. Die Ergebnisse des Parallelprojekts hierzu können als solide Basis für die Erhebung dienen.

Interviewer: Sehr gut. Den Investment-Banking-Bereich können wir hier vernachlässigen. Coverage von Produkten, Prozessen sowie Anforderungen für den IT Fit wurden bereits in einem Vorprojekt erhoben.

2. Erstellung Longlist
Bewerber: Dann würde ich nun zum zweiten Punkt kommen, dem Marktüberblick. Haben Sie Informationen zu den KBS auf dem Markt, d.h. wer diese anbietet und worin sich die Angebote unterscheiden?

Interviewer: Es gibt einen gesunden Wettbewerb in der Branche, Anbieter in allen Größen, und einige Großbanken haben ihr eigenes KBS. Stärkste Differenzierungskriterien sind Produktaufbau und Pricing: Einige KBS sind modular aufgebaut während andere Angebote sich auf die Bedürfnisse eines Kunden anpassen. Die Kosten teilen sich in Lizenzen, Installation und Wartung auf – die Anbieter unterscheiden sich hier vor allem in der Aufteilung, wobei es natürlich auch Premiumanbieter mit höheren Preisen gibt.

Bewerber: Alles klar. Ich nehme an, das angepasste Angebot ist etwas höher bepreist und daher eher für größere Player interessant. Da der südosteuropäische Raum ein eher kleiner Markt ist, behalte ich das für die Analyse besonders im Hinterkopf. Weiterhin könnte natürlich ein internationales System für den PE Fund besonders interessant sein, da dies den Verkauf bzw. die Integration in eine andere Bank erleichtern würde. Da dies aber aktuell nicht geplant ist, würde ich es in dieser Analyse ausklammern. Gibt es über die genannten Unterschiede hinaus rechtliche Einschränkungen an das KBS, etwa sicherheitsrelevanter oder regulatorischer Natur?

Interviewer: In der Tat ist die verschmolzene Bank mittlerweile systemrelevant und muss daher Richtlinien der EZB befolgen, während die drei ursprünglichen Banken nur an die nationale Behörde berichtet haben.

3. Identifikation KBS
Interviewer: Nehmen wir nun an, Sie haben Ihre Longlist erstellt und 28 Anbieter identifiziert. Wie würden Sie weiter vorgehen?

Bewerber: Zuerst einmal würde ich die offensichtlichen No-Gos aussortieren. Welche KBS-Anbieter sind wahrscheinlich nicht interessiert, da die Bank nicht in ihren Kundenstamm passt (Größe, Region, Kultur etc.)? Welcher Anbieter kann den regulatorischen Anforderungen nicht gerecht werden und/oder steht in Kontrast zu den Interessen des Eigentümers? Das sollte die Liste signifikant reduzieren und den Weg für eine effiziente Evaluation von interessanten Kandidaten bereiten. Außerdem würde ich die Erstellung eines eigenen KBS ausklammern – dafür hat die SEE Bank nicht die notwendigen Kapazitäten, und die Zeit reicht nicht aus.

Interviewer: Richtig. Grundsätzlich kann man natürlich einzelne Teile wie das Regulatory Reporting an die EZB über externe Applikationen lösen, aber der Einfachheit halber machen wir es so. Ihre Kollegen haben im Dialog mit der Bank bereits drei mögliche Kandidaten vorselektiert und Informationen von ihnen angefragt. Wie würden Sie weiter verfahren?

Nationalität	The National	The European	One World
Umsatz p.a. in Euro	2 Mio.	500 Mio.	>1.000 Mio.
Anzahl Mitarbeiter	70	2.000	>10.000
Anzahl Kunden	5	150	>1.000
Lokaler Partner für Implementierung	nein	ja	k.A.
KBS-Aufbau	customized	modular	modular
Umsetzungsdauer	18 Monate	15 Monate	1,5–2 Jahre
Preis p.a. in Euro	1,1 Mio.	1,1 Mio.	0,8 Mio.

Informationen über vorselektierte Kandidaten

Bewerber: Zuerst einmal fällt mir auf, dass The National der kleinste Anbieter ist. Sollte dessen Umsatz stark von einem Kunden abhängen, besteht die Gefahr einer Insolvenz, wenn dieser wegbricht, z.B., weil er ebenfalls aufgekauft wird. Selbstverständlich würde die SEE Bank als neuer Großkunde dieses Risiko reduzieren. One World hat bei der Frage nach einem Implementierungspartner keine Antwort gegeben, eventuell ist hier die Motivation für eine Zusammenarbeit nicht besonders hoch. Als Kunde wäre unsere Bank für diesen Anbieter hinsichtlich des Umsatzes auch am unwichtigsten. Dagegen wäre The National das einzige Customized-System, hängt aber nicht von einem Partner für die Implementierung ab und besticht durch die kulturelle Nähe. The European liegt zwischen den beiden anderen Anbieter und könnte durch einen lokalen Implementierungspartner ebenfalls kulturelle Nähe bieten, sofern dies für den Kunden eine Option ist.

Um ein geeignetes KBS auszuwählen, stelle ich nun ein strukturiertes Evaluations-Framework auf. Basierend auf unserer bisherigen Diskussion und der Vorselektion erscheinen mir folgende Dimensionen als besonders relevant: Implementationszeit, Grad der funktionellen Abdeckung, Schnittstellen/IT und kultureller Fit, Preis sowie Relevanz unserer Bank für den Anbieter.

Da Sie angesprochen hatten, dass man Teile des KBS auch bei anderen Anbietern einkaufen kann, ist eine volle Abdeckung der Funktionalitäten nicht zwingend notwendig, es gibt also in diesem zweiten Schritt der Auswertung keine K.-o.-Kriterien mehr. Außerdem möchte ich alle Kategorien gleich gewichten, da die Merkmale qualitativ und vom Level eher indikativ sind. Exakte Kalkulation würde hier nur zu Scheingenauigkeit führen, aber keinen echten Mehrwert liefern, weshalb ich die Anbieter relativ nach Rängen sortieren würde. Bei der IT würde ich One World auf Rang eins setzen, da es aufgrund der Reichweite das etablierteste KBS zu sein scheint. The National liegt wegen der maßgeschneiderten Lösung an zweiter Stelle. Meine Einschätzung nach Rängen gestaltet sich daher wie folgt:

	Zeit	Funktion	IT	Kultur	Preis	Relevanz	Summe
The National	2	2,5	2	1	2,5	1	**11**
The European	1	1	3	2	2,5	2	**11,5**
One World	3	2,5	1	3	1	3	**13,5**

Auswertung der Kandidaten

Basierend auf der Auswertung liegt The National knapp vor The European. Auch, wenn dessen Preis relativ hoch ist, besticht das Angebot durch voraussichtlich guten Service aufgrund der hohen Relevanz und kulturellen Nähe bei einem soliden Produkt.

Interviewer: Die COO wird in 30 Sekunden eintreffen – was sagen Sie ihr?

Empfehlung

Bewerber: Guten Tag. Wie von Ihnen gewünscht, hat unser Team analysiert, welches KBS die SEE Bank in Zukunft optimal ausstatten würde. Ich schlage daher The National als KBS-Anbieter vor, der sich gegen 28 selektierte Kandidaten vor allem aufgrund der folgenden zwei Aspekte durchgesetzt hat:

- The National erfüllt alle Voraussetzungen an das KBS: Es wird ein einzigartiges System für die SEE Bank aufgesetzt und an ihre Bedürfnisse angepasst.
- Durch die kulturelle Nähe und die Wichtigkeit der SEE Bank für The National, ist ein besonders effizienter Arbeitsfortschritt mit hohem Servicelevel zu erwarten.

Aufgrund der Abhängigkeit des Anbieters „The National" von wenigen Kunden besteht jedoch ein geringes Risiko, dass dieser beim Wegfall eines Kunden insolvent geht. Die SEE Bank als neuer großer Kunde würde dies kompensieren, jedoch würde ich vorschlagen, eine Übernahme des Unternehmens im Ernstfall zu prüfen. Wir stellen Ihnen dafür gerne ein geeignetes Team zusammen.

Als weitere Schritte würde ich vorschlagen, einen detaillierten Umsetzungsplan mit The National aufzusetzen, um zeitnah mit der Implementierung beginnen zu können.

Interviewer: Vielen Dank für Ihre Empfehlung.

Worauf ist bei der Lösung zu achten?

- Fassen Sie die Ausgangssituation handlungsorientiert und ohne unnötige Details zusammen, um das gemeinsame Verständnis zu gewährleisten und eine klare Zieldefinition in den Vordergrund zu stellen.
- Gehen Sie proaktiv, strukturiert und pragmatisch vor (Stichwort: MECE-Struktur).
- Wenn Sie vom Interviewer Daten erhalten, fassen Sie diese zusammen und interpretieren Sie sie.
- Stimmen Sie das Vorgehen und v. a. die Einschätzung mit dem Interviewer ab und stehen Sie zu den Ergebnissen.

Subskriptionspreismodell für einen Softwareanbieter im Gesundheitswesen

von Charlotte-Louise Bartsch und Lisa Remmelberger

Aufgabenstellung

Interviewer: Ihr Klient ist die eHealth GmbH, ein Softwareanbieter im Gesundheitswesen. Unter anderem vertreibt die eHealth GmbH eine Software, die Krankenhäusern bei der Administration ihrer Patienten hilft. In den letzten Jahren hat das Unternehmen in die Entwicklung einer cloud-basierten Lösung investiert. Dies bedeutet, dass die Software zukünftig nicht mehr auf den Servern der Krankenhäuser installiert wird, sondern auf einem dezentralen Server. Nutzer können über das Internet auf die Software zugreifen. Üblicherweise wird cloud-basierte Software auf Basis eines Subskriptionspreismodells vertrieben. Die eHealth GmbH bittet Sie die Auswirkungen einer Umstellung des heutigen Preismodells auf ein Subskriptionsmodell zu analysieren.

Lösungsweg

HINWEIS: Zur Bearbeitung des Case wird nicht vorausgesetzt, dass sich der Bewerber mit cloud-basierter Software auskennt.

Bewerber: Um die Auswirkungen einer Umstellung des Preismodells zu analysieren, würde ich gerne zunächst das heutige Preismodell für die Software der eHealth GmbH verstehen. Können Sie mir mehr Informationen dazu geben?

Interviewer: Sehr gerne. Die eHealth GmbH verkauft eine Lizenz für die Software. Ein mittelgroßes Krankenhaus würde beispielsweise einmalig 120.000 Euro für die eHealth-Software bezahlen. Für die Installation und Implementierung der Software fallen einmalig weitere zehn Prozent des Lizenzwerts an. Zusätzlich sind die Kunden verpflichtet, einen Softwarepflege-Vertrag über drei Jahre abzuschließen. Die jährlich wiederkehrenden Kosten für die Softwarepflege belaufen sich auf 25 Prozent des gezahlten Lizenzwerts. Könnten Sie zunächst für das mittelgroße Krankenhaus den Customer-Life-Time-Value (CLTV) berechnen? Welche weiteren Faktoren müssten Sie gegebenenfalls berücksichtigen?

Bewerber: Vielen Dank für die Informationen. Ich habe verstanden, dass es drei Umsatzkomponenten gibt: die Softwarelizenz, die Installation und die Softwarepflege. Dabei fallen die Umsätze aus der Softwarelizenz und Installation einmalig und die aus der Softwarepflege jährlich an.

Zur Berechnung des CLTV werden die Umsätze oder Gewinne über die Lebensdauer des Kunden auf den heutigen Zeitpunkt diskontiert und summiert. Daher ist es wichtig, die übliche Lebensdauer eines Kunden zu kennen. Sie haben erwähnt, dass die Kunden verpflichtet sind den Softwarepflege-Vertrag über drei Jahre abzuschließen. Ich könnte mir aber vorstellen, dass viele Kunden die Software länger als drei Jahre nutzen und auch weiter für Softwarepflege zahlen. Ist dies richtig?

HINWEIS: Gerade bei komplizierteren Sachverhalten ist es gut, wenn der Bewerber dem Interviewer sein Verständnis zurückspielt.

Interviewer: Richtig, im Durchschnitt nutzen die Kunden der eHealth GmbH die Software fünf Jahre und bezahlen auch in den weiteren zwei Jahren für die Softwarepflege. Als Gewinnmarge können Sie vereinfacht 50 Prozent für alle Komponenten annehmen und als Diskontierungssatz zehn Prozent. Bitte rechnen Sie den CLTV auf Basis des Gewinns aus. Für die Diskontierung dürfen Sie einen Taschenrechner verwenden.

Bewerber: Mit den gegebenen Informationen beläuft sich der Umsatz ohne Diskontierung über die fünf Jahre hinweg auf 282.000 Euro und der CLTV auf Gewinnbasis auf 128.548 Euro.

Heutiges Preismodell	2019	2020	2021	2022	2023
Softwarelizenz	120.000				
Installation	12.000				
Softwarepflege	30.000	30.000	30.000	30.000	30.000
Umsatz	**162.000**	**30.000**	**30.000**	**30.000**	**30.000**
Gewinn	**81.000**	**15.000**	**15.000**	**15.000**	**15.000**
Customer-Life-Time-Value-Berechnung					
Gewinn diskontiert	81.000	13.636	12.397	11.270	10.245
CLTV	**128.548**				

Preismodell (in Euro)

Interviewer: Das ist richtig. Nun wollen wir uns dem neuen Subskriptionspreismodell widmen. Anstatt die Softwarelizenz und die Softwarepflege separat zu berechnen, plant die eHealth GmbH, lediglich eine jährliche Softwaregebühr zu berechnen. Der Umsatz aus der Softwarelizenz wird sozusagen auf die übliche Nutzungsdauer umgelegt und mit den Umsätzen aus der Softwarepflege summiert. Die Installationsgebühren bleiben wie zuvor erhalten. Welche Auswirkungen wird dies Ihrer Meinung nach auf den CLTV haben?

Bewerber: Bisher haben die Kunden die Softwarenutzung quasi vorfinanziert. Im heutigen Preismodell fällt der größte Umsatzanteil, die Softwarelizenz, im ersten Jahr an und wird bei der Berechnung des CLTV nicht diskontiert. Die zeitliche Verlagerung des Umsatzes aus der Softwarelizenz im neuen Subskriptionspreismodell sollte sich daher negativ auf den CLTV auswirken.

Ich frage mich aber, ob die Software durch die technische Umstellung besser geworden ist, z. B. durch neue Funktionalitäten und verbesserte Performance, und die eHealth GmbH somit Potenzial hat, den Preis im neuen Preismodell anzuheben?

Interviewer: Richtig, unter gleichen Bedingungen, d. h. konstantem Gesamtumsatz, wirkt sich das neue Preismodell negativ auf den CLTV aus, da Umsätze zu einem späteren Zeitpunkt entstehen (im vorliegenden Beispiel würde der CLTV um ca. acht Prozent, von 128.548 Euro auf 118.586 Euro, sinken). Sie haben jedoch richtig erkannt, dass die technische Umstellung der eHealth GmbH Potenzial zur Preiserhöhung bietet. Mithilfe von Marktforschungsmethoden hat das Unternehmen festgestellt, dass über die Nutzungsdauer der Gesamtumsatz aus Softwarelizenz und Softwarepflege um 30 Prozent erhöht werden kann. Würde diese Preiserhöhung ausreichen, sodass der CLTV zumindest genauso hoch ausfällt wie im heutigen Preismodell?

Bewerber: Im heutigen Preismodell beläuft sich der Umsatz des beispielhaften Kunden über fünf Jahre auf 270.000 Euro (120.000 Euro für die Lizenz + 5 × 30.000 Euro für die Softwarepflege). Erhöhen wir dies um 30 Prozent, beläuft sich der Fünfjahresumsatz auf 351.000 Euro. Bei der üblichen Nutzungsdauer von fünf Jahren beträgt die jährliche Softwaregebühr 70.200 Euro. Unter diesen Bedingungen beläuft sich der CLTV auf 152.362 Euro und liegt damit über dem CLTV im heutigen Preismodell.

Neues Preismodell	2019	2020	2021	2022	2023
Installation	12.000				
Softwaregebühr	70.200	70.200	70.200	70.200	70.200
Umsatz	**82.200**	**70.200**	**70.200**	**70.200**	**70.200**
Gewinn	**41.100**	**35.100**	**35.100**	**35.100**	**35.100**
Customer-Life-Time-Value-Berechnung					
Gewinn diskontiert	41.100	31.909	31.909	31.909	31.909
CLTV	**152.362**				

Neues Preismodell (in Euro)

Interviewer: Das haben Sie richtig berechnet. Zum Abschluss würde die eHealth GmbH gerne noch wissen, nach wie vielen Jahren sich das Premium im neuen Preismodell positiv auf den jährlichen Umsatz auswirkt.

Bewerber: Zur Berechnung würde ich folgende Formel aufstellen: 12.000 Euro + 120.000 Euro + 30.000 Euro × Jahre = 12.000 Euro + 70.200 Euro × Jahre. Diese Formel wird nach der Variablen „Jahre“ aufgelöst.

Nach ca. drei Jahren wirkt sich das Premium im Subskriptions-Modell positiv auf den jährlichen Umsatz aus. Das heißt, ab dem vierten Jahr erwirtschaftet die eHealth GmbH ein jährliches Umsatzplus gegenüber dem alten Preismodell. Die eHealth GmbH sollte also darauf achten, dass die Kunden auch weiterhin die Software länger als drei Jahre nutzen.

Interviewer: Vielen Dank, aus meiner Sicht war das eine sehr gute Bearbeitung der Aufgabenstellung.

Business Opportunity: Tankstelle

von Jan-Sebastian Hovest-Engberding

Aufgabenstellung

Interviewer: Ein guter Freund und Besitzer einer Tankstelle bietet Ihnen an, sein Geschäft für zehn Millionen Euro zu erwerben. Wie werden Sie sich entscheiden, und wie begründen Sie Ihre Entscheidung?

Kandidat: In Ordnung, es geht also um die Frage, ob ich eine Tankstelle von einem Bekannten für zehn Millionen Euro erwerben möchte und worauf diese Entscheidung basiert. Ist dies korrekt?

Interviewer: Das ist korrekt.

Kandidat: Dann hätte ich einige Fragen, bevor ich meine Lösung strukturiere:
1. Ich würde davon ausgehen, dass meine persönliche Präferenz, eine Tankstelle zu übernehmen, keine Rolle spielen soll, korrekt?
2. Ebenso gehe ich davon aus, dass wir eine Übervorteilung durch den Verkäufer, der ja ein guter Freund ist, sowie versteckte Kosten, drohender Lizenzentzug etc. ausschließen können, korrekt?
3. Können wir bei dem Erwerb der Tankstelle davon ausgehen, dass wir den gesamten Betrieb inkl. der Immobilien und Anlagen erwerben, oder geht es nur um eine Lizenz?
4. Liegen uns Informationen zu der finanziellen Situation der Tankstelle vor, also Umsatz, Kosten und/oder Gewinn, optimalerweise in Form einer GuV?
5. Da ich keine zehn Millionen Euro Eigenkapital aufbringen kann und davon ausgehe, dass dies auch die Ausgangsbasis für den Case ist, würde ich gerne wissen, wie ich mich finanzieren kann und zu welchen Konditionen.

Interviewer: Das sind sehr gute und valide Fragen:
1. Korrekt, persönliche Präferenzen spielen für die Beantwortung der Frage keine Rolle.
2. Korrekt, der Verkäufer hat keine „Hidden Agenda". Wir können davon ausgehen, dass die Tankstelle in voll funktionsfähigem Zustand ist und nach Bezahlung problemlos betrieben werden kann.
3. Ja, es werden alle Betriebseinrichtungen, Lizenzen etc. erworben, es handelt sich um eine freie Tankstelle.
4. Leider liegen uns keine detaillierten Finanzinformationen und auch keine Marktdaten vor. Wir müssen einen Weg finden eine Prognose für diese Kennzahlen zu erstellen (und können sowohl die Tankstelle als auch die Umgebung hierfür beobachten).
5. Zunächst können wir davon ausgehen, dass wir die zehn Millionen Euro von unserer Hausbank bekommen werden und ausschließlich über Fremdkapital finanzieren würden. Der Zinssatz läge bei zehn Prozent.

Kandidat: Perfekt, das heißt, dass ich das Marktpotenzial herleiten muss. Um dies zu tun, wäre es wichtig zu wissen, aus welchen Aktivitäten die Tankstelle Umsatz generiert. Meine Hypothese lautet, dass die Tankstelle neben dem Kraftstoffgeschäft mindestens ein weiteres Standbein hat, wie einen Shop oder eine Waschanlage.

Interviewer: Die Tankstelle hat tatsächlich einen Shop, aber keine Waschanlage.

Kandidat: Ok, also sind es zwei Einkommensquellen. Als letzte Frage würde ich noch gerne wissen, wie viele Zapfsäulen die Tankstelle hat.

Interviewer: Es sind zehn Zapfsäulen.

Kandidat: Jetzt habe ich, aus meiner Sicht, alle relevanten Informationen gesammelt. Ich würde mir gerne eine Minute Zeit für die Strukturierung der Lösung nehmen.

Interviewer: In Ordnung.

Lösungsweg

Hypothesenbasierte Ableitung des aktuellen Ertragspotenzials

Kandidat: Um die Frage zu beantworten, ob ich die Tankstelle kaufen möchte, muss ich prüfen, ob die freien Mittelrückflüsse bzw. der Kapitalwert (Net Present Value, NPV) größer als meine Investition sind. Zudem gilt es zu prüfen, wann der Breakeven-Point eintritt und ob dieser für mich akzeptabel ist.

Zunächst möchte ich das aktuelle Ertragspotenzial ermitteln, indem ich das Ertragspotenzial des Kraftstoffs sowie des Shops und letztlich die indirekten Kosten ableite. Danach möchte ich verschiedene Trends berücksichtigen, um das zukünftige Marktpotenzial zu ermitteln und so abschließend den Netto-Ertragswert der Investition gegenüberzustellen.

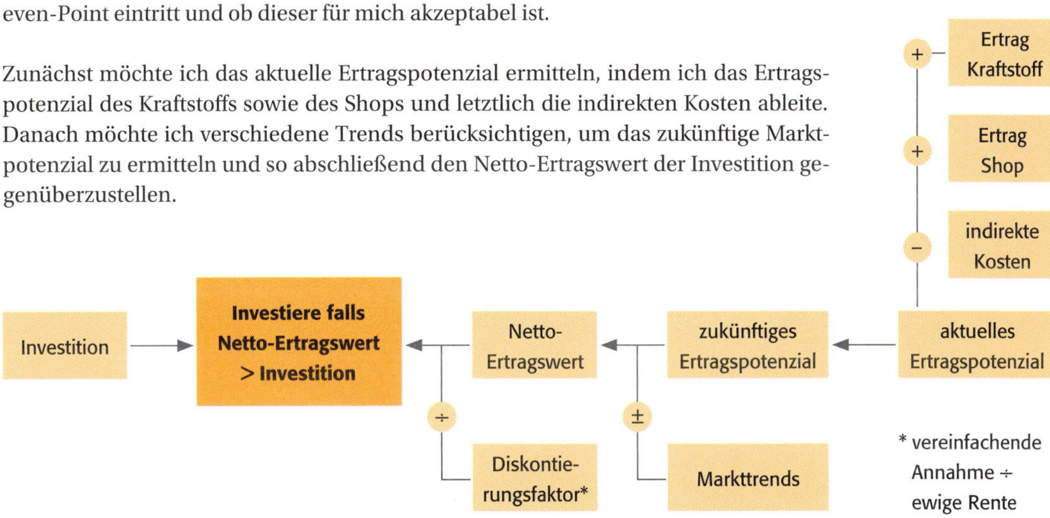

Generelles Framework

Interviewer: Sehr gut, ich schlage vor, dass wir mit dem aktuellen Ertragspotenzial aus dem Kraftstoffverkauf starten.

Kandidat: Da uns keine Daten zur Verfügung stehen, würde ich das Potenzial top-down schätzen. Hierzu müsste ich wissen, wo die Tankstelle liegt und wie groß das Einzugsgebiet ist.

Interviewer: Die Tankstelle liegt in einer deutschen Stadt mit 200.000 Einwohnern. Dies ist zugleich auch das Einzugsgebiet, Potenzial durch Pendler oder Ähnliches schließen wir der Einfachheit halber aus.

Kandidat: In Ordnung. Basierend auf der Einwohnerzahl kann ich gut das Potenzial des Privatsektors bzw. den Verbrauch durch Privatfahrzeuge abschätzen. Eine Abschätzung für den gewerblichen Sektor würde ich später über einen Zuschlagfaktor auf den Anteil gewerblicher Fahrzeuge in einer Stadt dieser Größe schätzen.

Interviewer: Das erscheint mir sinnvoll. Für den gewerblichen Anteil gehen wir von einem Fahrzeug, wie etwa Lkw, Bus etc. pro zehn Einwohner aus.

Kandidat: Dann würde ich folgende Abschätzung treffen.

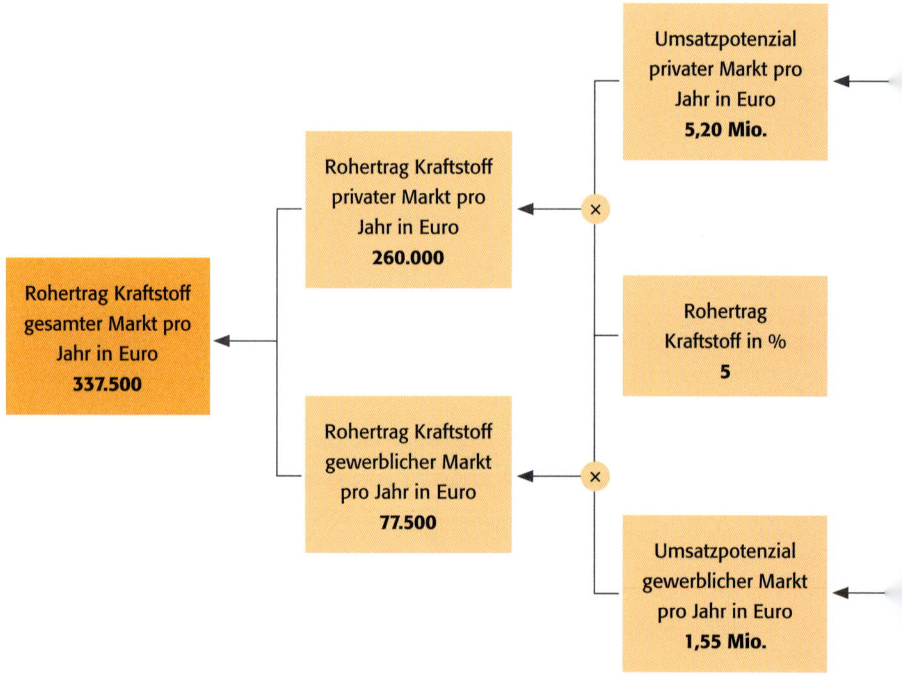

Ableitung des aktuellen Ertragspotenzials des Kraftstoffs

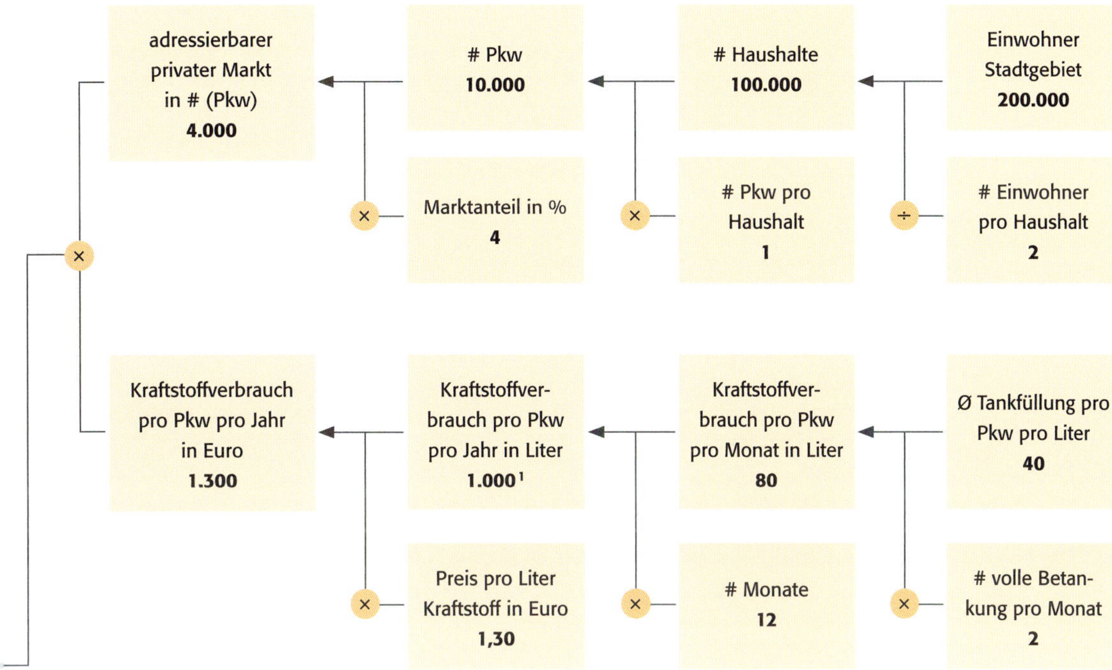

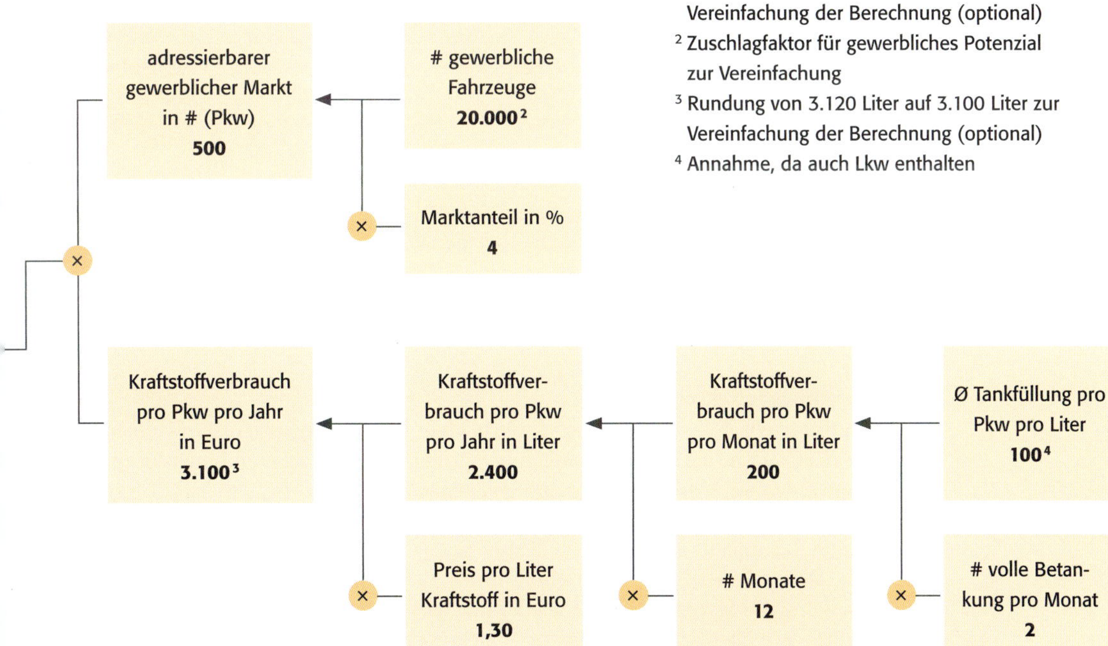

[1] Rundung von 960 Liter auf 1.000 Liter zur Vereinfachung der Berechnung (optional)
[2] Zuschlagfaktor für gewerbliches Potenzial zur Vereinfachung
[3] Rundung von 3.120 Liter auf 3.100 Liter zur Vereinfachung der Berechnung (optional)
[4] Annahme, da auch Lkw enthalten

Privater Sektor

Kandidat: 200.000 Einwohner mit einer durchschnittlichen Haushaltsgröße von zwei Einwohnern ergeben 100.000 Haushalte. Ich gehe davon aus, dass jeder Haushalt im Durchschnitt ein Auto hat, insgesamt somit in dem relevanten Einzugsgebiet 100.000 Autos verfügbar sind. Nun muss ich abschätzen, wie hoch der Marktanteil der Tankstelle ist. Wissen wir, wie viele Wettbewerber wir haben und wie sich die Marktanteile verteilen?

Interviewer: Ja, wir haben 24 Wettbewerber. Da wir deren Finanzdaten nicht kennen und alle eher durchschnittlich groß sind, können wir davon ausgehen, dass alle Wettbewerber und auch wir einen ähnlichen Marktanteil haben.

Kandidat: Ok, das heißt, dass wir ebenso wie unsere Wettbewerber, jeder einen Marktanteil von 1/25 oder vier Prozent haben. Somit besteht der für uns adressierbare private Markt aus 4.000 Pkw.

Nun schätze ich die Kauffrequenz und das Kaufvolumen pro privatem Pkw ab. Ein durchschnittlicher Pkw hat ein Tankvolumen von 40 Litern. Ich gehe davon aus, dass ein durchschnittlicher Autofahrer zwei Mal im Monat eine volle Tankladung benötigt. Damit wären es 80 Liter Kraftstoff im Monat oder 960 Liter Kraftstoff im Jahr, die ich auf 1.000 Liter runden würde. Ich gehe nun von einer ungefähren Gleichverteilung der Kraftstoffe und einem durchschnittlichen Preis von 1,30 Euro pro Liter aus. Somit würde der Kraftstoffverbrauch pro Pkw pro Jahr in Summe 1.300 Euro kosten. Wenn ich dies mit den 4.000 Pkw unseres adressierbaren Marktes multipliziere, erhalte ich ein Umsatzpotenzial von 5,2 Millionen Euro für den privaten Sektor.

HINWEIS: Wie bei allen Cases geht es hier auch nicht um spezifisches Wissen, sondern um die strukturierte Erarbeitung und Kommunikation des Lösungswegs. Generell ist Kandidaten zu empfehlen, eine erste Abschätzung/Hypothese abzugeben und nicht alle Werte beim Interviewer abzufragen, insbesondere, wenn es um Cases mit Bezug zum alltäglichen Leben geht.

Interviewer: Sehr gut. Was können wir von dieser Zahl bisher ableiten?

Kandidat: Bisher wenig, da es sich lediglich um Umsätze handelt. Wir müssen aber den Ertrag ermitteln. Zunächst würde ich aber noch gerne das Umsatzpotenzial des gewerblichen Marktes ableiten.

Interviewer: Das stimmt: Also wie groß ist das Potenzial des gewerblichen Sektors?

Gewerblicher Sektor

Kandidat: Wir gehen von einem gewerblichen Fahrzeug pro zehn Einwohner aus, was 20.000 gewerblichen Fahrzeugen entspricht. Gemäß den Annahmen für die privaten Fahrzeuge, würde ich auch von einem Marktanteil von vier Prozent für gewerbliche Fahrzeuge ausgehen, da auch gewerbliche Fahrzeuge an jeder Tankstelle tanken können. Da unter den gewerblichen Fahrzeugen auch größere Fahrzeuge wie Lkw und Busse sind, würde ich die durchschnittliche Tankfüllung mit 100 Litern ansetzen. Die Betankung pro Monat würde ich wieder mit zwei Malen ansetzen, der durchschnittliche Preis pro Liter Kraftstoff bleibt bei 1,30 Euro. Letztlich erhalten wir so ein Umsatzpotenzial von 1,55 Millionen Euro für den gewerblichen Sektor.

HINWEIS: Man kann auch einen niedrigeren Preis aufgrund des höheren Diesel-Anteils annehmen.

Kandidat: Nun würde ich gerne den Rohertrag pro Liter Kraftstoff abschätzen.

Interviewer: In Ordnung, bevor Sie das tun, sollten Sie noch einmal überprüfen, ob Ihre bisherigen Ergebnisse plausibel sind.

Kandidat: Bisher haben wir nur die Nachfrageseite betrachtet, nicht aber die Angebotsseite. Um zu überprüfen, ob das errechnete Potenzial realisierbar ist, treffe ich eine Abschätzung, ob durch die zehn Zapfsäulen alle Kunden bedient werden können. Die Durchlaufzeit setzt sich aus dem Anfahren der Zapfsäule, dem Betanken, dem Zahlungsvorgang und dem Verlassen der Zapfsäule zusammen. Die An- und Abfahrt würde ich in Summe auf eine Minute schätzen, um zu berücksichtigen, dass sich Autos nicht dauerhaft an den Zapfsäulen aufreihen bzw. nahtlos in den Tankprozess übergehen. Für den Tankprozess selbst nehme ich drei Minuten an, um auch den größeren Fahrzeugen gerecht zu werden. Für den Zahlungsvorgang veranschlage ich zwei Minuten, da das Warten in einer Schlange erfahrungsgemäß eher die Regel als die Ausnahme ist. In Summe käme ich so zu einer Durchlaufzeit von sechs Minuten. Das bedeutet, dass wir pro Zapfsäule und pro Stunde zehn Autos abfertigen können, an der gesamten Tankstelle mit den zehn Zapfsäulen also 100 Autos in der Stunde. Diese 100 Autos in der Stunde stehen 4.500 Kunden mit je zwei Betankungen, also 9.000 Tankvorgängen gegenüber. Wenn ich von einem Monat mit 30 Tagen ausgehe, entspricht dies 300 Tankvorgängen am Tag auf der Nachfrageseite, die an der Tankstelle innerhalb von drei Stunden abgedeckt werden können. Die volle Abschöpfung des Marktpotenzials ist also plausibel, und es besteht noch Luft nach oben.

Interviewer: Sehr gut. Dann machen wir mit dem von Ihnen vorgeschlagenen Weg weiter. Wie viel Gewinn bleibt aus Ihrer Sicht pro Liter Kraftstoff, und welches sind die relevantesten Kostenpositionen?

Kandidat: Die größten Positionen, die von den angenommenen 1,30 Euro pro Liter abgehen, sind meiner Einschätzung nach die Einkaufskosten, Transport- und Lagerkosten sowie Steuern. Daher denke ich, dass nur fünf Prozent Ertrag pro Liter Kraftstoff bleiben. Entsprechend kämen wir auf einen Ertrag von 260.000 Euro für den privaten und 77.500 Euro für den gewerblichen Sektor, also 337.500 Euro. Basierend auf dieser Ertragsquelle alleine wäre die Investition nicht attraktiv. Aber es bleibt ja noch der Shop.

HINWEIS: Natürlich hilft der Interviewer bei dieser spezifischen Annahmen; je nachdem, welche durchschnittlichen Verkaufspreise angenommen werden, kann man einen Wert zwischen fünf bis acht Prozent ansetzen.

Interviewer: Ja, basierend auf den aktuellen Zahlen lohnt sich die Investition nicht. Mal schauen, wie groß das Potenzial des Shops ist.

Kandidat: Aus meiner Sicht können wir das Potenzial des Shops von unseren Tankkunden ableiten. Ich gehe davon aus, dass jeder vierte Tankkunde auch etwas in unserem Shop kauft. Die Kauffrequenz schätze ich maximal auf vier Mal pro Monat, ausgehend davon, dass man in einer Tankstelle eher aus Convenience-Gründen kauft und außerhalb regulärer Supermarktzeiten.

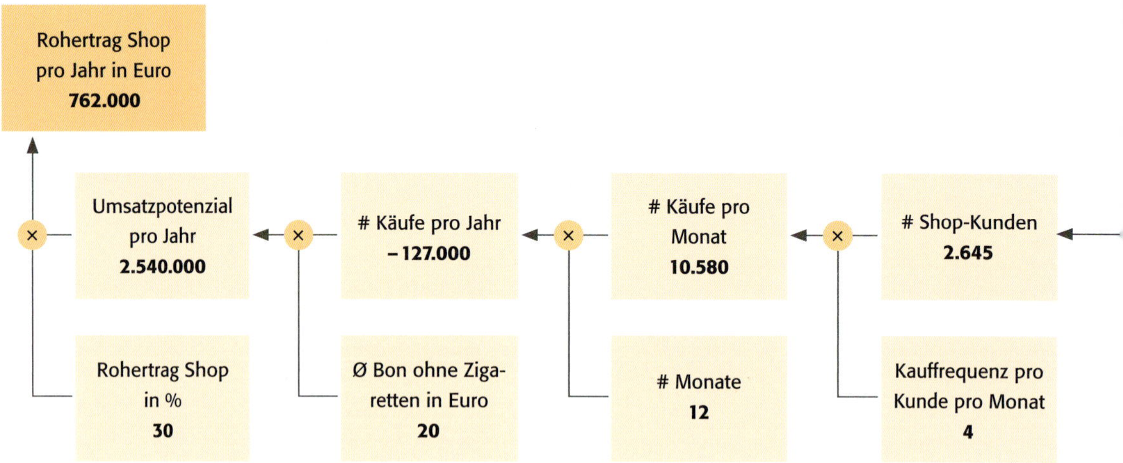

Ableitung des aktuellen Ertragspotenzials des Shops

Interviewer: Die Annahmen bezüglich des Anteils von Shop-Kunden unter unseren Tankkunden und auch die monatliche Frequenz finde ich plausibel. Allerdings liegt der Anteil von Shop-Kunden, die nach dem Tanken den Shop nutzen, durchschnittlich nur bei ca. 40 Prozent. Dies sollte also auch die Annahme für unseren Shop sein.

Kandidat: Stimmt, der Shop ist potenziell für alle Einzelhandelskunden interessant und konkurriert auch nicht nur mit Tankstellen-Shops, sondern auch Supermärkten. Entsprechend würde ich zusätzlich das Potenzial von Einzelhandelskunden außerhalb unserer Tankkunden ermitteln.

Zunächst gehe ich davon aus, dass alle Einwohner der Stadt potentielle Einzelhandelskunden sind. Von diesen potenziellen 200.000 Kunden ziehe ich die 4.500 Tankkunden und Personen ohne Einkommen oder Fähigkeit, einen Kauf durchzuführen, ab. Ich schätze diesen Korrekturfaktor auf 10.000 Personen. Um die verbliebenen 190.000 Einzelhandelskunden weiter einzugrenzen, muss ich den Anteil an Convenience-Kunden abschätzen. Hierfür würde ich den Anteil typischer Convenience-Kaufsituationen, also außerhalb der Geschäftszeiten regulärer Supermärkte bestimmen.

Interviewer: Da diese Ableitung sehr aufwendig ist und Convenience-Käufe sich mit regulären Käufen überlappen, kann ich sagen, dass der Anteil von Verkäufen in Tankstellen-Shops am gesamten Einzelhandel ca. 20 Prozent beträgt.

Kandidat: Ok, dann wären 20 Prozent der 190.000 Einzelhandelskunden auch Convenience-Kunden, also 38.000. Da wir uns damit schon im Convenience-Segment bewegen und nicht mehr mit Supermärkten um dieses Potenzial konkurrieren, würde ich den gleichen Marktanteil wie beim Kraftstoffverkauf anwenden, unter der Annahme dass möglicherweise nicht alle anderen Tankstellen einen Shop haben, diese Lücken aber durch alternative Convenience-Angebote wie Kioske o. Ä. abgedeckt werden.

Interviewer: Das erscheint mir plausibel.

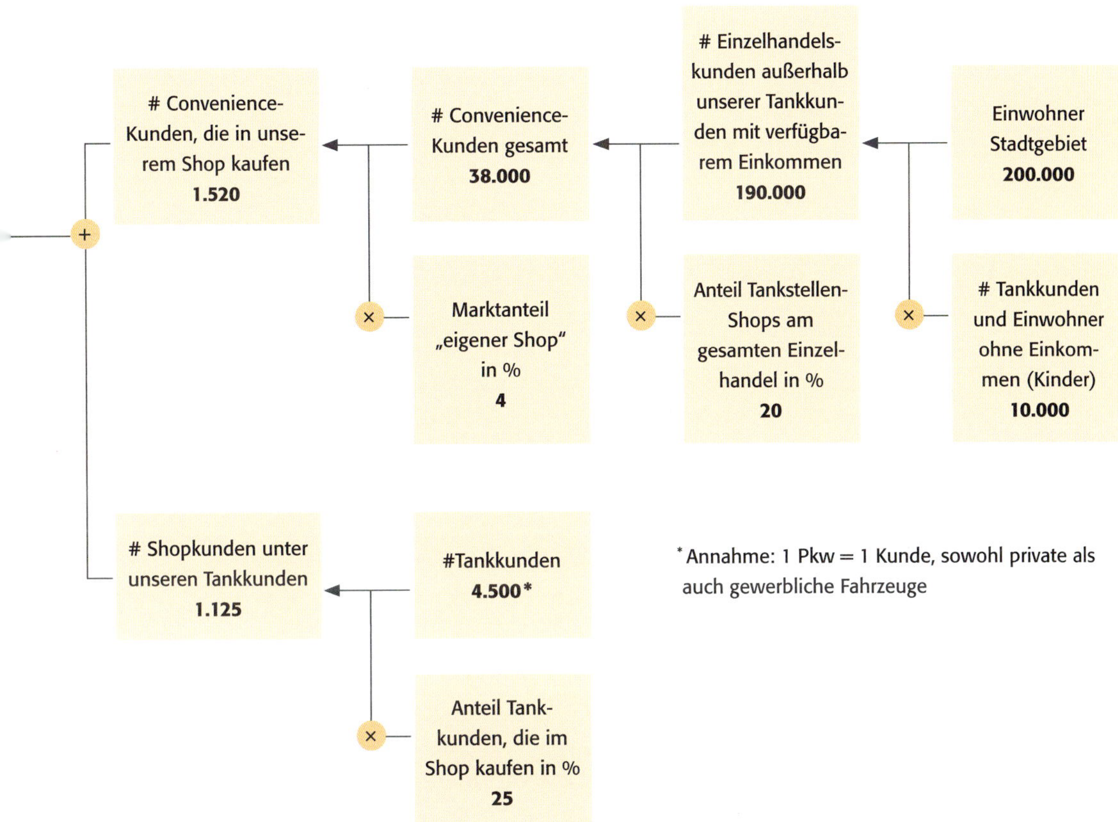

*Annahme: 1 Pkw = 1 Kunde, sowohl private als auch gewerbliche Fahrzeuge

Kandidat: Ok, dann erhalten wir für unseren Shop 1.520 Convenience-Kunden, die keine Tankkunden sind. Hinzu kommen die Tankkunden, die auch in unserem Shop kaufen. Gemäß meinen Annahmen wären das 25 Prozent von 4.500, also weitere 1.125 Kunden. In Summe also 2.625 Shop-Kunden. Ich würde schätzen, dass diese Kunden den Shop maximal vier Mal im Monat nutzen, für Impulseinkäufe und wenn sie dazu aufgrund von Öffnungszeiten „gezwungen" sind. Pro Monat wären das dann 10.580 Einkäufe und in einem Jahr rund 127.000. Nun muss ich den durchschnittlichen Bon und den Rohertrag abschätzen.

Interviewer: Von welchem Warenkorb würden Sie ausgehen?

Kandidat: Das ist eine interessante Frage. Ich würde erst einmal nur von Nahrungsmitteln und Getränken ausgehen und Tabakwaren sowie Zeitschriften ausklammern, da ich davon ausgehe, dass diese Produkte aufgrund der Preisbindung oder Besteuerung zwar Frequenz-, aber keine Ertragsbringer sind.

Interviewer: Hervorragend. Wie hoch schätzen Sie den durchschnittlichen Bon und Rohertrag für einen solchen Warenkorb?

Kandidat: Den Warenkorb schätze ich auf 20 Euro. Den Rohertrag würde ich aufgrund der deutlich höheren Preise in einem Tankstellen-Shop, die den Convenience-Aufschlag und das verringerte Angebot außerhalb der Supermarktöffnungszeiten reflektieren, auf 30 Prozent taxieren, wodurch sich das Rohertragspotenzial des Shops auf 762.000 Euro summiert.

Interviewer: Dann sollten wir jetzt dazu übergehen, die indirekten Kosten abzuschätzen, um die Gleichung zu vervollständigen. Welche Bereiche würden Sie sich anschauen?

Kandidat: Da wir mit dem Kaufpreis alle Liegenschaften erwerben, kann ich schon einmal Miet- bzw. Pachtkosten ausschließen. Es verbleiben aber die übrigen Immobiliennebenkosten wie Strom, Wasser, Energie, Reinigung und Instandhaltung. Daneben würde ich mir die Personalkosten anschauen.

Interviewer: In Ordnung, das sind wahrscheinlich die größten Positionen. Lassen Sie uns davon ausgehen, dass die Kosten bei 200.000 Euro im Jahr liegen.

Kandidat: Damit wären alle Komponenten des aktuellen Ertragspotenzials definiert. Das jährliche Potenzial beträgt 337.500 Euro aus dem Kraftstoffverkauf zuzüglich 762.000 Euro aus dem Shop und abzüglich 200.000 Euro indirekte Kosten, in Summe also 899.500 Euro.

Hypothesenbasierte Ableitung des zukünftigen Ertragspotenzials

Interviewer: Wie würden Sie nun das zukünftige Ertragspotenzial der Tankstelle ableiten?

Kandidat: Hierfür würde ich fünf Bereiche für die Ertragsquellen Kraftstoff und Shop analysieren: erwartetes Marktwachstum, Kunden, Lieferanten, Wettbewerber und Substitute.

Interviewer: Wie schätzen Sie die Entwicklung in diesen Bereichen ein und was wären die Konsequenzen für das zukünftige Potenzial?

Kandidat: Das Marktwachstum für Kraftstoff würde ich als abnehmend einschätzen. Grund meiner Hypothese ist, dass einerseits der deutsche Markt mit Kraftfahrzeugen gesättigt ist und somit kein weiteres Wachstum an Kraftstoffverbrauchern zu erwarten ist. Zudem geht der Trend bei der Erneuerung von Fahrzeugen aufgrund von regulatorischen Bestimmungen (Abgaswerte, Kraftstoffsteuern) aber auch einer Kundenpräferenz, hin zu ökologischeren – also weniger Kraftstoff verbrauchenden – Fahrzeugen. Hinzu kommen dann auch noch Substitute, also Fahrzeuge, die keinen Kraftstoff verbrauchen und in letzter Konsequenz keine Tankstelleninfrastruktur im herkömmlichen Sinn benötigen, wie Elektrofahrzeuge oder auch zunehmende alternative Mobilitätsangebote wie öffentliche Verkehrsmittel oder Carsharing-Optionen. Lediglich die abnehmende Macht der Kraftstofferzeuger aufgrund insgesamt sinkender Nachfrage und damit einhergehend möglicherweise bessere Einkaufskonditionen oder auch die Tatsache, dass in einem Markt mit abnehmendem Wachstum Optionen zur Konsolidierung durch Akquise von Wettbewerbern besteht, können einen positiven Einfluss haben. Allerdings entfalten diese positiven Entwicklungen ihren Effekt mit der Größe des eigenen Marktanteils. Das heißt: Große Tankstellen/Tankstellenverbände, die bereits eine gewisse Einkaufsmacht oder auch deutlich mehr liquide Mittel oder Verschuldungsoptionen haben, werden überproportional stärker profitieren als eine einzelne Tankstelle, wie in unserem Fall. Dementsprechend sehe ich auch, dass der Trend besonders starke negative Auswirkungen auf unseren spezifischen Case hat und das Ertragspotenzial mit einem Abschlagsfaktor versehen werden muss.

Den Trend für den Shop sehe ich zwar positiver als den des Kraftstoffverkaufs, würde aber insgesamt von einem geringen Potenzial ausgehen. Convenience spielt in allen Bereichen des Handels eine zunehmend große Rolle, ein Tankstellen-Shop kann davon profitieren. Allerdings würde unser Tankstellen-Shop aufgrund des vorher beschriebenen Trends im Kraftstoffverkauf auch einen Teil seiner Kundenbasis verlieren. Ein attraktiver Markt zieht viele Konkurrenzangebote und größere Wettbewerber an. Insbesondere solche mit Einzelhandelsfokus, wie Supermärkte, sind aufgrund ihrer Expertise, Markenbekanntheit und finanziellen Möglichkeiten deutlich im Vorteil, Marktanteile zu gewinnen. Abschließend sind Convenience-Einzelhandelskonzepte sehr zyklisch, büßen also in wirtschaftlich schwachen Phasen als Erstes Wachstum ein.

Interviewer: Ich schlage vor, dass wir dann einen Abschlag auf das aktuelle Ertragspotenzial vornehmen.

Kandidat: Da sich die oben beschriebenen Trends nach wie vor eher langsam realisieren, würde ich zunächst einen Abschlag von zehn Prozent vornehmen und von einem zukünftigen jährlichen Ertragspotenzial von gerundet 800.000 Euro ausgehen.

(Vereinfachte) Investitionsrechnung und Empfehlung

Interviewer: Wie sieht Ihre Empfehlung aus?

Kandidat: Da das zukünftige jährliche Ertragspotenzial der Tankstelle bei 800.000 Euro liegt und die Finanzierungszinsen und somit der Diskontierungsfaktor bei zehn Prozent liegen, würde ich zur Vereinfachung die ewige Rente heranziehen. Dies ist aufgrund der analysierten negativen Trends, die auch einen noch höheren Abschlag für zukünftige Cashflows rechtfertigen könnten, ein eher konservativer Ansatz. Dennoch beträgt die ewige Rente lediglich acht Millionen Euro (800.000 Euro ÷ zehn Prozent) und ist somit geringer als die notwendige Investition von zehn Millionen Euro. Die Empfehlung lautet also, nicht zu investieren.

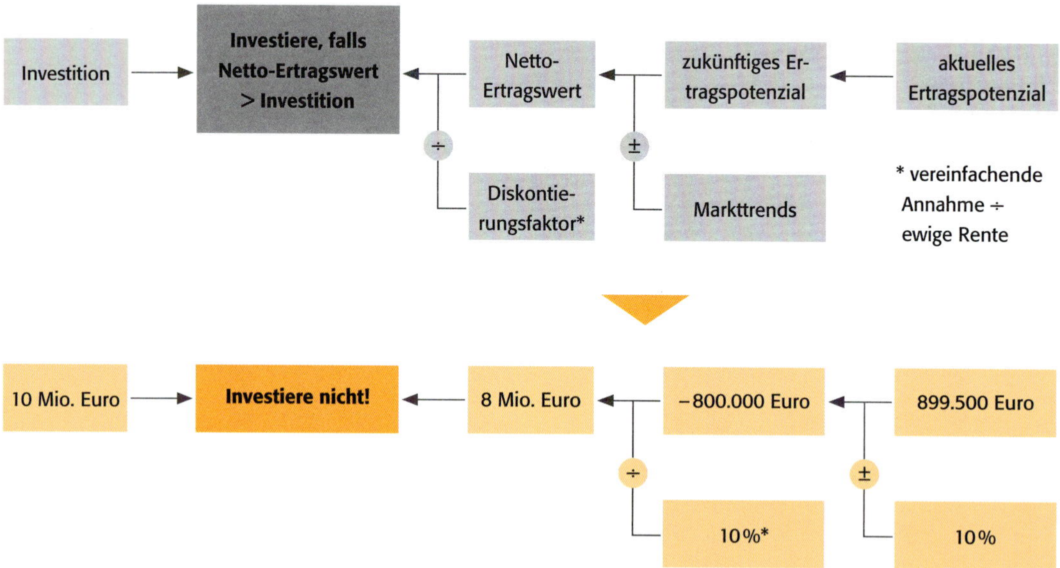

Überführung des Ertragspotenzials in das generelle Framework

Interviewer: Vielen Dank.

HINWEIS: Anmerkungen zu der Case Study und weiterführende Überlegungen für Kandidaten:

- Der Case kann auf jedes „Multi-Business"-Unternehmen übertragen werden. Der Schlüssel ist die Identifikation der relevanten Kundengruppen für die Produkte einzelner Produktlinien, Vertriebskanäle, Business Units etc., da hier jeweils das Mengen- und Margenpotenzial separat abgeschätzt werden muss.
- Die Investitionsrechnung kann bei Bedarf ausgeweitet werden. Unter anderm wäre es möglich, gängige Bewertungsmethoden abzufragen, alternative Investitionsprojekte anzuführen oder auch die Ableitung eines komplexeren Diskontierungsfaktors einzubauen (z. B. durch Hinzunahme von Eigenkapital).
- Der Case kann auch zum weiteren Selbststudium erweitert oder angepasst werden, indem man die Annahmen zu dem Einzugsgebiet, der Wettbewerbssituation etc. anpasst oder auch eine Ertragsquelle ergänzt (dann ist der Case aber normalerweise nicht in der Standardzeit zu lösen) oder austauscht (z. B. eine Waschanlage; Vorsicht, hier muss berücksichtigt werden, wie viele Waschanlagen es in dem Einzugsgebiet gibt, wie viele Fahrzeuge tatsächlich abgefertigt werden können, wie hoch die Marge bei einer Autowäsche ist und wie hoch die Wartungskosten für eine Waschanlage sind).

CO_2-Ausstoß in Deutschland

Aufgabenstellung

„Wie hoch ist der jährliche CO_2-Ausstoß in der Bundesrepublik Deutschland?"

Für die Fallbearbeitung sind keine zusätzlichen Informationen nötig. Es geht bei diesem Case vor allem darum, dass der Kandidat sinnvolle Annahmen trifft bzw. ableitet. Der Interviewer wird, wo erforderlich, Einschränkungen vornehmen oder die Fragestellung präzisieren.

Lösungsweg

Schritt 1: Einleitung und Konkretisierung der Aufgabenstellung
Ausgehend von der bewusst sehr allgemein gehaltenen Aufgabenstellung möchte man sehen, dass der Kandidat die wesentlichen CO_2-Emmittenten in Deutschland benennt. Dafür kommen beispielsweise folgende Kategorien in Betracht: Energieversorgung, private Haushalte, Industrie, Gewerbe (inkl. Landwirtschaft) und Verkehr.

Um die weiteren Betrachtungen zu vereinfachen, schränkt der Interviewer die Frage auf den Verkehr ein. Nach einer sinnvollen Unterteilung gefragt, sollte der Kandidat auf die Differenzierung nach Verkehrswegen kommen, d.h. Luftfahrt, Landverkehr und Schifffahrt. Beim Landverkehr kann man letztlich den Personen- und Güterverkehr auf Straßen und Schienen unterscheiden. Für die folgenden Überlegungen beschränkt man sich ausschließlich auf den Personenverkehr auf der Straße mittels Pkw.

Schritt 2: Berechnung des jährlichen CO_2-Ausstoßes von Pkw
Für die Lösung muss der Kandidat zunächst erkennen, dass sich das Ergebnis aus

- Anzahl Pkw × Fahrleistung pro Jahr × CO_2-Ausstoß je km

ergibt. Damit geht es anschließend nur noch darum, sich valide Näherungswerte für die einzelnen Faktoren herzuleiten.

Der Bestand an Pkw in Deutschland ist seit 2009 von 41,3 Millionen kontinuierlich auf 47,1 Millionen Fahrzeuge in 2019 gestiegen. Sofern man dies nicht aus der Presse weiß, kann man es sich beispielsweise über die Anzahl der Privathaushalte ableiten, die bei rund 42 Millionen liegt, sodass jeder Haushalt in etwa einen Pkw besitzt. Alternativ ist auch die Ableitung über die Gesamtbevölkerung (2017: 82,8 Millionen Einwohner) denkbar. Unter Berücksichtigung der Tatsache, dass nicht alle Einwohner eine Fahrerlaubnis haben, nicht jeder Bürger mit Fahrerlaubnis ein Auto besitzt und es gewerblich genutzte Pkw gibt, kommt man auf eine Pkw-Dichte von 0,5 je Einwohner. Für die weiteren Berechnungen gehen wir von einem Pkw-Bestand von 42 Millionen aus.

Im nächsten Schritt muss die durchschnittliche jährliche Fahrleistung je Pkw geschätzt werden. Natürlich ist die Fahrleistung immer abhängig von den individuellen Faktoren und variiert dementsprechend stark. Auf der einen Seite gibt es den Wenigfahrer in der Stadt, der auf nicht einmal 6.000 Kilometer pro Jahr kommt, während es auch berufliche Vielfahrer gibt, die auf 100.000 Kilometer und mehr pro Jahr kommen können. Ausgehend von persönlichen Erfahrungen sollte man auf einen realistischen Mittelwert kommen, der knapp über 14.000 Kilometer liegt. Für die weiteren Berechnungen wird eine jährliche Fahrleistung von 15.000 Kilometer je Pkw unterstellt.

Abschließend fehlt noch eine Annahme für den CO_2-Ausstoß je Kilometer. Ausgehend von den politischen Diskussionen zur Reduktion der CO_2-Emmission neuer Pkw sollte der derzeitige Zielwert von 130 Gramm CO_2 pro Kilometer bekannt sein. Bis zum Jahr 2020 soll der durchschnittliche Ausstoß europäischer Neuwagen bei 95 Gramm CO_2 pro Kilometer liegen. Da diese Regelungen nur für Neuwagen gelten, liegt der Durchschnittswert im Fahrzeugbestand entsprechend höher. Insofern kann man derzeit von einem durchschnittlichen CO_2-Ausstoß von 160 Gramm pro Kilometer ausgehen, was für die weiteren Berechnungen angenommen wird.

Nach diesen Vorüberlegungen sind die Teilergebnisse zu multiplizieren. Die jährliche Gesamtfahrleistung von 42 Millionen Pkw bei 15.000 Kilometer pro Jahr liegt damit bei 630 Milliarden Kilometer. Damit ergibt sich ein jährlicher CO_2-Ausstoß der deutschen Pkw-Flotte von knapp über 100 Billionen Gramm bzw. 100 Millionen Tonnen CO_2.

Schritt 3: Diskussion möglicher Maßnahmen zur Reduktion des CO_2-Ausstoßes
Die obige Berechnung belegt, dass der Personenindividualverkehr mittels Pkw einen nicht unwesentlichen Anteil am gesamten CO_2-Ausstoß in Deutschland hat, der sich in 2017 auf über 800 Millionen Tonnen belief. Daher fragt der Interviewer im Rahmen einer abschließenden Diskussion nach möglichen Reduktionspotenzialen in diesem Bereich.

Aufgabe für den Kandidaten ist es, zwei bis drei konkrete Maßnahmen zu benennen. Dabei kommen u. a. folgende Maßnahmen in Betracht:

- Verbesserung der Fahrzeug- und Flotteneffizienz durch entsprechende CO_2-Grenzwerte für Neufahrzeuge oder Förderung alternativer Treibstoffe/Antriebe, i. d. R. Elektroautos
- effizientere Auslastung der Pkw zur Reduktion der gefahrenen Kilometer durch Carsharing, Mitfahrerbörsen oder Fahrgemeinschaften
- Förderung umweltverträglicherer Verkehrsmittel wie Bahn, ÖPNV oder Radfahren als Alternativen zum eigenen Pkw
- Stärkung des Bewusstseins beim Fahrzeugkauf durch entsprechende Verbraucherinformation bei der Fahrzeugbeschaffung
- Informationen zur Veränderung des Fahrverhaltens im Straßenverkehr wie kraftstoffsparendes Fahren oder Geschwindigkeitsbeschränkungen

Brainteaser

von Yevgen Lantsuzovskyy

Aufgabenstellung

1. Zwillinge feiern Geburtstag
Tim und Jan sind Zwillinge. Heute feiert Tim seinen Geburtstag. Jan muss dagegen noch ein bis zwei Tage warten, bis er das Geburtstagskind ist. Kann das sein?

2. Auf dem Flohmarkt
Auf einem Flohmarkt will Ina ein Bild, eine Vase und eine Tischdecke kaufen. Das Bild kostet 7 Euro und die Vase 3 Euro. Beim Zahlen merkt Ina, dass die Summe der drei erworbenen Einzelartikel die Gleiche ist, wie das Produkt der drei Preise. Wie teuer ist die Tischdecke?

3. 90-60-90
Welches Ordnungsprinzip versteckt sich hier? 69 72 24 27 9 __

4. Bälle wiegen
Markus hat neun Tennisbälle gekauft. Von außen sehen sie alle gleich. Nur einer der Bälle ist schwerer als die anderen acht. Markus will herausfinden, welcher von den Tennisbällen der schwerste ist. Dafür steht ihm eine grammgenaue Apothekenwaage mit zwei Balken zur Verfügung. Wie kann Markus nach zweimaligen Wiegen bestimmen, welcher Ball schwerer als die anderen ist?

5. Seile
Sie haben zwei Seile entwickelt, die theoretisch jeweils vier Stunden lang brennen. Die Geschwindigkeit, mit der jedes Seil brennt, ist unterschiedlich. Bereits nach einer Stunde kann das erste Seil zu 90 Prozent abgebrannt sein, während das andere Seil nur zur 25 Prozent abgebrannt ist. Wie können Sie mithilfe zweier solcher Seile exakt drei Stunden messen?

6. Wie kann es sein?
Constanza ist am 10. Juli geboren worden. Ihren Geburtstag feiert sie im Winter. Wie kann das sein?

7. Tickets für Autoshow
Drei Väter, vier Kinder und ein Großvater möchten gemeinsam eine Autoshow besuchen. Wie viele Karten müssen sie kaufen, um sich gemeinsam die Automesse anzuschauen?

8. Bike Store

Im Bike Store werden Fahrräder mit zwei und drei Rädern verkauft. Die Gesamtanzahl der Fahrräder beträgt 30 Stück und die Summe aller Räder liegt bei 70 Einheiten. Wie viele Stück von welchem Fahrrad werden im Bike Store verkauft?

9. Schale mit Kiwis

In einer Schale liegen sechs Kiwis. Wie kann man die Kiwis unter sechs Menschen gleich verteilen, sodass eine Kiwi am Ende in der Schale bleibt.

Lösungsweg

1. Zwillinge feiern Geburtstag

Tim ist am 28. Februar kurz vor der Mitternacht geboren. Sein Bruder Jan kam ein paar Minuten später, also erst am 1. März auf die Welt. Daher feiert der Erstgeborene seinen Geburtstag jährlich am 28. Februar. Der Zweitgeborene muss sich noch einen Tag (reguläres Jahr) oder sogar zwei Tage (Schaltjahr) gedulden.

2. Auf dem Flohmarkt

x ist der Preis für den dritten Artikel. Wenn man eine Gleichung erstellt und dabei die im Text angegebene Information berücksichtigt, erhält man folgendes Ergebnis:

▶ $7 + 3 + x = 7 \times 3 \times x$
$10 + x = 21\,x$
$20\,x = 10$
$\mathbf{x = 0{,}5}$

Ina hat also für die Tischdecke 50 Cent bezahlt.

3. 90-60-90

Die erste Zahl steigt ein wenig, die zweite Zahl fällt drastisch. Dieses Schema wiederholt sich noch einmal. Die Differenz zwischen den einzelnen Ziffern beträgt 3, 49, 3 und 18. Wenn die Ziffer 3 jedes zweite Mal erscheint, liegen 49 und 18 sehr weit voneinander. Man merkt, dass z. B. 24 dreimal weniger als 72 und 9 dreimal weniger als 27. Das versteckte System ist $+ 3 \div 3 + 3 \div 3$. Die nächste Zahl muss demnach die 12 sein.

4. Bälle wiegen

Zuerst teilt Markus seine neun Tennisbälle in drei Gruppen von je drei Bälle auf. Dann legt er eine Dreiergruppe in eine Waagschale und die andere Dreiergruppe in die andere. Die dritte Dreiergruppe lässt er beiseite. Als Ergebnis erhält er zwei Optionen:

1. Ist die Apothekenwaage ausgeglichen, dann befindet sich der schwerste Ball in der Dreiergruppe, die noch nicht gewogen wurde.
2. Ist die Apothekenwaage nicht ausgeglichen, dann liegt der gesuchte Ball in der Waagschale, und zwar in der Dreiergruppe auf der tiefliegenden Seite.

Im nächsten Schritt nimmt Markus die jeweilige Dreiergruppe, in der sich der schwerste Ball befindet. Er teilt die drei Bälle auf und wiegt jetzt einen Ball gegen den anderen. Als Resultat bekommt Markus wieder zwei Möglichkeiten:

1. Ist die Apothekenwaage ausgeglichen, dann ist der gesuchte Ball derjenige, der auf der Seite liegt und noch nicht gewogen wurde.
2. Ist die Apothekenwaage nicht ausgeglichen, dann liegt der gesuchte Ball in der Waagschale auf der tiefliegenden Seite.

5. Seile

Sie zünden die beiden Seile gleichzeitig an. Dabei müssen Sie das erste Seil an beiden Enden und das zweite Seil nur an einem Ende anzünden. Nach zwei Stunden ist das erste Seil komplett abgebrannt, das zweite Seil hingegen nur zur Hälfte. Jetzt zünden Sie das zweite, teilweise bereits abgebrannte Seil am anderen Ende an. In einer Stunde ist das zweite Seil auch abgebrannt. Insgesamt sind nun drei Stunden vergangen.

6. Wie kann es sein?

Constanza lebt auf der Südhalbkugel, d. h. in einem Land unter dem Äquator (z. B. Chile, Madagaskar oder Australien). Das astronomische Jahr funktioniert dort anders als in der Nordhalbkugel (z. B. in Kanada, Deutschland oder China). Auf der Südhalbkugel bilden Dezember bis März die Sommermonate und von Juni bis September die Wintermonate. Da Constanza im Juli geboren ist, feiert sie ihren Geburtstag im Winter.

7. Tickets für Autoshow

Es handelt sich um drei Generationen ein- und derselben Familie. Der Großvater, seine zwei Söhne und zwei Enkelkinder stellen drei Väter, vier Kinder und einen Großvater dar. Für den Großvater sind seine Nachkömmlinge seine Kinder (also zwei Söhne und zwei Enkelkinder). Die beiden Söhne haben umgekehrt ihre Väter sowie die beiden Väter ihren (Groß-)Vater.

8. Bike Store

Im Bike Store werden x Zweiräder und y Dreiräder verkauft. Die Summe aller Fahrräder ist angegeben und beträgt 30 Stück. Die Summe aller Räder ergibt sich, indem man jedes Fahrrad mit der jeweiligen Anzahl an Rädern multipliziert. Daher erhält man zwei Gleichungen

- $x + y = 30$
- $2x + 3y = 70$

Die Auflösung der beiden Gleichungen ergibt, dass im Bike Salon 25 Zweiräder und fünf Dreiräder angeboten werden.

9. Schale mit Kiwis

Man muss fünf Menschen je eine Kiwi geben. Der sechste bekommt dann eine Kiwi in der Schale.

Wie Sie als e-fellows.net-Stipendiat noch schneller erfolgreich sind

50 geldwerte Leistungen für mehr Erfolg in Studium und Karriere

- 25 Abos, um bei Wirtschaftsthemen auf dem Laufenden zu bleiben, darunter *DIE ZEIT*, *WirtschaftsWoche* und *Handelsblatt*
- mit Business Source Premier, WISO und zehn weiteren Datenbanken bequem von zu Hause aus recherchieren
- Vergünstigungen bei Online-Seminaren wie dem GMAT-Vorbereitungskurs
- mit Fernbus-Gutscheinen günstiger zu Bewerbungsgesprächen

Vernetzung mit mehr als 75.000 Stipendiaten und Alumni

- Erste-Hand-Informationen und Q&A zu Unternehmensberatungen von 25.000 Stipendiaten und 50.000 Alumni in der Online-Community
- Netzwerken mit anderen e-fellows.net-Stipendiaten bei City-Group-Treffen in vielen Unistädten

Persönlicher Kontakt zu McKinsey, Accenture, KPMG und Co.

- Online-Expertenforen zu Praktika, Bewerbung und Einstieg in die Beratung
- Coaching durch mehr als 200 berufserfahrene Mentoren
- Live-Cases mit dem Personalchef von McKinsey
- beste Verbindungen in die Personalabteilungen von 170 Unternehmen – auch außerhalb der Unternehmensberatung

Karriereratgeber und Fachbücher per Post nach Hause

- kostenlose Lieferung aller Karriereratgeber aus der Reihe *e-fellows.net wissen*, z. B. *Perspektive Unternehmensberatung*
- monatliche Verlosung von mehr als 200 Fachbüchern von 12 Verlagen

Für das Stipendium bewerben: www.e-fellows.net/Stipendiat-werden

5. Erfahrungsberichte

Isabell Beringhoff

Senior Consultant
bei atrain GmbH

Psychologin, weiblich, 25 Jahre alt, sucht …

… einen Einstieg in die Unternehmensberatung mit Tätigkeitsfokus auf Personal- und Organisationsentwicklung. Sinnstiftend? Unbedingt! Inhaltlich fordernd? Definitiv! Gestaltungs- und Entwicklungsmöglichkeiten? Sowieso. Im internationalen Kontext? Gerne! Rückblickend muss ich schmunzeln, wenn ich mich daran erinnere, wie ich vor sechs Jahren nach Beendigung meines Studiums mit diesen Ansprüchen auf Jobsuche ging. Andererseits muss ich aber auch sagen, dass es sich gelohnt hat, meinen Ansprüchen treu zu bleiben.

Gefunden habe ich tatsächlich all das und noch mehr: 100 wundervolle Kollegen weltweit, die insgesamt über 20 verschiedene Nationalitäten und Kulturen repräsentieren; spannende Projekte, die mich in meinem ersten Jahr bereits in sieben verschiedene Länder auf zwei Kontinenten verschlugen; ein unpolitisches Umfeld mit flachen Hierarchien und viel Gestaltungsspielraum; sowie eine Tätigkeit, von der ich mit Überzeugung sagen kann, dass ich sie als sinnvoll wahrnehme.

Transformation: Erfolg durch Mensch und Kultur plus Strategie und Prozess

Die heutige Welt verändert sich rasend schnell. Digitalisierung, Automatisierung, künstliche Intelligenz und andere disruptive Entwicklungen stellen Menschen und ihre Organisationen in verschiedensten Branchen vor Herausforderungen und Chancen. In dieser Welt, in der Veränderungsmotivation und Ethik von Führungskräften mehr denn je gefragt sind, ist es unsere Überzeugung, dass es einen holistischen Ansatz braucht, um Transformationen von Organisationen, Teams und Individuen zu unterstützen. Ich sehe die Personal- und Organisationsentwicklung dabei keineswegs in Konkurrenz zur klassischen Strategie- und Prozessberatung, sondern als ineinandergreifende und sich ergänzende Erfolgsfaktoren holistischer Transformation. Im Rahmen von größeren Transformationsprojekten kann eine Zusammenarbeit mit klassischen Strategieberatungen durchaus immer wieder vorkommen.

Ich selbst habe für mich entdeckt, dass ich meine Tätigkeit dann als erfüllend erlebe, wenn ich – im Rahmen größerer organisationaler Veränderungen – den direkten Bezug zum Individuum habe. Deshalb investiere ich meine Zeit am liebsten in die Konzeption und Durchführung von Programmen zur Führungskräfteentwicklung, Leadership Development Labs oder Coachings. So kann ich intensiver mit meinen Klienten an ihrer Einstellung und ihrem Verhalten arbeiten, um ihre eigene Veränderungsbereitschaft als notwendige Voraussetzung für die Veränderungen ihrer Teams und Organisationen zu unterstützen. Nicht selten erlebe ich es als bereichernd und inspirierend, mit Führungskräften zusammenarbeiten zu dürfen, die offen und authentisch mit ihren Ängsten und Entwicklungsfeldern umgehen. Eine Herausforderung für mich liegt sicherlich in meinem noch recht jungen Alter und der damit von anderen möglicherweise wahrgenommen mangelnden Seniorität. Da bei meinem Arbeitgeber jedoch nach dem Key-Account-Prinzip gearbeitet wird, habe ich die Möglichkeit, über einen längeren Zeitraum vertrauensvolle Beziehungen zu meinen Kunden aufzubauen.

Die Notwendigkeit zur Transformation macht selbstverständlich auch vor mir nicht halt. Die Art zu arbeiten, die vor fünf Jahren noch angemessen war, funktioniert heute nicht mehr. Neben fachlichen Trainings wie der Zertifizierung zum Scrum Master und einer Coachingausbildung, werde auch ich selbst von einem Agility Coach in meiner eigenen Entwicklung unterstützt. Wir experimentieren derzeit beispielsweise mit selbstorganisierten Teams, und ich gebe zu, ich musste bereits einige anfängliche Vorbehalte über Bord werfen.

Die Art der Arbeit muss zur Lebenssituation passen

Neben all den positiven Aspekten gibt es auch solche, die nicht perfekt sind, d. h. nicht zu jedem bzw. zu jeder Lebenssituation passen. In der Regel arbeite ich parallel mit mehreren Kunden an mehreren Projekten oder Programmen in ganz unterschiedlichen Phasen. Für den Arbeitsalltag bedeutet dies, dass sich Reisephasen von zwei bis drei Arbeitswochen mit ebenso langen Bürophasen abwechseln können. Die Reisephasen empfinde ich durch die Vielzahl an Meetings, Workshops und Coachings meist als sehr intensiv. Hinzu kommen auch mehrtägige Entwicklungsprogramme für verschiedene Kunden in verschiedenen Ländern. Jedoch sind diese Reisephasen meist mittelfristig planbar. Die Bürophasen nutze ich für konzeptionelle, strategische oder organisatorische Themen. Hierbei ist die Bürophase nicht zwingend als physische Präsenzzeit im Büro zu verstehen – Home- oder Remote Office sind ebenfalls problemlos möglich, solange ich für mein Team und meine Kunden virtuell erreichbar bin.

Ich musste meinen privaten Alltag nach dem Berufseinstieg erst einmal dieser Art des Arbeitens anpassen. Zum Beispiel habe ich schnell gemerkt, dass ich mein Hobby, das Tanzen (Hip-Hop, Ballett, Modern, Jazz), durch die Reisetätigkeit nicht mehr so regelmäßig und somit nicht auf dem bisherigen Niveau weiterführen konnte. Es macht einfach keinen Spaß, ständig der Choreografie der Gruppe hinterherzuhinken. Seit einer Weile nehme ich daher Privatstunden und habe so eine für mich flexible Lösung gefunden, die sich in meinen Alltag integrieren lässt. Auch das Privatleben mit meinem Mann hat sich phasenweise ausschließlich auf das Wochenende konzentriert. Dies hat natürlich auch für ihn und zur gemeinsamen Lebenssituation passen müssen. Aktuell habe ich meine Arbeits- und Reisezeit reduziert, um mehr Zeit zu Hause verbringen zu können.

Was ich meinem 25-jährigen Ich heute sagen würde

Es kann sich lohnen, offen zu sein für kleinere, spezialisierte Beratungen. Ich wurde positiv überrascht! Einfach mal Kontakt aufzunehmen und sich selbst ein Bild zu machen, kostet nichts. Das Studienfach ist dabei zweitrangig. Wichtiger – das habe ich gemerkt – sind das starke Interesse am Inhalt der Arbeit, die Kompatibilität mit den Unternehmenswerten und der -kultur sowie die Motivation, sich weiterzuentwickeln.

Matthias Gombert

Business Consultant bei BearingPoint GmbH

Ein MBA als Wegweiser vom Maschinenbau in die Beratung

„Als Maschinenbauer in die Beratung? Das ist doch nur was für BWLer …“ Diese Worte habe ich in den vergangenen Jahren schon oft gehört. Zugegeben habe ich früher ähnlich gedacht, bis ein MBA-Studium mir neue Perspektiven eröffnete.

Mein akademischer Werdegang an der Technischen Universität in Darmstadt führte mich von einem Bachelor in Computational Engineering über ein Master-Studium in Mechanical and Process Engineering zum Master of Science. Mein Weg bis dahin war für einen angehenden Ingenieur relativ typisch: Werkstudent im Anlagenbau, studentische Hilfskraft in der Konstruktion, Praktikum in einer Berechnungsabteilung bis zu einer Master-Arbeit im deutschen Automobilbau. Jede dieser praktischen Aufgaben hat mir Spaß gemacht und mich herausgefordert. Aber mir war schnell klar: Ich möchte mehr Abwechslung und schnelle Veränderungen vorantreiben.

Vom Master of Science zum MBA

Zum Ende meines Masters besuchte ich daher den e-fellows.net MBA Day in München. Dort hatte ich ein sehr interessantes Gespräch mit dem Direktor des Collège des Ingénieurs (CDI). Das CDI ermöglicht Universitätsabsolventen mit einem Master of Science in einem konsekutiven Programm innerhalb von zehn Monaten den Erwerb eines MBA. Neben den Vorlesungen und Seminaren sind die Fellows zudem als Junior Consultants in einem Industrieunternehmen aktiv. Nach einiger Recherche und einer erfolgreichen Bewerbung begann knapp zwei Monate nach meinem Maschinenbauabschluss meine Beraterkarriere in Kombination mit dem MBA-Programm. Ein tolles Wechselspiel aus Theorie und Praxis.

Das Prinzip des Action Learning durch einander abwechselnde Seminare und Praxiseinsätze führen zu einer steilen Lernkurve. Während ich durch die anspruchsvolle Beratertätigkeit im Unternehmen wertvolle praktische Erfahrungen sammeln konnte, boten zahlreiche Master Classes und Dozenten aus der Wirtschaft einen tollen Einblick in das Topmanagement. Speziell die persönlichen Erfahrungen der Dozenten machen das Programm interessant.

Da mich die Vielfalt der Themen und das kontinuierliche Lernen begeisterten, entschied ich mich nach meinem Abschluss, meine ersten beruflichen Schritte tatsächlich in der Beratung zu machen.

Mein Berufseinstieg in der Beratung

Ein technologischer Fokus war mir sehr wichtig, sodass ich mich für eine Karriere im Bereich Operations in einer Management- und Technologieberatung entschied. Hier wirke ich bei der Optimierung von Produkten und Prozessen mithilfe von innovativen Tools und modernen Technologien mit. Ich begleite vorrangig Projekte in der Logistik und im Supply-Chain-Management bei produzierenden Unternehmen und unterstütze unsere Kunden, die Herausforderungen der Digitalisierung zu meistern. Mein Highlight war bisher ein Projekt bei einem Start-up, das sich zum Ziel gesetzt hat, seinen Sektor zu revolutionieren. Gemeinsam mit dem Kunden haben wir den Aufbau eines neuen digitalen Geschäftsmodells entworfen sowie die Anforderungen und die Definition der Softwarespezifikationen erarbeitet.

In der Unternehmensberatung jeden Tag etwas Neues lernen

Nach über eineinhalb Jahren in meinem Beruf empfinde ich meine Entscheidung für die Beratung als die richtige. An die Reisezeiten und die Arbeit an verschiedenen Orten habe ich mich schnell gewöhnt, da die Vielfalt der Aufgaben extrem spannend ist und es mir Freude bereitet, mich stets in neue Themenstellungen einzuarbeiten. Es ist großartig zu sehen, wie ich selbst durch verschiedene Aufgaben und Übungen zwar routinierter werde, mein Job aber nie zur Routine wird.

Für die persönliche und fachliche Entwicklung der Mitarbeiter gibt es bei eigentlich allen Unternehmensberatungen neben dem Training on the Job viele verschiedene Schulungsangebote. Kenntnisse aus methodischen Schulungen lassen sich unmittelbar beim Kunden anwenden und mit eigenen Erfahrungen erweitern. Gleich zu Beginn bieten Veranstaltungen für Neueinsteiger einen ausgezeichneten Rahmen, Kollegen aus der ganzen Welt kennenzulernen, zusammen zu arbeiten, zu netzwerken und natürlich auch zu feiern. Die Beratung ist ein wirklich dynamisches, aber auch anspruchsvolles und sehr lehrreiches Umfeld, in dem ich mich sehr wohlfühle.

Wie profitiere ich von meinem Wissen aus dem Studium?

Aus meinem Ingenieursstudium ist die strukturierte und analytische Herangehensweise einer der wichtigsten Faktoren, der mir in der Beratung nützt. Mein grundlegendes Verständnis für technische und softwareseitige Möglichkeiten hilft mir zudem, Zusammenhänge zu verstehen und Lösungskonzepte für den Kunden zu entwerfen - auch wenn ich nicht in der Entwicklung arbeite.

Aus meinem MBA-Studium sehe ich zum einen die vermittelten wirtschaftlichen Zusammenhänge als sinnvoll an, die den interdisziplinären Austausch zwischen den Fachabteilungen vereinfachen. Zum anderen sind es die praktischen und teilweise auch sehr persönlichen Erfahrungen der Dozenten, die mir heute helfen, knifflige Situationen souverän zu meistern. Besonders profitiere ich natürlich auch von meinem Netzwerk aus dem MBA-Studium. Neben meinen Kommilitonen, die selbst in unterschiedlichen Branchen arbeiten, eröffnet das Netzwerk Kontakte zu Alumni aus verschiedensten Bereichen. Beim jährlichen Alumni-Konvent kann man sich austauschen und von interessanten Vorträgen profitieren.

Die Beratung als Karriereoption für Ingenieure?

Diese Frage muss ich mit einer klassischen Beraterantwort beantworten: „Kommt darauf an." Unternehmensberater zu sein, ist ein sehr intensiver Beruf. Wer bereit ist, über Nine-to-Five hinaus zu arbeiten, wer stetig neue Herausforderungen liebt, wer gerne reist und mit unterschiedlichen Teams und Kunden arbeitet, für den ist die Beratung sicherlich eine gute Option. Das Themen- und Branchenspektrum in der Beratung ist zudem ein ganz anderes als in großen Konzernen oder im Mittelstand. Es ist aber auf jeden Fall wichtig, sich vorab mit den potenziellen Arbeitgebern auseinanderzusetzen. Denn Beratung ist nicht gleich Beratung. Es gibt große thematische und organisatorische Unterschiede. Ich empfehle daher, die Erfahrungen aus dem eigenen Netzwerk oder Karrieremessen und Workshops für den direkten Austausch aktiv zu nutzen, um den Wunscharbeitgeber zu finden.

Leonis Petschmann

Geschäftsführer/ Partner bei Vindelici Advisors GmbH

Beratung mal ganz anders – geht das?

Eine Karriere als Unternehmensberater ist für viele nach dem Studium immer noch ein reizvoller Einstieg in das Berufsleben. Schneller Erfahrungsgewinn, beste Aufstiegsmöglichkeiten und immer abwechslungsreiche Projekte auf Management-Level. Auch für mich der Grund, warum ich mich für die Beratung als ersten Schritt ins Berufsleben entschieden habe.

Der klassiche Karriereweg – Aufstieg in einer großen Beratung

Ich habe mich damals für den Einstieg in die Beratung bei einer der Big Four entschieden. Der Grund war aber nicht das Unternehmen, sondern das Team und insbesondere die für mich verantwortliche Führungskraft. Dies ist auch der zentrale Punkt, den ich jedem Absolventen ans Herz legen möchte. Die Entscheidung nicht nach dem Namen zu treffen, oder aufgrund dessen, was das Unternehmen angeblich darstellt, sondern auf Basis der Person zu entscheiden, die der Mentor für die ersten Jahre sein wird. Gerade in der neuen digitalen Welt ist dies wichtiger denn je.

Neben der richtigen Führungskraft sind in der Beratung auch heute noch vielfach die klassischen Zutaten entscheidend für den schnellen Aufstieg: viele Überstunden, bedingungsloser Einsatz, große Sichtbarkeit bei den Entscheidern innerhalb des Unternehmens und natürlich eine höchstmögliche Auslastung. Diese magische Kennzahl beschreibt in den Unternehmen den Anteil der Arbeitszeit, die bei den Kunden in Rechnung gestellt werden kann. Allein diese Faktoren reichen jedoch (zum Glück) in der Regel nicht aus, um in den Kreis der High Potentials und die entsprechenden Förderprogramme aufgenommen zu werden. Auch wenn sie eigentlich simpel klingt, ist die entscheidende Zutat für den Erfolg als Berater dann doch seltener als erwartet: die Kraft und Motivation daraus zu ziehen, anderen wirklich helfen zu wollen und seine eigene Interessen hinter jegliche Bedürfnisse der Kunden zu stellen. Wer dies wirklich verstanden hat, bringt die wichtigste Eigenschaft mit, um auch langfristig als Berater erfolgreich zu sein.

Warum ich trotzdem meine eigene Beratung gegründet habe

Natürlich ist ein Partner-Track in einer großen Beratung reizvoll. Aber auch eine Führungkraft, die die gleichen Werte und Einstellungen teilt, ändert nichts daran, dass man Teil des übergeordneten Systems ist. In jedem Unternehmen gibt es selbstverständlich Dinge, mit denen man nicht zufrieden ist und die man gerne geändert hätte. Da ich aber niemand sein wollte, der lediglich Worte schwingt und keine Taten folgen lässt, bin ich dem Rat eines guten Freundes gefolgt: Love it, change it or leave it.

Da ich ein ungeduldiger Mensch bin und Dinge direkt anpacken und ändern möchte, habe ich mich daher entschieden, meine Vorstellungen von einer Beratung direkt umzusetzen. Natürlich muss in einer solchen Situation auch der Zufall für die richtigen Gelegenheiten sorgen. Dies war bei mir zum Glück der Fall, und ich bin mit den Menschen zusammengetroffen, die mit mir eine Vision teilen. Wir haben nun eine Kultur geschaffen, in der wir versuchen, all das unterzubringen, was uns wirklich wichtig ist. Wir versuchen, als Partner und Geschäftsführer das vorzuleben, was das Unternehmen sein soll und was in ihm möglich ist. Worte sind immer schnell gesprochen, aber wir möchten diese durch unser Handeln beweisen.

Familie ist mir wichtig, und das zeige ich auch. Ich mache unseren morgendlichen Daily Videocall auch mit dem Baby auf dem Arm, wenn ich dadurch etwas mehr Zeit mit meiner Famlie verbringen kann. Ein weiterer Partner hat einen kompletten Vormittag pro Woche für Kinderbetreuung reserviert. Diese Zeit ist dann für Kundentermine geblockt.

Natürlich ist es nicht einfach, diese neuen Wege zu beschreiten; Familie und Beratung zu ermöglichen; maximale Verantwortung bei maximaler Freiheit zu gewähren; mithilfe von New Work ganze neue Formen der Arbeit zu etablieren. Alles kostet viel Kraft und Geduld, ist es aber am Ende wert.

Braucht man überhaupt noch (mehr) Berater?
Der klassiche Exit aus der Beratung ist der Weg in die Industrie. Manchmal auch zu einer anderen Beratung ähnlicher Größe, um noch einmal Anlauf für den nächsten Karrieresprung zu nehmen. Die Gründung einer eigenen Beratung gehört dagegen weniger zu den klassichen Karrierepfaden. Ich glaube aber daran, dass es der Branche guttut, einige Dinge anders zu machen als der Rest und damit auch für alle anderen neue Impulse zu setzen.

Menschen, die die Profession als Unternehmensberater wirklich ernst nehmen und mit Passion leben, werden in Zukunft mehr gebraucht werden denn je. Weniger als zurückhaltende reine Berater, sondern als tatsächliche Entscheider, die bereit sind, Verantwortung zu übernehmen.

Egal, ob groß und etabliert oder jung und voller neuer Ideen: Der Einstieg in eine Beratung stellt für Absolventen weiterhin eine tolle Karrierebasis da. Immer unter der Maßgabe, den richtigen Mentor an seiner Seite zu haben und eine Beratung zu wählen, die tatsächlich zu seinen eigenen Werten passt.

Um damit abschließend die Frage vom Anfang zu beantworten: Ja, es geht anders. Denn es muss anders gehen. Der Wandel im Zeitalter der Technologien und hin zu einem „neuen Arbeiten“ umfasst alle – Beratungen ganz besonders.

Dr. Ansgar Thiessen

Director, (Agile) Organisations Practice Leader bei PvL Partners

Komplex, global, strategisch – was sich wirklich dahinter verbirgt

Der Einstieg in die Strategieberatung ist eine bewusste Entscheidung - man lernt enorm viel (auch über sich selbst) und gestaltet sehr systematisch seine eigene Karriere. Bei der Vorbereitung dieser Entscheidung laufen einem immer wieder die gleichen Begrifflichkeiten über den Weg: Komplexität, Arbeiten in globalen Setups und Strategiearbeit. Doch was genau verbirgt sich eigentlich dahinter?

Komplex – Lösungen, die es zuvor noch nie gab

Wenn Unternehmen Strategieberater für sehr viel Geld einkaufen, dann haben sie oft einen guten Grund dafür: Es reicht das vorhandene interne Wissen nicht aus, man sucht bewusst den Input aus anderen Unternehmen oder gar Industrien, oder es fehlt einem die Kapazität, sehr schnell ein Momentum zu erzeugen, etwas zu verändern und vieles mehr. Egal, wofür man Berater ins Haus holt: Ihnen allen gleich ist die Arbeit in extrem motivierten und hoch professionellen Setups. Strategieberatungen wagen sich mit Freude an die Themen, für die es zuvor noch keine Lösung gab. In der Regel in sehr enger Zusammenarbeit mit dem Kunden - und so trifft unmittelbar sehr viel Erfahrungs- und Methodenwissen aufeinander.

Die Themen in Unternehmen nehmen seit vielen Jahren in ihrer Komplexität zu - Gleiches gilt für die Lösungsansätze, die man miteinander entwickelt. Seit einigen Jahren erarbeiten selbst etablierte Konzerne agile Strukturen und Arbeitsweisen, um ebendiese Komplexität zu meistern. Ich persönlich helfe z. B. globalen (Investment-) Banken und Rückversicherern dabei, eine neue Generation Führungskräfte zu entwickeln, oder entwerfe mit ihnen neue Formate, wie sie sich optimal in Teams aufstellen und miteinander arbeiten können. All dies als Vorbereitung darauf, dass wir bereits heute wissen, dass die Themen, die Unternehmen bearbeiten, rasant an Komplexität gewinnen.

Global – in Zürich zu Hause und doch international tätig

Die Wahl des Standorts für den Einstieg in die Strategieberatung ist vor allem für das Gestalten des privaten Umfelds entscheidend. Bei meinem Arbeitgeber, PvL Partners, ist die Besonderheit, dass die Beratung am Standort Zürich ausschließlich für die großen Banken, Versicherungen, Pharmakonzerne etc. tätig ist. Fast alle haben in Zürich und Umgebung ihr Hauptquartier oder ihre Europazentrale. So lässt sich beides miteinander vereinen: in Zürich leben und gleichzeitig an globalen Themen in internationalen Teams arbeiten. Projekteinsätze in den USA, Osteuropa oder Asien kommen vor allem dann vor, wenn man mit Führungsteams arbeitet, denn diese treffen sich meist an einem Firmenstandort, um gemeinsam strategische Themen zu erarbeiten.

Die Arbeit in globalen Teams ist enorm bereichernd, denn neben dem fachlichen Austausch und der übergreifenden Problemlösung kommt ein starkes persönliches Wachstum hinzu. In vollständig globalen Konzernen oder Teams gibt es kulturelle Eigenheiten, und erst eine kulturelle Sensibilität hilft zu verstehen, warum bestimmte Entscheidungen nicht oder anders getroffen werden. Das Arbeiten mit Kollegen, die man eventuell niemals persönlich treffen wird, schult einen in Empathie und Sensibilität für Zwischentöne oder Nuancen, die man in der Stimme oder in E-Mails filtern lernt – eben weil das Lesen von Menschen im persönlichen Gespräch nur schwer möglich ist. Diese Fähigkeit ist eine Bereicherung, wenn ich mit Teams live an einem Ort arbeite.

Strategisch – Impulsgeber für das Stellen der richtigen Fragen

Die strategische Arbeit hat sich in den vergangenen Jahrzehnten grundlegend verändert. Während man lange Zeit mit guten Analysen und Prognosen Szenarien entwerfen konnte, um sich für eine der möglichen Optionen zu entscheiden, so ist Strategiearbeit heute eher wie das Fahren im Nebel. Dies hat mindestens zwei Konsequenzen: Erstens beschäftigen sich Strategieabteilungen heute stark damit, Unternehmen trotz dieser Unsicherheit und hohen Geschwindigkeit wechselnder Themen reaktionsfähig zu machen. Und zweitens verändert sich die Herangehensweise, wie Strategien sich nicht nur in den Vorstandsetagen und im mittleren Management, sondern vor allem durch die gesamte Belegschaft oftmals weltweit umsetzen lassen.

Die Arbeit als Strategieberater richtet sich an diesen zwei (neuen) Paradigmen aus: Die rein analytische Arbeit und das Erfahrungswissen innerhalb und zwischen verschiedenen Industrien rücken in den Hintergrund. Vielmehr werden diese um Expertise aus dem Organisationsdesign (z. B. wie erreiche ich, dass ein Unternehmen extrem schnell auf Marktbewegungen reagiert) oder aus der Kultur- und Verhaltensentwicklung (z. B. wie bereichere ich die bestehende Führungsmannschaft um agiles Führungsdenken und -handeln) ergänzt.

Viel Strategiearbeit läuft in Unternehmen übrigens bewusst ohne Unternehmensberater ab. Die Berater helfen, die richtigen Dialoge zu führen, die richtigen Fragen zu stellen, die richtigen Themen und Führungsfragen zu reflektieren oder auch die richtigen Analysen zu erstellen. Doch die eigentlichen Gespräche erfolgen oft bei Vorstandssitzungen oder bilateral zwischen den Entscheidungsträgern. Ist dies nicht extrem frustrierend? Überhaupt nicht, denn oftmals kommen die Impulse für die Strategiearbeit aus ebendiesen Reflexionen mit Beratern, aus Vorgesprächen zu Vorstandsdialogen und aus der Vorbereitung der Argumentarien für die Gespräche in den Vorstandsetagen.

Boutique-Beratungen als bewusster Karriereentscheid

Ich persönlich habe meine Karriere in der Strategieberatung bewusst in Boutique-Beratungen gestaltet. Sowohl große Strategiehäuser als auch spezialisierte Beratungen haben ihren Platz im weiten Feld der Unternehmensberatungen, jede hat ihre Berechtigung. Zu überlegen, was man erreichen, wie man arbeiten oder welche Kultur man erleben möchte, ist ein kleiner, aber wesentlicher Schritt auf dem Weg zur Karriere als Berater.

Kira Paul

Associate Consultant bei Sopra Steria Consulting

Einstieg als Unternehmensberaterin: aus Networking wurde New Work

Vor gut einem halben Jahr bin ich in die Unternehmensberatung eingestiegen. Für mich haben sich die Dinge ziemlich glücklich gefügt, denn schon während meines Master-Studiums habe ich meinen jetzigen Arbeitgeber kennengelernt. Ich habe früh mit offenem Blick Ausschau gehalten, wie es für mich nach dem Studium weitergehen soll. Meine heutige Chefin habe ich auf einem Networking-Event kennengelernt. Dieses war speziell für Frauen, die sich für die Beratung interessieren.

Ich habe einen klassischen Hintergrund in Wirtschaftswissenschaften, mit einem Bachelor in BWL und einem Master in International Business. Bereits als Werkstudentin habe ich in einer Beratung gearbeitet, und so war für mich schon länger klar, dass dieses Berufsbild etwas für mich sein könnte. Da ich aber immer wieder auf verschiedenen Karriere- und Networking-Events unterschiedliche Beratungen, deren Mitarbeiter und Mentalität kennenlernen durfte, war für mich auch klar, dass ich nur in eine Beratung gehe, wenn die Menschen und die Kultur im Unternehmen zu mir passen. Somit an dieser Stelle mein erster Rat: Diese Möglichkeit sollte unbedingt genutzt werden, um bereits ein wenig auszuloten, ob das Unternehmen grundsätzlich zu einem passen könnte.

New Work im öffentlichen Dienst – anders, aber spannend

Bei meinem jetzigen Arbeitgeber bin ich nun für den Geschäftsbereich Public Sector-Beratung von Behörden und Ministerien - im Team „Innovation & New Work" unterwegs. Die Aufgabe dort beinhaltet für mich zwei spannende Aspekte. Zum einen die Arbeit mit Kunden im öffentlichen Dienst. Während meines Studiums durfte ich schon in unterschiedlich großen Unternehmen aus der Privatwirtschaft schnuppern, wodurch mir schnell bewusst wurde, dass die Dinge in der öffentlichen Verwaltung anders laufen. Zum anderen beschäftige ich mich intensiv mit dem aktuellen Wandel der Arbeitswelt. Trends zu identifizieren, zu sehen, was die Zukunft bietet und wie Organisationen befähigt werden können, diese (digitale) Transformation mitzugehen, sind für mich hoch spannende Themen.

Ich nutze sehr gerne die unternehmensinternen sozialen Medien. Hier nehme ich mir jeden Tag ein paar Minuten Zeit, um zu lesen, was es Aktuelles, Spannendes oder auch Lustiges im Unternehmen gibt. Im Alltag, wenn wir alle über verschiedene Orte verteilt sind, ist das eine super und sehr einfache Möglichkeit, sich sein Netzwerk aufzubauen und aufrechtzuerhalten. Das hilft auch dabei, wenn man sich dann wirklich einmal trifft, ins Gespräch zu kommen, nach dem Motto: „Ach, du bist doch die, die neulich etwas zum Thema xy gepostet hat..." Deshalb mein Rat Nummer zwei: aktiv sein und von Beginn an netzwerken.

Nicht verbiegen, authentisch bleiben

Eine für mich als junge Frau besonders wichtige Gruppe ist die Women@Sopra Steria-Community. Diese gibt mir Rat und Inspiration, wie ich mit unterschiedlichen Situationen umgehen kann, die ich in einer stark männlich dominierten Branche erlebe. Dennoch war mir, wohl mangels persönlicher Erfahrung, nicht bewusst, was es bedeutet, in ein Projekt zu gehen, in dem fast ausschließlich Männer arbeiten. Hinzu kommt, dass ich recht jung bin und frisch von der Uni kam, sodass ich mir mein Standing erst einmal erarbeiten und klarmachen musste, wie man mit mir reden und arbeiten kann - und wie nicht. Doch auch diese Erfahrungen bringen mich enorm weiter und fördern die persönliche Entwicklung. Gleichzeitig habe ich das Glück, mich intern näher mit dem Thema Diversity auseinandersetzen zu dürfen. Gleichberechtigung in Deutschland findet auf so vielen Ebenen und in so vielen Belangen noch nicht statt. Mein dritter Rat: offen für Neues und Unbekanntes sein und sich Themen suchen, für die man brennt, sie machen Arbeits- auch zu Lebenszeit. Und speziell Frauen würde ich raten, sich selbst treu zu bleiben, d. h., sich nicht den Männern anzupassen, sondern authentisch zu bleiben. Die Mischung ist das, was uns letztlich alle noch besser macht.

Die Chemie muss stimmen

Beratung heißt für mich schnelle Verantwortungsübernahme und unterschiedliche Projekte und Erfahrungen. Das bedeutet auch ein sehr dynamisches Umfeld und steter Wandel. Doch selbstverständlich bringt so viel Dynamik auch seine Schattenseiten mit sich: Vier Tage vor Ort im Projekt haben unweigerlich zur Folge, dass Familie, Freunde und Partnerschaft irgendwie ins Wochenende gequetscht werden müssen, der Koffer quasi immer gepackt ist und man kaum z. B. einem Sportverein beitreten kann. Es bedeutet auch, ab und an sehr lange zu arbeiten. Ich habe mich bewusst dafür entschieden. Denn für mich stand mit dem Berufseinstieg fest, dass nun zunächst einmal die Karriere ansteht und hierauf mein Fokus liegt. Allerdings war mir auch klar, dass Arbeit nicht alles ist und sein darf.

Daher mein letzter Rat: Man sollte sich über die Pros und Kontras des Beraterlebens bewusst sein. Überwiegt das Positive, würde ich immer versuchen, vorab Menschen kennenzulernen, die dort arbeiten, um herauszufinden, ob man ähnliche Wertevorstellungen hat. Denn nur wenn die Chemie stimmt, kann man aus meiner Erfahrung heraus langfristig in der Beratung glücklich werden.

Dr. Markus Reichenberger

Senior Consultant bei Senacor Technologies AG

Von der Physikpromotion zum Release Manager, das geht!

Ich liebe die Herausforderung und setze mich mit Herzblut für Dinge ein, die mir wichtig sind. Das motiviert mich, stets mein Bestes zu geben und mein breites Interessengebiet zu bewahren. Privat habe ich mich daher von Anfang an ehrenamtlich engagiert, beispielsweise als Jugendleiter des Deutschen Alpenvereins oder als Teamtrainer einer Fußballmannschaft. Das stiftet gesellschaftlichen Mehrwert, macht Spaß und bietet darüber hinaus die Möglichkeit, erste Führungserfahrung zu sammeln. Mein Weg in der Ausbildung und im Beruf hatte einige überraschende Wendungen: Als Neusprachler in der Schule ein naturwissenschaftliches Studium angehen, dieses mit einer Physikpromotion abschließen und dann als Unternehmensberater in die Wirtschaft einsteigen und als Berater aktuell als Release Manager einer Retailbank agieren – das ist möglich!

Wie ich als promovierter Physiker zur Beratung gekommen bin

Mein Interesse an der Unternehmensberatung wurde 2015 durch ein Karriereforum in Bayreuth geweckt. Die Präsentationen über die Arbeit als Berater haben mich so begeistert, dass ich mehr über dieses spannende Berufsfeld erfahren wollte. Ich habe beispielsweise mein Stipendium bei e-fellows.net genutzt, um mich einerseits inhaltlich mit dem Consulting zu befassen und andererseits an Karriereevents von verschiedenen Beratungen teilzunehmen. Auf diese Weise konnte ich parallel zu der Promotion tiefere Einblicke in die Beratungswelt und in die verschiedenen Unternehmenskulturen erhalten. Die Hanns-Seidel-Stiftung unterstützte mich dabei, Soft Skills zu trainieren sowie erste Einblicke in gesellschaftspolitische und betriebswirtschaftliche Themen zu erlangen.

Die Forschung in meiner Physikpromotion über organische Halbleiter erforderte neben sehr guten Problemlösungsfähigkeiten und strukturiertem Arbeiten immer wieder rasche Einarbeitung in neue, komplexe Fragestellungen. Logisches und abstraktes Denkvermögen waren dabei ebenso gefordert wie Kommunikationsstärke und die Fähigkeit, mit verschiedensten Situationen selbstständig als auch im Team umzugehen. Besonders fasziniert hat mich die interdisziplinäre Projektarbeit in einem internationalen Team zur Umsetzung innovativer Ideen und zur Lösung globaler Probleme. Durch Auslandsaufenthalte bei meinen Projektpartnern, weltweite Konferenzen und eine private Weltreise konnte ich meine interkulturellen und sprachlichen Kenntnisse erweitern.

Die Unternehmensberatung versprach mir – genau wie meine Promotion – eine spannende Entdeckungsreise mit einem steilen Lernerfolg und zahlreichen reizvollen Herausforderungen. Ich war überzeugt, dass meine bisherige Erfahrung gut zu der analytischen Arbeit als Berater passt. Bei einem Doktoranden-Workshop durfte ich meinen jetzigen Arbeitgeber näher kennenlernen. Senacor vereint Beratung und IT Delivery, um große Unternehmen digital zu transformieren. Unmittelbar nach meiner Promotion bin ich im November 2017 via Direkteinstieg als Unternehmensberater bei Senacor gestartet.

Die Chance genutzt – mein Sprung vom Business Analyst zum Release Manager
Mein erstes Projekt führte mich in eine führende deutsche Retailbank. Als Business Analyst sollte ich bei dem Neuaufbau im Zuge der Digitalisierung der B2B-CRM-Applikation unterstützen. Das war sehr spannend, denn ich konnte zum ersten Mal die agile Produktentwicklung nach Scrum kennenlernen. Meine Aufgaben umfassten unter anderem das Schärfen von Anforderungen, das Leiten von Sprint-Reviews sowie die Ergebnispräsentation für die Stakeholder. Um ein gemeinsames Verständnis für die Erwartungen an das Produkt zu fördern, habe ich konzeptionell zwischen Product Owner und Entwicklerteam vermittelt.

Schon nach zwei Monaten vertraute mir der Partner das zweite Projekt an. Als Release Manager verantworte ich nun die Weiterentwicklung der zentralen Prozessplattform der Retailbank, über die der Großteil des Geschäfts des Kunden abgewickelt wird. Da es um eine business-kritische Applikation geht, ist die Aufmerksamkeit entsprechend groß. Einmal gab es Probleme in der Produktion, und ich musste die Vorstände mit einer zügigen Problemlösung überzeugen. Auch das gehört zum Beraterjob dazu.

Die Herausforderungen im Arbeitsalltag als Release Manager
Als Release Manager koordiniere ich unsere Entwicklungsteams in dem Spannungsfeld zwischen Liefermenge, -termin und -qualität innerhalb der Releases mit Drei-Monats-Taktung. Das erfordert Verbindlichkeit und Liefertreue, auch bei sehr kurzfristigen Anforderungen. Unterstützt durch den Partner stelle ich via Planung und Controlling eine effiziente und qualitativ hochwertige Lieferung sicher. Wir kümmern uns durch einen geeigneten Skill-Mix in der Personaleinsatzplanung um ein effektives Team. In dem Projektumfeld vermittle ich zwischen Stakeholdern des Kunden und den Umsetzungsteams. Mir gefällt dabei besonders der aktive Austausch mit Verantwortlichen aus den verschiedenen Bereichen und Hierarchiestufen des Unternehmens. Diesen präsentiere ich jeden Donnerstag die Ergebnisse unseres Teams, die Fortschritte und die Hindernisse. Insbesondere das Adressieren von Risiken und Entscheidungsbedarfen spielt hierbei eine wichtige Rolle. Auf diese Weise lassen sich stetige Verbesserungen erzielen.

Eine Besonderheit in dem Projekt ist die Verzahnung zwischen klassischer und agiler Vorgehensweise. Um gemeinsam mit dem Kunden die Brücke dazwischen zu schaffen, verfolge ich zwei Wege: eine übergeordnete Abstimmung zwischen den Teams und eine Transformation des bestehenden Release-Formats, um es flexibler zu gestalten. Durch die Ergebnisorientierung erzielen wir eine echte Veränderung in dem Unternehmen. Langweilig wird es nie, denn jeder Tag bringt neue spannende Herausforderungen.

Yoshiki Fukuda

Senior Business Consultant bei BearingPoint GmbH

Die unterschiedlichen Rollen eines Innovationsberaters

Mit Sicherheit wird uns bewusst, dass wir mit den Begriffen Innovation, Disruption und Digitalisierung zunehmend im Alltag konfrontiert werden. Denn wir lesen beispielsweise immer häufiger, dass ganze Industrien von Startups disruptiert werden. Folglich stellen Unternehmen den Status quo bereits heute infrage und investieren Geld in neue Themen. Als Innovationsberater unterstütze ich Kunden aus verschiedensten Industrien, Innovation richtig zu verstehen und umzusetzen.

Die Fragestellung, wie Unternehmen Innovationen in den Markt bringen und neue Geschäftsmodelle entwickeln, hat mich bereits im Master-Studium sehr fasziniert. In meiner Abschlussarbeit habe ich mich mit Geschäftsmodellinnovation mit Fokus auf die Chemieindustrie auseinandergesetzt. Schnell wurde mir klar, dass ich Unternehmen genau in diesem Bereich unterstützen und beraten will. Meinen ersten Job nahm ich daher bei einer Innovationsberatung in München an. Dass ich vorher Praktika in der Beratung absolviert hatte, war von großem Vorteil.

Mit der Zeit verstand ich, dass digitale Technologien heutzutage bei der Umsetzung von Innovationskonzepten eine Schlüsselrolle spielen. Denn das Ergebnis aus Technologie, frischen Ideen und Kundennutzen ist Innovation. Das technische Know-how erwerbe ich vorwiegend auf Projekten bei meinem aktuellen Arbeitgeber.

Im Gegensatz zu herkömmlichen Beratungsthemen bietet die Innovationsberatung den Vorteil, dass strategisch-konzeptionelle und praktische Beratungsansätze sehr stark miteinander verschmelzen. Strategische Themen beinhalten u. a. die Auswahl von Innovationsfeldern mit den dazugehörigen Prozessen und die Entwicklung der Innovationskultur. Für die praktische Innovationsberatung nutze ich vielfältige Methodiken wie beispielsweise Design Thinking. Mit Design Thinking kann ich kundenzentrisch Probleme identifizieren und passende Lösungen dafür entwickeln. Es ist dennoch ein Mythos, dass diese Methode ein Allheilmittel für alle Probleme sei. Allgemein sollte man in jedem Fall sehr eng mit dem Kunden zusammenarbeiten wollen und sich in die Rolle des Nutzers hineinversetzen können.

Die folgenden drei Rollen sind nur beispielhafte Ausschnitte eines sehr breiten Aufgabenbereichs des Innovationsberaters.

Rolle 1: Konzeptionist und Promotor

Meine internen Innovationsprojekte waren bisher eher strategischer Natur. Beispielsweise fragten wir uns, wie wir mehr Mitarbeiterideen zur Marktreife bringen können. Gemeinsam mit Partnern und Mitarbeitern aus allen europäischen Standorten entwickelten wir unseren Innovationsprozess weiter und identifizierten die notwendigen Bedingungen dafür. Ein Baustein ist aktuell z. B. der Ausbau unseres Start-up-Ökosystems, wofür wir mit verschiedenen Inkubatoren in ganz Europa zusammenarbeiten. Neben der konzeptionellen Arbeit agiere ich als Botschafter, um die interne Kommunikation des Konzepts zu unterstützen und Mitarbeiter zu begeistern. Hierfür nutzen wir auch unseren sogenannten „Innovation Truck“ und platzieren diesen bei internen und externen Veranstaltungen.

Rolle 2: Geschäftsmodellentwickler

Ein neues Produkt ohne das passende Geschäftsmodell auf den Markt bringen? Das ist heutzutage vollkommen undenkbar und zum Scheitern verurteilt. Als Innovationsberater unterstütze ich die Entwicklung neuer Geschäftsmodelle für Kunden aus unterschiedlichen Industrien. Beispielsweise bearbeitete ich für ein Chemieunternehmen die Fragestellung, wie das Geschäftsmodell für eine neue Technologie aussehen könnte. Die Herausforderung war, dass die Technologie bis dato noch keinen nennenswerten Umsatz erzielen konnte. Unter Einsatz verschiedenster Innovationsmanagement-Methodiken und Ideenvisualisierung erarbeiteten die Workshop-Teilnehmer intensiv die Herausforderung des Kunden. Das Ergebnis konnte sich sehen lassen – ein erster Prototyp in Form eines Geschäftsmodellkonzepts wurde erarbeitet. Der Kunde nutzte es letztlich als Startpunkt, um mit der neuen Technologie Geld zu verdienen.

Rolle 3: Beobachter und Macher

Zuletzt war ich für einen Kunden aus dem Konsumgüterbereich tätig und entwickelte mit ihm Applikationen zur Unterstützung seiner Geschäftsprozesse. Im ersten Schritt standen viele Gespräche mit dem Kunden auf dem Plan, um ein allgemeines Prozessverständnis aufzubauen. Danach fragten wir uns, wie der ideale Prozess aussehen könnte und welche Auswirkung dieser auf das Design der Applikation hat. Heutzutage spielt das Thema Design für Software im Unternehmensumfeld eine immer größere Rolle. In einem agilen Ansatz wurde in vielen iterativen Runden die Applikation entwickelt. Dies beinhaltete die Demonstration von Ausschnitten aus der Applikation vor dem Kunden und die sofortige Einarbeitung von Kundenfeedback. Letztlich war der Kunde sehr glücklich mit der entwickelten Applikation, die eine deutliche Effizienzsteigerung der Prozesse ermöglichte.

Wie wird man Innovationsberater, und was muss man mitbringen?

Vier wesentliche Eigenschaften sollten Absolventen für den Job als Innovationsberater mitbringen: Geduld, eine hohe Frustrationstoleranz, Neugierde und erfrischende Ideen. Dafür können Absolventen bei unterschiedlichsten Themenstellungen mitarbeiten und bekommen Einblicke in die relevanten Zukunftsthemen und -technologien. Zudem erwirbt man ein sehr fundiertes und mächtiges Methodikwissen, um die Kundenherausforderungen auf eine strukturierte Weise zu lösen. Wer eine Zukunft in diesem Themenbereich sieht, findet eine Vielzahl von Einstiegsmöglichkeiten bei Innovationsberatungen und -agenturen. Theoretische und praktische Vorkenntnisse in Innovationsmanagement und Entrepreneurship erhöhen die Chance auf einen erfolgreichen Berufseinstieg in diesem Bereich.

Maria Jarolin

Senior Business Analyst (Consultant) bei A.T. Kearney GmbH

Nachhaltigkeit in der Unternehmensberatung

Nachhaltigkeit und Unternehmensberatung waren für mich immer zwei Themen, die weiter voneinander entfernt nicht sein könnten. Unternehmensberatung, so wie ich sie im Kopf hatte, bedeutete: viel fliegen, Taxi fahren, kurz beim Unternehmen einmarschieren, im Hinterzimmer ein paar Slides basteln, präsentieren und weg sind sie; nach ihnen die Sintflut. Das kam mir weder sozial, noch ökologisch, noch wirtschaftlich nachhaltig vor.

Dass Unternehmensberatung nicht so sein muss, habe ich erst gesehen, als ich ein paar Berater von A.T. Kearney getroffen habe. Anstatt mit dem Taxi waren einige der Kollegen mit dem Fahrrad unterwegs. Sie erzählten mir auch vom Zitat des Gründers, der großen Wert auf „essential rightness" gelegt hat; von der Idee, Kunden nachhaltig zu beraten, also so, dass es ihnen langfristig wirtschaftlich besser geht; von Projekten, bei denen sie dem Unternehmen ganz klar davon abgeraten haben, weiterzumachen, auch wenn das ein Projekt weniger für das Unternehmen bedeutete. Für mich war nach dem Treffen klar, dass dieses Unternehmen das vertritt, was ich vertrete.

Zweifel und Begeisterung

Ich entschloss mich dazu, der Unternehmensberatung eine Chance zu geben, und absolvierte ein zweimonatiges Praktikum. Als meinen bevorzugten Bereich gab ich als Physikerin mit Fokus auf erneuerbare Energien die Energiebranche an. Doch anstatt auf ein Projekt mit erneuerbaren Energien oder anderen nachhaltigen Lösungen zu kommen, wurde ich zu einem Automobilhersteller geschickt. Unternehmensberatungen sind nun mal projektgetrieben, und nicht immer passen Bedarf und Interessen zusammen. Für mich war und ist das auch heute noch der schwierigste Punkt an diesem Beruf, dass ich auch manchmal an einem Thema arbeiten muss, für das mir jegliches Interesse fehlt.

Vielleicht wäre damit das Kapitel Unternehmensberatung für mich abgeschlossen gewesen, wenn ich nicht einen sehr engagierten Mentor gehabt hätte. Ein paar Monate nach meinem Praktikum, inmitten der oft unstrukturierten und detailorientierten Forschung zu meiner Master-Arbeit, fragte er, ob ich nicht Lust auf einen Nebenjob hätte. Mein Arbeitgeber begleite seit Jahren den Auswahlprozess zum deutschen Nachhaltigkeitspreis und man bräuchte jemanden, der sie dabei unterstützt. Das Thema passte perfekt. Ich überlegte nicht lange und sagte zu.

Der Kontrast zwischen der Forschung und der klar strukturierten, effizienten Arbeit für meinen Nebenjob hat mir letztendlich gezeigt, wie ich arbeiten möchte. Und auch heute noch gefällt mir an meinem Beruf, dass ich immer wieder dazulerne, um strukturiert und effizient zu arbeiten, den Überblick zu behalten und mich nicht in Details zu verlieren.

Ganz sicher, dass genau dieser Beruf das Richtige für mich ist, war ich aber erst nach einem Gespräch mit einem Partner aus dem Energiebereich. Er sprach mit genauso viel Begeisterung von den Energieprojekten wie ich. Am Ende versicherte er mir, dass mit den gerade eingeführten sogenannten Fokusteams die Wahrscheinlichkeit deutlich höher ist, nur im Energiebereich tätig zu sein.

Die allerletzten Zweifel räumte dann mein Interviewer in meinem finalen Gespräch aus. Er fragte mich, was ich an diesem Arbeitgeber ändern wollen würde, und meine Antwort war ehrlich und kritisch. Zum Beispiel kritisierte ich die mangelnde soziale und gesundheitliche Nachhaltigkeit, wenn die Arbeitszeiten oft bis nach 20 Uhr reichen. Der Verschleiß von Mitarbeitern in Unternehmensberatungen ist immens, auch hier bleiben viele Mitarbeiter nur drei Jahre. Und anstatt mir zu sagen, dass das nun mal so sei, meinte er, dass sie genau solche Menschen suchen. Menschen, die Ideen haben und diese auch äußern können. Das hat mich restlos überzeugt und begeistert. Und das ist auf jeden Fall auch mein Tipp für Interviews: Der Bewerber sollte er selbst bleiben und offen und authentisch seine Meinung vertreten.

Gewissensbisse

Gerade wenn ich dann aber doch wieder am Montagmorgen in der Schlange zum Flieger stehe, weil die Bahnfahrt zwei Stunden länger dauern würde und mein Projektmanager dafür kein Verständnis hat, dann kommen die Gewissensbisse. Ich habe wahrscheinlich in meinem Jahr bei der Unternehmensberatung mehr CO_2 verbraucht als in meinem ganzen Leben zuvor. Auch um Taxifahrten komme ich oft nicht herum, weil wir im Team gemeinsam fahren und die Kollegen das als bequemeres und schnelleres Mittel vorziehen.

Aber glücklicherweise denken nicht alle anderen so, immer mehr Mitarbeitern ist das Thema Nachhaltigkeit wichtig. Anfang dieses Jahres habe ich zusammen mit Kollegen das erste Treffen aller Nachhaltigkeitsinteressierten in Deutschland organisiert. Obwohl die Teilnehmer dafür extra an einem Freitag nach Düsseldorf anreisen – sich den Termin von anderen Arbeitsveranstaltungen also freischaufeln mussten – waren wir am Ende zwanzig Personen vor Ort.

Unternehmen zu mehr Nachhaltigkeit beraten

Nachhaltigkeit ist nicht mehr nur ein Randphänomen, sondern schon lange in der Mitte der Gesellschaft angekommen. Das sehe ich jedes Jahr deutlich, wenn wir die Bewerbungen für den Nachhaltigkeitspreis lesen. Der Nachhaltigkeitstrend kann dabei großen Einfluss auf die Unternehmen haben: Wer ihn verschläft, kommt vielleicht nicht mehr hinterher. Dabei ändert sich nicht nur das Kaufverhalten der Konsumenten Stück für Stück, sondern auch die Politik gibt einen Rahmen vor. Diesel-Autos werden aus der Innenstadt verbannt, die Atomkraftwerke müssen abgeschaltet werden. Solche Themen bergen ein enormes Risiko für Unternehmen. Was wäre zum Beispiel, wenn die Preise der CO_2-Zertifikate erhöht werden? Genau hier will ich ansetzen, um meine Arbeit als Unternehmensberaterin mit Nachhaltigkeitsidealen zu verbinden. Ein erstes Projekt zur Risikoabschätzung durch Nachhaltigkeitstrends haben wir schon gewinnen können, und hoffentlich folgen bald viele mehr.

Adrian Dawedeit

Manager – Business Field Leiter bei MHP Management- und IT-Beratung GmbH

Vom Junior Consultant zum Manager in vier Jahren

„Deine Master-Arbeit, das ist Architekturmanagement" ist wohl der Satz, der mir am stärksten aus meinem Bewerbungsgespräch bei MHP in Erinnerung geblieben ist. Nicht, weil er von meiner heutigen Führungskraft stammt, sondern weil ich mich damals auf die Stelle als Junior Consultant im IT-Architekturmanagement beworben hatte und jetzt – nach vier Jahren – dort Manager und Führungskraft bin.

Von der Reinigungskraft zum Master of Science

Rückwirkend betrachtet, beginnt diese Entwicklung schon weit vor MHP auf der Insel Rügen. Dort arbeitete ich neben der Schule als Reinigungskraft. Fachliche Führung hieß, mit 18 Jahren mindestens doppelt so alten Kollegen zu erklären, dass zum Beispiel das Badezimmer zwar gereinigt, aber nicht sauber ist. Heute könnte ich meinen Mitarbeitern keine bessere Situation für „Führen ohne hierarchischen Einfluss" oder „Konfliktmanagement" veranschaulichen. Nach dem Abitur entschied ich mich für ein duales Studium bei der Deutschen Bahn. Der vermeintliche Karrierestart lief aber mehr als holprig. Nach neun Monaten beschloss ich mich daher, das Studium abzubrechen und mich neu zu orientieren. Eine erlernte Fähigkeit, die mir bis heute hilft, mir falsche Entscheidungen einzugestehen und diese zu korrigieren. Das duale Studium bei der Siemens AG an der Beuth Hochschule für Technik lief deutlich besser. Vor allem die integrierte IHK-Berufsausbildung und die Gruppenarbeiten mit Siemens-Bezug bleiben neben dem Studium positiv in Erinnerung. Nach vier Jahren hatte ich also einen Bachelor in Maschinenbau und eine Ausbildung zum Industriemechaniker. Aber was jetzt? Direkt einsteigen oder lieber doch noch in einen Master investieren?

Ich entschied mich für den Master in Wirtschaftsingenieurwesen an der TU Braunschweig. Dies war mir wichtig, um neben der Fachhochschule auch das Studium an einer Universität kennenzulernen. Da ich weiterhin den hohen Praxisbezug des dualen Studiums haben wollte, suchte ich mir eine Stelle als Werkstudent im Bahn-Komponenten-Vertrieb der Siemens AG. Der Bereich wurde von zwei ehemaligen Beratern von Siemens Management Consulting geleitet. Hier kam ich das erste Mal mit der Arbeitsweise und Vorgehensmethodik und dem Beruf des Unternehmensberaters in Kontakt. Die dort erlernten Werte wie Wertschätzung und Vertrauen sind signifikante Bestandteile meines eigenen Führungsstils. Doch auch Vorgehensweisen und Ansätze, die Affinität zu Excel sowie der Qualitäts- und Zuverlässigkeitsanspruch meines damaligen Chefs helfen mir heute bei meiner Arbeit. Nach dem Master-Abschluss suchte ich neben der bisherigen technischen und wirtschaftlichen Erfahrung eine Möglichkeit, meine Fähigkeiten im IT-Bereich weiter auszubauen. Meine Bewerbung bei der automobilbranchen- und IT-orientierten MHP am Standort Wolfsburg war die logische Konsequenz.

Vom Junior Consultant bis zum Projektleiter

Der erste Tag bei MHP – das bedeutete den Anzug anziehen, die Krawatte binden und nach einer kurzen Einführung direkt zum ersten Kundenprojekt starten. Zeitgleich hieß es auch IT-Begriffe wie „https" oder „TOGAF" zu googlen und überfragt zu sein, wenn es um die zahlreichen Abkürzungen unserer Kunden ging. Im ersten Jahr galt es, mir die Grundlagen der Beratungstätigkeit und des Architekturmanagements anzueignen. Hierzu gehörten nicht nur das anfängliche Zusammentragen und Verarbeiten von Informationen und damit der Aufbau von Wissen. Dauerhaftes Lernen und ständige Weiterentwicklung sind ebenfalls zentraler Teil des Alltags eines Beraters. Daher wurden mir stetig IT-Begrifflichkeiten und Architekturmodelle vermittelt, außerdem lernte ich, Abkürzungen, Aufgaben und Anforderungen unserer Kunden zu verstehen. Ich war nach kurzer Zeit in der Lage, Teilprojekte eigenständig durchzuführen und Feedback in die Ergebnisse einfließen zu lassen. Auch lernte ich, Projekte parallel zu managen und Kundenanfragen zu priorisieren. Eine Fähigkeit, die mir gerade am Anfang nicht wirklich leichtfiel.

Durch den stetigen Personalaufbau übernahm ich nach wenigen Monaten Aufgaben in der Ausbildung anderer Projektmitarbeiter. Nach der Beförderung zum Consultant folgte die Möglichkeit, die alleinige fachliche Führung eines Projekts zu übernehmen. Das bedeutete zu lernen, wie man neue Mitarbeiter eigenständig einarbeitet und Arbeitspakete geeignet zuschneidet, aber auch die Arbeitsergebnisse bewertet und aufzeigt, wie man diese verbessern kann. In den folgenden Jahren baute ich die Rolle des Projektleiters weiter aus. Ich weiß heute, was es bedeutet, mit dem Kunden zu verhandeln, ein Angebot zu schreiben, Umsätze zu kalkulieren oder ein durchgeführtes Projekt abzurechnen. Als Projektleiter muss ich nicht nur die Zahlen und Prozesse im Blick haben, sondern vor allem mit unterschiedlichsten Menschen und Situationen umgehen können. Dazu zählt auch, negatives Kundenfeedback anzunehmen und sich in kritischen Situationen vor die Mitarbeiter zu stellen. Genauso wie es selbstverständlich ist, Leistungen der Mitarbeiter zu betonen und sie nicht als meine eigenen zu verkaufen. Neben vielen weiteren Aufgaben gehört es also vor allem dazu, sich selbst zurückzustellen und umsichtig zu agieren. Fähigkeiten, auf die ich heute als Führungskraft zurückgreifen kann.

Der Alltag als Manager

Die größte Herausforderung in der Tätigkeit als Manager liegt für mich in der Vielzahl an unterschiedlichen Aufgaben und Anforderungen. Natürlich bin ich nach vier Jahren noch als Berater auf Teilprojekten unterwegs und leite ganze Kundenprojekte. Trotzdem kann und möchte ich meine Aufgaben als Führungskraft nicht vernachlässigen. Hierzu gehören klassische Themen wie Personalentwicklung, das Führen von Bewerbungsgesprächen oder die Weiterentwicklung des Beratungsportfolios. Aber eben auch Tätigkeiten wie das Freigeben von Bahnkarten, Organisieren von Teamessen oder Buchen von Besprechungsräumen. Es gehört für mich mittlerweile dazu Mitarbeiter auf ihrem Weg im Unternehmen zu begleiten. Ich zeige ihnen, wie sie ein Projekt aufsetzen und steuern. Ich suche mit ihnen Themen, die sie langfristig für sich selbst aufbauen können. Ich berate sie bei Entscheidungen oder zeige ihnen, was für einen weiteren Karriereweg notwendig ist. Vor allem versuche ich, ihnen Vertrauen und Wertschätzung entgegenzubringen und das weiterzugeben, was ich von meinen Führungskräften, Kollegen und Kunden lernen durfte. Zusammenfassend kann ich nicht sagen, dass ich mich selbst in vier Jahren von einem Junior Consultant zu einem Manager entwickelt habe. Vielmehr ist es die Summe an Erfahrungen, die mich zur Führungskraft machen. Heute erkläre also ich Bewerbern in Vorstellunggesprächen, was Architekturmanagement bedeutet.

6. Unternehmensporträts

A.T. Kearney

Standorte in Deutschland:
Berlin, Düsseldorf, München

Standorte weltweit:
Wir haben Niederlassungen in mehr als 40 Ländern weltweit. Hauptsitz des Unternehmens ist in Chicago.

Tätigkeitsschwerpunkt: internationale Unternehmensberatung

Mitarbeiter weltweit: über 3.600

Geplante Neueinstellungen 2020:
100 Praktikanten und Berater

A.T. Kearney ist eine führende internationale Managementberatung mit Niederlassungen in mehr als 40 Ländern. Seit 1926 stehen wir weltweit den größten Unternehmen und Organisationen zur Seite. A.T. Kearney befindet sich im Partnerbesitz und unterstützt seine Klienten bei deren Herausforderungen, um unmittelbare Veränderungen und langfristige Vorteile zu erzielen.

ATKearney

Dreischeibenhaus 1
40211 Düsseldorf
www.atkearney.de/bewerbung

Recruiting
+49 211 1377-2282
Recruiting-dach@atkearney.com

Was zeichnet Ihre Unternehmenskultur aus? Die kollegiale Unternehmenskultur von A.T. Kearney ist einzigartig. Unsere Berater sind geradlinig, jederzeit ansprechbar und engagieren sich leidenschaftlich dafür, innovative Lösungen für unsere Klienten zu schaffen. Wir setzen uns ein, um unmittelbare Veränderungen und langfristige Vorteile für unsere Klienten und unsere Mitarbeiter zu erzielen.

Welche Möglichkeiten zur Weiterqualifizierung bieten Sie? A.T. Kearney bietet ein vielfältiges Fortbildungsprogramm. Dieses umfasst Trainings zu Consulting-Skills, sozialen Kompetenzen, Führungsqualitäten und fachlichen Themen. Außerdem unterstützen wir alle Mitarbeiter dabei, sich weiterzuentwickeln – z. B. durch einen Wechsel in andere Länder, die Übernahme temporärer Aufgaben und den Einsatz in Klientenprojekten.

Fördern Sie im Rahmen der Weiterbildung ein MBA-Studium oder eine Promotion? A.T. Kearney unterstützt Mitarbeiter, die promovieren oder einen MBA machen möchten. Vor allem Senior Business Analysts und Associates profitieren vom Doctorate-Programm. Wer seit mindestens eineinhalb Jahren als Berater bei A.T. Kearney tätig ist, kann dafür ein bis zwei Jahre lang freigestellt werden. Bei reduziertem Gehalt stehen den Promovierenden Firmenwagen, Mobiltelefon und Notebook ebenso zur Verfügung wie die firmeninternen Ressourcen, z. B. das Information Research Center. Außerdem unterstützt A.T. Kearney die Aufnahme eines MBA-Studiums für Naturwissenschaftler und Absolventen technischer Studiengänge, die sich BWL-Kenntnisse aneignen möchten.

Welche Studienhintergründe haben Ihre Mitarbeiter? Aus welchen Fachbereichen kommen sie? Wir suchen Menschen, die Herausforderungen lieben und mit Leidenschaft etwas bewirken wollen. Dabei spielt die Studienfachrichtung eine untergeordnete Rolle.

Wie läuft das Auswahlverfahren in Ihrem Unternehmen ab? Der Prozess für Festanstellungen (Juniors) besteht aus zwei Interviewrunden mit Beratern unterschiedlicher Karrierestufen. Die Herkunft der Interviewer umfasst alle Branchen und Funktionsbereiche. Entsprechend weit gestreut sind auch die Projektbeispiele.

In der ersten Interviewrunde führen die Bewerber drei Einzelgespräche à 60 Minuten mit A.T. Kearney-Beratern. Inhalte dieser Gespräche sind neben Fragen zur Person, zum Werdegang und zur Motivation insbesondere kurze Fallstudien. Anhand realer Projektbeispiele versuchen wir, einen Eindruck von den Problemlösungskompetenzen, den analytischen Fähigkeiten und der Kreativität der Bewerber zu gewinnen. Im Anschluss an diese Erstrunde setzen sich alle Interviewer zusammen und tauschen ihre Eindrücke von den Bewerbern aus. Feedback erhalten die Bewerber unmittelbar im Anschluss.

Sind alle Berater überzeugt, führen die Bewerber ein finales Interview mit einem Partner. Ablauf und Bewertungskriterien entsprechen denen der Erstrunde. Sind die Bewerber auch hier überzeugend, erhalten sie ein Angebot. Bei einer Bewerbung für ein Praktikum entfällt das finale Partnerinterview. Die Bewerber erfahren im Anschluss an die ersten drei Einzelgespräche, ob sie ein Angebot erhalten.

Wie international ist die Projektarbeit bei A.T. Kearney? Unsere weltweit 62 Büros in über 40 Ländern bieten vielfältige Chancen, internationale Erfahrung zu sammeln. Im deutschsprachigen Raum (Deutschland, Österreich, Schweiz) sind Berater aus 14 unterschiedlichen Nationen tätig.

Selbstverständlich wirkt sich dies auch auf die Projektarbeit aus. Projektteams werden durch unser europäisch verankertes Staffing in der Regel nicht nur mit deutschen Beratern, sondern – entsprechend der fachlichen Eignung und Verfügbarkeit – auch mit Beratern internationaler Büros besetzt. Hinzu kommen standortübergreifende Projekte für weltweit agierende Konzerne. Bei globalen Märkten gehören rein deutsche Projekte inzwischen schon zur Seltenheit.

Sind Beruf und Familie bei A.T. Kearney vereinbar? Das Ziel unseres Programms Life@A.T. Kearney ist es, genau das zu erreichen: Wir wollen unseren Mitarbeitern eine erfolgreiche Karriere bei A.T. Kearney ermöglichen und ihnen gleichzeitig Freiraum, Flexibilität und Unterstützung für ihr Privat- und Familienleben sowie ehrenamtliches Engagement geben. Life@A.T. Kearney umfasst dabei eine Vielfalt von unterschiedlichen Programmen, die individuell und flexibel von unseren Mitarbeitern genutzt werden können: von flexiblen Arbeitszeitmodellen über einen Familienservice bis hin zu Leave-of-Absence-Programmen.

Welche Modelle zur Flexibilisierung der Arbeitszeit gibt es bei A.T. Kearney? Projektarbeit in der Beratung ermöglicht und erfordert im Vergleich zu anderen Berufen ein ausgesprochen hohes Maß an Flexibilität. Sollten unsere Mitarbeiter aus privaten Gründen oder für ihre persönliche Weiterbildung eine Auszeit benötigen, unterstützt A.T. Kearney sie mit dem Leave-of-Absence-Programm oder einem Teilzeit-Beschäftigungsverhältnis. Voraussetzung hierfür ist die Zustimmung des Mentors sowie des Unit Head.

Die angebotenen Flexibilisierungsmöglichkeiten erlauben auch Beratern mit Kindern eine Karriere in der Beratung.

Andersch

Standorte in Deutschland:
Frankfurt am Main, Hamburg, Düsseldorf

Tätigkeitsschwerpunkt: Restrukturierungsberatung

Mitarbeiter in Deutschland: 100

Geplante Neueinstellungen 2020:
ca. 10–15 Analysts/Consultants (m/w/d)
ca. 20–25 Praktikanten (m/w/d)

Be excellent – be part of our team. Andersch ist spezialisiert auf die Restrukturierungsberatung – in diesem Bereich sind wir Qualitäts- und Marktführer. Wir beraten sowohl große mittelständische Unternehmen als auch börsennotierte Konzerne bei weitreichenden Entscheidungen im strategischen, operativen sowie finanziellen Bereich und sorgen für deren konsequente Umsetzung. Die Basis dafür bilden die fachliche Exzellenz und Motivation unserer Mitarbeiter. Dafür investieren wir weit mehr als das Doppelte des Branchenüblichen in Aus- und Fortbildung.

Andersch

Neue Mainzer Straße 80
60311 Frankfurt am Main
www.andersch-ag.de

Jacqueline Krüger
Recruiting
+49 69 2722995-450
karriere@andersch-ag.de

Worin unterscheiden Sie sich von Ihren Wettbewerbern? Ausgezeichnet als Deutschlands beste Restrukturierungsberatung verfügen wir über einen Erfahrungsschatz aus über 300 Projekten in verschiedenen Branchen, Regionen und aus unterschiedlichen Wertschöpfungsketten. Wir sind das erfahrenste und stärkste Restrukturierungsteam in der DACH-Region.

Was zeichnet Ihre Unternehmenskultur aus? Motivierte und zufriedene Mitarbeiter sind die Grundlage unseres Erfolgs. Dafür tun wir einiges: Wir bieten ein leistungsförderndes, inspirierendes und vertrauensvolles Arbeitsumfeld. Besonderen Wert legen wir auf eine gute Teamatmosphäre. Viele von uns arbeiten seit über zehn Jahren zusammen – das klappt nur, wenn man sich wohlfühlt. Daher ist bei uns kein Raum für die oft zitierte Ellenbogenmentalität in Unternehmensberatungen.

Warum sollten Studenten/Absolventen gerade bei Ihnen einsteigen? Speziell die Restrukturierungsberatung bietet Ihnen die Möglichkeit, in kurzer Zeit sämtliche Schritte eines Transformationsprozesses aller Unternehmensbereiche sowie unterschiedlichste Unternehmensgrößen und Branchen kennenzulernen. Dadurch werden unsere Einsteiger schnell zu fachkundigen Generalisten und können sich zeitgleich ein individuelles Beraterprofil erarbeiten.

Kann man bei Ihnen auch schon während des Studiums Erfahrungen sammeln? Ein Praktikum oder eine Werkstudententätigkeit ist jederzeit möglich. Unsere Praktikanten sind Teil des Projektteams und in der Regel bei unseren Mandaten mit vor Ort. Wer durch Leistung und Persönlichkeit überzeugt, kann für das Talentprogramm „Inside@Andersch“ nominiert werden und bleibt somit während des Studiums mit uns in Kontakt.

Was sind Ihre Einstellungskriterien? Sehr gute Studienleistungen, relevante praktische Erfahrungen, analytisches Denkvermögen, hohe Kundenorientierung, Teamgeist sowie kommunikative Fähigkeiten.

Welche Möglichkeiten zur Weiterqualifizierung bieten Sie? Wir bieten unseren Mitarbeitern durch die Arbeit an komplexen Projekten eine steile Lernkurve und eine gezielte individuelle Weiterentwicklung. Außerdem erwarten unsere Mitarbeiter interne Schulungen mit fachlichen und persönlichen Themen – die Andersch-Academy. Weiterhin unterstützen wir unsere Mitarbeiter auf ihrem Karriereweg mit der Förderung von Zusatzqualifikationen (z. B. LL.M., CFA).

Wie läuft das Bewerbungsverfahren in Ihrem Unternehmen ab? Senden Sie uns Ihre vollständigen Bewerbungsunterlagen zu, damit wir ein klares Bild von Ihnen gewinnen. Zusätzlich zu Ihrem Lebenslauf benötigen wir Ihr Abiturzeugnis sowie alle nachfolgenden beruflichen und akademischen Zeugnisse. Wenn Ihr Profil unseren Anforderungen entspricht, laden wir Sie zu einem Interview (Praktikant) bzw. zu einem unserer Bewerbertage (Einsteiger) ein.

Ellen Linda Rudzki
Jahrgang 1996
Consultant

Perspektivenwechsel mit Andersch

Durch meinen Berufseinstieg bei der Andersch AG hat sich für mich in gewisser Weise die Perspektive geändert: Während meines betriebswirtschaftlichen Studiums an der WFI - Ingolstadt School of Management sammelte ich als Mitarbeiterin einer führenden deutschen Bank erste Erfahrungen in der Finanzierung mittelständischer Unternehmen. Als Consultant der Andersch AG prüfe ich nun in Restrukturierungsszenarien, ob die Unternehmensplanungen plausibel erscheinen. Hierbei geht es allerdings über die rein finanzwirtschaftlichen Aspekte hinaus, was ich gerne im Folgenden noch weiter erläutern möchte.

Warum Restrukturierungsberatung?
Unsere Mandanten stehen in aller Regel vor großen, oftmals existenzbedrohenden Herausforderungen. Ineffiziente Geschäftsprozesse, geänderte Markt- und Wettbewerbsbedingungen oder fehlerhafte Kostenkalkulationen - all diese Gründe können Unternehmen in Krisensituationen führen. Die Arbeit innerhalb der Restrukturierungsberatung ist somit nicht ausschließlich auf die finanzwirtschaftlichen Aspekte beschränkt, sondern deckt darüber hinaus nicht selten personelle, leistungswirtschaftliche und strategische Komponenten ab. Ergänzend kommt hinzu, dass die rechtlichen Rahmenbedingungen stets beachtet werden müssen. Diese Vielfalt unternehmensspezifischer Aufgaben, gepaart mit der Herausforderung, direkte Umsetzbarkeit und nachhaltigen Erfolg zu ermöglichen, macht die Restrukturierungsberatung aus meiner Sicht zu einem ungemein spannenden Zweig der Unternehmensberatung.

Was macht Andersch für Sie besonders?
Bei Andersch ist das Prinzip von Fordern und Fördern nicht nur eine Floskel, sondern wird aktiv gelebt. In Anbetracht der kritischen Unternehmenssituationen unserer Mandanten sind wir gefordert, unmittelbare, aber dennoch nachhaltig qualitativ hochwertige Ergebnisse zu liefern. Hieraus erwächst zwangsläufig der Bedarf zur Entwicklung neuer, spezifischer Lösungsansätze und Methoden sowie der Bereitschaft, den Mandanten aktiv bei der Umsetzung zu unterstützen. Diese Erwartung an die eigene Arbeitsqualität sowie die Möglichkeit, mit fachlich erfahrenen Beratern in kritischen Unternehmenssituationen zusammenzuarbeiten, macht Andersch für mich besonders.

Neben diesem Aspekt des Forderns legt Andersch großen Wert auf die individuelle Fortbildung der einzelnen Mitarbeiter. An insgesamt drei einwöchigen Andersch-Academies im Jahr werden wir entsprechend unserer Entwicklungsstufe sowohl zu relevanten fachlichen Themen als auch zu Soft Skills geschult. Darüber hinaus wird auf die individuellen Weiterbildungspläne der Mitarbeiter - etwa der LL.M. oder CFA - eingegangen. Neben diesen fachlichen Aspekten bin ich jedoch auch auf exzellente und hoch motivierte Kollegen gestoßen, was aus meiner Sicht ebenfalls entscheidend zur fachlichen und persönlichen Förderung beiträgt. Teamspirit wird bei Andersch nämlich definitiv auch abseits der täglichen Projektarbeit großgeschrieben - etwa durch gemeinsame Kochkurse, sportliche Aktivitäten oder Firmenfeiern.

Arthur D. Little GmbH

Standorte in Deutschland: Frankfurt am Main, München

Standorte weltweit: über 40 Büros in Europa, Nord- und Südamerika und Asien

Tätigkeitsschwerpunkte:
Beratungsgebiete: Automotive, Chemical Industry, Consumer Goods & Retail, Energy & Utilities, Engineering & Manufacturing, Financial Services, Healthcare, Telecommunication Information, Media & Electronics (TIME), Travel & Transportation

Mitarbeiter weltweit: ca. 1.000

Geplante Neueinstellungen 2020:
Arthur D. Little plant gemäß der positiven Geschäftsentwicklung monatlich Neueinstellungen – insbesondere von Hochschulabsolventen und Mitarbeitern mit ein bis drei Jahren Berufserfahrung.

Arthur D. Little zählt seit 1886 zu den Innovationsführern in der Consulting-Branche und ist ein global aufgestelltes Unternehmen. Diese Internationalität ist im täglichen Projektgeschäft deutlich spürbar und ermöglicht unseren Beratern den Einsatz an unseren weltweiten Standorten. Durch unser internationales Trainingsprogramm, On-the-Case-Coachings und regelmäßige Assessments haben unsere Berater die Möglichkeit, sich sowohl fachlich als auch persönlich rasant weiterzuentwickeln.

Arthur D Little

The Squaire 13
60600 Frankfurt am Main
www.adlittle.de

Luca Stumpf
Human Resources Central Europe
+49 69 450098174
careers.ce@adlittle.com

Was zeichnet Ihre Unternehmenskultur aus? Arthur D. Little zeichnet sich durch einen starken unternehmerischen Geist aus - seit 130 Jahren setzen wir auf einen partnerschaftlichen Ansatz, bei dem jeder Berater die Möglichkeit hat, Verantwortung zu übernehmen und individuelle Themen voranzutreiben. Als global aufgestellte Beratung herrscht gleichzeitig eine sehr familiäre Atmosphäre zwischen den Büros und Beratern. Teamspirit, eine offene Feedbackkultur und der Seite-an-Seite-Ansatz mit den Kunden prägen unsere Unternehmenskultur.

Was erwarten Sie in fachlicher/persönlicher Hinsicht? Wir erwarten überdurchschnittliche analytische und konzeptionelle Fähigkeiten, Durchsetzungsvermögen, Innovationsfähigkeit sowie eine hohe Eigenmotivation. Sie sollten unter Beweis stellen können, dass Sie ein Teamplayer sind und sich nicht davor scheuen, neue Herausforderungen zu meistern. Wir suchen offene, authentische Persönlichkeiten, die Spaß an innovativen Projekten und der Zusammenarbeit im Team und mit dem Kunden haben. Unsere Mitarbeiter verfügen mindestens über einen Diplom- oder Master-Abschluss sowie über tiefgreifende Industrieerfahrung. Sie gestalten die Trends von morgen mit den Kunden und übernehmen früh Verantwortung.

Wie sieht das Projektportfolio konkret aus? Arthur D. Little steht für Strategie, Innovation, Technologie und Digitalisierung in technologieintensiven und konvergierenden Branchen über die gesamte Wertschöpfungskette. Das Projektportfolio reicht von intensiven Strategieprojekten bis hin zu weitreichenden Transformationsvorhaben ausgewählter Kunden.

Was hebt Sie von anderen Beratungen ab? Unternehmertum: Als globale, jedoch in kleineren Teams lokal organisierte Beratung sind Sie bei Arthur D. Little nicht in den Strukturen der großen Masse an Beratungen gefangen. Sie erhalten den Freiraum und die Unterstützung, von Anfang an Themen voranzutreiben.

Flexibilität: Wir bieten unseren Beratern die notwendige Flexibilität - Leave-Programme, ein internationaler Office-Tausch oder lokale Projekte unterstützen die persönlichen Ziele.

Seite an Seite: Unsere Kunden schätzen, dass wir stets als Team und „Down-to-Earth" gemeinsam Lösungen entwickeln. Für uns ist es wichtig, dass Strategien einen starken Ergebniseffekt in der Umsetzung generieren und wir die Transformation begleiten.

Why us? Warum sollten Bewerber gerade bei Ihnen einsteigen? Von Anfang an sind Sie Teil des Teams, und Ihnen wird viel Vertrauen entgegengebracht. So sammeln Sie in kürzester Zeit viele Erfahrungen und können sich schnell weiterentwickeln. Unsere professionellen Trainings, der offene Austausch über alle Hierarchieebenen hinweg und Ihr individueller Mentor fördern Sie von Beginn an. Ob als Berufseinsteiger oder mit Berufserfahrung - wir finden für jeden ein individuelles Modell.

Thao Nguyen

Jahrgang 1993

Consultant in der Strategy & Organization Practice

Gemeinsam Innovationen vorantreiben

Nach meinem erfolgreichen Master-Studium in Wirtschaftswissenschaften mit der Vertiefung in Unternehmensführung und Organisation sowie verschiedenen Praktika in der Unternehmensberatung stand für mich fest: Ich möchte an strategischen Themen sowie an der Entwicklung von Organisationen im internationalen Kontext arbeiten. Der Einstieg als Business Analyst bei Arthur D. Little (ADL) hat mir genau dies ermöglicht. In den letzten zwei Jahren konnte ich in mehreren Projekten in den Industrien Automotive, Travel & Transportation und Manufacturing Goods an spannenden und zukunftsträchtigen Themen arbeiten. Beispielsweise erarbeiteten wir eine innovative Bereichsstrategie für den Digitalisierungs- und Technologievorstand eines multinationalen Transportunternehmens. Ein internationales Projekt für ein Produkt-Benchmark sowie die Ausgestaltung eines agilen Zusammenarbeitsmodells für eine digitale Vertriebseinheit sind weitere Highlights meiner bisherigen Projekte. Neben der inhaltlichen Weiterentwicklung steht auch die persönliche Weiterentwicklung stets im Fokus. ADL bietet sämtliche Rahmenbedingungen, früh Verantwortung für eigene Themen zu übernehmen.

Herausragende Unternehmenskultur

ADL zeichnet sich meiner Meinung nach durch eine herausragende Unternehmenskultur aus, die auch der ausschlaggebende Grund für meinen Einstieg war. Sowohl gemeinsam mit den Kunden als auch innerhalb des Unternehmens steht ADL für eine offene Feedbackkultur und fördert Kreativität und Innovationen. Das kollegiale Umfeld ist hilfsbereit, zuvorkommend und teamorientiert. Die Unternehmerkultur hat sich seit der Gründung von ADL bis heute erhalten - wenn es ein Projekt gibt, das man gerne vorantreiben möchte, bekommt man bei ADL die nötige Unterstützung, und einem wird volles Vertrauen entgegengebracht. Die tägliche Arbeit mit den Kollegen macht mir unheimlich viel Spaß, sodass ich mich bei ADL bereits in meinem Bewerbungsgespräch sehr wohlgefühlt habe und seitdem weiterhin eine hohe Wertschätzung erfahre.

Große Verantwortung von Tag eins

Bereits als Business Analyst kann man Themenschwerpunkte setzen, leitet eigene Streams und ist mit dem Kunden von Beginn an im Austausch. In der Consultant-Rolle bin ich nun nicht nur für einzelne Streams, sondern auch für kleinere Projekte und das Coaching von neuen Kollegen verantwortlich. Auch intern gibt es die Möglichkeit, früh Verantwortung zu übernehmen und die Firma weiterzuentwickeln. So bin ich etwa für die globale Trainingskoordination für die Märkte Deutschland und Österreich verantwortlich und konzipiere auf nationaler Ebene eine neue und innovative Mitarbeiterentwicklungsstrategie mit dem Head of HR für ADL Deutschland.

Im Team wachsen

Von der Masse der Beratungen hebt sich ADL auch dadurch ab, dass wir trotz der globalen Präsenz und internationalen Marke in den einzelnen Büros überschaubare Teamgrößen haben. Unter Kollegen herrscht ein freundschaftliches, fast familiäres Klima, und wir unterstützen uns auch über die Projektarbeit hinaus. Die Stärken und Interessen werden individuell gefördert, beispielsweise hat man neben allgemeinen Consulting-Trainings auch die Möglichkeit, sich in spezifischen Themen (z. B. durch Konferenzen oder Kurse) weiterzubilden oder eine neue Sprache zu erlernen.

„WHO says it can't be done“

BwConsulting
Die Inhouse-Beratung der Bundeswehr

Standorte in Deutschland: Köln (Hauptstandort), Berlin

Tätigkeitsschwerpunkte: methodische und fachliche Beratung des Verteidigungsressorts in den Themenfeldern Strategie & Steuerung, Prozesse & Organisation, Projektmanagement

Mitarbeiter in Deutschland: rund 165

Geplante Neueinstellungen 2020: 20

Nicht nur anspruchsvoll, sondern auch sinnvoll – das zeichnet unsere Arbeit aus. Denn als Inhouse-Beratung der Bundeswehr unterstützen wir die strategischen, leitungsrelevanten Projekte des Verteidigungsministeriums. Unsere Berater bringen ihre methodische und fachliche Expertise unmittelbar in wichtige gesellschafts- und sicherheitspolitische Themenfelder ein. So treiben wir Veränderungen im Verteidigungsressort voran, fördern dessen nachhaltige Weiterentwicklung und tragen zum erfolgreichen Management vielfältiger Projekte bei.

bwconsulting

Ferdinand-Porsche-Straße 1a
51149 Köln
www.bwconsulting.de

Tamara Lindner, Carsten Schuster
Personalabteilung
+49 30 403667-122/284
bewerbung@bwconsulting.de

Worin unterscheiden Sie sich von Ihren Wettbewerbern? Wir beraten das Verteidigungsressort ‚inhouse' und bringen so unser Know-how unmittelbar in dessen herausfordernde Themen ein - das macht uns einzigartig und ist sinnstiftend für unsere Arbeit. Dabei setzen wir auf Kontinuität: Unserem Personal bieten wir eine „Stay and grow"-Perspektive, statt des sonst weit verbreiteten Up-or-Out. Nach unserer Meinung ist dies für die Systemkenntnis einer professionellen Inhouse-Beratung extrem wichtig.

Was zeichnet Ihre Unternehmenskultur aus? Beratung ist People Business - dieser Überzeugung folgen wir auch nach innen. Das drückt sich durch den hohen Stellenwert von Teamorientierung in den Projekten, durch transparente Entscheidungen oder durch die Berücksichtigung persönlicher Entwicklungslinien beim Projekt-Staffing aus. Zudem gibt es keine Denkverbote, mit Fehlern gehen wir wertschöpfend um: Hierfür haben wir mit unseren #failabrations sogar ein eigenes Format entwickelt, um Erfahrungen und Erkenntnisse aus Misserfolgen intern zu teilen.

Wie sieht das Projektportfolio konkret aus? Unser Projektportfolio ist top-priorisiert, festgelegt wird es unmittelbar von der Leitung des Verteidigungsministeriums. Es umfasst eine Vielzahl von Gestaltungsfeldern - von Planungs- und HR-Fragen über die Prozess- und Organisationsentwicklung bis hin zu den Herausforderungen der Digitalisierung und Cybersicherheit. Aktuelle Schwerpunkte ergeben sich durch die Fokussierung des Verteidigungsministeriums auf die Themen Europäisierung, Digitalisierung, Rüstungs- und Nutzungsmanagement sowie Arbeitgeberattraktivität.

Kann man bei Ihnen auch schon während des Studiums Erfahrungen sammeln? Ja, wir bieten hierzu die Möglichkeit von Praktika oder Werkstudententätigkeiten an unseren Standorten in Köln und Berlin an. Aus der Erfahrung heraus empfehlen wir eine Bewerbung erst zum Ende des Bachelor-Studiums, für das Gap-Year oder vor bzw. während des Master-Studiums und mit einer Dauer von mindestens drei Monaten.

Wie läuft das Bewerbungsverfahren in Ihrem Unternehmen ab? Idealerweise übermitteln Sie uns Ihre Bewerbung online über unsere Website. Anschließend laden wir Sie zu einem unserer Recruiting Days ein: Hier möchten wir Sie in mehreren Einzelgesprächen besser kennenlernen, mit Ihnen über klassische Beratungsthemen sprechen und Sie mit unserem Unternehmen näher vertraut machen. Bei einem Mittagessen mit unseren jungen Beratern können Sie zudem in ungezwungener Atmosphäre Ihre offenen Fragen klären - und im Idealfall endet der Tag mit einem Vertragsangebot für Sie.

Hannes Weisbecker

Jahrgang 1992

Berater

Beratung: dynamisch, innovativ und sinnstiftend

So bin ich zur Inhouse-Beratung der Bundeswehr gekommen

Den ersten Kontakt zur BwConsulting hatte ich 2017 während meines Bachelor-Studiums auf der Karrieremesse ZUtaten in Friedrichshafen. In einer Unternehmenspräsentation sowie bei persönlichen Gesprächen mit den Beratern erhielt ich einen ersten Einblick in das Unternehmen, über Karrierechancen und über die Themengebiete der BwConsulting. Die Eindrücke auf der Messe haben mich ermutigt, anschließend ein Praktikum dort zu machen. Hier erlebte ich hautnah den Alltag eines Inhouse-Beraters der Bundeswehr - zudem entwickelte sich das gute Gefühl, dass man sich um meine Interessen und Erwartungen bemühte und generell eine sehr angenehme Unternehmenskultur herrscht. Und so war ich mir sicher, dass ich nach meinem Master-Studium in Conflict Studies an der London School of Economics wieder zurück zur BwConsulting wollte.

Das macht die Arbeit bei der BwConsulting für mich besonders

Die aufgeschlossene Art des gesamten Teams, das Arbeitsklima, die vertrauensvolle Zusammenarbeit mit dem Kunden und die perfekte Verbindung zwischen anspruchsvoller Methoden- und Fachkompetenz im politischen Kontext - dieser Mix macht die Arbeit bei der BwConsulting für mich zu etwas Besonderem. Obwohl meine Kolleginnen und Kollegen aus diversen Bereichen und Disziplinen kommen, so sind in Sachen Zusammenhalt, gegenseitige Unterstützung und Wertschätzung alle auf einem Level. Dieses Mindset zieht sich durch die gesamte Kultur. Egal, ob Berater, Manager oder Praktikant: Du bist von Anfang an ein vollwertiges Mitglied in der Projektarbeit. Und das betrifft nicht nur die Arbeit mit dem Kunden. Du hast die Möglichkeit, dich in internen Projekten zur Weiterentwicklung der BwConsulting als Unternehmen und Arbeitgeber einzubringen. Falls man also Entwicklungsbedarf sieht, hat man die Chance, Teil der Lösung zu werden. Das Unternehmen schafft damit die Balance zwischen individuellen Interessen und dem Anspruch, eine exzellente Qualität zu liefern sowie eine angenehme und wertschätzende Atmosphäre herzustellen.

Auf diese Weise werde ich in meiner Entwicklung unterstützt

Im Wesentlichen unterstützen mich drei Säulen in meiner persönlichen Karriereentwicklung: Das interne Trainingscurriculum als wichtiger Baustein unseres Beratungsansatzes, das Mentorenprogramm und das transparente Beurteilungssystem. So lerne ich beispielsweise in den Seminaren „Strategische Analyse", „Ganzheitliche Konzeption" und „Nachhaltige Umsetzung" wichtige Techniken für die Projektarbeit. Darüber hinaus steht mir ein erfahrener Mentor zur Seite, der mich unterstützt und meine Stärken, aber auch meine Entwicklungspotenziale reflektiert. Eine weitere Möglichkeit zur Weiterentwicklung und zum Erfahrungsaufbau besteht darin, sich in diversen Themenfeldern einzubringen. Hier werden auf Basis von Marktbeobachtung und Trendanalysen denkbare zukünftige Beratungsthemen erarbeitet. Hierzu gehört auch der fachliche Austausch über Herausforderungen und Chancen von Trends mit externen Experten auf Kongressen und anderen Veranstaltungen.

Commerz Business Consulting

Standort in Deutschland:
Frankfurt am Main

Tätigkeitsschwerpunkt:
interne Unternehmensberatung
für den Commerzbank-Konzern

Mitarbeiter in Deutschland: 130

Geplante Neueinstellungen 2020:
ca. 30 Praktikanten
ca. 30 Absolventen
ca. 10 Young Professionals

Seit 2003 ist die Commerz Business Consulting (CBC) zentraler Bestandteil des Commerzbank-Konzerns. Als interne Unternehmensberatung sind wir entscheidend am Wandel des Konzerns beteiligt und beraten diesen unter anderem auf seinem Weg zum digitalen Technologieunternehmen. Unsere Kunden erhalten von uns eine ganzheitliche Beratung von der strategischen Ausrichtung bis zur Umsetzung. Wir ergänzen unsere generalistische Expertise um vertiefte fachliche und methodische Skills in den Kompetenzgebieten Consulting-Skills, Banking und Innovation & Technology. Unsere rund 130 Beraterinnen und Berater gestalten die Zukunft des Commerzbank-Konzerns.

COMMERZ BUSINESS CONSULTING
Commerzbank Gruppe

Neue Börsenstraße 1
60487 Frankfurt am Main
www.commerz-business-consulting.de

Kimberly Deninger
CBC Recruiting
+49 69 136-49910
bewerbung@commerz-business-consulting.de

Warum sollten Absolventen gerade bei CBC einsteigen? Als interne Unternehmensberatung sind wir einem einzigen Unternehmen verpflichtet. Das ist in unserem Fall kein geringeres als eine der führenden, international agierenden Geschäftsbanken mit mehr als 18 Millionen Kunden weltweit. Unsere Teams beraten somit nicht einfach irgendeinen Kunden, zu dem sie entsandt werden. Und sie liefern auch nicht irgendein Ergebnis ab, während sie sich in Gedanken schon auf den nächsten Einsatz an einem anderen Ort vorbereiten. Unsere Teams erarbeiten gemeinsam mit unseren Kunden nachhaltige Lösungen, auf die sie zu Recht stolz sein können, und sind bei der tatsächlichen Implementierung mit dabei.

Wie sieht das Projektportfolio aus? Je größer eine Bank ist, desto spannender sind ihre Aufgaben. Die Commerzbank ist eine ziemlich große Bank - entsprechend gestalten sich auch unsere Projekte. Zum Beispiel, indem wir die digitale Transformation begleiten oder die Marktposition in der Mittelstandsbank im In- und Ausland ausbauen. Auch spannend: die Entwicklung konkreter Produkte oder konzernweiter Programme, bei denen wir Kundenprozesse verbessern.

Welche Karrieremöglichkeiten bietet CBC? Bei der CBC geht es direkt mitten hinein: Von Anfang an arbeitest du direkt beim Kunden - und erhältst so ein tiefes Verständnis des Konzerngeschäfts. Je besser du bist, desto mehr Verantwortung übertragen wir dir. Als Commerzbank-Talentpool haben wir außerdem den Vorstandsauftrag, Nachwuchskräfte für den Konzern zu entdecken und zu entwickeln. Uns (und dir) steht ein breites konzernweites CBC-Alumni-Netzwerk zur Verfügung: Das öffnet dir nicht nur im Commerzbank-Konzern viele Türen.

Kann man bei CBC schon während des Studiums Erfahrungen sammeln? Wir möchten Top-Studenten möglichst früh kennenlernen. Deshalb bieten wir jährlich rund 30 Praktikumsplätze an. Als Praktikant bei CBC versteckst du dich nicht im Analysekeller, sondern bist nach einem individuellen Einführungsprogramm direkt Mitglied eines unserer Teams - beim Kunden vor Ort.

Wen sucht CBC? Wir suchen engagierte Absolventen und Studenten mit unterschiedlichsten Hintergründen. Natürlich achten wir auf sehr gute Studienergebnisse, Praktika und Auslandsaufenthalte. Wichtig sind uns aber ebenso intellektuelle Neugier, eine ausgeprägte analytische Denkfähigkeit und kreative Problemlösungskompetenz. Wir suchen kritische Köpfe mit dem notwendigen Maß an Pragmatismus.

Wie können sich Talente bei CBC weiterentwickeln? Wir sind stolz auf unsere Mitarbeiter, daher investieren wir viel in ihre Weiterentwicklung. Neben unseren Projekteinsätzen im gesamten Konzern vermitteln dir unsere Trainings das Know-how, das du in der Praxis brauchst. Jede Maßnahme ist auf unsere Berater und unsere individuellen Bedürfnisse als Inhouse Consulting der Commerzbank zugeschnitten. Intensives Coaching in regelmäßigen Feedbackgesprächen fördert gezielt deine persönliche Entwicklung.

Wie sieht es mit der Flexibilität bei CBC aus? Der Beraterjob ist kein gewöhnlicher Beruf. Deswegen bieten wir den notwendigen Raum für individuelle Lebenspläne – beruflich wie privat. Wir unterstützen Master-, MBA- oder Promotionsvorhaben mit passenden Arbeitszeitmodellen. Uns ist auch bewusst, dass das Leben nicht nur aus der Arbeit bei CBC besteht. Nach zwei bis drei Jahren besteht die Möglichkeit, ein Sabbatical einzulegen. Unsere Eltern- und Teilzeitmodelle bieten darüber hinaus flexible Lösungen, um Karriere, Kind und Familie optimal aufeinander abzustimmen.

Welche Menschen stecken hinter dem CBC-Team? Zunächst ein paar Fakten: 59 Prozent unseres 130-köpfigen Teams sind Männer, 41 Prozent Frauen. Im Durchschnitt ist ein CBC-Berater 32 Jahre alt, und mit insgesamt 48 Kindern nehmen wir die Vereinbarkeit von Beruf und Familie sehr ernst. Die persönlichen Erfahrungen und Hintergründe sind dabei höchst unterschiedlich: Überzeugte Banker und Berater mit langjähriger Erfahrung aus externen Unternehmensberatungen treffen auf Top-Absolventen unterschiedlichster Fachrichtungen – momentan reichen die Studienhintergründe von Betriebswirten über Juristen, Wirtschaftsinformatiker und Psychologen bis hin zu Soziologen, Germanisten und Physikern.

Was ist das Besondere an CBC? In unseren Projekten tragen wir Tag für Tag ein besonderes Maß an Verantwortung. Um das erfolgreich meistern zu können, braucht es natürlich ein Team von Menschen, auf die man sich verlassen kann. Wir alle haben einen sehr hohen Anspruch an die Qualität unserer Arbeit. Da passiert es, dass es fachlich auch mal hart zur Sache geht. Aber natürlich arbeiten wir nicht nur zusammen. Neben unserer jährlichen CBC-Skifahrt, an der auch unsere Alumni teilnehmen, tragen wir den CBC-Kickerweltmeister aus, prüfen in sogenannten „Tastings“ alles von Gin bis Dosenbier und vieles mehr. Doch natürlich können wir hier viel behaupten, erleben muss man das selbst.

Wie läuft das Bewerbungsverfahren bei CBC ab? Wenn uns deine Unterlagen überzeugen, laden wir dich zu einem unserer Recruiting-Tage zu uns nach Frankfurt am Main ein. Dort führst du zwei Gespräche mit unseren Seniors, löst Fallstudien und lernst uns natürlich näher kennen. Du erfährst direkt im Anschluss an das zweite Gespräch, ob du ein Vertragsangebot erhältst.

Einfluss nehmen.
Können wir.
nsere Projekte begleiten den Wandel des
ommerzbank-Konzerns.
Commerzbank-Konzern ist groß. So groß, dass er eine eigene Unternehmensberatung hat: die Commerz
siness Consulting. Als interne Unternehmensberatung sind wir entscheidend am Wandel des Konzerns be-
igt – und haben dabei ein gewichtiges Wörtchen mitzureden. Unsere Teams führen gemeinsam mit unseren
nden den gesamten Konzern in eine vielversprechende Zukunft. Dafür suchen wir Persönlichkeiten, die mit
ativität und intellektueller Neugier passgenaue Lösungen erarbeiten. Du findest bei uns eine spannende
jektwelt, Raum für Deine individuelle Lebensplanung und jede Menge Spaß bei der Arbeit.
ahre mehr über Deine Karriere im Inhouse Consulting der Commerzbank:
nmerz-business-consulting.de
COMMERZ BUSINESS CONSULTING
Commerzbank Gruppe

AHA!

Effekt, der entsteht, wenn man als Top-Absolvent in einer kleinen, aber feinen Unternehmensberatung anfängt und gleich DAX-30-Projekte betreut.

CTcon GmbH

Standorte in Deutschland: Bonn, Düsseldorf, Frankfurt am Main, München

Tätigkeitsschwerpunkte: Managementberatung, Managementtraining

CTcon ist 1992 als Spin-off der WHU – Otto Beisheim School of Management in Vallendar bei Koblenz entstanden. WHU steht für Wissenschaftliche Hochschule für Unternehmensführung – eine Herkunft, die den Anspruch an unsere Arbeit begründet hat. Die bei CTcon gelebte Mischung aus Wissen, Erfahrung und einer nach vorn gewandten Offenheit hat eine inzwischen 25-jährige Erfolgsgeschichte entstehen lassen.

Als international tätiges Beratungsunternehmen mit dem Schwerpunkt Unternehmenssteuerung und Controlling unterhalten wir Offices in Düsseldorf, Bonn, Frankfurt am Main und München. Von hier aus arbeiten wir international mit branchenübergreifender Expertise für große Konzerne und bedeutende öffentliche Organisationen. Zu unseren Klienten zählt die Hälfte der DAX-30-Konzerne.

ctcon
MANAGEMENT CONSULTANTS

Burggrafenstraße 5
40545 Düsseldorf
karriere.ctcon.de

Julia Cedrati
Recruiting
+49 211 577903-75
recruiting@ctcon.de

Was sind Ihre Kerngeschäftsfelder? CTcon bietet langjährige Expertise in den Geschäftsfeldern Managementberatung und -training. In der Beratung entwickeln wir in enger Zusammenarbeit mit unseren Kunden strategiekonforme Ansätze zur Unternehmenssteuerung und begleiten sie bei der maßgeschneiderten Umsetzung in Prozesse, Instrumente, Systeme und Anreizmodelle. Unser Beratungsspektrum reicht von der Analyse und Konzeption bis zur Implementierung. Im Geschäftsfeld Managementtraining bietet CTcon zusätzlich die Entwicklung und Durchführung von unternehmensspezifischen Qualifizierungsmaßnahmen, die Führungskräfte nachhaltig zu substanziellen Veränderungen bewegen und befähigen.

Was zeichnet Ihre Unternehmenskultur aus? Wenn Menschen einen hohen Anspruch an sich selbst, ihr Umfeld und ihre Arbeit haben, dann kann daraus etwas Besonderes entstehen. Es freut uns sehr, dass sowohl Bewerber und Neueinsteiger als auch langjährige Mitarbeiter uns immer wieder eine außergewöhnliche Unternehmenskultur bestätigen. Wir sehen uns nämlich nicht nur als ein Team an der Tabellenspitze, sondern auch als eine eingeschworene Gemeinschaft, in der man mit Freude an Erfolgserlebnissen arbeitet. Unsere Kultur ist wesentlich für die professionelle Lebensqualität und Leistungsfähigkeit bei CTcon. Das ist es uns wert, intensiv daran zu arbeiten. Unter anderem mit regelmäßigen Befragungen, deren Ergebnisse mit dem gesamten Team diskutiert werden.

Wen suchen Sie genau? Im Team addieren sich Talente. In der richtigen Konstellation multiplizieren sie sich. Das ist unsere Idee von einem guten Team. Bei CTcon werden Projektgruppen mit Kompetenz und Fingerspitzengefühl für unterschiedliche Mentalitäten zusammengestellt. Uns geht es um die richtige Balance zwischen Generalisten und Spezialisten sowie Neueinsteigern und erfahrenen Beratern, damit jedes Teammitglied individuelle Stärken einbringen und an jedem Projekt wachsen kann. Wenn Sie einen ausgezeichneten Universitätsabschluss haben und Auslandserfahrung mitbringen, wenn Sie ein starker Analytiker sind, unkonventionell denken, Menschen zusammenbringen können und auch noch ein guter Typ sind, dann finden wir den richtigen Platz für Sie in unserem Team.

Wie verläuft der Einstieg? Vertrauen ist eine der wichtigsten Arbeitsgrundlagen bei CTcon. Wir fördern Ihre Karriere vom ersten Tag an durch einen Coach, der exklusiv für Sie den Überblick und die Erfahrung eines Senior Projektleiters einbringt – ohne Ihnen die Verantwortung abzunehmen. Als permanenter Begleiter und Berater ist Ihr Coach projektübergreifend für Sie da. Er unterstützt Sie in Ihrer täglichen Arbeit mit wertvollen Impulsen, stimmt sich mit Ihrem Projektleiter ab und bringt Sie auf diese Weise in Ihrer gesamten Entwicklung schnell und direkt auf den richtigen Kurs.

Fördern Sie im Rahmen der Weiterbildung ein MBA-Studium oder eine Promotion? Sollten Sie eine Promotion oder ein MBA-Studium anstreben, unterstützen wir Sie durch die engen Verbindungen zu unseren wissenschaftlichen Beiräten und im Rahmen unseres Fellow-Programms.

Lorenz Lättgen

Jahrgang 1990

Management Consultant

CTcon verbindet Vision und Umsetzung im idealen Maß

Bei welcher Beratung sind Sie eingestiegen, und was ist bis heute Ihr Aufgabenbereich?
Nach Abschluss meines Master-Studiums im Bereich Wirtschaftsingenieurwesen bin ich 2016 bei der Managementberatung CTcon eingestiegen. Die Projektarbeit bei namhaften Klienten stellt eine tolle Basis sowohl zur inhaltlichen als auch zur persönlichen Weiterentwicklung dar. Zurzeit betreue ich die Einführung eines konzernübergreifenden Performance-Managements bei einem DAX -30-Konzern.

Warum haben Sie sich für diese Beratung entschieden?
Für mich persönlich war es wichtig, möglichst viele unterschiedliche Themenfelder kennenzulernen, um damit konkrete Interessensgebiete weiter auszuloten. Ein Bezug zur Begleitung der Implementierung war mir dabei stets wichtig. CTcon verbindet Vision und Umsetzung im idealen Maß. Dies gab den Ausschlag gegen eine klassische Strategieberatung und für CTcon.

Was macht die Kultur bei CTcon für Sie aus?
Es ist leicht von einer Firmenkultur zu reden, sie im Alltag zu leben funktioniert dennoch nicht in jedem Unternehmen. Neben der fachlichen Expertise ist es deshalb wichtig, dass ein neuer Kollege/eine neue Kollegin auch kulturell zu CTcon passt. Daher ist der persönliche Fit ein wesentliches Einstellungskriterium bei uns. Bereits im Bewerbungsverfahren sollten die Gegenüber sich in beidseitigem Interesse vorstellen können, auf einem Projekt gegebenenfalls viel Zeit miteinander zu verbringen. Dieses Auswahlkriterium ist spürbar: Dem häufig im Zusammenhang mit der Firmenkultur in der Beratung genannten Ellenbogen bin ich bei CTcon noch nicht begegnet! Genügend Freiraum für die individuelle Karriereentwicklung gibt es dabei natürlich trotzdem.

Was haben Sie in Ihrer Studienzeit gelernt, das Ihnen in den ersten Monaten als Berater besonders geholfen hat?
Analytik, Neugierde und kritisches Denken sind aus meiner Sicht hilfreiche Beraterwerkzeuge. Analytik: Die Fähigkeit zur systematischen Untersuchung von Sachverhalten bietet gute Voraussetzungen für die Durchdringung neuer Themenfelder. Neugierde: Sich für herausfordernde Fragestellungen begeistern zu können, ist Basis für die Entwicklung von kundenorientierten Lösungsvorschlägen. Kritisches Denken: Wissensergänzung im Team ist unerlässlich. Wichtig ist, sich mit Ideen kritisch auseinanderzusetzen, sowohl unter Kollegen als auch gegenüber den Klienten.

Welchen Tipp können Sie Absolventen mitgeben, die in die Beratung einsteigen möchten?
Wie viele MINT-Studiengänge fußt das Studium des Ingenieurwesens auf einer Wissensbasis mit breitem Einsatzspektrum. Die Beratung bietet durch unterschiedliche Projekte die Möglichkeit, verschiedene Themengebiete kennenzulernen, um herauszufinden, wo in der Praxis eigene Interessen und Stärken liegen. Ein wesentlicher Vorteil von MINT-Absolventen ist, dass sie häufig die notwendigen analytischen Fähigkeiten besitzen, sich schnell in neue Aufgabenbereiche einzuarbeiten. Beratung ist abwechslungsreich, fordernd und spannend. Ein toller Berufsstart!

Deloitte

Standorte in Deutschland: 15

Standorte weltweit: in über 150 Ländern

Tätigkeitsschwerpunkte:
Audit & Assurance, Risk Advisory, Tax & Legal, Consulting, Financial Advisory

Mitarbeiter in Deutschland: rund 8.000

Mitarbeiter weltweit: 286.000

Geplante Neueinstellungen 2020:
ca. 1.200 Absolventen, 800 Experienced Hires und 1.300 Praktikanten

Die Einstiegsmöglichkeiten bei Deloitte sind facettenreich: ob Sie Design-Thinking-Experte sind, sich den Trends rund um 4.0 Supply Chain widmen, technologiebegeistert im Bereich SAP S/4HANA oder Cloud Solutions sind, ein Faible für Analytics oder Finance haben, im Bereich Cognitive & AI forschen, sich klassischer Strategiethemen oder Fragen rund um Talent und Organisation annehmen. Wir setzen auf interdisziplinäre und agile Projektteams, die namhafte Unternehmen verschiedenster Branchen von der Strategie bis zur Implementierung beraten – gerade wenn es um komplexe Themenstellungen wie Digital Transformation geht. In unserer Innovationsschmiede The Garage erfinden wir schon heute das Beratungsgeschäft von morgen.

Deloitte.

Schwannstraße 6
40476 Düsseldorf
www.deloitte.de

Deloitte Recruiting Team
career@deloitte.de

Was macht das Arbeiten bei Ihnen so attraktiv? Als professionelles Full-Service-Unternehmen ist das Spektrum unserer Dienstleistungen außergewöhnlich breit. Unser ganzheitlicher Ansatz basiert auf dem Zusammenspiel unserer fünf starken Unternehmensbereiche Audit & Assurance, Risk Advisory, Tax & Legal, Financial Advisory und Consulting. Entsprechend interdisziplinär sind unsere Teams zusammengesetzt. Das verschafft unseren Mitarbeitern äußerst vielseitige Aufgaben und vielfältige Blickwinkel - der Schlüssel zu unserem Erfolg. Vielfältig ist auch unsere Kundenstruktur, die von mittelständischen Unternehmen bis hin zu international agierenden Konzernen reicht. So besteht in jedem Bereich die Möglichkeit, spannende Einblicke in völlig unterschiedliche Industrien, Prozesse und Organisationsstrukturen zu erhalten oder durch einen internationalen Einsatz seinen Horizont zu erweitern.

Wie sieht der Einstieg bei Ihnen im Consulting aus, und wie gestaltet sich der typische Arbeitsalltag? Alle Neueinsteiger eines Monats starten gemeinsam an den zentralen Welcome Days, wo sie Antworten auf ihre ersten Fragen erhalten und das Wichtigste über unsere Kultur und unsere Strategie erfahren. Danach geht es dann in die einzelnen Projekte. „Typische" Arbeitstage sind selten, da Sie sich im Consulting permanent neuen Herausforderungen stellen. Typisch ist sicherlich der Einsatz auf Projekten beim Kunden vor Ort, wobei das Kundenunternehmen, der Einsatzort und die Teamzusammensetzung sich von Projekt zu Projekt unterscheiden. Nach Ihrem Einstieg als Absolvent werden Sie entsprechend Ihren Qualifikationen an die Übernahme erster Aufgabenpakete herangeführt und übernehmen schnell Verantwortung im Rahmen Ihres Projekts. Darüber hinaus unterstützen Sie das Unternehmen durch den Einsatz auf internen Projekten, wie z. B. der Erstellung von Fachstudien und -konzepten und im Recruiting.

Wodurch zeichnet sich Ihre Unternehmenskultur aus? Wir zeichnen uns durch eine Kultur der Offenheit und der gegenseitigen Unterstützung aus. Jedem stehen jederzeit alle Türen und Ohren offen. Wir geben unseren Mitarbeitern schon sehr früh Freiraum und Verantwortung und helfen ihnen, ihre Ideen zu realisieren.

Uns ist bewusst, dass Innovation der Treiber zukünftigen Wachstums ist. Daher fokussieren wir uns stark auf die Digitalisierung und haben in den letzten Jahren zahlreiche Kompetenzzentren eingerichtet (z. B. Deloitte Digital, das Deloitte Neuroscience Institute, das Cyber Intelligence Center oder das Deloitte Analytics Institute), in denen Mitarbeiter an der Entwicklung neuer Perspektiven, Ideen und Geschäftsmodelle arbeiten.

Wie fördern Sie Ihre Mitarbeiter? Das Know-how unserer Mitarbeiter ist unsere Stärke. Mit flexiblen Arbeitszeit- und Vergütungsmodellen, breit gefächerten Fortbildungsveranstaltungen, langfristigen Karriereperspektiven und internationalen Einsätzen in unserem globalen Verbund gewährleisten wir eine individuelle Förderung unserer Mitarbeiter. Auf jeder Karrierestufe unterstützen wir mit maßgeschneiderten Trainings, zum Teil auf dem Campus unserer eigenen Deloitte University. Wichtig ist uns, dass jeder von jedem lernen kann und soll. Dafür haben wir ein Trainingsangebot entwickelt, das aktuelle digitale Lernformate mit klassischen Lernmethoden kombiniert.

Dr. Sebastian Heil

Manager Consulting, Strategy & Operations & Social Impact Innovation

Aus Innovation wurde Transformation – und alles bleibt im Fluss

Die Welt um uns verändert sich, doch wie muss sich das Geschäftsmodell einer Unternehmensberatung zukünftig daran anpassen? Wie kann uns künstliche Intelligenz helfen, um unsere Kunden noch besser zu beraten? Wie können wir Entwicklungsländern helfen, mit digitalen Technologien aus der Armutsfalle heraus zu kommen? Mit diesen und anderen Fragen beschäftige ich mich seit Herbst 2015 bei Deloitte. Gestartet bin ich damals in der neu gegründeten Garage, dem Innovationsbereich von Deloitte. Die Garage bündelt die Expertise im Bereich Innovation, Digital Business Building und Data Analytics. Mit Kollegen aus aller Welt und aus verschiedenen Disziplinen - von Mikrobiologie über Psychologie bis hin zu Data Science - konnte ich Kunden verschiedener Branchen zu unterschiedlichen Fragestellungen rund um das Thema Innovation unterstützen.

Anfang 2018 konnte ich in den neu gegründeten Bereich „Operations Transformation" wechseln. Dort orchestrieren wir die Deloitte-weite Expertise zu Unternehmenstransformationen und unterstützen unsere Kunden bei der Entwicklung und Umsetzung ihrer Unternehmensstrategie und der Erreichung ihrer Visionen und Ziele. Mit einem Team von mittlerweile ca. 50 Beratern gleicht die Arbeitsatmosphäre eher einem gereiften Start-up. Dabei können Berufseinsteiger frühzeitig Verantwortung übernehmen und eigene, wirksame Ergebnisse erzielen. Gemeinsam mit anderen Consulting-Teams strukturieren wir die Kerngeschäftsprozesse unserer Kunden neu und fördern die Digitalisierung sowie die operative Effizienz - ein echter Mehrwert für unsere Kunden in Form von ambitionierten, nachhaltigen Unternehmenstransformationen.

Aktuell unterstütze ich mit einem zehnköpfigen Team ein IT Dienstleistungsunternehmen für Banken bei dessen strategischer und operativer Neuausrichtung. Wo setzen wir an? Beim Vorstand. Die Vorstandsklausuren geben uns den nötigen Raum, um direkt mit dem Management in agiler Manier zusammenzuarbeiten und Schritt für Schritt das Unternehmen und sein Ökosystem zu verstehen und zu verändern. Dabei verstehen wir uns als Partner, der auf drei Ebenen unterstützt:

Als Steering Partner begleiten wir unsere Kunden durch die komplette Transformation von Anfang bis Ende. Gemeinsam erarbeiten wir Visionen und strategische Ziele und konzipieren die Architektur für den Umbau des Unternehmens. Als Sparringspartner entwickeln wir mit dem Kunden branchenspezifische Konzepte, setzen sie um, überprüfen die inhaltlichen Ergebnisse kritisch und identifizieren eventuelle Lücken. Als Change Partner begleiten wir die notwendigen organisatorischen Anpassungen, um die Transformation erfolgreich umzusetzen, z. B. durch unterschiedliche kommunikative Maßnahmen.

Für diesen Spagat zwischen vielfältigen Inhalten und Methoden sind sowohl kreativ- als auch analytisch-konzeptionelle Fähigkeiten gefragt. Eine typische Beraterwoche sieht so aus, dass wir fünf Tage pro Woche für das entsprechende Projekt im Einsatz sind, vier Tage davon beim Kunden vor Ort. Jeder Berater ist pro Jahr mindestens an zwei unterschiedlichen Kundenprojekten beteiligt - und alles mit dem gemeinsamen Ziel „to transform today into tomorrow".

Detecon Consulting

Standorte in Deutschland: Berlin, Dresden, Frankfurt am Main, Köln, München

Standorte weltweit: Abu Dhabi, Ankara, Bangkok, Bratislava, Budapest, Dubai, Johannesburg, Moskau, Peking, San Francisco, Warschau, Wien, Zürich

Tätigkeitsschwerpunkt: Technology & Management Beratung

Mitarbeiter weltweit: 1.300

Sie suchen den optimalen Einstieg in die Beratung? Sie möchten bestens betreut werden, aber dennoch selbstständig und eigenverantwortlich arbeiten? Dann sind Sie bei uns genau richtig! Unsere Mitarbeiter aus über 40 Nationen arbeiten für Kunden in 165 Ländern. Die Aufgaben sind herausfordernd und abwechslungsreich, der Stil ist kollegial. Wir beschäftigen verantwortungsvolle Experten, die mit Mut, Fachkenntnis und Kreativität hervorragende Lösungen für die Probleme unserer Kunden finden.

DETECON
CONSULTING

Sternengasse 14–16
50676 Köln
www.detecon.com

Felix Bäsecke
Human Resources
felix.baesecke@detecon.com

Was macht das Arbeiten bei Ihnen so attraktiv? Detecon International ist eine weltweit führende Unternehmensberatung, die ausgezeichnete Technologieexpertise mit klassischem Management Consulting vereint. Die digitale Transformation, IoT, Virtualization, Big & Smart Data, Connected Car, EAM, Cloud, Cyber Security und Robotics sind unsere „Digital Fields of Play". Dabei unterstützen wir unsere Klienten über alle Branchen hinweg, in allen Feldern der klassischen Unternehmensberatung: Strategie, Organisation und Prozesse. Gemeinsam mit ihnen schärfen wir Unternehmensziele und wählen die richtigen Mittel, um diese effizient zu erreichen. Wir gestalten die Welt von morgen und zeigen unseren Kunden, wie sie ihr Geschäft mit Kreativität und Mut zur Innovation auf die nächste Stufe heben. Unser Erfolg beruht zum einen auf der Art, wie wir miteinander arbeiten - kollegial, teamorientiert, konstruktiv und hochgradig leistungsorientiert. Zum anderen haben wir den Anspruch, partnerschaftlich mit unseren Klienten zusammenzuarbeiten. Karriere bei Detecon ist darum nicht allein eine Frage fachlicher Qualifikation und Leistungsbereitschaft, sondern auch eine Typfrage!

Was zeichnet Ihre Unternehmenskultur aus? Wir stehen für Vielfalt: in den Entwicklungsmöglichkeiten, in den Projekten, in unseren Nationalitäten, in den Karrierechancen und vor allem in unsere Kultur. Wir legen Wert auf das Miteinander und den Wissenstransfer innerhalb der Detecon. Anstelle eines Up-or-Out-Systems statten wir unsere Young Consultants durch individuelle Trainings- und Weiterbildungsmöglichkeiten sowie unsere Knowledge Communities mit den passgenauen Skill-Sets und dem Fachwissen aus, das sie für ihren weiteren Karriereweg benötigen. Jedem Neueinsteiger stehen ein Buddy, Mentoren, ein Personal Development Leader sowie unser Young Consultant Network zur Seite.

Welche Karrieremöglichkeiten bieten Sie? Sie entscheiden, ob Sie als Generalist oder als Experte bei uns starten. Als Experte arbeiten Sie von Beginn an branchenübergreifend an einem funktionalen Themenschwerpunkt (IoT, EAM, Cloud, Big Data etc.). Oder aber Sie entscheiden sich für einen Einstieg als Generalist und fokussieren eine oder mehrere Branchen (Automotive, ICT, High Tech, Energy, Telco etc.). Als T-shaped Consultant entwickeln Sie sich in jeder Ihrer Karrierestationen entweder in die Breite oder in die Tiefe. Denn Ihr individuelles „T" bildet das Rückgrat Ihrer Karriere. Das Detecon Career Concept bildet somit die Grundlage für eine unternehmensweit einheitliche Karriereentwicklung und beschreibt die Anforderungen, die für jeden Berater in seiner Rolle und Funktion relevant sind. Gleichzeitig dient es allen Beratern als Basis für ein attraktives Entwicklungsmodell, das die persönlichen Karrierewege und -anforderungen individuell und transparent aufzeigt. Bei entsprechender Performance hat jeder Business Analyst die Möglichkeit, sich über den Consultant und Senior Consultant bis hin zum Managing Consultant, Partner und Managing Partner zu entwickeln.

Wen genau suchen Sie? Wir suchen vor allem Absolventen, die (Wirtschafts-)Informatik, (Wirtschafts-)Ingenieurwesen oder Elektro-/Nachrichtentechnik studiert haben. Sie sollten Ihr Theoriewissen bereits in der Praxis angewandt haben. Besonderen Wert legen wir auf hervorragende analytische Fähigkeiten, Kreativität, hohe Lernbereitschaft und Kommunikationsstärke. Zu unserem Unternehmen passen Menschen, die offen und mobil sind, über ein sehr ausgeprägtes interkulturelles Fingerspitzengefühl verfügen und Verantwortung übernehmen wollen.

Laura von Lekow

Jahrgang 1989

Consultant

Meine ersten 100 Tage bei Detecon

Das Kennenlernen

Für meinen ersten Arbeitstag bei Detecon, den „Check-In Day", flog ich zum Hauptstandort nach Köln. An diesem Tag bekommt man alle wichtigen Informationen, die man für den erfolgreichen Einstieg bei Detecon braucht. Zusätzlich lernt man in ersten Workshops auch die anderen neuen Mitarbeiter, seinen People Development Leader und seinen Buddy persönlich kennen. Mit meinem zukünftigen People Development Leader hatte ich ein paar Tage vorher bereits telefoniert, sodass ich in etwa wusste, wer und auch was mich erwartet. Der Buddy ist ein junger Kollege, der auch noch nicht allzu lange im Unternehmen arbeitet und einem in den ersten Wochen mit Rat und Tat zur Seite steht. Zwei Monate später trafen wir Neulinge uns noch einmal bei einem Workshop zum Erfahrungsaustausch.

Das erste Projekt

Mein erstes Projekt fand in München statt. Die IT-Abteilung des Referats für Bildung und Sport brauchte Unterstützung bei der Einführung einer neuen Software. Obwohl wir ein recht großes Team beim Kunden waren, arbeitete dort jeder eigenverantwortlich an einem Teilprojekt. Diese Zeit war sehr arbeitsintensiv, da ich plötzlich Verantwortung für ein mir bis dahin fremdes Thema bekam. Man möchte die hohen Anforderungen natürlich erfüllen, was mir mit der Unterstützung erfahrener Kollegen auch gut gelungen ist. Das Kundenfeedback am Ende des Projekts war: „Anfängliche Zweifel wegen geringerer Projekterfahrung waren vollkommen unbegründet."

Spannende Herausforderungen neben dem Projektalltag

Neben der Projektarbeit werden Themen wie Wissensgenerierung und interne sowie externe Vernetzung bei Detecon großgeschrieben. Ich besuche immer wieder Trainings zu fachlichen und methodischen Themen wie Industrie 4.0, Cloud Computing oder Consulting Instruments und übernehme Aufgaben im Recruiting und Hochschulmarketing. Im Bereich der Wissensgenerierung gibt es viele verschiedene branchenübergreifende Communities rund um Digitalisierung, ICT und Management-Skills. In einigen Sektoren liegt der Fokus auf einer bestimmten Branche. Es ist für jeden etwas dabei! Anfangs benötigt man etwas Zeit, um herauszufinden, wo man den eigenen Schwerpunkt setzen möchte. Aber mittlerweile habe ich meinen Platz in den Bereichen Transport & Logistik und agile Methoden gefunden.

Ebner Stolz Management Consultants

Standorte in Deutschland: Frankfurt am Main, Hamburg, Köln, München, Stuttgart

Tätigkeitsschwerpunkt: Topmanagement-Beratung für den gehobenen Mittelstand und Konzerne mit einer hohen Umsetzungskompetenz in Corporate Development, Performance Management, Restrukturierung, Corporate Finance, Unternehmenssteuerung und Digitalisierung

Mitarbeiter in Deutschland: 100

Geplante Neueinstellungen 2020:
ca. 10 Hochschulabsolventen
5–10 Young Professionals

Ebner Stolz Management Consultants verbindet exzellente Analyse und maßgeschneiderte Kundenlösungen mit großer Umsetzungskompetenz. Unsere qualitative Spitzenstellung führt zu einer außerordentlich hohen Kundenzufriedenheit und kontinuierlichem Wachstum. Und auch unsere Mitarbeiter sind sehr zufrieden: Unsere Fluktuation liegt deutlich unter dem Branchendurchschnitt.

EBNER
STOLZ

Holzmarkt 1
50676 Köln
www.ebnerstolz.de

Dr. Jens Petersen
+49 221 20643-965
jens.petersen@ebnerstolz.de

Was sind Ihre Beratungsschwerpunkte? Unsere Geschäftsfelder sind sehr vielfältig. Dazu zählen Restrukturierung und Sanierung, Strategie und Organisation, Prozessoptimierung und Kostensenkung, Unternehmensführung und Controlling sowie Corporate Finance und M&A-Beratung wie auch das übergeordnete Thema Digitalisierung. Bewerber sind immer wieder überrascht von der thematischen Bandbreite. Wir arbeiten branchenübergreifend in zahlreichen Sektoren der Industrie, in Groß- und Einzelhandel sowie in Dienstleistungsbereichen.

Was unterscheidet Sie von anderen Beratungen? Wir kombinieren eine sehr gute Analyse und Konzeption mit starker Umsetzungsorientierung. Unsere Kunden erwarten, dass wir gemeinsam belastbare Ansätze entwickeln, die auch „fliegen". Eine Reihe anderer Topmanagement-Beratungen brechen hier ab und behaupten, Umsetzung sei Aufgabe des Kundenmanagements. Unsere Beratung hat hingegen einen nachweisbaren Impact – bis hinein in GuV und Bilanz oder Cashflow.

Warum ist Ihre Mitarbeiterfluktuation so gering? Wir sind ein qualitativ exzellentes Team. Warum sollten wir durch Up-or-Out hieran etwas ändern wollen? Unser Wachstum gibt jeder Kollegin und jedem Kollegen eine Perspektive zur Entwicklung und große Freiheitsgrade. Außerdem sind wir sehr teamorientiert und fahren unsere Teammitglieder nicht „sauer". Wir sind zwar eine Hochleistungsorganisation, aber Nachtschichten und Wochenendarbeit sind bei uns die Ausnahme. Der jährliche Bonus kann bis zu 50 Prozent des Jahresgehalts umfassen. Dies alles führt zu einer hohen Zufriedenheit, dadurch bleibt die Fluktuation deutlich unter dem Branchendurchschnitt.

Welche Entwicklungsperspektiven hat man bei Ihnen? Nach dem Start als Consulting Analyst wird man nach einem Jahr Consultant. Vom ersten Tag an wartet ein anspruchsvoller Mix aus interner und externer Projektarbeit, zudem unterstützt man bei Akquisitionen, Markt- und Unternehmensrecherchen. Als Consultant und Senior Consultant steht die Projektarbeit im Mittelpunkt, man verantwortet eigenständige Projektmodule und steht dem Kunden als direkter Ansprechpartner und kompetenter Partner für konkrete Themen zur Verfügung. Mit der Entwicklung zum Manager übernimmt man projektleitende Funktionen und führt den Kunden operativ. Die letzten Karrierestufen sind dann der Senior Manager, Principal und Partner, die vornehmlich Akquisition, Geschäftsentwicklung und Kundensteuerung verantworten.

Wie wird man in seiner Entwicklung unterstützt? Jeder Kollege hat bei uns einen Mentor, der seine persönliche Entwicklung fördert und ihn auch fachlich begleitet. Mit ihm werden Trainings, individuelle Coachings und gegebenenfalls auch MBA- oder Promotionsprogramme besprochen und festgelegt. Wir fördern hier sehr intensiv, weil dies ein gutes Investment in unsere Kollegen und damit in unsere Leistungsfähigkeit ist.

Warum kennt man Ihre Beratung so wenig? In der heutigen Form und Größe gibt es unsere Beratung erst seit einigen Jahren, auch wenn kleinere Vorläufer schon seit über 20 Jahren existieren. Insofern können wir noch gar nicht so bekannt sein. Wir arbeiten zudem für eine Reihe von Unternehmen, die nicht jeden Tag in der Zeitung stehen. Darum sind wir eher ein klassischer Hidden Champion: sehr erfolgreich, aber nicht in der Breite bekannt.

Wie wirtschaftsprüfungslastig ist Ihre Beratung? Wir entwickeln unser Geschäft mit hoher Eigenständigkeit, profitieren aber von den Vorteilen unserer Ebner Stolz-Partnerschaft. Der ganz überwiegende Teil unserer Projekte hat keine oder nur punktuelle Berührungspunkte mit Wirtschaftsprüfern, Steuerberatern oder Anwälten - wir beraten in allen klassischen General-Management-Themen. Es ist aber für uns ein Riesenvorteil, im Bedarfsfall auf dem kleinen Dienstweg Kollegen in M&A- oder Restrukturierungsprojekten zurate ziehen zu können. Schließlich geht es dort immer auch um steuerliche Themen, Bewertungsfragen, arbeitsrechtliche Dinge etc. Das ist ein echter Wettbewerbsvorteil für uns.

Bezahlen Sie wettbewerbsgerecht? Oh ja! Offen gestanden hat noch nie ein Bewerber, dem wir ein Angebot gemacht haben, wegen des Gehaltspakets abgelehnt. Zuletzt war eine Bewerberin sogar überrascht, dass unser Package oberhalb dessen lag, was eine große Strategieberatung geboten hatte. Mit einer Bonuschance von bis zu 50 Prozent auf allen Ebenen, d. h. auch für Einsteiger, bieten wir gerade Absolventen eine Chance, die in anderen Beratungen hart gedeckelt ist.

Was spricht sonst noch für Ebner Stolz? Neben der schon angesprochenen guten Perspektive und der hervorragenden Teamatmosphäre sind es auch andere Themen. Neueinsteiger müssen sich nicht auf ein Themengebiet einschränken, sie können die gesamte Breite des General Management kennenlernen und in verschiedenen Branchen und Themen eingesetzt werden. Aus privater Sicht ist wichtig, dass sie ihren Wohnort und Bürostandort bundesweit frei wählen können.

Wie läuft bei Ihnen das Bewerbungsverfahren ab? Wir benötigen das übliche Bewerbungspaket aus Anschreiben, CV und Zeugnissen. Innerhalb weniger Tage geben wir Feedback und laden im positiven Falle zum Erstinterview mit drei Gesprächspartnern ein. Bei positivem Ausgang folgt eine zweite Interviewrunde - ebenfalls mit drei Interviewpartnern verschiedener Karriere-Levels. In den Gesprächen wird der persönliche und fachliche Fit anhand realer Cases aus unserem Projektalltag getestet. Brainteaser, Online-Tests oder Präsentationen sind bei uns kein Bestandteil der Bewerbungsgespräche. Unser Prozess ist sehr schnell, terminlich individuell und auf den Bewerber fokussiert.

Wie bereitet man sich auf die Interviews am besten vor? Ein Bewerbungsgespräch sollte grundsätzlich ein Gespräch auf Augenhöhe sein, ein Dialog. Das Kennenlernen und der gegenseitige Fit stehen im Vordergrund. Sicherlich hilft es, wenn man vorher schon einmal Interviews geführt und Cases bearbeitet hat. Übung macht auch hier den Meister. Aber eigentlich sollte man „nur" wach sein und clever, gute Fragen stellen, sein fachliches Wissen einbringen und Lösungsansätze entwickeln. Das lernt man nicht extra für Bewerbungsgespräche, sondern hat es sich über die Jahre seiner Ausbildung angeeignet.

EBNER
STOLZ

EY (Ernst & Young GmbH) Wirtschaftsprüfungsgesellschaft

Standorte in Deutschland: 20

Standorte weltweit: in 150 Ländern

Tätigkeitsschwerpunkte: Wirtschaftsprüfung, Steuerberatung, Transaktionsberatung sowie Managementberatung

Mitarbeiter in Deutschland: mehr als 10.000

Mitarbeiter weltweit: rund 260.000

Geplante Neueinstellungen 2020:
ca. 1.200 Berufseinsteiger
ca. 1.000 Praktikanten

Das Ziel von EY ist es, Dinge voranzubringen und entscheidend besser zu machen – für unsere Mitarbeiter, Kunden und die Gesellschaft. Dafür steht unser Anspruch „Building a better working world". EY bietet seinen Mitarbeitern ein Umfeld, in dem sie ihre Fähigkeiten entfalten können und sich gegenseitig inspirieren. Wann immer Mitarbeiter zu EY kommen, und egal, wie lange sie bei uns bleiben: Von den Erfahrungen, die sie bei EY machen, profitieren sie ein Leben lang.

EY
Building a better working world

Flughafenstraße 61
70629 Stuttgart
www.de.ey.com/karriere

HR Services
Employer Branding & Recruitment/
Human Resources GSA
(Germany, Switzerland, Austria)
+49 6196 996-10005
karriere@de.ey.com

Was zeichnet Ihr Unternehmen aus? Sehr viel lässt sich unter dem Begriff der Vielfalt zusammenfassen. Sie ist in unserer Organisation fest verankert - in unserem Handeln durch fachübergreifende Beratung und in unserem Denken durch Individualität und Eigenverantwortung. Vielfalt ist es, die uns erfolgreich macht - die Mitarbeiter, die sich für unsere Kunden einsetzen, ihre unterschiedlichen Ansichten und Lebensentwürfe und die Zusammenarbeit in einem Team. Dabei verbinden uns unsere gemeinsamen Werte: Integrität, Respekt, Teamarbeit, Leistung, Engagement und die Fähigkeit, die richtigen Entscheidungen zu treffen.

Was sind Ihre Einstiegskriterien? Wir suchen Bewerber mit guten akademischen Leistungen, analytischen Fähigkeiten und idealerweise ersten Praxiserfahrungen. Daneben setzen wir vor allem auf soziale Kompetenz, Teamfähigkeit und Flexibilität. Aufgrund unseres internationalen Netzwerks sind gute Englischkenntnisse ebenso Voraussetzung. Bezüglich der Fachrichtungen decken wir ein breites Spektrum ab. Absolventen der Fachrichtungen BWL, VWL, Jura, Wirtschaftsinformatik und Informatik sind bei uns willkommen, aber auch Wirtschaftsingenieure, Wirtschaftsmathematiker und Mathematiker. Praktika sind bei uns jederzeit in sämtlichen Fachbereichen für eine Dauer von mindestens sechs Wochen möglich. Nach erfolgreich abgeschlossenem Praktikum in Deutschland haben Sie außerdem die Möglichkeit, an unserem Praktikanten-Entsendungsprogramm „Set Sail" teilzunehmen, bei dem Sie zwei bis sechs Monate an internationalen Standorten an spannenden Projekten mitarbeiten.

Welche Karrieremöglichkeiten bieten Sie? Unsere Einstiegsmöglichkeiten bieten für jeden das Passende. Absolventen und Berufseinsteiger können bei EY mit einem Praktikum oder als Trainee beginnen. Sie können aber auch Ihre Ausbildung, Ihr Studium oder Ihren Master mit uns machen. Mit einem Hochschulabschluss steht Ihnen auch ein Direkteinstieg als Assistant oder Consultant offen. Berufserfahrene finden bei EY ein breites Spektrum an Karrieremöglichkeiten. Wir fördern Ihre Karriereentwicklung mit kontinuierlichem Coaching und einer individuellen Aus- und Weiterbildung. Gleich zu Beginn Ihrer Karriere werden Sie mit renommierten Unternehmen zusammenarbeiten und interessante und motivierte Kollegen kennenlernen. Mit Ihren herausfordernden Projekten werden Sie aber nicht alleingelassen, denn wir machen Sie fit für Ihre Aufgaben. Sie lernen On the Job von erfahrenen Kollegen und vertiefen Ihre Kenntnisse durch Trainings und systematisches Coaching. Von Ihrer Zeit bei EY und dem Netzwerk profitieren Sie ein Leben lang!

Wie läuft das Bewerbungsverfahren in Ihrem Unternehmen ab? Die Bewerbung erfolgt online über das Jobportal. Wenn Sie live so gut wie in Ihrer Bewerbung sind und unsere Fach- und Personalexperten nachhaltig beeindrucken, machen wir Ihnen ein Vertragsangebot. An Ihrem ersten Tag erhalten Sie alle Infos für Ihren erfolgreichen Start an Ihrem Standort, lernen Ihr Team kennen und starten Ihre ganz persönliche EY-Karriere.

Susanne Jäger

Partnerin in den FAAS, Talent Partner

Talentförderung@EY – Interview mit Susanne Jäger

„Before you are a leader, success is all about growing yourself. When you are a leader, success is all about growing others." Dieses Motto lebt Susanne Jäger, Partnerin in den Financial Accounting Advisory Services (FAAS), in ihrem Job. Denn neben ihren Aufgaben in der Wirtschaftsprüfung und -beratung ist sie auch als Talent Partner für Deutschland, Österreich und die Schweiz tätig. Im Interview hat Susanne Jäger uns erklärt, wie sie ihre Mitarbeiter dabei unterstützt, beruflich zu wachsen.

Was bedeutet es, Talent Partner zu sein? Welchen Einfluss hast du auf die Talente der Zukunft in der prüfungsnahen Beratung?

Talent Partner sein heißt, in erster Linie mal Freude an der Entwicklung von Menschen zu haben, Potenziale zu wittern, Möglichkeiten zu erkennen und Menschen motivieren zu wollen. Ich finde es abenteuerlich, wenn ich höre, dass vier von fünf Deutschen ausschließlich Dienst nach Vorschrift machen. Die meisten im Land haben innerlich sogar gekündigt. Das sagt zumindest der Engagement Index 2018. Ziemlich erschreckende Zahlen, die ich überhaupt nicht nachvollziehen kann. Unsere Mitarbeiter fühlen sich da deutlich besser aufgehoben. Und genau dafür trete ich auch an. Für mich ist es enorm wichtig, dass Menschen zufrieden sind, und zwar während ihrer gesamten Laufbahn bei EY. Das fängt für uns bei der erfolgreichen Rekrutierung von neuen Talenten und deren Onboarding in unsere Unternehmensstrukturen und Teams an. Es macht mir einfach Spaß, wenn ich Mitarbeiter dabei unterstützen kann, mal etwas Neues zu wagen und auch mal ungewöhnliche Karrierewege einzuschlagen. Solange diese Wege zu ihren Wünschen und unseren Vorstellungen passen, ist das doch perfekt! Das globale EY-Netzwerk bietet auf jeden Fall die besten Voraussetzungen dafür.

Diversität ist ein großes Thema bei EY.
Was bedeutet Vielfalt für dich und dein Team?

Diversität ist für mich ganz klar mehr als nur ein Team, das aus Männern und Frauen besteht. Im Mittelpunkt stehen die unterschiedlichen kulturellen Hintergründe und Herkunftsländer unserer Mitarbeiter. Als globales Unternehmen sind unsere Teams ja international aufgestellt. Daher sind sie natürlich auch immer durch eine sehr interessante Zusammensetzung geprägt: unterschiedliche Charaktere, Kulturen, Lebensgeschichten, so etwas belebt die Bereitschaft zu Perspektivwechseln und zur Kreativität.

Was rätst du Absolventen, die in der prüfungsnahen Beratung einsteigen wollen? Welche Eigenschaften sollten sie mitbringen?

Ich denke, grundsätzlich sollten sie gut mit Menschen umgehen können, da wir immer im direkten Austausch mit den Kunden stehen. Außerdem sollten sie ein Verständnis für Zahlen mitbringen und analytisch denken können. Wer sich noch nicht sicher ist, ob die Prüfung und Finance-Beratung das Richtige ist, kann uns im Rahmen eines Praktikums oder als Werkstudent gerne kennenlernen. Dann zeigt sich das schnell.

Momentan befindet sich die Wirtschaftsprüfung wie auch die Beratung in einem erheblichen Wandel, und es stehen wirklich vielfältige Karrierewege offen. Ehrlich gesagt, die Karriereaussichten in der prüfungsnahen Beratung sind heute so gut wie noch nie!

EY
Building a better working world
Was ist für eine gute Entscheidung entscheidend?
Managen bedeutet, die Details zu kennen und gleichzeitig den Überblick zu behalten. Wie das gelingt, lernen Sie bei uns. Im Detail.
www.de.ey.com/karriere-advisory
#BuildersWanted
The better the question. The better the answer. The better the world works.
„EY" und „wir" beziehen sich auf alle deutschen Mitgliedsunternehmen von Ernst & Young Global Limited, einer Gesellschaft mit beschränkter Haftung nach englischem Recht. ED 1912.

EY-Parthenon

Standorte in Deutschland: Düsseldorf, Frankfurt am Main, Hamburg, München

Standorte weltweit:
25 Büros in 20 Ländern

Tätigkeitsschwerpunkte: Consumer Products & Retail, Industrial Products, Telecommunication & Media & Technology, Real Estate & Hospitality & Construction, Life Sciences, Private Equity

Mitarbeiter weltweit: über 1.500

Geplante Neueinstellungen 2020:
ca. 40 Consultants
ca. 30 Praktikanten

EY-Parthenon steht für internationale Topstrategieberatung: unkonventionell, vielleicht provokativ, aber immer leidenschaftlich und persönlich, immer ergebnisorientiert und umsetzbar. Wir sind stolz auf unsere einzigartige Kultur und unsere eigene Art, Dinge anzupacken. Unser Anspruch ist es, komplexe Probleme zu lösen und echte Veränderungen zu bewirken. Unsere Mitarbeiterinnen und Mitarbeiter entwickeln maßgeschneiderte Lösungen für unsere Kunden – damit diese die besten Geschäftsentscheidungen treffen und das volle Potenzial ihres Unternehmens ausschöpfen können.

EY PARTHENON

Neuer Zollhof 1
40221 Düsseldorf
www.ey-parthenon.de/karrriere

Mirjam Janke
Recruitment Manager GSA
EY-Parthenon | Strategy
+49 211 9352-20337
mirjam.janke@parthenon.ey.com

Was zeichnet Ihre Unternehmenskultur aus? Smart: Strategieberatung ist für uns ein lebendiger, kreativer Prozess. Deshalb suchen wir smarte Kollegen, die sich nicht scheuen, die richtigen Fragen zu stellen und für unsere Kunden die besten Lösungen zu finden. Das bedeutet, vom ersten Tag an Verantwortung zu übernehmen.

Nice: Bei EY-Parthenon arbeiten wir mit Menschen für Menschen - immer fair und auf Augenhöhe. Wir hören einander zu, schätzen den offenen Austausch und suchen gemeinsam nach der besten Lösung, auch wenn sie nicht immer die bequemste ist.

Driven: Uns treibt der Wille jedes Einzelnen, der Ehrgeiz, sich nicht mit der erstbesten Antwort zufriedenzugeben. Bei EY-Parthenon zählt Ihre Meinung vom ersten Tag an. Wir suchen Kollegen, die gemeinsam mit uns neue Wege in der Strategieberatung gehen.

Welche Karrieremöglichkeiten bieten Sie? Als internationale Strategieberatung bietet EY-Parthenon Ihnen vielfältige, individuelle Karrieremöglichkeiten. Bei uns kommen die klügsten Köpfe zusammen, formulieren die richtigen Fragen und erarbeiten clevere Lösungen und Empfehlungen. Strategieberatung ist für uns Teamwork, ein lebendiger, kreativer und kollaborativer Prozess, der die Basis für differenzierte Erkenntnisse und überzeugende Ergebnisse bildet.

Bei EY-Parthenon arbeiten wir nicht nur für Unternehmen und Konzerne. Wir arbeiten mit Menschen für Menschen, die sich mit den wichtigsten strategischen Fragen befassen. Eine vertraute Atmosphäre im Umgang miteinander sowie in der Zusammenarbeit mit unseren Kunden und Partnern ist prägend für unsere Kultur, denn unser Versprechen lautet: We take strategy personally.

Viele Kunden von EY-Parthenon sind international tätig. Auch wir sind aus diesem Grund global aufgestellt. Sie erhalten deshalb von Anfang an die Chance, an Projekten im Ausland mitzuwirken - auch über die Grenzen Europas hinaus.

Wir suchen exzellente Absolventen aller Fachrichtungen, die neue analytische Herausforderungen meistern wollen und sich nicht scheuen, den Status quo infrage zu stellen. Bei EY-Parthenon übernehmen Sie vom ersten Tag an Verantwortung und lernen On the Job, um die besten Lösungen für unsere Kunden zu entwickeln.

Warum sollten Studenten/Absolventen gerade bei Ihnen einsteigen? Es erwarten Sie spannende Aufgaben vom ersten Tag an: Bei EY-Parthenon sind Sie sofort vollwertiges Mitglied im Team. Sie arbeiten vor Ort beim Klienten und an den spannendsten Fragen der Führungsebene. Ihren Beitrag zur Lösung verantworten Sie eigenständig und selbstbewusst.

Viele Klienten von EY-Parthenon operieren international. EY-Parthenon selbst ist ebenfalls global aufgestellt. Sie erhalten deshalb die Chance, an Projekten im Ausland mitzuwirken - auch jenseits von Europa.

Welche Möglichkeiten zur Weiterqualifizierung bieten Sie? Vom Consultant über den Manager zum Partner: Ihre Karriere liegt in unserem Interesse. Deshalb begleiten wir Sie mit einem engmaschigen Netz aus Coaching- und Trainingsangeboten – und trauen Ihnen kontinuierlich mehr Verantwortung zu. Jederzeit steht Ihnen außerdem ein Mentor für Ihre kleinen und großen Fragen zur Seite.

Wir helfen Ihnen auch dabei, Ihre persönliche Work-Life-Balance zu entwickeln. Jedes Jahr entscheiden unsere Berater, in welchem Jahresarbeitszeitmodell sie im kommenden Jahr arbeiten möchten – „ganz normal" zwölf Monate oder zum Beispiel nur neun Monate mit drei freien Monaten. Es ist Ihre Wahl, denn wir wollen, dass es Ihnen gut geht – rundum.

Welchen Abschluss sollten Bewerber haben (Bachelor, Master, MBA, Promotion)? Bewerber mit Master-Abschluss, MBA oder Promotion starten bei uns als Consultants. Bachelor-Absolventen steigen als Associate Consultants ein. Verfügen Sie über Berufserfahrung, werden Sie gemäß Ihren praktischen Qualifikationen eingestuft.

Welchen Menschentyp suchen Sie? Sie verfügen über sehr gute analytische Fähigkeiten und einen ausgeprägten Sinn fürs Geschäft. Sie haben Freude an der Kommunikation mit Klienten und Kollegen. Arbeit im Team ist für Sie eine Selbstverständlichkeit. Sie sind ein gradliniger, kritischer Kopf mit überdurchschnittlich viel intellektueller Neugier, denn in kurzer Zeit immer wieder neue Geschäftsfelder zu begreifen – das gehört zum Kern unseres Jobs.

Auf unsere kooperative Firmenkultur legen wir großen Wert. Kollegialität und Respekt im Umgang miteinander schreiben wir ganz groß. Wir gehen davon aus, dass auch Sie wissen, dass wir nur im Team exzellente Ergebnisse für unsere Klienten erzielen können.

Wie läuft das Bewerbungsverfahren in Ihrem Unternehmen ab? Nach einem Willkommens- und Einführungsgespräch in der Gruppe führen Sie morgens zwei Einzelgespräche. Zwischen den beiden Interviews findet ein Parthenon-Recruitment-Test statt. Nach dem gemeinsamen Mittagessen mit unseren Kollegen gibt es ein erstes Feedback: Bewerben Sie sich um ein Praktikum, erfahren Sie bereits jetzt, ob wir Ihnen einen Praktikumsvertrag anbieten. Bewerben Sie sich für eine Festanstellung und konnten uns am Vormittag mit Ihren guten Leistungen überzeugen, geht es für Sie mit zwei Partnergesprächen am Nachmittag weiter. Im Anschluss an die beiden Gespräche erfahren Sie, ob wir Ihnen den Einstieg bei uns anbieten.

Horváth & Partners Management Consultants

Standorte in Deutschland: Berlin, Düsseldorf, Frankfurt am Main, Hamburg, München, Stuttgart

Standorte weltweit: Abu Dhabi, Budapest, Bukarest, Dubai, Riad, Wien, Zürich

Tätigkeitsschwerpunkt: Managementberatung mit Schwerpunkt Unternehmenssteuerung und Performance-Optimierung

Mitarbeiter in Deutschland: über 500

Mitarbeiter weltweit: über 900

Horváth & Partners ist eine unabhängige Managementberatung. Unternehmenssteuerung und Performance-Optimierung sind die Disziplinen, in denen wir zu Hause sind und Mehrwert erzielen. Unser Ziel als Unternehmen: höchste Kundenbegeisterung zu erreichen. Doch wir sind mehr als ein Team! Bei uns finden Sie das passende Umfeld, um mit uns über sich hinauszuwachsen. Sie legen Wert auf eine einzigartige Arbeitsatmosphäre, stetige Weiterentwicklung, die Förderung Ihrer Kompetenzen, vielfältige Entwicklungsmöglichkeiten und unternehmerische Freiräume? Dann freuen wir uns darauf, Sie kennenzulernen.

HORVÁTH & PARTNERS
MANAGEMENT CONSULTANTS

Phoenixbau, Königstraße 5
70173 Stuttgart
www.horvath-partners.com
www.horvath-partners.com/karriere

Recruiting Team
+49 711 66919-0
career@horvath-partners.com

Warum sind Sie erfolgreich? Unser Anspruch als Unternehmen ist es, optimale Lösungen für komplexe Herausforderungen zu erarbeiten und damit höchste Kundenbegeisterung zu erzielen. 1981 waren wir ein Start-up und zu dritt. Heute sind wir mehr als 900 Mitarbeiterinnen und Mitarbeiter an 13 eigenen Standorten. Darüber hinaus agieren wir in einem erweiterten Netzwerk, das global mehr als 50 Präsenzen mit über 3.000 Beraterinnen und Beratern umfasst. Diesen unternehmerischen Erfolg verdanken wir unseren Kolleginnen und Kollegen, die ihre gezielte Zusammenarbeit konsequent auf unsere Kunden ausrichten. Gegenseitiges Verständnis, Arbeit auf Augenhöhe sowie hohe fachliche und methodische Expertise jedes Einzelnen ermöglichen unseren gemeinsamen Erfolg.

Es ist also Kooperation, die Sie als Marke antreibt? Absolut. Wenn sich etwas zusammenschließt, dann wird es stärker. Bei uns sind es die Kompetenzen im Team, die sich zu zielführenden Kundenlösungen verbinden.

Wofür stehen Sie als Beratungshaus? „Steering Business Successfully." Unser Versprechen lösen wir ein. Wir erarbeiten Konzepte, um betriebliche Systeme und Strukturen in ihrer Leistungsfähigkeit zu optimieren. Diese Lösungen entstehen im Dialog mit unseren Kunden. Kundenprojekte gestalten wir für die Gesamtorganisation sowie für einzelne Geschäftsbereiche - branchenübergreifend und weltweit. Wir arbeiten in den Funktionen Strategie & Innovation, Organisation & Prozesse, Vertrieb, Operations, Einkauf, Controlling, Finanzen und IT. Dazu wachsen neue Kompetenzbereiche wie Digitalisierung, Agile Transformation, New Mobility oder Purpose & Leadership.

Wie beschreiben Sie Ihre Arbeitskultur? Wir sind Unternehmer im eigenen Unternehmen. Wir fördern lösungsorientiertes Denken und Handeln und fordern direkte Verantwortung vom ersten Tag an. Unsere Mitarbeiterinnen und Mitarbeiter setzen sich selbstständig hohe Ziele, stellen sich Herausforderungen, wachsen mit ihren Aufgaben und genießen unternehmerische Freiräume. Dafür unterstützen wir sie in ihrer fachlichen sowie persönlichen Entwicklung und arbeiten partnerschaftlich und ergebnisorientiert zusammen.

Wie gestaltet sich dies konkret in der täglichen Zusammenarbeit? Wir sind mehr als ein Team. Teamwork ist für uns ein Gefühl, und unser Miteinander ist von Respekt geprägt - gegenseitig und gegenüber unseren Kunden. Wir teilen unser Wissen, sind aber keine Besserwisser, sondern Bessermacher: pragmatisch, praxisorientiert, hands-on und ganz ohne Ellenbogen. Bei uns zählen intelligente Argumente mehr als Titel. Uns vereint nicht nur das Streben nach Top-Performance, sondern auch der Spaß an der Herausforderung.

Welche Einstiegsmöglichkeiten bieten Sie an? Ganz gleich, ob Sie mit beruflicher Erfahrung, Promotion, Bachelor- oder Master-Abschluss oder während des Studiums bei uns tätig werden möchten: Wir bieten Ihnen vielfältige Gestaltungs- und Entwicklungsmöglichkeiten. Abwechslungsreiche und verantwortungsvolle Aufgaben, offene und freundschaftliche Teamarbeit, unternehmerische Freiheiten sowie konsequente Weiterentwicklung sind wesentliche Treiber unserer Unternehmenskultur und unser Angebot an Sie!

Wie ist Ihr Angebot an Studierende? Unsere Praktikanten erhalten einen sehr guten Einblick in den Beratungsalltag und das Projektgeschäft beim Kunden. Wir bieten sowohl Praktikumsplätze während des Semesters als auch in der Orientierungszeit zwischen Bachelor- und Master-Studium an. Studierende, die im Rahmen ihres Praktikums herausragende Leistungen erbracht haben, fördern wir mit der Aufnahme in den Horváth Student Club. Ab diesem Zeitpunkt begleiten wir unsere Student-Club-Mitglieder bis zum Ende des Studiums und bieten in diesem Rahmen exklusive Veranstaltungen, Erfahrungsaustausch sowie die Möglichkeit, als studentische Mitarbeiter weiterhin bei uns tätig zu sein oder die Studienabschlussarbeit bei uns zu schreiben. Dieser Schritt kann der Startpunkt für eine besondere Karriere sein: Viele unserer langjährigen Kollegen und Partner haben genau so ihren Weg zu uns gefunden.

Welche Möglichkeiten zur Weiterqualifizierung bieten Sie? Hohe fachliche Kompetenz, Offenheit, Vertrauen und die Förderung der persönlichen Weiterentwicklung sind wesentliche Bestandteile unserer Kultur und unser Anspruch. Daher ist die stetige Weiterentwicklung unserer Mitarbeiter klar im Fokus. Wir bieten ein breites Spektrum an professionellen und zielgerichteten Weiterbildungsmaßnahmen. Der Einstieg bei uns beginnt mit einem professionellen Onboarding und dem Training-on-the-Job-Prinzip. Im Onboarding mit Ihrem Mentor legen Sie Ihre ersten Projektaufgaben fest und klären Ihren konkreten Entwicklungsbedarf. Unsere ausgeprägte Feedbackkultur ist dabei der Garant für Ihre persönliche Weiterentwicklung sowohl auf Projekten als auch bei internen Aufgaben. Unsere mehrtägige zentrale Onboarding-Veranstaltung garantiert Ihnen darüber hinaus einen Rundumblick über die Organisation und setzt methodische sowie inhaltliche Impulse. Der Wissenstransfer und das Netzwerk werden bei uns durch exklusive Veranstaltungen sichergestellt: Mit dem Horváth Camp bieten wir unseren Kollegen im Rahmen eines mehrtägigen Auslandsaufenthalts die Gelegenheit, ihr Wissen sowie ihre Projekterfahrungen auszutauschen, sich untereinander zu vernetzen sowie zusätzlich von externen Experten zu lernen. Unsere anspruchsvollen Inhouse-Trainings, die Horváth Business School und individuelle Schulungen sorgen für kontinuierliche Weiterentwicklung und systematische Qualifizierung neben dem Projektgeschäft.

Fördern Sie im Rahmen der Weiterbildung ein MBA-Studium/eine Promotion? Mit unserem Scholarship Program fördern wir Master- und (Executive) MBA-Programme sowie Promotionsvorhaben an renommierten Universitäten: sowohl finanziell als auch durch entsprechenden Freistellungen.

Wie läuft der Recruiting-Prozess bei Ihnen ab? Für die meisten Positionen im Consulting sehen wir keinen festen Einstellungszeitpunkt vor. Sie können sich ganzjährig online bewerben. Ihre Einsatzmöglichkeiten prüfen wir dabei immer bereichsübergreifend. Haben Sie uns mit Ihrer Bewerbung überzeugt, laden wir Sie zu persönlichen und individuellen Gesprächen ein – je nach Erfahrungshintergrund mit verschiedenen Interviewrunden, fachlichen und persönlichen Einblicken. Und noch etwas: Wir freuen uns auf Sie!

Lediglich aus Gründen der leichteren Lesbarkeit haben wir an manchen Stellen darauf verzichtet, explizit die weiblichen Sprachformen sowie intergeschlechtlichen Anspracheformen zu verwenden. Wir bitten unsere LeserInnen, dies zu entschuldigen.

Integration Management Consulting

Standorte in Deutschland: München

Standorte weltweit: Buenos Aires, London, Mexiko Stadt, Rio de Janeiro, San Francisco, Santiago de Chile, São Paulo

Tätigkeitsschwerpunkte: Strategie- und Managementberatung, PMI – Post Merger Integration

Mitarbeiter in Deutschland: 15

Mitarbeiter weltweit: 300

Geplante Neueinstellungen 2020:
4 Praktikanten
5 Consultants

Integration Management Consulting ist eine Strategie- und Managementberatung, die ihre branchenführenden Kunden in allen Funktionen und auch in der Implementierung der Empfehlungen unterstützt. Seit Gründung 1995 in São Paulo hat sich Integration schnell zu einer der größten und erfolgreichsten Unternehmensberatungen in Lateinamerika entwickelt und wächst seit 2010 auch stark in Europa. Derzeit beschäftigen wir mehr als 300 Mitarbeiter in Büros in São Paulo, Rio de Janeiro, Buenos Aires, Mexiko Stadt, Santiago de Chile, San Francisco, London und München.

Integration

Luise-Ullrich-Straße 20
80636 München
www.integrationconsulting.com/de/karriere

Stefanie Wilk
Human Resources
+49 172 8333315
recruitingmunich@integrationconsulting.com

Was unterscheidet Sie von anderen Strategieberatungen? Integration ist eine Strategie- und Managementberatung, die Lösungen nicht nur konzipiert, sondern auch bei der Umsetzung und im Change Management unterstützt. Wir zeichnen uns durch unsere Organisationsstruktur aus, die nach Funktionen, nicht nach Branchen, aufgestellt ist. Unser fundiertes Know-how vermitteln wir über unsere Fachwissens- und Kompetenzzentren: Marketing und Sales; Supply Chain; Finance und Management und Implementierung. Diese Struktur erlaubt es uns, Best Practices und Know-how über Branchengrenzen hinweg zu identifizieren und bestmögliche Ergebnisse für unsere Kunden zu erzielen.

Vom Erfolg unserer eigenen Entwicklung profitieren wir nicht alleine - wir geben ihn nahtlos an unsere Kunden weiter. Einen unschätzbaren Beitrag dazu leisten unsere Mitarbeiter mit ihrem Know-how und ihrer Begeisterung für ihren Job. Bei jeder fachlichen Entscheidung wird stets der Kunde mit seinem unternehmerischen Background und seiner Business-Kultur individuell und persönlich berücksichtigt.

Warum sollten Absolventen gerade bei Integration Consulting einsteigen? Neben einer interessanten Beschäftigung als Berater spielen unsere Mitarbeiter eine entscheidende Rolle bei der Gestaltung der Zukunft unseres Unternehmens. 2015 haben wir zur Unterstützung unserer Kunden in der DACH-Region unser Büro in München eröffnet. Als Teil eines jungen Teams haben Sie hier die Möglichkeit, in einem Start-up mitzuarbeiten und zu erfahren, was es bedeutet, ein neues Büro zu eröffnen und ein Unternehmen aufzubauen. Es erwartet Sie ein internationales Umfeld in einer jungen Dependance eines wachsenden internationalen Unternehmens, das sich durch Kooperation und ein innovatives Klima unter den Mitarbeitern auszeichnet.

Was zeichnet Ihre Unternehmenskultur aus? Unser Unternehmen gründet sich auf dem Prinzip, dass Achtung, Ehrlichkeit und Zusammenarbeit nicht nur gut für das Geschäft sind, sondern auch eine grundlegende Bedeutung für nachhaltige berufliche Beziehungen haben. Unsere Experten für Implementierung helfen unseren Kunden dabei, die Strategie zu Ergebnissen zu führen. Immer, wenn wir einen neuen Auftrag für einen Kunden beginnen, machen wir uns bewusst, dass unsere Empfehlungen vor allem realisierbar sein müssen. Wir arbeiten sehr eng mit unseren Kunden zusammen, um unsere Empfehlungen genau zu prüfen, maßzuschneidern und abzustimmen, damit sie relevant, fundiert und nachhaltig sind. Wir sind der Ansicht, dass echte Veränderungen in erster Linie dort stattfinden, wo Ideen in die Tat umgesetzt werden.

Kann man bei Ihnen Praktika oder sogar den Berufseinstieg im Ausland machen? Unsere Kunden reichen von großen lokalen bis zu multinationalen Firmen. Als Berater setzen Sie Projekte weltweit um, eine ausgeprägte Reisebereitschaft ist somit unabdingbar. In Zusammenarbeit mit unserem Headquarter in Brasilien bieten wir in unserem Münchner Büro Praktika im Rahmen von zehn bis zwölf Wochen an, in denen Sie als festes Mitglied eines Projektteams den Alltag in einer jungen Beratung kennenlernen. Sie arbeiten vor Ort beim Kunden. Je nach Standort unserer Kunden werden Sie auch im europäischen Ausland eingesetzt oder haben die Möglichkeit, das Praktikum in unserem Büro in Brasilien zu absolvieren.

Sven Hoffmann

Consultant

Kombination aus etablierter Unternehmensberatung und Start-up

So bin ich auf Integration aufmerksam geworden

Während meines Studiums an der TU München stellte sich mir die Frage, ob ich eher in einem Start-up arbeiten möchte oder meine Karriere in einer Strategieberatung starten soll. Bei Integration fand ich die perfekte Kombination aus beidem. Auf der einen Seite eine etablierte Unternehmensberatung mit langjähriger Erfahrung und einer starken Erfolgsbilanz, auf der anderen Seite handelt es sich um ein junges Büro, das viele Chancen bietet, aktiv bei der Gestaltung des Unternehmens mitzuwirken.

Mitarbeiterentwicklung und Trainings immer mit Blick auf das Individuum

Die Arbeit bei Integration zeichnet sich sowohl durch einen starken Fokus auf Weiterbildung und Mitarbeiterentwicklung aus als auch durch ein hohes Maß an Internationalität. Jeder Berater bei Integration startet mit einem zweiwöchigen Training im Headquarter in São Paulo, Brasilien. Dort bekommt man einen soliden Überblick über das Unternehmen und die nötigen Trainingseinheiten, um unter besten Bedingungen direkt auf einem Projekt starten zu können. Im ersten Jahr finden weitere Trainings in Europa statt, an denen alle neuen Berater aus den Londoner und Münchener Büros teilnehmen.

Der Fokus auf Mitarbeiterentwicklung zeigt sich aber auch im Alltag durch eine Unternehmenskultur, in der regelmäßiges und strukturiertes Feedback einen hohen Stellenwert hat. Jeder Mitarbeiter hat die Möglichkeit, über ein internes Tool seine Karriereziele klar zu kommunizieren. Zudem kann man über dieses Tool aber auch seine Präferenzen äußern, beispielsweise, bei welchem Projekt man gerne als Nächstes arbeiten würde, sei es entweder hinsichtlich des Themas, der Branche oder der geografischen Aspekte.

Abwechslungsreiche und spannende Projekte mit internationalem Kontext

In meinen ersten beiden Jahren bei Integration arbeitete ich bereits in sechs Ländern auf Projekten in verschiedensten Industrien, unter anderem in der Lebensmittel-, der Sportindustrie sowie in einem Unternehmen für Haushaltsgeräte. Neben unterschiedlichen Projekten in Europa arbeitete ich zudem bereits auf zwei Projekten in unserem Headquarter in São Paulo. In der Regel setzen sich die Projektteams aus Beratern aus dem Londoner oder Münchner Büro zusammen. Oft sind aber auch Kollegen aus Lateinamerika mit im Team, um uns bei Projekten in Europa zu unterstützen.

Mein spannendstes Projekt

Unsere Projekte sind stets sehr abwechslungsreich. Auch bei thematisch ähnlichen Projekten kommen immer neue Aspekte hinzu, die jedes Projekt einzigartig und interessant machen. Mein spannendstes Projekt bis jetzt war die strategische Planung für ein Unternehmen der Reise- und Tourismusbranche in Brasilien. Es war ein besonderes Projekt, da es sowohl viele Analysen als auch viel Kontakt zum Kunden beinhaltete. Dabei mussten wir tief in die verschiedenen Business Units des Unternehmens einsteigen, um zu überlegen, wie jede Business Unit strategisch in die Gruppe passt und wie sie ihr Go-to-Market-Modell für die Zukunft anpassen müssen.

INVERTO – a BCG Company

Standorte in Deutschland:
Köln, München

Standorte weltweit: Kopenhagen, London, Schanghai, Stockholm, Wien

Tätigkeitsschwerpunkt: Einkauf und Supply Chain Management

Mitarbeiter weltweit: 180

Geplante Neueinstellungen 2020:
20 Praktikanten
40 Berater

INVERTO ist als internationale Unternehmensberatung einer der führenden Spezialisten für strategischen Einkauf und Supply Chain Management in Europa. Als Tochtergesellschaft der Boston Consulting Group entwickeln wir passgenaue Strategien und setzen diese in echte Ergebnisse für unsere Kunden um. Zu unseren Kunden zählen internationale Konzerne, führende Mittelständler aus Industrie und Handel und die weltweit größten Private-Equity-Unternehmen. Mit unserem unternehmerischen Ansatz sorgen wir für Transparenz, realisierte Verbesserungen und Messbarkeit. Wir liefern Ergebnisse. Das ist unser Versprechen.

INVERTO
A BCG COMPANY

Lichtstraße 43i
50825 Köln
www.inverto.com

Charlotte Rissel
Talent Aquisition & Employer Branding
+49 221 485687-166
crissel@inverto.com

Was sind die Herausforderungen in diesem Beruf? Die Tätigkeiten unserer Berater entlang der Supply Chain und des strategischen Einkaufsprozesses sind vielfältig. Sie analysieren Prozesse, Einkaufsorganisationen oder Warengruppensortimente und entwickeln passende Strategien und Maßnahmen. Zu ihren Aufgaben zählen z. B. Materialgruppen- und Beschaffungsmarktanalysen, die Begleitung von Ausschreibungsprozessen sowie Verhandlungen mit Lieferanten. Sie möchten Maßnahmen auch umsetzen und echte Ergebnisse für den Kunden realisieren? Dann sind Sie bei INVERTO genau richtig.

Was zeichnet Ihre Unternehmenskultur aus? Die Unternehmenskultur bei INVERTO ist durch eine starke Teammentalität und ein familiäres Miteinander geprägt. Mit Ellenbogen kommt man bei uns nicht weiter! Wir stehen auf Augenhöhe und duzen vom Praktikanten bis zum Geschäftsführer. Unsere „Office Fridays" unterstützen einen fachlichen und persönlichen Austausch untereinander. Teamabende innerhalb der Projekte sowie regelmäßige Sport- und Mitarbeiterevents lassen neben der Arbeit auch das Vergnügen nicht zu kurz kommen.

Welche Möglichkeiten zur Weiterqualifizierung bieten Sie? Bei INVERTO haben Sie die Chance, durch eigenverantwortliches Arbeiten Ihr Talent zu zeigen. Wir fordern und fördern. Dadurch haben Sie eine besonders steile Lernkurve und wachsen fachlich und persönlich mit jedem neuen Tag. Natürlich unterstützen wir Ihre individuelle Entwicklung von Anfang an: Neben einem Buddy, der Ihnen während des ersten Jahres bei Fragen zur Seite steht, begleitet Sie während Ihrer gesamten Laufbahn bei INVERTO einer unserer Managing Director als Career Adviser. Neben der persönlichen Betreuung bieten wir eine Vielzahl professioneller und maßgeschneiderter Weiterbildungsmaßnahmen an. So durchläuft jeder Mitarbeiter zwölf Module in Form von Trainings und Schulungen; dazu gehören beispielsweise Präsentations- und Verhandlungstrainings. Wer sich darüber hinaus akademisch weiterbilden und ein MBA- oder Ph.D.-Studium aufnehmen möchte, wird von uns sowohl fachlich als auch finanziell unterstützt.

Wie läuft das Bewerbungsverfahren in Ihrem Unternehmen ab? Nach Eingang Ihrer Unterlagen im INVERTO Bewerberportal werden Sie zunächst zu einem Telefoninterview und anschließend zu ausführlichen Gesprächen in unserem Hauptsitz in Köln eingeladen. In den Interviews können Sie herausfinden, ob INVERTO der richtige Arbeitgeber für Sie ist, und wir, ob Sie zu uns passen. Dazu möchten wir Sie sowohl persönlich als auch fachlich besser kennenlernen. Im Rahmen dessen erwarten Sie zum einen Fragen rund um Ihren Lebenslauf und Ihre Motivation für INVERTO. Zum anderen diskutieren wir mit Ihnen typische Problemstellungen aus unserem Beratungsumfeld in Form von Case Studies. Diese bearbeiten Sie im Dialog mit unseren Beratern und haben die Möglichkeit, Ihre Ideen und Ansätze zur Lösung der geschilderten Situation anzubringen. Darüber hinaus übergeben wir Ihnen noch einen Analytiktest zur Bearbeitung. Eine Besonderheit unseres Bewerbungsprozesses ist sicherlich das Gespräch mit einem unserer Geschäftsführer, dem es ebenfalls sehr wichtig ist, einen umfangreichen Eindruck von Ihnen zu bekommen. Vor ihm dürfen Sie zudem eine zehnminütige Präsentation über ein Thema Ihrer Wahl halten. Selbstverständlich beantworten wir in jedem einzelnen Gespräch auch sehr gerne alle Ihre Fragen, denn schließlich müssen auch Sie die richtige Wahl treffen.

Julia Berhard

Jahrgang 1990

Project Manager

„Der INVERTO-Spirit begeistert und motiviert mich"

Was machen Sie derzeit in Ihrem Projekt?

In meinem aktuellen Projekt arbeite ich für ein internationales Handelsunternehmen. Dabei dreht sich alles um das Category Management und den Einkauf von Eigenmarken. Speziell für diesen Kunden hat INVERTO neue Prozesse zur Bündelung der Eigenmarken über Vertriebslinien sowie Länder hinweg entwickelt und erfolgreich implementiert. Ich habe somit Einkäufer unterschiedlicher Warengruppen durch die neuen Prozesse geführt und in der Identifikation sowie Umsetzung von Bündelungsansätzen unterstützt. Damit dies auch nachhaltig im Unternehmen verankert wird, wurde ein neuer internationaler Einkaufsbereich gegründet, den wir nun einarbeiten.

Wie ist ein Projektteam bei INVERTO aufgebaut?

Das kann projektbedingt sehr variieren, da Umfang und geforderte Expertise sich je nach Bedarf unterscheiden. Oftmals werden im klassischen Aufbau mehrere Consultants und Senior Consultants sowie ein verantwortlicher Projektmanager vor Ort eingesetzt. Das Team wird grundsätzlich von einem Principal und einem der Geschäftsführer geführt. In kleineren Projekten kommt es vor, dass ein oder zwei Consultants ein Projekt direkt unter der Leitung eines Principals durchführen.

Welche Eigenschaften und Kompetenzen sollte man als Berater bei INVERTO aus Ihrer Sicht mitbringen?

Neben den typischen Berater-Skills, wie z. B. ausgeprägte analytische Fähigkeiten, Belastbarkeit, Eigenverantwortung und Interesse an der Lösung komplexer Sachverhalte, ist es wichtig, stets mehrere Schritte im Voraus zu durchdenken und die To-Dos zu priorisieren. Dabei legen wir als Berater bei INVERTO eine pragmatische Herangehensweise, aber auch Empathie sowie ein Auge für Details an den Tag. Denn nur so können ganzheitliche und nachhaltige Lösungen für den Kunden entwickelt werden.

Was begeistert und motiviert Sie bei INVERTO?

Der INVERTO-Spirit begeistert und motiviert mich. Die Herausforderungen und Themenvielfalt in den Projekten sind für mich in der Beratung selbstverständlich, jedoch nicht das besondere INVERTO-Arbeitsumfeld. Die Zusammenarbeit mit fachlich sowie sozial kompetenten Kollegen macht sehr viel Spaß, weil jeder daran interessiert ist, sich selbst und auch andere weiterzuentwickeln, ohne die Ellenbogen auszufahren. Die persönliche und fachliche Weiterentwicklung jedes Einzelnen wird realistisch verfolgt, fair ein- und wertgeschätzt – das motiviert und begeistert mich an meiner Arbeit bei INVERTO.

INVERTO
A BCG COMPANY
Der Job, in dem ich
meine Ideen umsetze.
NVERTO ist als internationale Unternehmensberatung einer der ührenden Spezialisten für strategischen Einkauf und Supply Chain Management in Europa. Als Tochter der Boston Consulting Group entwickeln wir passgenaue Strategien und setzen diese n echte Ergebnisse für unsere Kunden um. Wir bieten Ihnen Verantwortung vom ersten Tag an, eine teamorientierte Unternehmenskultur und individuelle Karriereentwicklung. NVERTO steht auf Wachstumskurs – werden Sie Teil unseres Teams!
Bewerben Sie sich online über das INVERTO Bewerberportal: www.inverto.com/karriere
Scannen und mehr erfahren.
Wir suchen Berater (m/w) für Einkauf und Supply Chain Management.
www.inverto.com

Investors Marketing AG

Standorte in Deutschland:
Frankfurt am Main

Tätigkeitsschwerpunkt:
Managementberatung für Finanzdienstleister mit Fokus auf marktorientierten Fragestellungen

Mitarbeiter in Deutschland: 35

Geplante Neueinstellungen 2020:
ca. 7–10 Praktikanten/Werkstudenten
ca. 5 Absolventen/Young Professionals

Möchtest du bei jedem Projekt einen kundenzentrierten Ansatz verfolgen und mit Klienten auf Augenhöhe partnerschaftlich agieren, dann bist du genau richtig bei Investors Marketing. Bei uns entwickelst du maßgeschneiderte Lösungen für die führenden Unternehmen der Finanzbranche – von der Konzeption bis zur Umsetzung. Gestalte mit uns die Finanzindustrie von morgen und werde Teil einer wertschätzenden und teamorientierten Arbeitskultur.

INVESTORS MARKETING
MANAGEMENT CONSULTANTS

An der Welle 3
60322 Frankfurt am Main
www.investors-marketing.de/Karriere

Gabriele Hufenbach
+49 69 963158-33
g.hufenbach@investors-marketing.de

Worin unterscheidet sich Investors Marketing vom Wettbewerb? IM ist die erste und einzige Managementberatung für Finanzdienstleister mit einem zu 100 Prozent kundenzentrierten Beratungsansatz. Warum uns das von den anderen Beratungen unterscheidet? Wir erforschen ständig, was Kunden wirklich möchten. Denn nur, wer ihre Motive kennt, kann ihr Verhalten verstehen. Nur dieses Verständnis und unser umfassendes Branchenwissen ermöglichen es uns, komplett individuelle Lösungen für unsere Klienten und deren Kunden zu entwickeln. Kurzum: Wir stellen den Kunden in den Mittelpunkt und reden nicht nur davon!

Welche Themen begegnen dir als Berater bei IM? Deine Arbeit als Berater bei IM besteht nicht aus Restrukturierung und Rotstift-Ansetzen. Wir fokussieren uns vielmehr auf das Wachstum von Kunden und Erträgen. Deine Themen reichen von der Entwicklung neuer Vertriebs-, Produkt- und Preisstrategien bis zur Neugestaltung der Customer Journey oder der digitalen Transformation. Besonders spannend wird deine Arbeit dadurch, dass du unsere Klienten nicht nur bei der Strategieentwicklung, sondern auch bei der Umsetzung begleitest und den Erfolg entwickelter Konzepte hautnah miterleben kannst!

Wie läuft das Auswahlverfahren bei Investors Marketing ab? Wenn du uns mit deiner Bewerbung überzeugt hast, laden wir dich zu einem ersten Vorgespräch ein. In dieser Phase steht deine Persönlichkeit und ein Abgleich der gegenseitigen Erwartungen im Vordergrund. So kannst du dir schon früh ein Bild von IM machen. Anschließend laden wir dich zu deinem persönlichen Bewerbertag ein. An diesem Tag lernst du verschiedene Berater kennen und präsentierst eine Case Study. So kannst du dich gleich als Berater ausprobieren. Kurzfristig erhältst du dann eine Rückmeldung, ob du Teil unseres Teams wirst. Interessierst du dich für ein Praktikum, erwarten dich zwei Gespräche, in denen wir dich, deine Motivation sowie dein Interesse für unsere Themen kennenlernen wollen.

Welchen Menschentyp sucht IM? So unterschiedlich wie unsere Projekte ist auch unser Team, denn wir suchen keine stereotypen Berater, sondern Persönlichkeiten. Das macht uns als Beratung stark und bereichert unseren Alltag. Wertschätzung und eine gute gemeinsame Arbeitskultur sind uns sehr wichtig. Du solltest deshalb neben einem hohen Anspruch an die eigene Arbeit vor allem auch als Teamplayer das gewisse Etwas und ein hohes Maß an Kundenorientierung mitbringen.

Wie geht es nach dem Einstieg weiter? Egal, ob Consultant oder Praktikant, vom ersten Tag an wirst du in unsere Projekte und in das Team eingebunden. Wir tun alles, um dich bestmöglich für die Arbeit als Berater vorzubereiten. Bereits zu Beginn erhältst du ein individuelles Onboarding-Programm und Schulungen. Außerdem steht dir ein persönlicher Mentor zur Seite, der mit dir gemeinsam deine Karriere plant und dich durch regelmäßiges Feedback auf deinem Weg unterstützt. Ein eigenes Weiterbildungsprogramm mit erfahrenen Trainern und die interne Corporate University unterstützen dich zudem in deiner fachlichen Weiterentwicklung.

Welche Karrieremöglichkeiten hat man? Wir wollen dich nach deinen Fähigkeiten entwickeln, d.h. auch in deiner Geschwindigkeit. Damit du auf deinem Weg größtmögliche Transparenz hast, schaffen Soll-Profile Klarheit über die Anforderungen auf jedem Track-Level. Ellenbogenmentalität oder vorgegebene Beförderungskontingente gibt es bei uns daher nicht.

Laura Haberstroh

Jahrgang 1992

Consultant

Erfolgsfaktoren: Teamplay und Kundenorientierung

Mit einem Praktikum begann vor ungefähr zwei Jahren Lauras Zeit bei Investors Marketing (IM). Im Gespräch mit Ulrike Mihm, Partnerin bei IM, erzählt sie von ihrem Weg zu uns und gibt Einblicke in ihren Arbeitsalltag.

Warum hast du dich bei Investors Marketing beworben?
Zum einen war die Bewerbung meinem Studienhintergrund geschuldet. Ich habe Finance mit Schwerpunkt Marketing studiert und da waren die Themen bei IM perfekt auf mich zugeschnitten. Zum anderen wollte ich in einer mittelständischen Unternehmensberatung arbeiten. Als Boutique-Beratung hat IM natürlich den großen Vorteil, dass eine sehr familiäre Unternehmenskultur herrscht. So steht der Mensch im Mittelpunkt, man wird individuell gefördert und kann sich schnell weiterentwickeln.

Was waren deine Gründe, nach deinem Praktikum bei IM anzufangen?
Ich habe schon im Praktikum gemerkt, dass Werte wie Team- und Kundenorientierung sowie Engagement und gegenseitiger Respekt hier wirklich gelebt werden. Außerdem wurden meine Stärken identifiziert und gezielt gefördert sowie Themen zu meiner Weiterentwicklung erkannt. Das habe ich sehr positiv und wertschätzend wahrgenommen, sodass mein Entschluss schnell feststand, bei IM als Consultant anzufangen.

Wir arbeiten ja häufig nicht nur konzeptionell, sondern auch analytisch. Das hört sich immer so abstrakt an. Was bedeutet es denn für dich?
Aus meiner Erfahrung ist das eigentlich gar nicht abstrakt. Wir analysieren ja das Verhalten der Kunden unserer Klienten, und dadurch wird der Begriff „Kunde" eher greifbar. Denn erst, wenn man das Handeln und die Bedarfe der Kunden versteht, kann man geeignete Lösungen für die verschiedenen Zielgruppen unserer Klienten entwickeln. Und da ist die Analyse natürlich wichtig, um den Kunden von Grund auf zu begreifen. Diese Kundenzentrierung und Marktorientierung sind für mich besonders wichtig. Denn es bringt ja nichts, wenn man Konzepte oder Produkte entwickelt, die vom Kunden nicht so gewollt sind.

Wie sieht denn deine Projektarbeit im ersten Jahr konkret aus?
Grundsätzlich würde ich sagen: Per se gibt es nicht *den* Beraterallltag, denn jeder Tag birgt neue Herausforderungen. Rund zwei Tage die Woche sind wir vor Ort bei unseren Klienten, sonst in unserem Büro in Frankfurt am Main. Reisen, überwiegend in Deutschland, muss einem deshalb schon Spaß machen. Trotzdem hält es sich in Grenzen, und man ist nicht die ganze Woche in einer fremden Stadt. Durchschnittlich arbeiten ca. drei Berater in einem Team. Durch die Zusammenarbeit mit den erfahrenen Kollegen kann man unglaublich viel lernen. Da man zwei bis drei Projekte gleichzeitig begleitet, ist Abwechslung außerdem garantiert!

Hast du zum Abschluss noch einen Tipp für Bewerber?
Den wichtigsten Ratschlag, den ich geben kann: Sei du selbst und verstell dich nicht. Bei uns ist jeder Einzelne mit seiner Persönlichkeit wichtig. Sei offen und neugierig auf die Gespräche und Aufgaben. Das gilt auch für die Case Study. Wenn man da mit einem gesunden Menschenverstand rangeht, dann wird das. Alle Beteiligten nehmen sich viel Zeit für dich, um dich vor allem als Menschen kennenzulernen. Also sei du selbst!

Kaufland Stiftung GmbH & Co. KG

Standorte in Deutschland: Heilbronn, Neckarsulm; Filialen und Logistikzentren deutschlandweit

Standorte weltweit: Bulgarien, Kroatien, Polen, Rumänien, Slowakei, Tschechien (aktuell Expansion, u. a. nach Australien)

Tätigkeitsschwerpunkte:
Inhouse Consulting innerhalb der kompletten Kaufland-Welt des Lebensmitteleinzelhandels: Einkauf, Produktmanagement, Vertrieb, Logistik, Fleischproduktion (Kaufland verfügt über eine eigene Wurst- und Fleischproduktion), Verwaltung, Marketing etc.

Mitarbeiter in Deutschland: 74.000 (Kaufland gesamt)

Mitarbeiter weltweit: 132.000 (Kaufland gesamt)

Geplante Neueinstellungen 2020:
<10 Consultants
laufend Praktikanten

Mut, Leidenschaft und Zielstrebigkeit machen unser internationales Handelsunternehmen besonders. Dank dieser Werte erzielen unsere rund 132.000 Kollegen täglich Höchstleistungen und setzen branchenweit neue Maßstäbe. Unser Fokus dabei: Unseren Kunden ein einzigartiges Einkaufserlebnis zu ermöglichen. Zusammenarbeit auf Augenhöhe, ein wertschätzender Umgang, eine intensive Einarbeitung und ein umfangreiches Weiterbildungsangebot sind für uns selbstverständlich. Du liebst Abwechslung, verfügst über strategischen Weitblick und hast den Kopf voller Optimierungsideen? Dann werde Teil unseres Teams.

Kaufland

Rötelstraße 35
74172 Neckarsulm
www.kaufland.de/karriere

Yvonne Seiferling
Recruiting
+49 7132 94-348128
karriere@kaufland.de

Was unterscheidet euch von anderen Beratungen? Warum sollten Bewerber gerade bei euch einsteigen? Als Inhouse-Consulting-Abteilung in einem internationalen Handelsunternehmen vereinen wir das Beste aus zwei Welten. Bei uns erlebst du eine anspruchsvolle und abwechslungsreiche Projektarbeit und profitierst von einem spezifischen Unternehmens-Know-how und zahlreichen Kontakten. Der große Vorteil: Bei uns ist das Arbeitspensum nicht so exorbitant hoch, wie es bei externen Beratungen leider häufig der Fall ist. Alles, was wir verändern, können wir auch nachhaltig begleiten. Unsere Produkte, also alle Entscheidungen rund um die Kaufland-Filialen, sind greifbar und konkret. Freue dich u. a. aufgrund der hohen Artikel- und Filialanzahl auf eine ungeheure Themenvielfalt und Komplexität – denn nicht umsonst heißt es „retail is detail".

Wie sieht der Berufsalltag konkret aus? Wir erhalten unsere Projektaufträge in der Regel vom Vorstand und der Geschäftsleitung. Die Teamgröße variiert dabei und ist abhängig vom jeweiligen Projekt. Mögliche Aufgabenstellungen lassen sich gut am Beispiel eines Artikels darlegen, z. B. im Rahmen des Fertigpizza-Sortiments. Welche Pizzen brauchen wir überhaupt im Sortiment? Was sind Kaufkriterien des Kunden, und wo (Regal/Filiale) sollte die Pizza positioniert sein? Ist der Prozess vom Einkauf über den Transport bis hin zum Verkauf bereits der bestmögliche? Das ist nur ein kleiner Auszug an möglichen Themenstellungen, mit denen du dich bei uns beschäftigen wirst. Reisen innerhalb Deutschlands oder auch ins Ausland halten sich bei uns in einem überschaubaren Rahmen.

Wen sucht ihr? Was erwartet ihr in fachlicher und persönlicher Hinsicht? Wir suchen den klassischen „Beratertyp" – und dann irgendwie doch nicht. Für uns ist es wichtig, dass du in das Kaufland-Team passt. Wir selbst sind eine bunte Mischung aus Kollegen unterschiedlichster Fachdisziplinen und verschiedenster Fähigkeiten. Das bereichert unsere tägliche Arbeit. Wir passen zusammen, wenn du für den Lebensmitteleinzelhandel brennst, bodenständig und pragmatisch bist. Du hast Lust auf aktives Mitgestalten? Hier wirst du von Anfang an Verantwortung tragen und sehr früh mit dem Topmanagement in Kontakt stehen. Dies erfordert Standfestigkeit, Durchsetzungsvermögen und Selbstvertrauen. All das wird bei Kaufland mit einem riesigen Schatz an Wissen, Erfahrungen und natürlich Wertschätzung, Karrieremöglichkeiten und Spaß an der täglichen Arbeit belohnt.

Welche Karrieremöglichkeiten bietet ihr? Jeder wird auf Basis seines Wissens und seiner Fähigkeiten entwickelt und befördert. Bei uns hast du, nachdem du in unserer Abteilung bereits viel über Kaufland gelernt hast, die Möglichkeit, auch intern in einen Fachbereich deiner Wahl zu wechseln. Wir glauben daran, dass die Inhalte und Aufgaben, die dir Spaß bereiten und dich fordern, sowie das passende Team der eigentliche Ansporn sind, richtig gut zu sein. Wir bieten neben der Möglichkeit des Direkteinstiegs auch Praktika an.

Wie läuft euer Bewerbungsverfahren ab? Uns ist wichtig, dass wir zusammenpassen. Denn nur dann können wir gemeinsam Großes erreichen und unser Unternehmen täglich weiter voranbringen. Damit wir uns gut kennenlernen können, ist unser Bewerbungsverfahren mehrstufig aufgebaut und variiert je nach Einstiegsposition.

Sebastian Thomes

Jahrgang 1988

Bereichsleiter Unternehmensentwicklung

Unternehmensberatung mal ganz anders

Von der externen zur internen Unternehmensberatung

Vor drei Jahren bin ich zu Kaufland in die interne Beratung, also in die Unternehmensentwicklung, gewechselt, zuvor war ich in einer externen Unternehmensberatung tätig. Mich begeistert, dass ich die Vorteile der Beratertätigkeit (z.B. Themenvielfalt, steile Lernkurve) beibehalten kann. Gleichzeitig habe ich durch die geringe Reisetätigkeit eine bessere Work-Life-Balance. Hier bei Kaufland kann ich herausfinden, worauf ich mich weiter spezialisieren möchte, und baue gleichzeitig ein umfassendes Wissen auf. Bei uns fasziniert mich zudem, dass das Kaufland-„Produkt" so greifbar ist und jeder, auch Familie und Freunde, damit in Kontakt kommt.

Unterschied der Unternehmensentwicklung zu externen Beratungsunternehmen

Wir sind ein kleines, familiäres Team, das ähnlich einer externen Beratung topmotiviert ist, Kaufland weiterbringen möchte und Lust auf Karriere hat. Ich muss mich mit Kaufland nur auf einen Kunden konzentrieren und kann mir ein Netzwerk an wertvollen Kontakten aufbauen. Es begeistert mich, dass ich so bereits früh mit dem obersten Management an richtungsweisenden Themen arbeite. Zudem kann ich Projekte konzipieren, aber auch die Umsetzung durch die Fachbereiche verfolgen und sehen, was es letztlich wirklich gebracht hat.

Beeindruckende Dynamik des Einzelhandels

Die Dynamik und Schnelligkeit des Handels bringt ein enormes Lernpotenzial, persönliche Chancen und die Möglichkeit, früh Verantwortung zu übernehmen, mit sich. Durch die hohe Drehzahl unserer Artikel haben bereits kleine Veränderungen, die wir vornehmen, eine sehr große Wirkung. Das Ergebnis beeindruckt und macht mich persönlich auch richtig stolz.

Unternehmensentwicklung als Karrieresprungbrett

Zielausrichtung ist es, nach einiger Zeit bei uns in den Fachbereichen Führungsverantwortung zu übernehmen, beispielsweise im Bereich Einkauf, CSR, Marketing oder Supply Chain Management. Alternativ bietet sich ein Wechsel innerhalb der Schwarz-Unternehmensgruppe, z.B. zu Lidl oder der Green Cycle, an.

MAN Consulting
MAN Truck & Bus SE

Standort in Deutschland: München

Mitarbeiter in Deutschland: 17

Tätigkeitsschwerpunkt:
interne Topmanagement-Beratung der MAN Truck & Bus SE

Die MAN Consulting ist die interne Topmanagement-Beratung der MAN Truck & Bus SE. Gemeinsam mit unseren Kunden arbeiten wir an der Zukunft unseres Konzerns – von der Konzeption bis zur Umsetzung. Dabei richten wir unser Projektportfolio an den strategischen Topthemen der MAN Truck & Bus SE aus, um nachhaltige und zukunftssichere Lösungen zu erzielen.

MAN Consulting MAN

Dachauer Straße 667
80995 München
www.man-consulting.de

Marion Kraus
+49 89 1580-63569
MAN.Consulting@man.eu

Was zeichnet Ihr Umfeld aus? Als Teammitglied bei der MAN Consulting haben Sie vom ersten Tag an die Chance, die spannende und dynamische Zukunft eines weltweit führenden Nutzfahrzeugherstellers mitzugestalten. Das Projektportfolio der MAN Consulting reicht dabei von Strategie- bis hin zu Performanceprojekten sowie Themen der Digitalisierung. Wichtig ist uns bei allen Projekten der partnerschaftliche Umgang mit unseren internen Kunden, um pragmatische und nachhaltige Lösungen zu erzielen. Unsere tägliche Arbeit ist nicht nur durch höchste Qualitätsansprüche und unternehmerisches Handeln gekennzeichnet, sondern auch durch gegenseitige Unterstützung und permanenten Wissenstransfer. Wir pflegen einen offenen und konstruktiven Austausch. Nur so werden wir unserem Anspruch gerecht, sowohl eine professionale Topmanagement-Beratung zu bieten als auch unsere Mitarbeiter individuell zu fördern.

Was unterscheidet Sie von anderen, externen Beratungen? Unsere Kunden sind unsere Kollegen – wir haben somit ein gemeinsames Interesse an der Erarbeitung nachhaltiger Lösungen. Dementsprechend ist die Zusammenarbeit sehr partnerschaftlich und durch eine starke Vertrauenskultur geprägt. Wir decken mit unseren Projekten das komplette Spektrum von der konzeptionellen Vorarbeit bis hin zur Begleitung der Umsetzung ab. Darüber hinaus ist Work-Life-Balance für uns nicht nur ein Schlagwort, sondern gelebte Realität. Und für die „Karriere nach der Beratung" ist der Weg nicht weit…

Wen suchen Sie? Wir suchen Absolventen und Professionals mit hervorragenden akademischen Leistungen im Bereich (Wirtschafts-)Ingenieurwesen, Betriebswirtschaftslehre oder (Wirtschafts-)Informatik, idealerweise ergänzt durch eine Promotion oder einen MBA. Darüber hinaus bringen Sie relevante Praktika oder Berufserfahrung in der Automobilindustrie und/oder der Unternehmensberatung mit. Ausgeprägte analytische Fähigkeiten, unternehmerischer Gestaltungswille, internationale Erfahrungen, verhandlungssichere Englischkenntnisse, Teamplayer-Mentalität und Kommunikationsstärke runden Ihr Profil ab.

Welche Entwicklungsmöglichkeiten gibt es? Wir unterstützen unsere Mitarbeiter bei ihrer Weiterentwicklung – on the Job und off the Job. Dazu gehören eine offene Feedbackkultur in unseren Projekten sowie die Teilnahme an internen und externen Trainings. Auch als Einsteiger übernehmen Sie bei uns vom ersten Tag an, je nach Level, Teil- bzw. Gesamtprojektverantwortung und können sich – eine entsprechende Performance vorausgesetzt – bis zum Programmleiter entwickeln. Bei der MAN Consulting erwerben Sie wichtige Fähigkeiten und Kompetenzen für Ihre weitere Entwicklung bei der MAN Truck & Bus SE, sei es als Führungskraft oder als Experte.

Wie sieht das Bewerbungsverfahren aus? Unser Bewerbungsprozess umfasst drei Stufen: Haben Ihre Bewerbungsunterlagen unser Interesse geweckt, findet im ersten Schritt ein telefonisches Vorgespräch mit einem Manager statt. War das Ergebnis dieses Gesprächs positiv, laden wir Sie zu einem Auswahltag nach München ein. Dabei erwarten Sie spannende Fallstudien, Präsentationen und persönliche Gespräche. Den abschließenden Schritt bildet ein weiteres Gespräch mit dem Leiter der MAN Consulting und einem Vertreter aus dem Personalbereich.

Caroline Ruhe

Jahrgang 1987

Project Manager

Die Zukunft gestalten bei MAN

So kam ich zur MAN Consulting

Ich habe nach internen Beratungen bei großen Industrieunternehmen gesucht und bin so auf MAN Consulting, die Inhouse-Beratung der MAN Truck & Bus SE, gestoßen. Hier habe ich mich direkt beworben und eine Einladung zum Interview sowie bald nach dem Auswahltag die Zusage für den Einstieg bekommen.

Abwechslungsreiche und herausfordernde Projekte

Seit gut viereinhalb Jahren arbeite ich als Project Manager bei MAN Consulting. Meine bisherigen Projekte decken ein breites und spannendes Themenfeld ab - von der Gemeinkostenreduzierung und Vertriebsprozessoptimierung bei den Bussen über die Restrukturierung unseres Lkw-Produktionsnetzwerks bis hin zu meinem derzeitigen Projekt im Bereich modulare Produktstrategien. Ich bin ständig gefordert, mich in neue, komplexe Themen und Zusammenhänge einzuarbeiten - auch nach über vier Jahren.

Mein bisher spannendstes Projekt ...

... war „MAN Digital Innovation": Unser Ziel war es, digitale Innovationen für das Kerngeschäft der MAN und darüber hinaus voranzutreiben. Dabei haben wir mit agilen Arbeitsmethoden und in einem interdisziplinären Team gearbeitet. Nach 100 Tagen Innovationssprint haben wir dem Vorstand unsere neu generierten Geschäftsideen und weitere Optimierungspotenziale vorgestellt, die wir mithilfe zahlreicher Kundeninterviews in ganz Europa aufgedeckt haben. Ich finde es spannend zu sehen, wie in diesem Projekt alle an einem Strang gezogen haben, um die MAN zusammen auf die Zukunft vorzubereiten. Außerdem war es eine ganz besondere Erfahrung, gemeinsam mit dem Vorstand in die USA zu fliegen und sich von der Start-up-Szene im Silicon Valley inspirieren zu lassen.

Darum arbeite ich gerne im Inhouse Consulting bei MAN

Ich arbeite sehr gerne bei der MAN Consulting, da wir uns mit Themen beschäftigen, die die MAN mitgestalten und tatsächlich voranbringen. Ein Kernunterschied zu den externen Beratungen ist, dass wir nicht nur Konzepte erarbeiten, sondern auch die Umsetzung begleiten. Es macht mich stolz zu sehen, wie die Dinge, die ich selbst miterarbeitet habe, auch wirklich umgesetzt und gelebt werden. Außerdem baut man ein gesamtunternehmerisches Verständnis und ein großes Netzwerk auf, da man in den verschiedensten Unternehmensbereichen aktiv ist.

McKinsey & Company

Standorte in Deutschland: Berlin, Düsseldorf, Frankfurt am Main, Hamburg, Köln, München, Stuttgart

Standorte weltweit: über 129 Büros in mehr als 65 Ländern

Tätigkeitsschwerpunkte: Strategie, Organisation, operative Verbesserung, Aufbau neuer Geschäfte, Digitalisierung

Mitarbeiter(innen) in Deutschland: 3.000 Mitarbeiter(innen), davon 1.900 Berater(innen)

Mitarbeiter(innen) weltweit: 30.000 Mitarbeiter(innen)

Geplante Neueinstellungen 2020: 400 Berater(innen), 120 Praktikant(inn)en

McKinsey & Company ist die in Deutschland und weltweit führende Topmanagement-Beratung. Ziel unseres interdisziplinären Teams ist es, die Leistungsfähigkeit unserer Klienten nachhaltig zu verbessern – von der Strategie bis zur Umsetzung. Durch wechselnde Einsatzgebiete, ein breites Trainingsangebot und das tägliche Zusammenspiel mit Kolleg(inn)en und Klienten können Sie Ihre Fähigkeiten optimal entwickeln.

McKinsey
& Company

Christophstraße 17
50670 Köln
www.karriere.mckinsey.de

Anne Hiedemann
Recruiting
+49 221 208-7518
karriere@mckinsey.com

Was zeichnet Ihre Unternehmenskultur aus? Die Unternehmenskultur von McKinsey ist stark von Werten geprägt: Wir möchten die Leistungsfähigkeit unserer Klienten substanziell und dauerhaft verbessern. Gleichzeitig möchten wir außergewöhnliche Persönlichkeiten für uns gewinnen, sie weiterentwickeln und nachhaltig begeistern. Aus- und Weiterbildung sind somit ein fester Bestandteil der Unternehmenskultur von McKinsey. Der wichtigste Grundsatz unserer Beratung ist „Client first": McKinsey nimmt einen Auftrag nur an, wenn wir überzeugt sind, wesentlich zur Lösung eines wichtigen Problems beitragen zu können. Absolute Integrität, strengste Geheimhaltung aller vertraulichen Klienteninformationen und professionelle Unabhängigkeit sind weitere wichtige Voraussetzungen für unsere Beratungsarbeit. McKinsey vertritt stets eine unabhängige, auf Analysen basierende Sichtweise gegenüber dem Topmanagement - auch wenn sie eine abweichende ist. Diese Werte bestimmen die tägliche Arbeit und das Miteinander in unserem Unternehmen.

Welche Möglichkeiten zur Weiterqualifizierung bieten Sie? Persönliche Betreuung, individuelles Coaching und vielfältige Trainings sorgen dafür, dass Consultants bei McKinsey ihre Fähigkeiten optimal entwickeln können. Insgesamt absolvieren Berater(innen) bei uns fünf bis neun Wochen Training schon allein in den ersten zwei Jahren. Vom ersten Tag an steht ihnen ein(e) erfahrene(r) Mentor(in) zur Seite, der oder die ihre Entwicklung in regelmäßigen Abständen mit ihnen bespricht. Zudem bereitet sie ein Basistraining auf die speziellen Anforderungen der Beratung vor und vermittelt die bei McKinsey genutzten Methoden und Instrumente. Die Grundbegriffe des Wirtschaftslebens erlernen unsere Kolleg(inn)en ohne wirtschaftswissenschaftliches Studium in Trainings. Beispielsweise wird diesen Kolleg(inn)en der sogenannte Mini-MBA angeboten. In diesem zweiwöchigen internationalen Training vermitteln ihnen McKinsey-Berater(innen) und Professor(inn)en führender Business Schools das notwendige Wirtschaftswissen.

Welche internationalen Einsatzmöglichkeiten bieten Sie? Zu unseren Klienten gehören nicht nur mehr als 60 Prozent der Global-500-Unternehmen, sondern auch der wachstumsstarke Mittelstand sowie Regierungsstellen, private und öffentliche Institutionen. Wer seine Karriere bei McKinsey startet, überschreitet Grenzen - im wahrsten Sinne des Wortes. Der freie Austausch von Berater(inne)n und Know-how zwischen unseren mehr als 129 Büros in über 65 Ländern kommt unseren Klienten ebenso zugute wie unseren Consultants. Mehr als 50 Prozent unserer Berater(innen) arbeiten im Laufe eines Jahres im Ausland.

Welche Karrieremöglichkeiten bieten Sie? Einsteiger(innen) gehören vom ersten Tag an bei McKinsey einem Projektteam an, das im direkten Kontakt zum Topmanagement unserer Klienten an der Lösung strategischer und operativer Fragen arbeitet. Die enge Zusammenarbeit mit zahlreichen führenden nationalen und internationalen Unternehmen eröffnet den Berater(inne)n dabei nahezu unbegrenzte Entwicklungs- und Karrieremöglichkeiten.

Wie sieht ein typischer Arbeitstag bei Ihnen aus? In der Beratung gibt es keinen typischen Arbeitstag: Bei jedem neuen Klienten warten neue Themen und ungewohnte Perspektiven auf die Beraterteams. Berater(innen) arbeiten in der Regel von Montag bis Donnerstag beim Klienten vor Ort. Freitags haben sie ihren Office Day im McKinsey-Büro.

Welche Fachrichtungen suchen Sie? McKinsey sucht herausragende Hochschulabsolvent(inn)en aller Fachrichtungen, Akademiker(innen) mit einem zweiten Abschluss (Promotion oder MBA) und Young Professionals. Naturwissenschaftler(innen) und Ingenieure und Ingenieurinnen arbeiten ebenso bei uns wie Wirtschaftswissenschaftler(innen), Geisteswissenschaftler(innen), Mediziner(innen) und Jurist(inn)en.

Kann man bei Ihnen auch schon während des Studiums Erfahrungen sammeln? Als Praktikant(in) für acht bis zwölf Wochen haben Interessierte schon vor Ende ihrer akademischen Ausbildung die Möglichkeit, als Fellow Intern bzw. Associate Intern McKinsey und die Beratungstätigkeit kennenzulernen. Fellow Interns studieren meist im Hauptstudium und stehen vor ihrem ersten akademischen Abschluss. Associate Interns haben ihren ersten Abschluss bereits hinter sich und befinden sich gerade auf dem Weg zum zweiten. Gegebenenfalls sind auch Praktika im Ausland möglich. Die Länderpräferenzen der Bewerber(innen) werden von McKinsey berücksichtigt.

Was sind Ihre Einstellungskriterien? Wir suchen Akademiker(innen), die Verantwortung übernehmen und etwas bewegen möchten. Außerdem achten wir auf exzellente Noten, sehr gute analytische und kommunikative Fähigkeiten sowie Englischkenntnisse. Ebenso sind Kreativität und Teamfähigkeit gefragt.

Wie läuft das Bewerbungsverfahren in Ihrem Unternehmen ab? Wenn uns die schriftlichen Unterlagen überzeugt haben, laden wir Bewerber(innen) zu einem sogenannten Auswahltag ein. Dort haben sie Interviews mit McKinsey-Berater(inne)n und bearbeiten Fallstudien. Beispiele für Fallstudien sowie Tipps zur Vorbereitung auf den Auswahltag finden sich auf unserer Website. Die Kandidat(inn)en verbringen den Tag zwar zusammen mit anderen Bewerber(inne)n, ein Assessment-Center führen wir jedoch nicht durch. Auch bringen wir die Kandidat(inn)en nicht in kompetitive Situationen mit anderen Teilnehmer(inne)n. Vielmehr bitten wir unsere potenziellen neuen Kolleg(inn)en zu Gesprächen mit unseren Consultants.

Welche Deadlines gibt es für Bewerbungen? Bewerbungsfristen gibt es bei uns weder für den Direkteinstieg noch für ein Praktikum. Wir empfehlen, sich über unsere Karrierewebsite www.karriere.mckinsey.de etwa drei Monate vor dem geplanten Einstieg online bei uns zu bewerben. So können wir einen reibungslosen Prozess gewährleisten und bestmöglich auf individuelle Wünsche eingehen.

Porsche Consulting

Standorte in Deutschland:
Berlin, Hamburg, München, Stuttgart

Standorte weltweit: Atlanta, Belmont, Mailand, São Paulo, Schanghai

Tätigkeitsschwerpunkte: Automobilindustrie, Luft- und Raumfahrt, Industriegüter, Bauindustrie, Konsumgüter/Handel, Dienstleister

Mitarbeiter in Deutschland: 400

Mitarbeiter weltweit: 600

Geplante Neueinstellungen 2020: 120

In jeder Karriere kommt dieser besondere Moment: Sie spüren, dass es Zeit ist, einen Gang höher zu schalten. Wir von Porsche Consulting unterstützen diese Ambitionen. Bei uns erleben Sie herausfordernde Projekte bei führenden Unternehmen und entwickeln sich persönlich mit hoher Geschwindigkeit weiter. Ganz besonders, wenn Sie einen Beratungsansatz lieben, der darauf baut, gemeinsam mit dem Klienten pragmatische Lösungen zu erarbeiten und die Zukunft des Unternehmens mitzugestalten.

Porsche Consulting
Strategisch denken. Pragmatisch handeln.

Porschestraße 1
74321 Bietigheim-Bissingen
www.porsche-consulting.com

Stefan Stock
Leiter Personal

Worin unterscheiden Sie sich von Ihren Wettbewerbern? Aus unserer eigenen Entstehungsgeschichte heraus entwickeln wir nicht nur überzeugende Erfolgsstrategien, die unsere Klienten überraschen und einen echten Mehrwert bieten. Wir sorgen auch für eine pragmatische Umsetzung, die unsere Kunden dabei unterstützt, diese Strategien kraftvoll auf die Straße zu bringen. Das macht uns innerhalb der Branche einzigartig und setzt ein unterstützendes Miteinander sowie absolutes Vertrauen in das Können und die Leistung unserer Mitarbeiter voraus.

Wie sieht das Projektportfolio konkret aus? Als führende Managementberatung für die Umsetzung von Strategien hinterlassen wir deutliche Spuren bei unseren Kunden. Klienten aus den Branchen Automobilindustrie, Luft- und Raumfahrt, Industriegüter, Bauindustrie, Konsumgüter/Handel und Dienstleistung verlassen sich auf unsere Beratung in vielen funktionalen und crossfunktionalen Unternehmensbereichen.

Thematisch sind wir in den Bereichen Unternehmensentwicklung, Digitalisierung und Innovation, Einkauf und Qualität, Mensch und Kultur, Forschung und Entwicklung, Produktion und Logistik sowie Vertrieb, Marketing, Services gefragt.

Welche internationalen Einsatzmöglichkeiten bieten Sie? Jährlich beraten wir rund 200 Klienten zu unterschiedlichsten Aufgabenstellungen. 2018 waren es über 700 Projekte, die zu einem guten Drittel international realisiert wurden - zum Beispiel bei Projekten für die Royal Carribean Cruise Lines oder Strategieeinsätze bei Delta Airlines in Atlanta. Porsche Consulting ist mit fünf Büros im Ausland vertreten und bietet seinen Bewerbern die Möglichkeit, in Italien, Brasilien, den USA oder China multinational zu arbeiten.

Wie läuft das Bewerbungsverfahren in Ihrem Unternehmen ab? In unserem Job Locator finden Bewerber alle offenen Positionen. Auf Bewerbungen, die in der Regel online erfolgen, antworten wir umgehend mit einer Eingangsbestätigung. Mit vielversprechenden Kandidaten führen wir ein halbstündiges Telefoninterview, um den ersten Eindruck zu vertiefen und Fragen zu beantworten. Vor einer möglichen Einstellung finden zwei Gespräche bei Porsche Consulting statt. Daran nehmen Führungskräfte aus dem Fachbereich und Personalspezialisten teil. Die Bewerber lösen eine Fallstudie und überzeugen uns so von ihren Qualitäten. Wer bei uns als Werkstudentent arbeiten oder ein Praktikum absolvieren möchte, wird zum Kennenlerngespräch eingeladen. Der Einstieg ist monatlich möglich.

Wer neu an Bord kommt, absolviert als Warm-up eine intensive dreiwöchige Trainingsphase, in der Neueinsteiger das Unternehmen, die neuen Kollegen sowie unser strategisches und fachliches Denken kennenlernen.

Was erwarten Sie in fachlicher und persönlicher Hinsicht? Porsche Consulting Berater sind unternehmerisch und strategisch denkende Mitarbeiter mit einem guten Gespür für Menschen. Darüber hinaus begeistern Sie mit Umsetzungs- und Ergebnisorientierung, Problemlösungskompetenz und Überzeugungskraft. Mit Konzeptionsstärke und hoher Methodenkompetenz haben Sie bereits bei einem Industrieunternehmen oder einer Topmanagement-Beratung gepunktet und Sie sind versiert im Projektmanagement.

Als Berufseinsteiger haben Sie einen Master-Abschluss – bevorzugt aus den Fachrichtungen Wirtschaftsingenieurwesen, Betriebswirtschaftslehre oder Ingenieurwesen. Praktika in der Industrie oder in Unternehmensberatungen runden Ihr Profil ab. Allerdings zählen für uns nicht allein Studienfach oder Abschluss, sondern auch Ihre Persönlichkeit. Daher freuen wir uns immer auch über Bewerbungen von engagierten Quereinsteigern.

Welche Karrieremöglichkeiten bieten Sie? Zu Beginn ihrer Karriere sind unsere Berater zu 100 Prozent beim Klienten eingesetzt und tragen gesamtheitliche Verantwortung für ein Teilprojekt. Auf dem Weg vom Junior Berater zum Berater und Senior Berater werden die Projektumfänge Schritt für Schritt größer.

Unsere Manager und Senior Manager leiten ein bis zwei Projekte, steuern die Problemlösungsprozesse in den verschiedenen Teilprojekten und führen das Projektteam, bestehend aus Klienten und Beratern. Associate Partner, Partner und Senior Partner sind der zentrale Ansprechpartner für die Auftraggeber unserer Klienten und betreuen die strategische Geschäftsentwicklung sowie die Weiterentwicklung der Mitarbeiter. Zusätzlich sind sie Architekten in der Angebotsphase.

Alternativ bieten wir eine Expertenlaufbahn an. Dabei spezialisieren sich Senior Experten auf ein Fachgebiet, fungieren darin branchenübergreifend als Wissensdrehscheibe und unterstützen die Projektteams in der kritischen Anfangsphase sowie bei anspruchsvollen Spezialthemen.

Welche Möglichkeiten zur Weiterqualifizierung gibt es bei Ihnen? Zwei Wochen im Jahr werden ausschließlich für die Förderung unserer Mitarbeiter durch interne und externe Trainings genutzt. Hier stehen aktuelle Themen wie digitale Transformation im Fokus. Uns ist besonders daran gelegen, die Stärken unserer Mitarbeiter gezielt zu fördern. Wer berufsbedingt individuelle Trainings und Seminare benötigt oder einen Abschluss (MBA/Promotion) anstrebt, wird ebenfalls von uns unterstützt. Jede Förderung gestalten wir ganz individuell. Für unsere Führungskräfte arbeiten wir mit internationalen Hochschulen, z. B. der Harvard Business School, zusammen.

Wo findet man Informationen zu Events, bei denen man Ihr Unternehmen treffen kann? Das ganze Jahr über nehmen wir regelmäßig an Veranstaltungen teil und richten auch selbst Karriereevents aus, um neue Talente kennenzulernen und ihnen den Spirit von Porsche Consulting nahezubringen. Wir sind auf Netzwerktreffen präsent und richten für studentische Unternehmensberatungen regelmäßig Workshops aus. Ein Highlight ist unser jährlich stattfindender „Perspektive Abend", bei dem sich berufserfahrene Kandidaten und Mitarbeiter von Porsche Consulting in einem entspannten Rahmen kennenlernen. Informationen zu all unseren Events finden Interessierte auf unserer Karriereseite.

RGE Unternehmensberatung

Standort in Deutschland: München

Tätigkeitsschwerpunkt:
Strategie- und Managementberatung für die Finanzindustrie

Mitarbeiter in Deutschland: ca. 20

Geplante Neueinstellungen 2020:
Wir suchen regelmäßig motivierte Studierende für ein Praktikum begleitend zum Studium oder einen Festeinstieg nach Abschluss.

Wir haben RGE 2004 von McKinsey kommend gegründet, um auch mittelständischen Finanzdienstleistern echte, ganzheitliche Strategie- und Managementberatung anzubieten. Wir sind mit Leidenschaft Problemlöser, Berater und Unternehmer, Forscher und Praktiker. Mehr als 500 Unternehmen der Finanzindustrie begleiten wir auf ihrem Weg in die Zukunft – darunter Banken und Sparkassen, Versicherungen, Asset-Management-Unternehmen, Bausparkassen und Servicedienstleister. Mit unseren Projekten erreichen wir über 300.000 Mitarbeiterinnen und Mitarbeiter unserer Klienten und mehr als 25.000.000 Bankkunden.

RGE

Promenadeplatz 11
80333 München
www.rge-partner.de

Thomas Maier
Partner
+49 89 2554939-0
bewerbung@rge-partner.de

Woran arbeiten wir bei RGE? Die Finanzindustrie steht vor großen Herausforderungen wie z. B. Niedrig-/Negativzinsen, zunehmende Regulatorik, technologische Neuerungen und Chancen im Zuge der Digitalisierung und der demografischen Entwicklung. Diese stellen ganz neue Anforderungen an strategische Konzepte und Umsetzungsoptionen. In diesem Kontext arbeiten wir mit unseren Klienten an unterschiedlichen Themenbereichen der Finanzbranche wie etwa strategische Neuausrichtung, Multikanalmanagement, Vertriebskonzeption und -steuerung, Produkt- und Preismanagement, Umgang mit Regulatorik, M&A, Digitalisierung bestehender Prozesse und Prozessoptimierung.

Wie arbeiten wir bei RGE? Beraten setzt Verstehen voraus. Deshalb setzen wir auf Analysen, die neue, relevante Erkenntnisse liefern und eine fundierte Basis für die Entscheidungen unserer Klienten schaffen. Für uns steht Beraten weiter für den Anspruch, gemeinsam mit den Klienten passgenaue Lösungen zu entwickeln. Beraten bedeutet aber auch, Optionen zu entwickeln und abzuwägen, Entscheidungen und ihre Auswirkungen vorauszudenken sowie die richtigen Themen zur richtigen Zeit zur Sprache zu bringen. Lösungskonzepte allein liefern jedoch noch keine Resultate, denn dafür sind nicht nur gute Ansätze erforderlich, sondern auch eine stringente Umsetzung. Daher begleiten wir unsere Klienten auch bei den erforderlichen Veränderungen in der Umsetzung. Beratung ist die Kombination aus Expertise und Werten wie Verantwortung, Professionalität, Ergebnisorientierung und Unabhängigkeit – für uns ist Beraten deshalb nicht einfach nur ein Job, sondern eine Rolle.

Wer arbeitet bei RGE? 80 Prozent der Berater haben ihre Karriere bei RGE gestartet, und die meisten davon kannten RGE bereits durch ein vorher erfolgreich absolviertes Praktikum. Die Hälfte der Berater ist außerdem mit erster Priorität Elternteil. Unser Team besteht aus Charakteren mit verschiedensten Hintergründen und Lebensläufen. Werfen Sie doch für einen ersten persönlichen Eindruck einen Blick auf die Profile auf unserer Website.

Wen suchen wir bei RGE? Bei uns entwickeln sich Persönlichkeiten. Deswegen suchen wir Absolventen, die eine langfristige Perspektive haben. Wir möchten keine Job-Hopper, sondern freuen uns auf Mitarbeiterinnen und Mitarbeiter, die sich nicht ausschließlich über die Gehaltshöhe oder die Anzahl der Arbeitsstunden definieren. Wir verstehen Beratung als Unternehmertum in Teamarbeit. Deswegen sind Sie bei uns echter „Mitunternehmer" in einem überschaubaren Team. Wir bieten Chancen – unabhängig vom Studienfach. Deswegen ist für uns nicht entscheidend, was Sie studiert haben, sondern wie Sie gelernt haben, Probleme zu lösen.

Welche Karrieremöglichkeiten bieten wir bei RGE? Wir nehmen die individuelle Situation der Mitarbeiterinnen und Mitarbeiter ernst. Deswegen ermöglichen wir jedem eine individuelle Entwicklungsgeschwindigkeit und verzichten auf ein starres Up-or-Out. Praktikanten packen von Tag eins bei spannenden Projekten mit an und tragen echte Verantwortung. Juniorberater lernen mit uns doppelt: durch unsere erstklassige Ausbildung und die Unterstützung im anschließenden Master-Studium. Eine Karriere bei uns bedeutet mehr als nur eine Laufbahn – die persönliche Entwicklung und das Unternehmertum gehören bei uns fest zusammen. Wir helfen auch, wenn es nicht klappt. Sollte die Beratung wider Erwarten doch nicht die richtige Rolle für Sie sein, helfen wir Ihnen, die passende zu finden.

Julia Zettler

Jahrgang 1989

Projektleiterin

Kleines Team, große Wirkung – bei RGE die Finanzwelt von morgen mitgestalten

Vom Praktikum zur Projektleitung

Während meines Master-Studiums in Mathematik startete ich mit einem Pflichtpraktikum mehr oder wenig zufällig bei RGE. Aus Pflicht wurde Wollen, und aus dem Praktikum eine Festanstellung als Beraterin. Zum einen überzeugte mich die Möglichkeit, den deutschen Finanzmarkt mitzugestalten, zum anderen das breite Spektrum an Herausforderungen. Hinzu kommt eine für Unternehmensberatungen ungewöhnlich hohe Flexibilität bei der Unterstützung individueller Lebensmodelle und Entwicklungspfade. Aktuell arbeite ich in Teilzeit, um parallel promovieren zu können.

Für jede Herausforderung eine Lösung

Wir betreuen Klienten und Projekte in einer Branche, mit deren Angeboten jeder Einzelne wöchentlich, wenn nicht sogar täglich in Berührung kommt. In Zeiten der anhaltenden Niedrigzinsphase steigt der Margendruck in der Finanzbranche - bei einer gleichzeitig stärkeren wettbewerblichen Ausrichtung des Marktes. Die verschärfte Regulierung und zunehmende Digitalisierung erhöhen zudem die Anforderungen an alle Finanzinstitute und schränken gleichzeitig deren wirtschaftlichen Spielraum ein. Ergänzend verändern neue Technologien das Kundenverhalten und reduzieren Markteinstiegsbarrieren für Wettbewerber wie beispielsweise FinTechs. Unter diesen Rahmenbedingungen wird es immer wichtiger, bei der Ausgestaltung des Angebots den Kunden und seine Bedürfnisse in den Mittelpunkt zu stellen. Als Berater bei RGE hat man die Möglichkeit, dabei mitzuwirken und passgenaue Lösungen für Klienten unterschiedlicher Art zu erarbeiten.

Und täglich grüßt das Murmeltier? Nicht bei RGE!

Trotz eines kleinen Teams weist RGE ein breites Spektrum an Projekten auf. Unter unseren Klienten finden sich Universalbanken auf dem Land, große Interessensverbände in der Hauptstadt, regionale Versicherer - etwa hier in München - und auch große Asset Manager in Deutschlands Bankenstadt. Wir betreuen dabei Vorhaben mit verschiedensten Zielsetzungen. Von Strategieprojekten, die sich auf die Filialen einer Bankenggruppe in ganz Deutschland auswirken und rund 30 Millionen Kunden betreffen, bis hin zur nachgelagerten Umsetzung bis dahin theoretischer Konzepte in einzelnen Häusern. In meiner Zeit bei RGE habe ich von der Neuausrichtung der Vertriebsstrategie im Retailbanking bis zum Design einer digitalen Anlageberatung schon viel gesehen und gelernt. Und das ist nur ein Ausschnitt an Klienten und Projekten, die ich betreuen darf.

Klein, aber fein

An RGE reizt mich besonders die Mischung aus kleinem Team und tollen Themen. Das kleine Team und die enge Zusammenarbeit mit Projektleitern und Partnern führen zu einer hohen Sichtbarkeit und einer schnellen Übernahme von Verantwortung. Der eigene Beitrag wird wertgeschätzt und zählt vom ersten Tag an. Nicht zuletzt ist für mich die kollegiale Arbeitsatmosphäre entscheidend, sodass ich morgens gerne zur Arbeit gehe.

Roland Berger

Standorte in Deutschland: Berlin, Düsseldorf, Frankfurt am Main, Hamburg, München, Stuttgart

Standorte weltweit:
52 Offices in 35 Ländern

Tätigkeitsschwerpunkte: Wir beraten international führende Industrie- und Dienstleistungsunternehmen sowie öffentliche Institutionen in allen Branchen und Funktionsbereichen – von der Strategieberatung bis zur erfolgreichen Umsetzung.

Mitarbeiter weltweit: 2.600

Geplante Neueinstellungen 2020:
über 150 neue Kollegen für verschiedene Karrierestufen und Kompetenzzentren, 120 Praktikanten als „Berater auf Zeit" für unsere Projektteams

Roland Berger, 1967 gegründet, ist die einzige weltweit führende Unternehmensberatung mit europäischen Wurzeln. Von Beginn an haben wir in unterschiedlichen Sprachen und Kulturen gearbeitet. Wir schätzen unterschiedliche Sicht- und Herangehensweisen und setzen auf die Vielfalt unserer Mitarbeiter. Wir suchen und fördern authentische Persönlichkeiten mit Unternehmergeist. Wenn Sie gern die Initiative ergreifen und im Team etwas bewegen wollen, sind Sie bei uns richtig.

Roland Berger

Sederanger 1
80538 München
www.join.rolandberger.com

Jana Haehnel
Human Resources
+49 89 9230-8220
jana.haehnel@rolandberger.com

Was zeichnet Roland Berger aus? Mit Roland Berger wählen Sie einen Arbeitgeber, der sehr viel Wert auf Vielfalt legt. Innovative Ideen und neue Perspektiven entstehen in diversen Teams, deren Mitglieder uns mit neuen Einsichten, Interessen und Blickwinkeln inspirieren. Menschen mit unterschiedlichen Talenten, Nationalitäten, Geschlechtern, religiösen oder sexuellen Orientierungen sind der Schlüssel für unseren Erfolg. Wir suchen herausragende Talente, die mit uns innovative, maßgeschneiderte und nachhaltige Lösungen für unsere Kunden entwickeln und umsetzen. Wir sind verantwortungsvolle Berater, die in Projekten eng mit dem Kunden zusammenarbeiten und diesen als Partner verstehen. Unternehmergeist ist seit unserer Gründung fest in unserer Kultur verankert. Das bedeutet für Sie, dass Sie vom ersten Tag an Ihre eigenen Ideen einbringen können und schnell Verantwortung übernehmen. Unser Beratungsspektrum bauen wir kontinuierlich aus: Neben Strategie- und großen Infrastrukturprojekten, die unsere Zukunft prägen, unterstützen wir unsere Kunden z. B. auch bei den Herausforderungen im Zeitalter der digitalen Transformation. In unserem „Digital Hub"-Spielfeld in Berlin arbeiten Unternehmen, Digitalexperten und Start-ups mit unseren Beratern zusammen, um Innovationen zu entwickeln, zu lernen und Ideen umzusetzen. Spielfeld bietet dabei ein kreatives Umfeld, das das Unternehmen dabei unterstützt, die Digitalisierung zu meistern. Es ist ein Ort, an dem der digitale Wandel real wird.

Wie international ist Roland Berger? Unsere 2.600 Mitarbeiter stammen aus über 60 Nationen. Mindestens 75 Prozent unserer Projekte schließen internationale Fragestellungen ein. Es ist bei uns an der Tagesordnung, dass Sie in internationalen Projektteams arbeiten. Neben Projekteinsätzen im Ausland haben Sie auch die Chance, im Rahmen unserer Austauschprogramme in eines unserer weltweiten Offices zu wechseln.

Welchen Studienhintergrund haben Ihre Mitarbeiter? Um für unsere Klienten die bestmöglichen Lösungen zu entwickeln, setzen wir unsere Projektteams interdisziplinär zusammen. Wir glauben, dass nur durch Vielfalt kreative und innovative Lösungen entstehen. Andersdenken ist bei uns gefragt! Deshalb legen wir Wert darauf, Kollegen mit unterschiedlichen Persönlichkeiten und verschiedenen Studienhintergründen und Know-how einzustellen.

Was bieten Sie Ihren Talenten? Als Neueinsteiger lernen Sie durch ein internationales 14-tägiges Kick-off-Seminar unsere Unternehmenskultur, unsere Arbeitsweise und Ihre Kollegen kennen. Seminare zu Managementthemen und -techniken sowie zu Personal und Leadership-Skills qualifizieren Sie systematisch für den Berateralltag und die nächsten Karrierestufen. Als erste Strategieberatung haben wir auch Bachelor-Absolventen den Festeinstieg ermöglicht und begleiten sie später bei ihrem Master. Durch unsere Doktoranden- und MBA-Programme unterstützen wir Sie bei Ihrer Promotion und öffnen Ihnen die Türen zu renommierten Universitäten und Business Schools. Mit einem Sabbatical ermöglichen wir Ihnen eine Auszeit vom Berateralltag. Ein bis sechs Monate haben Sie Zeit für Ihre persönlichen Projekte – sei es eine Weltreise, von der Sie schon immer träumten, soziales Engagement oder mehr Zeit mit der Familie. Dank verschiedener Teilzeitmodelle können Sie Familie und Beruf vereinbaren. Wir sind stolz darauf, bereits 2005 mit dem Zertifikat „beruf und familie" ausgezeichnet und regelmäßig erfolgreich rezertifiziert worden zu sein.

Samuel Helle

Jahrgang 1997

Praktikant im Rahmen des Roland Berger Gap Year Programms

Ein ausgewogenes Gap-Year-Programm, das Beratung, Start-up und Ausland verbindet

Bereits während meines Bachelors an der WHU – Otto Beisheim School of Management habe ich mich entschieden, ein Gap Year vor Aufnahme meines Master-Studiums einzulegen, um weitere praktische Erfahrungen zu sammeln, zu reisen und mich persönlich weiterzuentwickeln. Letztendlich war ebendiese Balance, die das Roland Berger Gap-Year-Programm versprach, der Grund, mich für dieses Programm zu bewerben. Binnen neun Monaten absolvieren die Teilnehmer ein inländisches Beratungspraktikum bei Roland Berger, werden in einem Start-up ihrer Wahl eingesetzt und dürfen Beratungserfahrung in einem ausländischen Büro von Roland Berger sammeln. Mich persönlich verschlug es nach der ersten Station bei Roland Berger mit Bürostandort Frankfurt am Main zum Logistik-Start-up InstaFreight nach Berlin; anschließend werde ich für drei Monate bei Roland Berger in Chicago arbeiten.

Was unterscheidet das Programm von anderen Gap-Year-Möglichkeiten?

Zunächst einmal reicht eine Bewerbung aus, um sein gesamtes Gap Year zu planen. Darüber hinaus bietet Roland Berger das einzige Programm an, bei dem man auch internationale Erfahrung sammeln kann. Dies ist aus meiner Sicht ein großer Pluspunkt, da es insbesondere in den USA schwer ist, ein spannendes Praktikum zu finden. Außerdem hat man durch die Dauer des Gap Year noch die Zeit, vor Start und nach Beendigung des Programms Urlaub zu machen oder anderen Aktivitäten nachzugehen. Wertvoll bei der Gestaltung des Gap Year ist außerdem, dass man Auswahlmöglichkeiten bei den verschiedenen Stationen hat. Positiv überrascht war ich vom Rahmenprogramm, das Roland Berger exklusiv für die „Gappies“ organisiert. Drei Tage verbrachten wir gemeinsam mit allen Teilnehmern, HR-Kollegen und einigen Beratern am Tegernsee und in München. Dort absolvierten wir ein interkulturelles Training sowie diverse Onboarding-Events, und der Spaß kam dabei auch nicht zu kurz. Nach Beendigung des letzten Praktikums werden wir uns für zwei Tage in Amsterdam treffen, um das Gap Year gemeinsam ausklingen zu lassen.

Bisherige Impressionen: Was macht Roland Berger aus?

Ich durfte bei Roland Berger Einblick in verschiedene Industrien und Bereiche nehmen und Projekte u. a. für einen dänischen Auspuffblenden- und einen deutschen Verpackungsmaschinen-Hersteller begleiten. Dabei habe ich viel Unterstützung seitens der Projektleiter und Berater erfahren, was es mir erleichtert hat, mich schnell mit eigenen Ideen einzubringen. Über das gesamte Gap Year hinweg steht uns ein erfahrener Berater als Coach zur Seite, der nicht nur bei Problemen helfen, sondern auch als Mentor wertvolle Tipps geben kann. Darüber hinaus erhalten wir viel Support bei der Organisation des Auslandspraktikums. Das HR Department in Chicago begleitet den gesamten Visumsprozess, kümmert sich um die Unterkunft vor Ort und steht stets für Fragen zur Verfügung.

Mach das Beste aus deinem Gap Year

Ich persönlich hätte mir kein besseres Gap Year vorstellen können. Ich bin überzeugt, dass ich durch die Mischung aus verschiedenen Kulturen, Inhalten und Persönlichkeiten, mit denen ich im Rahmen dieses Programms in Kontakt komme, das Maximum aus meinem Gap Year herausholen werde.

Prof. Roll & Pastuch – Management Consultants

Standorte weltweit:
Berlin, Köln, München, Osnabrück, Zürich

Tätigkeitsschwerpunkte:
Pricing, Vertrieb, Strategie

Mitarbeiter in Deutschland: 40

Geplante Neueinstellungen 2020:
Praktikanten: 8
Consultants: 5

Prof. Roll & Pastuch – Management Consultants ist eine mehrfach ausgezeichnete Unternehmensberatung mit Schwerpunkten in den Bereichen Preismanagement, Vertrieb und Strategie. Bei R&P erwartet Sie eine Kombination aus spannender und herausfordernder Projektarbeit, exzellenter Performance, Beratung mit Topmanagement Kontakt, hervorragenden Entwicklungsmöglichkeiten, Teamatmosphäre mit Wir-Gefühl, regelmäßigen Teamevents und Spaß an der Arbeit. Wir sind „von den Besten die Netten".

Prof. Roll & Pastuch
MANAGEMENT CONSULTANTS

Herrenteichsstraße 5
49074 Osnabrück
www.roll-pastuch.de

Sebastian von Burstin
Recruiting
+49 541 5805398-1 oder
+49 176 13327115
sebastian.von.burstin@roll-pastuch.de

Was zeichnet Ihre Unternehmenskultur aus? Unsere Arbeit und unser Miteinander ist geprägt von unserem Leitspruch „Von den Besten die Netten". Wir haben nicht nur den Anspruch die besten Berater für Preismanagement und Vertrieb zu sein, sondern legen auch besonders großen Wert auf ein faires und freundliches Miteinander, unter Kollegen ebenso wie mit unseren Kunden. Eine ausgewogene Work-Life-Balance, regelmäßige Teamevents, eine Duzkultur über alle Hierarchieebenen hinweg, der Spirit eines Start-ups und Freiräume zur persönlichen Entfaltung sind nur wenige Beispiele, die für uns sprechen.

Exzellente Performance und Spaß an der Arbeit schließen sich bei Roll & Pastuch nicht aus.

Warum sollten Absolventen gerade bei Ihnen einsteigen? Roll & Pastuch ist der aktuelle Hidden Champion im Bereich Marketing und Vertrieb. Bei der Auszeichnung der Capital setzte sich R&P gegen die großen Namen der Branche durch. Es ist bereits die fünfte Auszeichnung in den letzten Jahren (zwei Mal „Best of Consulting" der WirtschaftsWoche, TOP Consultant, „Beste Arbeitgeber im Consulting"). Wir sind in den Bereichen Pricing und Vertrieb Know-how-Führer, beraten führende Mittelständler in Deutschland und Europa sowie internationale Konzerne und stehen in unseren Projekten im Kontakt mit dem Topmanagement unserer Kunden.

Roll & Pastuch ist die Topadresse für alle, die erstklassige Beratung mit echtem Teamspirit kombinieren möchten.

Welche Möglichkeiten zur Weiterqualifizierung bieten Sie? Wir stellen unseren Mitarbeitern ein umfangreiches Angebot zur Weiterqualifizierung zur Verfügung. Die Themenpalette ist sehr breit aufgestellt, damit wir jedem ein individuelles Training anbieten können. Die Weiterbildungen finden in internen und externen Seminaren, Webinaren oder über E-Learning-Plattformen statt. Darüber hinaus erweitern wir stetig unseren Bestand an Fachliteratur, die wir für alle relevanten Themenfelder anbieten.

Der jeweilige Weiterbildungsbedarf wird in halbjährlich stattfindenden Feedbackgesprächen gemeinsam mit dem Mitarbeiter ermittelt. Neben persönlichen Stärken und Schwächen spielen auch die Anforderungen für die weitere Karriere bei Roll & Pastuch eine wichtige Rolle, da für die verschiedenen Karrierestufen unterschiedliche Anforderungsprofile vorliegen.

Kann man bei Ihnen auch schon während des Studiums Erfahrungen sammeln? Wer bereits während des Studiums in die Welt von Roll & Pastuch eintauchen möchte, dem bieten wir die Möglichkeit eines Praktikums an unseren Standorten Berlin, Köln, München und Osnabrück an. In Vollzeit arbeiten unsere Praktikanten zusammen mit unseren Beratern an konkreten Kundenprojekten. Sie sind also direkt Teil des Teams. Interessierte sollten zwischen drei bis sechs Monate Zeit mitbringen, um umfassende Einblicke in unseren Beratungsalltag gewinnen zu können.

Übrigens: Ein Praktikum bei R&P kann durchaus als Karrieresprungbrett fungieren. Über 25 Prozent der aktuellen Berater haben vor ihrem Einstieg ein Praktikum bei uns absolviert.

Nicola Rössler

Jahrgang 1990

Consultant

Beratung in einem dynamischen Team in den Bereichen Vertrieb und Pricing

Nach meinem Bachelor-Studium an der University of California, Berkeley und meinem Master an der Universität Münster habe ich als Consultant bei R&P angefangen. Schon während meines Studiums hatte ich großes Interesse an den Themen Sales und Pricing, daher war R&P für mich der ideale Fit. Auf der einen Seite gibt es eine klare Themenfokussierung auf Sales und Pricing, auf der anderen Seite ist die Arbeit durch die Heterogenität unserer Kunden extrem abwechslungsreich.

Von den Besten die Netten – es stimmt!

Bei der Wahl meines ersten Jobs war mir eine echte Teamatmosphäre sehr wichtig. Genau diese habe ich bei R&P gefunden. Aufgrund der überschaubaren Größe sind wir ein wirkliches Team. Meine Kollegen und auch meine Chefs sind nicht nur an Nicola als Arbeitskraft, sondern auch als Person interessiert. Es herrscht eine freundschaftliche Atmosphäre, die durch flache Hierarchien geprägt ist. Den sonst in der Beratung so oft verspürten Leistungsdruck und Konkurrenzkampf spüre ich bei R&P nicht. Das freundschaftliche Miteinander spiegelt sich auch in unserer Kommunikation wider. Wir pflegen eine hierarchiefreie Kommunikation, bei der alle ihre Meinung einbringen können. Ein offener Ideenaustausch zwischen Partner und Consultant ist bei uns keine Seltenheit. Ich selbst arbeite gerade an einem Projekt, bei dem ich mehrmals in der Woche direkt mit einem Partner zusammenarbeite und hautnah von seiner Erfahrung profitieren kann.

Topmanagement-Kontakt im ersten Projekt

Durch unsere flachen Hierarchien ist es bei R&P nicht ungewöhnlich, bereits als Consultant Topmanagement-Kontakt zu haben. Und damit ist nicht die Vorbereitung der PowerPoint-Präsentationen gemeint, sondern die tatsächliche Teilnahme an Topmanagement-Meetings. Ich durfte beispielsweise in meinem ersten Projekt die Ergebnisse meiner Analysen dem Vorstand des Kunden selbst präsentieren. Das war natürlich eine große Herausforderung, aber auch eine tolle Möglichkeit mich weiterzuentwickeln. Durchweg bekommt man bei R&P die Möglichkeit, schon sehr früh eigenverantwortlich zu arbeiten und erste Kundenkontakte zu sammeln. So durfte ich beispielsweise bereits in meiner zweiten Woche bei R&P Expertengespräche mit Vertriebsleitern aus Brasilien, Japan und den USA führen.

Kein leerer Kühlschrank am Donnerstagabend

Die typischen Vorurteile über das Beraterleben, wie zum Beispiel der leere Kühlschrank am Donnerstagabend, der durch die ständige Reisetätigkeit entsteht, werden bei R&P nicht bedient. Einige unserer Projekte sind stark workshop-getrieben. Bei diesen sind wir zum Workshop beim Kunden vor Ort, Vor- und Nachbereitung nehmen wir aber in unseren lokalen Offices vor. Zusätzlich arbeiten wir bei stark datengetriebenen Projekten auch einige Tage in der Woche in unseren Offices. Solche Projektkonstellationen machen das Beraterleben deutlich angenehmer und ermöglichen eine bessere Work-Life-Balance. Ich selbst betreibe Leistungssport und schaffe es dank der Flexibilität und der Projektkonstellationen von R&P, den Beraterjob mit meinem Sport zu verbinden. Diese Kombination aus spannender Beraterarbeit und gleichzeitiger Work-Life-Balance ist einzigartig hier.

R&P - Der Hidden Champion

„Best of Consulting" Award der WirtschaftsWoche. TOP Consultant. Great Place to Work im Consulting. Hidden Champion. Roll & Pastuch wurde mehrfach für herausragende Beratungsleistung ausgezeichnet und gehört zu den führenden Beratungen Deutschlands.

... abwechslungsreiche und spannende Projekte
... hervorragende Karrieremöglichkeiten
... Einarbeitungs- und Weiterbildungsprogramme
... persönliches Coaching

Wir bieten Ihnen die besten Voraussetzungen für Ihre Karriere.

Teamatmosphäre wird bei uns groß geschrieben.

Wir legen besonders großen Wert auf ein persönliches und freundliches Miteinander, unter Kollegen ebenso wie mit unseren Kunden.

... per Du über alle Hierarchieebenen hinweg
... der Spirit eines Start-ups
... Freiräume zur persönlichen Entfaltung
... eine ausgewogene Work-Life-Balance
... regelmäßige Teamevents

Das sind nur einige Beispiele, die für uns sprechen. Nehmen Sie Kontakt auf, um auch die anderen Gründe für R&P zu erfahren

Exzellente Performance und Spaß an der Arbeit schließen sich bei Roll & Pastuch nicht aus.

Senacor Technologies AG

Standorte in Deutschland: Berlin, Bonn, Frankfurt am Main, Hamburg, Leipzig, München, Nürnberg, Stuttgart

Standorte weltweit: Košice, Wien

Tätigkeitsschwerpunkt: IT-Beratung

Mitarbeiter in Deutschland: > 530

Mitarbeiter weltweit: > 600

Geplante Neueinstellungen 2020: 100

Durch ein stabiles Wachstum, agile interne Strukturen und die konsequente Ausrichtung auf unser Kernleistungsspektrum schaffen wir für unsere Mitarbeiter maximale Freiheitsgrade für eine eigengesteuerte Entwicklung und Karriere. Bereits im Einstiegs-Level bewirken unsere Mitarbeiter greifbare Veränderungen durch Integration in interdisziplinäre Expertenteams. Dabei beraten sie unsere Kunden nicht nur, sondern stellen sicher, dass deren IT strategischen Mehrwert für das Business schafft.

SENACOR

Äußere Cramer-Klett-Straße 21
90489 Nürnberg
senacor.com

Katharina Landes
Human Resources
+49 911 4244-424
human-resources@senacor.com

Worin unterscheiden Sie sich von Ihren Wettbewerbern? Senacor zeichnet sich durch ein einzigartiges Leistungsportfolio auf dem Beratermarkt aus, das eine nahtlose Verbindung zwischen Strategieberatung und Umsetzung darstellt. Wir schaffen und transformieren digitale Plattformen und sichern so im Kern-Business unserer Kunden wie Daimler, BMW, Deutsche Bank etc. entscheidende Wettbewerbsvorteile. Wir beraten unsere Kunden zumeist in einer sehr frühen und damit strategischen Projektphase mit dem Ziel, greifbare Ergebnisse zu erzeugen, die Nutzen stiften. Wir übernehmen in allen Phasen erfolgskritische Funktionen und somit die Ergebnisverantwortung. Dabei werden unsere Absolventen in gemischten Expertenteams von Beginn an eingebunden und intensiv gecoacht, wodurch eine schnelle Entwicklung vorprogrammiert ist. Flankierend sichert unser Wachstum von ca. 20 Prozent pro Jahr eine Mitarbeiterentwicklung losgelöst von Planstellenrestriktionen – Karrierestau: Fehlanzeige.

Warum sollten Studenten/Absolventen gerade bei Ihnen einsteigen? Nach dem Studium fehlt oftmals noch das Verständnis dafür, welche Rolle langfristig zu einem passt. Wir haben Interesse daran, zu verstehen, wohin sich unsere Mitarbeiter entwickeln wollen und können. Zudem sind wir durch unser Projektportfolio und unser Karrieresystem fähig, individuell darauf einzugehen. Unsere Mitarbeiter können so den Weg von einer strategischen Management-, Architekten- bis hin zur Lead-Developer-Karriere gehen.

Welchen Abschluss sollten Bewerber haben (Bachelor, Master, MBA, Promotion)? Einen überdurchschnittlichen akademischen Abschluss setzen wir voraus. Der Fokus liegt dabei auf Wirtschaftsinformatik, Informatik, Mathematik, Physik bzw. ähnlichen naturwissenschaftlichen/quantitativen Ausrichtungen. Ob Bachelor, Master oder Promotion ist weniger ausschlaggebend, entscheidend ist das Potenzial, das ein Kandidat mitbringt, sowie die persönliche Passung zu Senacor. Bachelor-Absolventen steigen mit entsprechender Erfahrung und persönlicher Reife bei Senacor analog zu Master-Absolventen ein. Promovierte mit relevanter Vorerfahrung starten auf der Senior-Ebene. Wir nehmen uns für die Beurteilung ausreichend Zeit und treffen hier individuelle Entscheidungen, die allen Beteiligten gerecht werden und nachvollziehbar sind. Spätere Master- oder Promotionsvorhaben – auch berufsbegleitend – planen wir mit unseren Mitarbeitern individuell und unterstützen sie bei der Umsetzung.

Wie läuft das Bewerbungsverfahren in Ihrem Unternehmen? Innerhalb eines Tages lernen Bewerber in drei Einzelgesprächen potenzielle Kollegen kennen, die bereits eine Entwicklung in der angestrebten Rolle hinter sich haben. Ziel ist, dass der Bewerber durch die Bearbeitung idealtypischer Fragestellungen aus dem Projekt herausfindet, ob Senacor menschlich und inhaltlich das richtige Umfeld bietet. Dabei können wir zugleich gut einschätzen, ob ein Kandidat eine langfristige Zukunft bei uns hat.

Martin Küster

Jahrgang 1981

Partner

Mit IT-Begeisterung überzeugen

Als Spezialist für Business - IT-Transformationen gestaltet Senacor mit mehr als 600 Mitarbeitern die IT-Landschaften führender Finanzdienstleister und Industrieunternehmen. Martin Küster ist vor 4,5 Jahren im Consulting bei Senacor eingestiegen und arbeitet, inzwischen als Partner, für die innovativsten und größten Unternehmen ihrer Branche an den strategischen IT-Lösungen von morgen.

Warum hast du dich für einen Einstieg bei Senacor entschieden?
Senacor ist ein mittelgroßes IT-Beratungshaus mit flachen Hierarchien und gutem Kontakt zu den Partnern. Mich haben die Kollegen direkt überzeugt - persönlich und inhaltlich. Es gibt niemanden, mit dem ich nicht abends noch etwas trinken gehen oder Sport machen würde. Inhaltlich begeistern mich IT-Transformationen, wie sie Senacor begleitet. Von der IT-Strategie bis zur Softwareentwicklung einen Kunden zu begleiten ist großartig.

Was hast du in deinem Studium gelernt, das dir bei deinem Einstieg in die Beratung besonders geholfen hat?
Als Softwareingenieur habe ich im Studium viel über Datenbanken, Integrationstechnologien, Entwicklungsprozesse etc. gelernt. Für das schnelle Verständnis, wie eine IT-Anwendungslandschaft beim Kunden funktioniert, war dieses Wissen unerlässlich. Abstraktions- und Strukturierungsfähigkeiten sind Dinge, die ich jeden Tag brauche, um die Komplexität zu beherrschen.

Was reizt dich an deinem Job besonders?
Ständig begegne ich neuen, anspruchsvollen Situationen, in die ich mich schnell eindenken muss. Das erfordert große Flexibilität im Kopf. Mein Team ist unglaublich leistungsbereit und besteht aus jungen, kreativen, hochintelligenten und dabei sehr sympathischen Menschen. Beim Kunden muss ich oft organisatorische Gräben zuschütten, weil die Projekte typischerweise nicht in die organisatorische Struktur passen. Das heißt: überzeugen, darstellen, vermitteln. All diese Voraussetzungen sind keine Selbstverständlichkeiten im Job!

Welchen Tipp hast du für Studenten und Absolventen, die sich für die Beratung interessieren?
Wichtig für Studenten: Als Praktikant bekommt man den besten Eindruck von einem „echten" Projekt, daher würde ich jedem ein Praktikum empfehlen. Als Berufseinsteiger finde ich es wichtig, bestehende Mentorenprogramme zu nutzen und sich an erfahrenen Kollegen zu orientieren. Die Lernkurve wird in jedem Fall sehr steil sein. Die ersten Jahre sind enorm intensiv und wegweisend. Die Wahl des geeigneten Arbeitgebers ist wichtig, u. a. in Bezug auf Inhalte und Work-Life-Balance.

„WAS SENACOR FÜR MICH AUSMACHT? GEMEINSAM DEN BALL SCHNELL NACH VORNE SPIELEN!“
Wir reden nie lange über das theoretische Wenn und Aber, sondern über die individuell beste praktische Lösung. Die setzen wir dann um, ohne Kompromisse. So kommen wir schnell und nachhaltig zum Erfolg – aber vor allem macht es jedem im Team mehr Spaß. Mehr Zeit für Freizeit bleibt dabei auch. Das Top-Management unserer Kunden, zu denen die Großen aus dem DAX gehören, schätzt uns gerade deshalb übrigens auch sehr.
Das Beste: Klingt nicht nur gut, ist so. Überzeug dich selbst!
www.senacor.com
Max, 30, Partner und Rugby-Spieler aus Berlin, bringt am liebsten Automobilhersteller voran.
SENACOR

Siemens Management Consulting (SMC) Siemens AG

Standorte in Deutschland:
Erlangen, München

Standorte weltweit:
USA (Atlanta, Orlando), Asien (Mumbai, Peking, Quing Dao, Schanghai), Naher Osten (Abu Dhabi, Dubai)

Tätigkeit: Managementberatung

Mitarbeiter weltweit: ca. 450

Geplante Neueinstellungen 2020:
100 Consultants und Praktikanten

Siemens Management Consulting (SMC) ist die internationale Managementberatung eines der weltweit innovativsten Industrie- und Technologieunternehmen. Wir treiben den digitalen Wandel voran und beraten neben Siemens zahlreiche Kunden aus dem Technologiesektor – von der Strategie bis zur Umsetzung. Unsere Mission ist es, die Zukunft unserer Klienten erfolgreich zu gestalten und Talente von heute zu Führungskräften und Experten von morgen zu entwickeln. Unsere internationalen Teams arbeiten gemeinsam mit unseren Kunden daran, die Herausforderungen im Zeitalter der Digitalisierung zu meistern. Unser Beratungsportfolio ist vielfältig: Wie sehen zukunftsweisende Verkehrskonzepte aus? Wie können wir uns die Digitalisierung in Bereichen wie Infrastruktur, Energie und Gesundheitswesen zunutze machen und damit innovative Geschäftsmodelle und Produkte entwickeln? Welche Energien versorgen uns im Jahr 2050 – und welche Rolle spielen dezentrale Energielösungen?

Siemens
Management
Consulting

Otto-Hahn-Ring 6
81739 München
www.siemens.com/smc

Luisa Staudacher
Recruiting
+49 152 22933938
recruiting.smc@siemens.com

Das macht unsere Arbeit einzigartig

Wir sind stolz darauf, seit mehr als 20 Jahren eine internationale, erfolgreiche Managementberatung zu sein. Von der Strategie bis zur Umsetzung unterstützen wir unsere Klienten mit einem umfassenden Leistungsspektrum, um sich in Zeiten des digitalen Wandels erfolgreich und zukunftsgerichtet zu positionieren. Zu unseren Klienten zählen - neben Siemens - Unternehmen aus zahlreichen Industrie- und Technologiefeldern. Wir kennen die Bedürfnisse unserer Kunden ganz genau und haben ein tiefes Verständnis für Geschäftsfelder wie Industrie 4.0, Energie, intelligente Infrastruktur, Gesundheitswesen und Mobilität. Auf dieser Basis entwickeln wir individuell passende und nachhaltige Strategien und Lösungen. Das macht unsere Arbeit so einzigartig. Wir sehen unsere Projekte nur dann als Erfolg, wenn sie nachhaltig Veränderung schaffen.

Wir fördern die Führungskräfte und Experten von morgen

Wir entdecken Talente und ermöglichen es ihnen, in Führungs- und Expertenpositionen hineinzuwachsen - durch herausfordernde Aufgaben, individuelle Trainings und kontinuierliches Coaching. Die Lernkurve bei uns ist steil - wir fördern und unterstützen Sie in Ihrer persönlichen und fachlichen Entwicklung. Bei uns leiten Sie zukunftsweisende Projekte mit gesellschaftlicher Bedeutung. So bereiten wir Sie auf eine erfolgreiche Zukunft in einem globalen Unternehmen vor.

Gestalten Sie Ihre Zukunft mit uns

Bringen Sie exzellente Leistungen an einer Universität mit? Konnten Sie bereits umfassende praktische Erfahrung im In- und Ausland sammeln? Denken Sie unternehmerisch, sind Sie ambitioniert und ein analytischer Kopf? Begnügen Sie sich nicht mit dem Status quo, und suchen Sie eine Position, in der Sie wirklich etwas bewirken? Können Sie losgelöst von Hierarchien überzeugend kommunizieren und vertrauensvolle, langfristige Bindungen zu Ihren Kollegen und Kunden aufbauen?

Dann suchen wir genau Sie! Gestalten Sie Ihre Zukunft mit uns. Bewerben Sie sich unter siemens.com/smc.

Patricia Ott

Manager Employer Branding & Recruiting

Fragen an Patricia Ott

Welche drei Dinge haben alle sehr guten Bewerber gemeinsam?

1. Wissen über Siemens, SMC und allgemeine Beratung
2. Neugierde und Freude an neuen Erfahrungen
3. Ausgeprägter Ehrgeiz und hervorragende analytische Fähigkeiten

Wie viel automatisierte Prüfung setzen Sie bei CVs ein?

Bei der SMC gibt es keine automatisierte Prüfung von CVs - wir wollen uns von jedem Kandidaten ein eigenes Bild machen. Daher sichtet mindestens eine Person die Bewerbung und prüft sie nach bestimmten Kriterien und Richtlinien.

Haben Sie bestimmte Fragen, die Sie jedem Bewerber stellen?

Wir prüfen immer nach den gleichen Kriterien - zum Beispiel analytische Fähigkeiten oder die persönliche Eignung, allerdings stellen wir nie dieselben Fragen. Wir passen diese je nach Bewerber individuell an, damit ein natürlicher Gesprächsfluss entsteht. Nur so ist ein gegenseitiges Kennenlernen wirklich möglich.

Welche Fragen, die ein Bewerber stellen kann, hinterlassen bei Ihnen einen guten Eindruck?

Grundsätzlich sind Fragen gut, denn sie zeigen Ihr Interesse. Allerdings sollten sie in den Gesprächsfluss passen und nicht vorgefertigt wirken. Fragen Sie nicht nur, um zu fragen.

Wenn Sie Bewerbern in Ihrem Unternehmen nur einen Tipp mit auf den Weg geben dürften, welcher wäre das?

Machen Sie sich klar, welche Erwartungen Sie an uns haben. Denn Sie müssen nicht nur uns überzeugen, auch wir müssen zu Ihnen passen. Trauen Sie sich, genau das im Bewerbungsprozess herauszufinden, und versuchen Sie nicht nur zu gefallen. Machen Sie sich daher frühzeitig Gedanken darüber, was Sie wollen - dann wissen Sie nach den Gesprächen, ob eine gemeinsame Zukunft realistisch ist.

SIEMENS
Ingenuity for life
Make the future your project
Use your skills to lead world-changing business decisions.
Project your future
Siemens Management Consulting
Find out more
siemens.com/smc

Stern Stewart & Co.

Standort in Deutschland: München

Tätigkeitsschwerpunkt:
Topmanagement-Beratung

Mitarbeiter in Deutschland: 80

Geplante Neueinstellungen 2020: 15

Stern Stewart & Co. ist eine unabhängige Strategieberatungsboutique. Unser Beratungsfokus liegt auf den Kernfragen des Managements. Dazu gehören Strategy und Transaction sowie Performance Management und Transformation. Dabei steht für uns unabhängiges Denken und unternehmerisches Handeln über allem anderen. Wir laufen keinen Trends hinterher, sondern beraten unsere Kunden stets so, als wäre es unser eigenes Unternehmen. Auch außerhalb der Projektarbeit ist uns Unternehmertum wichtig: Jeder Einzelne bringt sich bei uns in die Kernprozesse ein und gestaltet so unser Unternehmen aktiv mit.

Stern Stewart & Co.

Salvatorplatz 4
80333 München
www.sternstewart.com

Anja Deucker
Recruiting
+49 89 242071-421
career@sternstewart.com

Wen genau suchen Sie? Wir suchen hervorragende Uniabsolventen, die den Mut haben, unabhängig zu denken und für unsere Kunden Lösungen jenseits von Trends zu finden. Dafür bringen Sie nicht nur ein überdurchschnittlich abgeschlossenes wirtschaftswissenschaftliches Studium (oder zumindest tiefergehende betriebswirtschaftliche Kenntnisse) mit. Wichtig ist uns, dass Sie etwas bewegen wollen - und zwar im Team.

Was unterscheidet Sie von anderen Unternehmensberatungen? Unsere Hauptwettbewerber sind Beratungskonzerne - wir sind eine Boutique. Für Sie bedeutet das, dass Sie sehr früh mit den Topentscheidern der Wirtschaft auf Augenhöhe reden und schnell unternehmerische Verantwortung übernehmen. Sie gestalten unser Unternehmen von Anfang an mit, der Weg von einer Idee zu einer Veränderung ist kurz. Unser Boutique-Charakter spiegelt sich aber auch im Miteinander wider: Bei uns gibt es keine Ellenbogenmentalität; Fairness und Vertrauen sind für uns das Wichtigste. Wir sind als Team erfolgreich, sind jung, schwimmen manchmal gegen den Strom, bleiben aber immer hoch professionell.

Wodurch zeichnet sich die Arbeitsatmosphäre bei Ihnen aus? Bei Stern Stewart & Co. steht der Teamgedanke im Vordergrund. Wir pflegen einen kollegialen, partnerschaftlichen Umgang und behandeln unsere Kunden und Kollegen jederzeit mit größtem Respekt. Hilfsbereitschaft ist für uns eine Selbstverständlichkeit - denn nur im Team können wir langfristig erfolgreich sein. Auch unter größter Belastung verlieren wir nicht den Humor und die Freude an der Arbeit.

Wie kann man sich bei Ihnen weiterentwickeln? Die fachliche wie auch persönliche Weiterentwicklung unserer Mitarbeiter ist für uns von größter Bedeutung. Deshalb investieren wir in Ihre Weiterentwicklung: Selbstverständlich bieten wir Ihnen Trainings und Coaching und fördern diverse Formen der Weiterbildung (MBA, Dissertation, Executive-Programme etc.). Doch wir geben Ihnen auch die Möglichkeit, darüber hinaus einen Blick über den Tellerrand zu wagen. Im Rahmen unseres Stern Stewart Institute haben Sie die Chance, Projekte in Ghana und Burkina Faso zu koordinieren und auch die Umsetzung für einen gewissen Zeitraum vor Ort zu begleiten. So können Sie bei uns spannende fachliche und persönliche Erfahrungen sammeln.

Wie läuft das Bewerbungsverfahren bei Ihnen ab? Wenn uns Ihre schriftlichen Bewerbungsunterlagen überzeugen, laden wir Sie nach München ein. Der Auswahltag beginnt mit einer kurzen Vorstellung unseres Unternehmens und mehreren Einzelgesprächen, die unter anderem Case Studies beinhalten. Haben Sie unsere Berater überzeugt, schließt sich eine Präsentation sowie ein Gespräch mit einem unserer Partner an. Sind alle Beteiligten der Meinung, dass Sie zu Stern Stewart & Co. passen, erhalten Sie von uns ein Angebot. Einstellungen finden bei uns ganzjährig und nach Absprache mit den Bewerbern statt.

Jennifer Klautzsch

Jahrgang 1990

Senior Associate

Vom Workshop zum Einstieg als Associate in nur zwei Monaten

Ich habe Stern Stewart bereits während meines Studiums auf der Career Fair in Mannheim kennenglernt und mich dann im Frühjahr 2016 für den Workshop „CEO for 2 days" beworben. Mit elf weiteren Teilnehmern durfte ich zwei spannende Tage in unserem Büro in München verbringen. Dank der Teilnahme habe ich einen echten Einblick in den Arbeitsalltag bei Stern Stewart bekommen und bereits viele Kollegen kennengelernt - Gründe genug, um mich direkt im Anschluss an den Workshop als Associate zu bewerben. So hatte ich nur zwei Monaten nach meiner Workshop-Teilnahme meinen ersten Arbeitstag bei Stern Stewart.

Boutique vs. Konzern

Vor meinem Einstieg bei Stern Stewart habe ich einige Praktika in großen Konzernen absolviert. Warum ich mich dennoch für eine Beratungsboutique entschieden habe? Ganz einfach! Für mich gibt es drei wesentliche Vorteile: Die Schwerpunkte der Projekte wechseln häufig, dadurch gewinnt man Einblicke in verschiedenste Branchen und Themenbereiche. Ob fachlich oder im Kundenkontakt - durch kleinere Teams übernimmt jeder Einzelne von Anfang an echte Verantwortung. Und nicht zu vergessen natürlich das Miteinander: Man lernt seine Kollegen sehr schnell kennen und hat einen persönlichen Draht zueinander.

Unternehmer im Unternehmen

Als Strategieboutique gibt mir unsere Firma nicht nur auf den Kundenprojekten, sondern auch intern die Möglichkeit, wirklich etwas zu bewegen. Ob im Marketing, im Knowledge Management oder im Recruiting - überall sind unsere Ideen willkommen, und gemeinsam sorgen wir auch für deren Umsetzung.

Über den Tellerrand hinausschauen

Auch das ist bei Stern Stewart möglich - mit unserem Stern Stewart Institute und verschiedenen unternehmerischen Projekten in Afrika. Für alle Kollegen gibt es die Möglichkeit, nach Ghana oder Burkina Faso zu gehen, um an einem unserer sozialen Projekte vor Ort mitzuarbeiten. Ich selbst unterstütze z. B. gerade zwei Gründerinnen aus Madina in Ghana dabei, ihre Geschäftsidee in die Tat umzusetzen. Die beiden arbeiten aktuell als Expat-Koordinatoren und wollen sich mit diesem Service selbstständig machen.

Ich bin mir sicher: Ich habe ein Umfeld gefunden, in dem ich auf verschiedenste Arten wachsen und mich weiterentwickeln kann - und das Beste daran sind der Raum für kreative Ideen, den ich hier bekomme, und die Menschen, mit denen ich ihn teile.

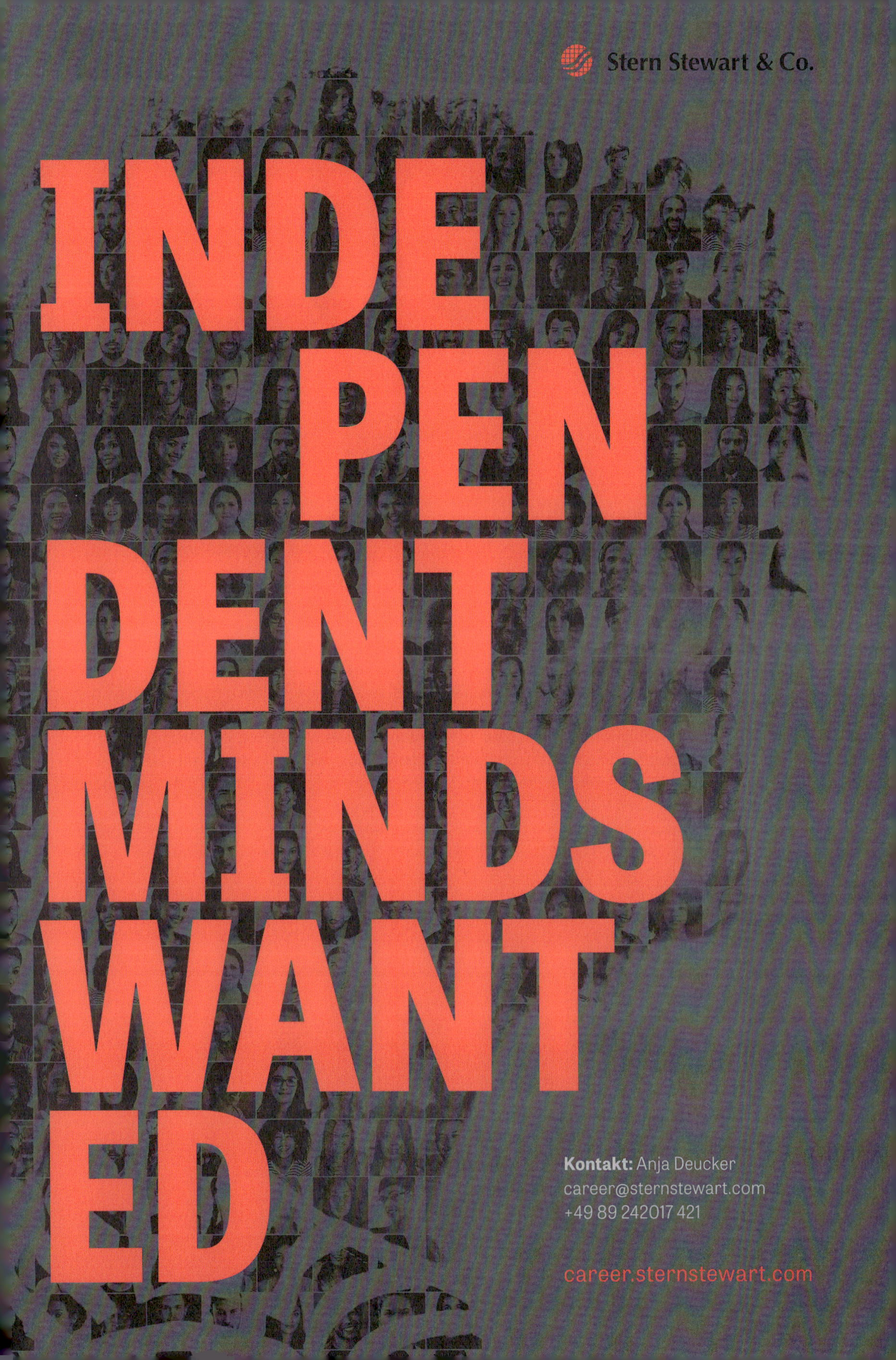
Stern Stewart & Co.
INDE
PEN
DENT
MINDS
WANT
ED
Kontakt: Anja Deucker
career@sternstewart.com
+49 89 242017 421
career.sternstewart.com

Struktur Management Partner GmbH

Standorte in Deutschland:
Köln, München

Tätigkeitsschwerpunkte: Turnaround- und Wachstumsmanagement für den gehobenen Mittelstand

Umsatz: 50–500 Millionen Euro

Mitarbeiter in Deutschland: 80

Geplante Neueinstellungen 2020:
ca. 20 Consultants
ca. 20 Praktikanten

Ganzheitlich denken und handeln, das Wesentliche im Blick haben, entscheiden und umsetzen: Diese Tugenden einer guten Unternehmensführung sind zugleich die Fähigkeiten eines guten Turnaround-Beraters. Wir haben den Anspruch, Sie zu Geschäftsführern im deutschen Mittelstand auszubilden. Unser Alumni-Netzwerk ist der Beweis. Unsere Ehemaligen bleiben mit uns durch den „Spirit of SMP" verbunden. Was das ist? Lernen Sie uns kennen, dann spüren Sie ihn!

Struktur
Management
Partner

Führend bei Turnaround und Wachstum.

Gereonstraße 18–30
50670 Köln
www.struktur-management-du.com

Markus Isermann
HR
+49 221 91273040
m.isermann@struktur-management-partner.com

Was zeichnet Ihre Unternehmenskultur aus? Als Turnaround-Manager ist es unsere Aufgabe, eine eigene Meinung zu entwickeln, diese aufrichtig und mit offenem Visier gegenüber Management, Gesellschaftern und Finanzierern zu vertreten und die daraus resultierenden Maßnahmen effektiv umzusetzen. Unsere Weiterempfehlungen (> 95 Prozent) beweisen, dass wir dieser Herausforderung immer wieder gerecht werden: durch Integrität, Fingerspitzengefühl und Charme. Wir sind nicht in erster Linie Berater - wir übernehmen Verantwortung. Wenn nötig auch als interimistische Geschäftsführer unserer Klienten - um Insolvenz und Liquidation abzuwenden. Diesen existenziellen Beitrag zu leisten, spornt uns an und schweißt zusammen. Denn nur als Team zufriedener und erfahrener Mitarbeiter gelingt es uns, diese anspruchsvolle Aufgabe zu meistern. Dafür hegen und pflegen wir unsere Kultur der Kooperation und Stärkenorientierung: durch Teilzeitmodelle, Leistungs- statt Arbeitszeitorientierung, und offene Regelkommunikation zur Unternehmenssituation. Und v. a. meiden wir kontraproduktive Systeme wie Up-or-Out oder ein Rennen um Planstellen in der Pyramide. So macht uns Arbeiten Spaß.

Welche Karrieremöglichkeiten bieten Sie? Neun von zwölf Partnern bei SMP haben ihre Karriere als Praktikant oder Hochschulabsolvent bei uns begonnen - das dürfen gerne mehr werden. Und wenn das Gras woanders grüner erscheint, schafft es ein Großteil unserer Alumni und Alumnae an die Spitze bedeutender mittelständischer Unternehmen.

Wie sind die Verdienstmöglichkeiten in Ihrem Unternehmen? Das Einstiegsgehalt ist durchschnittlich, der Aufstieg ist es nicht. Effektive Ausbildung und potenzialorientierte Beförderung ermöglichen Gehaltssprünge, die deutlich schneller als im Branchenschnitt kommen. Die Verdienstmöglichkeiten sind für Leistungsträger blendend.

Wie sieht ein typischer Arbeitstag bei Ihnen aus? Unsere Berater wohnen, wo sie wollen und arbeiten meistens deutschlandweit. Der Alltag auf dem Projekt unterscheidet sich stark zwischen Konzept- und Umsetzungsphase. Die Konzeption ist von Analysetätigkeiten, Managementinterviews und Workshops gekennzeichnet, die in ein ganzheitliches Konzept münden. Dies geschieht zwar unter Zeitdruck (sechs bis acht Wochen), doch lassen sich Nacht- und Wochenendarbeit durch effektive Teamarbeit und ausgereifte Methoden in aller Regel ausschließen. Im Anschluss beginnt die Umsetzungsphase, in der wir in enger Zusammenarbeit mit dem Klienten dessen Weiterentwicklung gestalten: vom Management bis zur Schichtleitung. Die Arbeitszeiten sinken, die Verantwortung steigt.

Welchen Abschluss sollten Bewerber haben (Bachelor, Master, MBA, Promotion)? Einstiegsvoraussetzung bei Hochschulabsolventen ist ein Master, vorzugsweise in Wirtschafts-, Ingenieurs- oder Naturwissenschaften. Bei Young Professionals mit einschlägiger Berufserfahrung sind wir offener.

Was erwarten Sie in fachlicher und persönlicher Hinsicht? Als Turnaround-Manager bilden wir die Schnittstelle zwischen Finanz-, Leistungswirtschaft und Strategie - in Konzeption und Management. Dadurch sind fachliche Schwerpunkte in Corporate Finance, Operations und/oder Strategie wünschenswert. Wir erwarten ausgeprägtes analytisches Verständnis, hohe Sozialkompetenz sowie sehr gute kommunikative Fähigkeiten. Denn wir können nur erfolgreich sein, wenn es uns gelingt, schlüssige Konzepte zu entwickeln und im Anschluss ganze Organisationen zu mobilisieren.

Oliver Krumm

Jahrgang 1987

Manager

So schnell kanns gehen: Project Manager in drei Jahren, Familien-Manager seit 2017

Ich wollte nie Berater werden. Konzepte für die Schublade schreiben, durch Entlassungen noch einen letzten weiteren Prozentpunkt Rendite auf das Ergebnis draufsetzen und das alles mit einem Machtgerangel unter den Kollegen - nein danke!

Nichtsdestotrotz wurde ich nach einigen Stationen, wie meiner Weltreise zwischen Bachelor und Master sowie einem Projekt als studentische Aushilfe für die Weltbank, dann doch Berater bei Struktur Management Partner - oder sagen wir lieber Turnaround-Manager. Ganzheitliche Konzepte für mittelständische, überwiegend familiengeführte Unternehmen zu erstellen und vor allem umzusetzen, schien mir das Richtige zu sein. Mit einem stärkenorientierten Team als letzte Rettung vor der nahenden Insolvenz von Unternehmen zu agieren, ist einfach eine extrem spannende Aufgabe.

Ich stellte mir damals, mit gerade einmal 25 Jahren, im Wesentlichen eine Frage: Welche Rolle könnte ich spielen, und wie sollte ich einem gestandenen Geschäftsführer die Stirn bieten? Die beste Antwort darauf lieferte mir vor Kurzem der Geschäftsführer eines Kunden in der Feedbackrunde zu einem Projekt: „Zu Anfang dachten wir bei Ihnen, da kommt jemand von ‚Jugend forscht' um sich des Problems anzunehmen. Ihr Potenzial haben wir daraufhin sehr schnell erkannt, und heute sind Sie der Einzige, bei sechs Geschäftsführern in der Gruppe, an dessen Wort nicht gezweifelt wird." Ein Kompliment von einem Klienten mit rund 10.000 Mitarbeitern, das ich gerne annehme.

Dies habe ich in nicht mal fünf Jahren erreicht, weil ich vielfältige Projekterfahrungen sammeln und dabei frühzeitig Verantwortung übernehmen durfte, weil ich durch direktes und offenes Feedback gewachsen bin und nicht zuletzt, weil ich ein großartiges Team vor Ort hatte.

Einige Kollegen und Bekannte waren der Meinung, dass zu dieser Karriere kein Teilzeitmodell (90 Prozent) passt - und schon gar keine längere Elternzeit. Für mich schon: Die zehn Prozent mehr an Freizeit haben mir eine lange Hochzeitsreise nach Kanada ermöglicht und auch die zwölf Monate Elternzeit standen für mich sehr früh fest und wurden mir ermöglicht. Seit April 2018 bin ich im 80-Prozent-Modell mit einer Vier-Tage-Woche zurück und habe so eine fast gleichgewichtige Zeitaufteilung zwischen Beruf und Famile. Wir sind in Summe eben keine „normale" Beratung - und das finde ich super.

Struktur Management Partner
Führend bei Turnaround und Wachstum.
Wir bilden aus: Geschäftsführer/innen.
Ausbildungsinhalte sind: Das Stärken Ihrer Stärken in den Bereichen Methodik, Kommunikation und Führung. Die Leidenschaft, Unternehmen als Ganzes zu begreifen, Konzepte zu entwickeln, Geschäftsführung, Mitarbeiter und Finanzierer zu überzeugen. Und schließlich die Maßnahmen als Manager auch konsequent umzusetzen. Das Training: 20 Schulungsmodule und operative Projektarbeit im Grenzbereich von Turnaround und Wachstum. In einem Team, das versteht, was Teamgeist bedeutet.
Klingt spannend? Dann: siehe unten!
Nicola, Project Manager
Hier online bewerben:
www.struktur-management-du.com

thyssenkrupp Management Consulting

Standort in Deutschland: Essen (thyssenkrupp Konzernzentrale)

Standorte weltweit: in ca. 78 Ländern (thyssenkrupp Konzern)

Tätigkeitsschwerpunkt: weltweit tätige interne Managementberatung

Mitarbeiter in Deutschland: rund 70

Geplante Neueinstellungen 2020:
15–20 Absolventen, Young Professionals und erfahrene Berater
5–10 Praktikanten

thyssenkrupp Management Consulting (TKMC) ist die interne Managementberatung des thyssenkrupp Konzerns, der mit rund 161.000 Mitarbeitern in 78 Ländern vertreten ist. Der Konzern befindet sich derzeit in einem grundlegenden Wandel zu einem neuen thyssenkrupp – eine der vielleicht spannendsten Transformationen eines DAX-30-Konzerns. Insbesondere während der kommenden Zeit spielen wir als interne Beratung eine maßgebliche Rolle und gestalten die Neuausrichtung und Zukunft von #newtk aktiv mit.

thyssenkrupp

thyssenkrupp Allee 1
45143 Essen
www.thyssenkrupp-management-consulting.com

Isa Mackenberg
Head of Talent Acquisition
+49 201 844-534915
isa.mackenberg@thyssenkrupp.com

Wie genau sieht Ihr Projektportfolio aus? Bei der Unterstützung der Neuausrichtung fokussiert sich das TKMC-Team auf die Themenbereiche Performance, Strategy & Markets, Transformation und Execution sowie Digitalisierung. Die Projekte reichen von Wettbewerbsanalysen, Wachstumsstrategien und organisatorischen Neuaufstellungen bis hin zur nachhaltigen Verankerung von Strategien, der Begleitung und Umsetzung von Transformationsprogrammen sowie der Erarbeitung von Digitalisierungsstrategien. Mit diesem Projektportfolio richten wir uns als Inhouse-Beratung an die Führungskräfte der einzelnen Geschäftsfelder, Konzernfunktionsleiter und regionalen CEOs des gesamten thyssenkrupp Konzerns. Und das nicht nur in Essen und dem Ruhrgebiet, sondern in Europa und der ganzen Welt.

Welche Möglichkeiten zur Weiterentwicklung bietet TKMC? Die Arbeit als Berater bei TKMC bietet Ihnen durch ein anspruchsvolles, internationales Projektumfeld hervorragende Möglichkeiten, um Ihr Talent und Potenzial voll zu entfalten. Die kommenden Zeiten bei thyssenkrupp ermöglichen darüber hinaus, dass unser Team eine der aktuell weitreichendsten Veränderungen eines DAX-30-Konzerns mitbekommen und gestalten darf. Neben unserem Learning-on-the-Job-Ansatz ist es selbstverständlich, dass wir Ihnen in maßgeschneiderten Trainings das notwendige Know-how und entsprechende Tools zur Weiterentwicklung Ihrer Fähigkeiten mit an die Hand geben. Darüber hinaus werden Sie im Rahmen unseres professionellen Career Development von einem erfahrenen Mentor auf Ihrem Weg begleitet und bei Ihrer Weiterentwicklung unterstützt.

Ihre Karriereperspektive nach TKMC: Gestalten Sie aktiv den Wandel unseres Weltkonzerns mit: erst als Berater bei TKMC, danach als Führungskraft oder Experte im Konzern. Durch das vielseitige Aufgabenportfolio ergibt sich eine optimale Ausgangssituation, um auf Ihr Wissen und Know-how zurückzugreifen, wenn der nächste Karriereschritt in Form eines gezielten Übertritts in den Konzern führt.

Wen genau sucht TKMC? Wir sind jederzeit auf der Suche nach exzellenten Berufseinsteigern und Professionals, die unser Team mit einer selbstbewussten Persönlichkeit und wertvollen Fähigkeiten ergänzen. Neben einem ausgezeichneten Schul- und universitären Master-Abschluss in den Fachrichtungen Wirtschafts- und Naturwissenschaften, (Wirtschafts-)Informatik oder Ingenieurwesen bringen Sie bereits erste Praxiserfahrung im Consulting oder Strategiebereich eines Großkonzerns mit. Zudem überzeugen Sie durch Auslandserfahrung, sehr gute analytische Fähigkeiten sowie eine ausgeprägte Affinität zur Umsetzung und Operationalisierung von komplexen Strategien. Wenn Sie darüber hinaus auch in stressigen Situationen einen kühlen Kopf bewahren und Ihren Humor behalten, dann sind Sie bei uns genau richtig!

Was zeichnet die TKMC-Unternehmenskultur aus? Neben der kollegialen und vertrauensvollen Zusammenarbeit mit unseren Kunden im Konzern bildet natürlich auch das Miteinander im TKMC-Team eine besonders wichtige Grundlage. Hierbei setzen wir vor allem auf Individualität und Teamspirit sowie Offenheit, Ehrlichkeit und Empathie. Jeder von uns trägt mit Persönlichkeit, Können und Engagement nicht nur zu erfolgreichen Beratungsprojekten, sondern auch zur stetigen Weiterentwicklung und zum weiteren Ausbau der TKMC und einem ganz besonderen Teamspirit bei.

Helen Dietrich

Jahrgang 1988

Senior Consultant

Create (y)our future – (m)eine Zukunft bei thyssenkrupp

Unternehmensberatung war für mich im Studium kein Thema. Unternehmensberater sind arrogant, respektlos und von sich selbst zu sehr überzeugt – davon ging ich aus. Deshalb hat mich mein Weg nach dem Studium in ein Logistik-Trainee-Programm von der thyssenkrupp Schulte GmbH geführt, einem Geschäftsbereich des weltweit agierenden Konzerns thyssenkrupp.

Mein (Um-)Weg in die Inhouse Beratung

Durch mein Trainee-Programm ist mir schnell schnell klar geworden, dass ich auch anschließend im Konzern bleiben möchte. Mir wurde aber auch bewusst, dass ich mehr von diesem vielfältigen Konzern kennenlernen möchte. Da mir Projektarbeit besonders viel Freude bereitet, lag es für mich persönlich nah, den Blick auf die Inhouse-Beratung zu wagen – allen Vorurteilen zum Trotz. In dem sehr persönlichen und verbindlichen Bewerbungsprozess wurde schnell klar, dass ich hier alles vorfinde, was ich mir für meine persönliche Entwicklung wünsche: klare Perspektiven, professionelles Projektmanagement, strukturierte Weiterentwicklung und ein kollegiales, junges Umfeld. Bereits am Bewerbertag musste ich demnach mein Bild von Unternehmensberatern revidieren.

Ein Projekt der besonderen Art: Das geplante Joint Venture

thyssenkrupp ist in fünf Business Areas untergliedert: Materials Services, Steel Europe, Elevator Technology, Components Technology und Industrial Solutions. Neben einem Projekt bei Industrial Solutions und einem Projekt im Regional Headquarter in Dubai führten mich meine bisherigen Projekte nach Duisburg zur Business Area Steel. Dort durfte ich zunächst bei dem Aufbau einer neuen Abteilung unterstützen, bevor es für mich auf ein prestigeträchtiges Projekt ging: Ich durfte bei der Vorbereitung des angedachten Joint Ventures zwischen thyssenkrupp Steel Europe und TATA Steel Europe mitarbeiten. Während der anfänglichen Due-Diligence-Phase war ich im Commercial Workstream involviert. Hier habe ich miterlebt, was zur Vorbereitung eines Memorandum of Understanding alles erforderlich ist, welche Akteure in diesem komplexen Prozess mitarbeiten und wie essenziell ein Clean Team eigentlich ist. Nach einer Unterbrechung von rund einem halben Jahr mit anderen Projekten stieg ich zuletzt bei der Carve-out-Phase wieder aktiv mit ein und unterstützte diesmal den HR Workstream. Auch wenn es schlussendlich nicht zu dem Joint Venture zwischen thyssenkrupp Steel Europe und TATA Steel Europe gekommen ist, hat mir dieses Projekt einen unvergesslichen und detaillierten Einblick in eine Business Area und in die Abläufe einer geplanten Konzernfusion ermöglicht.

Persönliche Entwicklung wird großgeschrieben

TKMC legt besonderen Fokus auf die persönliche Entwicklung der Berater. Zum einen wird dies durch unsere Einsatzzeiten auf einem Projekt deutlich: Diese beträgt normalerweise zwischen zwei und sechs Monaten, sodass wir uns ganz natürlich fachlich in neuen Feldern entwickeln. Zum anderen zeigt es sich auch darin, dass wir zum Einstieg einen persönlichen Career Development Advisor, einen Kollegen aus dem Managementteam, bekommen. Mit diesem besprechen wir unsere Laufbahn bei TKMC sowie mögliche Projekteinsätze und Trainings, die unsere persönliche Entwicklung am besten fördern.

thyssenkrupp Management Consulting

Start thinking outside the box from inside the company.
As an in-house consulting, we experience thyssenkrupp every day from different perspectives and bring the group further forward with our expertise and knowledge. Our goal is to strengthen one of the largest and most innovative industrial companies for the future.
Become part of our team and support us with your very own skill set.
thyssenkrupp-management-consulting.com
Thanks to our employees for being part of our campaign.
engineering tomorrow together
thyssenkrupp

Volkswagen Consulting

Standort in Deutschland: Wolfsburg

Standorte weltweit: Peking

Tätigkeitsschwerpunkt:
interne Topmanagement-Beratung des Volkswagen Konzerns

Mitarbeiter in Deutschland: 110

Mitarbeiter weltweit: 120

Geplante Neueinstellungen 2020:
15 Absolventen
40 Praktikanten

Die Volkswagen Consulting ist die interne Topmanagement-Beratung von Europas größtem Automobilhersteller. Wir sind seit dem Gründungsjahr 1999 zu einer der größten strategischen Unternehmensberatungen im Automotive-Bereich mit jährlich 150 bis 200 erfolgreich abgeschlossenen Projekten gewachsen. Als Teil des Volkswagen Konzerns beraten wir unsere internen Kunden bei zukunftsweisenden Schlüsselthemen rund um das Auto und die Mobilität. Dieses breite Projektportfolio garantiert Abwechslung und einzigartige Karrieremöglichkeiten – und das in einem partnerschaftlichen und vertrauensvollen Umfeld.

VOLKSWAGEN CONSULTING

DIE MANAGEMENTBERATUNG DES VOLKSWAGEN KONZERNS

Brieffach 011/1937
38436 Wolfsburg
www.volkswagen-consulting.de

+49 5361 897-3500
volkswagen-consulting@volkswagen.de

Worin unterscheiden Sie sich von Ihren Wettbewerbern? Als Teil des Volkswagen Konzerns bearbeiten wir Projekte für das eigene Unternehmen. Das bedeutet: Wir sind persönlich verantwortlich für die Qualität und den Erfolg unserer Projekte und damit unseres Konzerns. Unsere Kenntnisse über Prozesse und Kultur sowie über die Entscheidungsträger im Volkswagen Konzern versetzen uns in die Lage, schnell eine belastbare Vertrauensbasis zu unseren Kunden zu schaffen. Wir setzen uns aus einer optimalen Mischung von Hochschulabsolventen und erfahrenen Beratern von führenden Strategieberatungen zusammen, wachsen dabei stetig und zählen zu den größten Managementberatungen im Automotive-Bereich.

Was zeichnet Ihre Unternehmenskultur aus? Die Volkswagen Consulting hat den Anspruch, erstklassige Managementberatung mit individuellen Entwicklungsmöglichkeiten für jeden Mitarbeiter, kollegialem Miteinander sowie hoher Arbeits- und Lebensqualität zu verbinden. Dieses Selbstverständnis bildet die Basis unseres täglichen Handelns.

Welche Karrieremöglichkeiten bieten Sie? Der Einstieg bei der Volkswagen Consulting ist ein einzigartiges Karrieresprungbrett bei Europas größtem Automobilhersteller. Neben anspruchsvollen Projekten bereiten wir Sie durch kontinuierliche Weiterbildung systematisch auf eine Funktion mit Managementverantwortung im Konzern vor. Wir bieten unseren Beratern einen klar definierten Karrierepfad. Jedem Karriereschritt liegt ein klares Anforderungsprofil zugrunde. Beförderungen erfolgen nach dem Leistungsprinzip und honorieren die persönliche Weiterentwicklung.

Was sind Ihre Einstellungskriterien? Voraussetzungen für einen Einstieg sind ein sehr guter Diplom- oder Master-Abschluss einer Universität, perfekte Deutsch- und Englischkenntnisse sowie Praktika oder Berufserfahrung in der Beratung und/oder der Automobilindustrie. Wir erwarten weiterhin ausgeprägte analytische Fähigkeiten, eine schnelle Auffassungsgabe, ein hohes Maß an Belastbarkeit und Eigeninitiative sowie Leidenschaft für das Auto und die Mobilität.

Kann man bei Ihnen auch schon während des Studiums Erfahrungen sammeln? In der fortgeschrittenen Phase Ihres Studiums bieten wir Ihnen die Chance, aktiv Einblick in die interne Beratungswelt zu nehmen. Sie arbeiten auf zukunftsweisenden Projekten unserer Kunden mit und übernehmen zügig eigenverantwortliche Aufgaben. Hier wenden Sie Beratungsansätze und Methoden unter Live-Bedingungen an. Dadurch erhalten Sie wertvolle Einblicke in die Arbeit einer Topmanagement-Beratung und erwerben gleichzeitig fundiertes Wissen über die Herausforderungen der Mobilität und die Antworten des Volkswagen Konzerns.

Wie läuft das Bewerbungsverfahren in Ihrem Unternehmen ab? Bei der Volkswagen Consulting können Sie sich zu jedem Zeitpunkt als Praktikant oder Direkteinsteiger bewerben, mindestens jedoch drei Monate vor Ihrem geplanten Start. Bitte bewerben Sie sich mit Ihren vollständigen Unterlagen. Haben Ihre Qualifikationen unser Interesse geweckt, laden wir Sie zu einem Vorstellungsgespräch nach Wolfsburg ein. Bei Hochschulabsolventen ist ein eintägiges Assessment-Center vorgesehen.

Welche Möglichkeiten zur Weiterqualifizierung bieten Sie? Wir fördern unsere Mitarbeiter durch individuelle Schulungen, um ihre Persönlichkeit und Führungskompetenz weiterzuentwickeln. Unsere umfangreichen und umfassenden Trainingskonzepte auf Basis der Anforderungen der Beraterstufe – beispielsweise die Grundlagenschulungen für Neueinsteiger oder die Projektmanagement-Schulung für Projektleiter – sind feste Bestandteile Ihres individuellen Schulungsplans. Dabei werden Sie von einem der Geschäftsfeldleiter als Mentor und Ratgeber bei Ihrer beruflichen Entwicklung unterstützt.

On the Job erwerben Sie neue Fachkenntnisse und bauen Ihr Know-how aus. Sie erhalten ein individualisiertes Coaching sowie ein regelmäßiges Feedback durch einen Project Manager, inklusive einer halbjährlichen Evaluierung Ihrer Leistungen und Perspektiven. Auf Basis Ihrer persönlichen Entwicklung erfolgt die Beförderung. Zur objektiven Entscheidungsfindung legen wir für jede Beraterstufe ein klares Anforderungsprofil zugrunde.

Wie sieht die Work-Life-Balance bei Ihnen aus? Die Volkswagen Consulting bietet den Beratern nach Absprache individuelle Möglichkeiten, die Projektarbeit und ihre jeweilige private Lebenssituation miteinander zu vereinbaren. So können Sie je nach Projektsituation entscheiden, ob Sie beim Kunden, im Office oder im Homeoffice arbeiten. Viele unserer Berater nutzen regelmäßig freitags das Homeoffice.

Welche spezifischen Angebote bieten Sie für Beraterinnen? Die Volkswagen Consulting fördert die persönliche Karriereentwicklung und konzernweite Vernetzung durch spezifische Angebote. Unabhängig von Entwicklungsstufe und Fachgebiet sind unsere Beraterinnen in einem eigenen Netzwerk aktiv. Innerhalb dieses Netzwerks bieten wir beispielsweise Kaminabende mit weiblichen und männlichen Führungskräften und führen speziell auf die Interessen und Bedürfnisse der Beraterinnen abgestimmte Seminare durch. Der Jour fixe ist der Diskussion individueller Themen und dem informellen Austausch gewidmet.

Wodurch zeichnet sich die Arbeitsatmosphäre bei Ihnen aus? Die beste Idee ist wertlos, wenn sie nicht umgesetzt werden kann. Wir wollen keine Standardkonzepte und -strategien entwickeln, sondern passgenaue Lösungen, die individuell sind. Daher arbeiten wir nach dem Prinzip der Realisierbarkeit: Wir handeln pragmatisch und behalten die Umsetzungsplanung jedes einzelnen Projekts stets im Blick. Wir pflegen dabei ein partnerschaftliches und vertrauensvolles Miteinander. Gleichzeitig nehmen wir unsere soziale Verantwortung nach innen und nach außen wahr.

Wie sieht das Projektportfolio konkret aus? Unsere Projekte mit den Schwerpunkten Strategieentwicklung, Reorganisation von Kernprozessen und operative Exzellenz decken die gesamte automobile Wertschöpfungskette ab. In der Regel finden die Einsätze direkt vor Ort beim Kunden statt. Unsere Auftraggeber kommen aus den Konzernmarken und -gesellschaften – und wir begleiten sie von der Konzeptentwicklung bis zur Implementierung. Aktuelle Beispielprojekte finden Sie auf unserer Website: www.volkswagen-consulting.de

VOLKSWAGEN CONSULTING
DIE MANAGEMENTBERATUNG DES VOLKSWAGEN KONZERNS
Erstklassige Beratung für die Mobilität von morgen
Bei uns findest Du die spannendsten Beratungsprojekte der Automobil- und Mobilitätsbranche und zugleich ein einzigartiges Karrieresprungbrett in den Konzern.
Einsteigen und durchstarten - auf jedem Level!
Finde heraus, ob wir zueinander passen:
www.volkswagen-consulting.de

Perspektiven für Juristen

Aktuelle Ausgabe: Perspektive für Juristen 2020
ISBN (Print): 978-3-946706-47-2
ISBN (E-Book): 978-3-946706-48-9

Zielgruppe: Studierende, Doktoranden und Referendare der Rechtswissenschaften
Inhalt: Das Buch bietet einen Überblick über Karrierewege für Juristen in Justiz, Wirtschaft und (internationalen) Institutionen. Neben Expertentipps zu Bewerbung und Einstieg ermöglichen zahlreiche Erfahrungsberichte einen Einblick in interessante Berufsbilder. Namhafte Kanzleien und Unternehmen stellen sich als Arbeitgeber vor.
Nächster Erscheinungstermin: Oktober 2020

Der LL.M.

Aktuelle Ausgabe: Der LL.M. 2019
ISBN (Print): 978-3-946706-36-6
ISBN (E-Book): 978-3-946706-37-3

Zielgruppe: Studierende, Doktoranden und Referendare der Rechtswissenschaften
Inhalt: Ist der LL.M. die richtige Wahl? Das Buch hilft bei der Entscheidung und der Suche nach dem geeigneten LL.M.-Studium. Persönliche Erfahrungsberichte und Praxistipps für die Bewerbung an Unis und für Stipendien helfen dem Leser bei der Planung des Studiums. Namhafte Hochschulen und große Kanzleien stellen ihre Angebote für Juristen vor.
Nächster Erscheinungstermin: März 2020

Perspektive Patentanwalt

Aktuelle Ausgabe: Perspektive Patentanwalt
ISBN (Print): 978-3-941144-29-3
ISBN (E-Book): 978-3-941144-34-7

Zielgruppe: Naturwissenschaftler und Ingenieure
Inhalt: Was verbirgt sich hinter dem Beruf des Patentanwalts? Wer kann überhaupt Patentanwalt werden, und wie läuft die Ausbildung ab? Das Buch liefert Antworten auf diese Fragen. (Werdende) Patentanwälte berichten von ihren Erfahrungen, und Patentanwaltskanzleien zeigen auf, welche Perspektiven sie Naturwissenschaftlern und Ingenieuren bieten.

Perspektive Investment Banking & Asset Management

Aktuelle Ausgabe: Perspektive Investment Banking & Asset Management
ISBN (Print): 978-3-941144-20-0

Zielgruppe: Wirtschaftswissenschaftler
Inhalt: Das Buch bietet umfassende Informationen zu Berufsbildern, Bewerbung und Karrierechancen im Investment Banking und im Asset Management. Stipendiaten und Alumni von e-fellows.net berichten von ihren Erfahrungen und geben Tipps für die erfolgreiche Bewerbung. Player aus beiden Branchen stellen ihre Praktikums- und Einstiegsprogramme vor.

Traumjob IT

Aktuelle Ausgabe: Traumjob IT 2020
ISBN (Print): 978-3-946706-41-0
ISBN (E-Book): 978-3-946706-42-7

Zielgruppe: Informatiker, Mathematiker und IT-Affine
Inhalt: Das IT-Studium ist abgeschlossen, die Jobmöglichkeiten sind nahezu unbegrenzt, doch wie geht es jetzt weiter? Dieses Buch liefert praxisnahe Antworten: Informatiker aus verschiedenen Branchen schildern ihren Arbeitsalltag und stellen Projekte vor, die für ihren Beruf typisch sind. Alumni von e-fellows.net berichten von ihrem beruflichen Werdegang, und Experten geben Tipps zu Einstieg und Bewerbung.
Nächster Erscheinungstermin: Oktober 2020

Weiblich, erfolgreich, MINT

Aktuelle Ausgabe: Weiblich, erfolgreich, MINT 2019
ISBN (Print): 978-3-946706-30-4
ISBN (E-Book): 978-3-946706-31-1

Zielgruppe: Studentinnen und Absolventinnen der Mathematik, Informatik, Naturwissenschaften und Technik
Inhalt: Absolventinnen von MINT-Fächern werden in nahezu jeder Branche gesucht. Dieses Buch hilft bei der Entscheidung für den persönlichen Traumjob: Praktikerinnen aus verschiedenen Wirtschaftszweigen erklären, was ihre Branche speziell für Frauen zu bieten hat. Außerdem gibt es viele Tipps zu Einstieg, Bewerbung und Vereinbarkeit von Beruf und Familie sowie Erfahrungsberichte von e-fellows.net-Alumnae.
Nächster Erscheinungstermin: März 2020